KB234474

농식품 수출의 성공열쇠 II

The Keys to Successful Agricultural Exports

남상원 지음

책연
CHAEK YEARN

추천의 글

수출농업을 실현하는 길라잡이가 되길 바라며

바야흐로 뉴노멀(New Normal) 시대에 진입하고 있다. 뉴노멀 시대의 농식품 수출은 글로벌 新소비자에 주목하여야 한다. 전문가들은 On-line, Un-tact로 대표되는 코로나19 이후 세상은 '변화'가 아니라 '진화'라고 말한다. '변화'는 되돌아 갈 수도 있지만 '진화'는 다시 돌아 갈 수 없다. 한국 농식품 수출구조도 뉴노멀 추세에 맞추어 세계 소비자에 다가가는 방향으로 진화되어야 한다.

그동안 WTO, FTA 시장개방 확대로 세계시장의 농산물 관세철폐가 현실화되고 있고 Globalization의 가속화는 농산물의 국내 유통과 세계시장을 구분하였던 국경을 뛰어넘는 글로벌 유통 네트웍이 구축되기에 이르렀다. 이제 세계시장은 인터넷을 통해 급속히 가까워지고 경쟁은 더욱 치열해지고 있다.

이러한 변화의 한 가운데에 있는 한국농업은 첨단기술농업, 선진국형 강소농업으로 시급한 변화를 요구받고 있으며 농산물 수출구조도 생산에서 유통, 가공, 수출에 이르는 밸류체인의 과정을 통합하고 뉴노멀 소비자에 맞추어 정밀하게 조정하는 시스템이 구축되어야 할 것이다.

저자는 한국 농수산식품 수출의 유일한 전문기관인 aT한국농수산식품유통공사 출신으로 농업회사법인과 AMI 등에서 40여 년 쌓아 올린 수출현장의 폭넓은 경험을 토대로 이번에 내놓은 '농식품 수출의 성공열쇠 Ⅱ편'은 뉴노멀 시대 수출환경의 급속한 변화를 점검하고 대응전략과 진화 방향을 시의적절하게 제시하고 있다.

　이 책은 수출 전반에 대한 개론적인 내용을 마케팅 중심으로 업그레이드
되었다. 한국 수출농업의 시작배경과 성장의 역사를 상세하게 서술하고 현
재의 수출현장 밸류체인 접점을 분석하고 동양과 서양을 넘나들며 해외시
장개척 방식과 전략적 방향성, 세계 무역전쟁 사례 등을 제시하고 있다.

　저자는 업그레이드된 '농식품 수출의 성공열쇠Ⅱ'를 통해서 수출의 진화
방식을 직접보고 만져보는 경험을 이 책에서 얻을 수 있기를 바라고 있으며
한국농업이 첨단기술 산업으로 진화되고 수출을 통해서 미래의 강소농업국
으로 변모를 갈망하고 있다.

한국농식품미래연구원 이사장　윤 장 배

한국 수출농업의 유익한 개론서

수출이란 무엇보다도 판매할 시장이 있어야 된다. 글로벌화는 지구촌을 빠르게 공유경제(sharing economy)의 플랫폼 사회로 이끌고 있다.

FTA의 진전으로 국제화에서 진보한 글로벌화는 국가에 따른 시장 구분 자체가 없어졌다는 것을 뜻한다. 이제는 국가 간의 경계라고 하는 것이 큰 의미가 없는 시대에 도래한 것이다. 제품, 기술, 서비스가 각국 간에 자유롭게 이동하며 자본의 흐름도 자유롭다.

여기에 4차 산업혁명과 온라인유통의 혁신과 글로벌 경쟁은 농식품 수출 시장에서도 치열해지고 있다.

이 책을 살펴보니 저자가 평생 농식품 수출 현장에서 경험한 실전 지식을 녹여내고 있다. '농식품 수출개론'은 글로벌 유통시대에 한국 수출농업의 방향성을 제시하면서 농업 경영의 순환적 연장선에서 수출을 효율과 효과적으로 달성하기 위한 진단과 전략, 그리고 실행의 방향성을 도모하고 있다.

이 책 '농식품 수출개론'은 수출의 성공 전략은 물론 향후 한국 수출의 방향성, 해외시장 진입전략, 마케팅 믹스전략(Marketing Mix) 등 글로벌 경영론이 가미되어 있다. 해외시장 개척의 해법을 풀어갈 수 있도록 전략과 방향성을 제시하고 있는 수출농업의 유용한 '농식품 수출개론서'라 평가하고 싶다.

농식품 수출은 공산품 수출과 달리 많은 노하우를 필요로 한다. 수출 농업경영체, 수출업체, 청년 창업농 등 농식품 수출에 관심이 있는 분이라면 필히 일독을 권하고 싶다. 이 책은 한국 수출농업의 변화를 갈망하는 글로벌 경영전략서이다.

경희대학교 경영대학원 교수 신 광 수

프롤로그

「농식품 수출의 성공열쇠 Ⅱ」를 내놓으며

40년간 공직과 일선 수출현장 그리고 AMI(한국농식품미래연구원)에 몸담으면서 나름의 경험과 자료를 꺼내어 이 책에 녹여냈다. 농식품 수출 관련 자료집이 주변에 많이 있음에도 불구하고 농업 수출의 발전을 염원하는 바람으로 감히 이 책을 내놓는다.

메가트렌드를 논하는 사람들은 농업이 미래 성장산업이라고 주장한다. 세계 인구는 2050년이면 90억 명에 달할 전망인데 제조업은 이미 과잉투자로 새로운 성장 동력을 찾기가 어렵지만 농업은 가능성이 많이 남아 있다는 것이다. 지구촌 인구의 먹는 문제 해결은 진행형 미래산업으로 영원히 중요하기 때문일 것이다.

FTA의 확산은 규모의 경제, 수요의 동질성 등을 촉진 시키고 있으며 글로벌화는 지구촌을 공유경제의 플랫폼 사회로 이끌고 있다. 토머스 프리드먼이 '세계는 평평하다'라는 말로 표현했듯이 세계는 점점 작아지고 있으며, 변화의 속도도 빨라지고 있다. 글로벌화로 국경에 따른 시장 구분의 의미가 무색해졌고 제조업은 물론 농식품 산업도 국가 간 상호의존성이 더욱 심화하고 있다.

농식품 수출은 국내생산 환경에서부터 해외 현지인의 기호까지 충족시켜야 성사될 수 있는 어려운 과정이다. 어느 품목이 한 국가에서 성공했다고 다른 국가에서도 그럴 것이라는 기대가 통하지 않는다. 농식품 수출은 공산품 수출보다 더 어려운 과정이다.

선진국은 수출농업이 그 나라의 핵심 산업으로 자리매김하고 있으며 진화 방식도 고도화되고 있다. 진화하는 글로벌 환경에 부합하기 위해서는 수출은 필연적이며 여기에 한국농업의 미래가 달려있다. 완전한 자급자족의 나라는 지구상에 없기 때문에 농식품 수출을 통해 새로운 시장이 열리는 것은 농업 외연의 확장이다.

전 세계적 미증유의 위기, '코로나19'가 만든 불확실성으로 오프라인 고객은 줄어든 반면 비대면(Untact) 시장인 인터넷과 소셜 미디어 사용이 폭발적으로 늘었다. 새로운 표준 '뉴노멀(New normal)'이 초래한 변화에 수출의 패턴도 빠르게 달라질 조짐이다. 따라서 글로벌 시대에서 수출이라는 큰 흐름을 타지 못한다면 시장교섭력 확대가 어려울 수밖에 없다.

2010년에 출간된 「농식품 수출의 성공열쇠」저서는 발간 당시 과분한 호응을 얻었는데 벌써 10년이 지났다. 이제 잊힐 만도 한데 책연출판사(정태욱 사장)로부터 개정판 집필을 요청받고, 고민하다 보니 준비하는데 많은 시간이 경과 되었다.

본서는 한국 농식품 수출의 가치사슬(Value Chain) 전반의 업그레이드를 통해서 한국 수출농업의 '변화와 희망'이라는 콘텐츠(contents)를 담고자 하였다. 더불어 글로벌 시장의 마케팅 환경과 수출농업 선진국의 발전된 창(窓)을 통해서 한국 수출농업의 방향성과 솔루션((solution)을 찾고자 하였다.

본서 책 제목은 「농식품 수출의 성공열쇠 Ⅱ」이다. 부제(副題)를 달아서 「농식품 수출개론(農食品 輸出槪論)」이라고 지었다. 막상 책을 발간하게 되니 부족함에 부끄럽다. 이 책에서 부족한 부분은 이론과 현장의 경험을 바탕으로 독자들이 보완 발전시켜 주기 바라는 마음이다.

수출의 첫걸음은 오랜 준비과정 속에서 노하우를 쌓아가는 것일 게다. 수출농업에 관심이 있는 독자들이 본서에 기록된 수출농업 Value Chain 전 과정의 현상들과 그리고 갈수록 커지는 농식품 수출시장을 직접 눈으로 보고 만져보는 것과 같은 느낌으로 이 책에서 간접적이나마 경험을 얻는다면 더 바랄 것이 없겠다. 우리나라 수출농업은 위치가 아니라 바라보는 방향성이 중요하다. 그러면 어디를 바라볼 것인가?

　나에게 수출과 만남이 숙명적이었다면, 「농식품 수출의 성공열쇠Ⅱ」가 독자들에게 수출 희망의 공감대 형성과 수출 성공열쇠의 길라잡이가 될 수 있다면 그것이 내게는 가장 큰 보람이 될 것이다. 그런 의미에서 서산대사의 시 한 수가 있다.

　　踏雪野中去(답설야중거)　　눈 덮인 들판을 밟아 갈 때도
　　不須胡亂行(불수호난행)　　모름지기 그 발걸음을 어지럽게 하지 말라
　　今日我行跡(금일아행적)　　오늘 내가 걸어간 발자취가
　　遂作後人程(수작후인정)　　반드시 뒷사람의 이정표가 될 것이리라

　늦은 나이에 책을 출간하는 데 주저함이 많았다. 경희대학교 글로벌경영대학원 김우성 교수님이 책자 모듈(Module) 설정 방향성에 도움을 주었고 aT 한국농수산식품유통공사 조해영 전 유통 이사가 원고정리에 도움을 주었다.
　한국농식품미래연구원(AMI) 윤장배 이사장님이 본서에 깊은 관심과 Contents에 조언을 주시고, 자판기를 직접 두들겨 '수출농업을 실현하는 길라잡이가 되길 바라며'라는 추천사를 보내 주었다. 이 외에도 많은 분들의 관심과 격려가 있었다. 모두에게 감사를 드린다. AMI 이광우 대표, 동료연구원들 그리고 마음으로 출간을 격려해주신 주변의 여러분에게 감사의 마음을 간직할 것이다.

2020년 10월
저자　남 상 원

목 차

Ⅰ. 농식품 수출의 과거와 현재

농식품 수출의 성공열쇠 Ⅱ - 農食品 輸出 槪論

01

한국 농식품 수출, 진화과정

강남의 귤을 강북에 심으면 탱자가 된다는 뜻의 '귤화위지(橘化爲枳)'라는 말이 있다. 이는 환경에 따라 사람이나 사물의 성질이 변한다는 의미로 많이 사용되는데, 농식품 수출정책에 다른 차원의 공감을 준다. 농식품 수출은 국내 생산환경에서부터 해외 현지인의 기호까지 충족시켜야 성사될 수 있는 어려운 과정이며, 어느 품목이 한 국가에서 성공했다고 다른 국가에서도 그럴 것이라는 기대가 통하지 않기 때문이다. 농식품 수출은 공산품 수출보다 더 어려운 과정이다.

과거 100위권 밖이던 한국의 국가 전체 수출은 2019년 세계 7위(교역액 9위)로 올라 눈부신 성장을 거듭했다. 50여 년 전을 되돌아보면, '수출만이 살길'이라고 했지만, 마땅히 수출용으로 내놓을 것이 없던 시절이었다. 당시의 농식품 수출이 한국 전체 수출 역사의 시작이었고, 경제성장의 원동력이었다.

1948년 2월 화신무역상사가 홍콩과 마카오에 건어물과 한천을 수출한 것이 우리나라 최초의 무역으로 기록되고 있다. 이렇듯 우리의 수출 역사는 잠사, 오징어, 양송이, 한천, 돈모(豚毛), 다람쥐, 갯지렁이 등 1차 생산품이

70~80%를 차지하였다.

1964년 국가 전체 수출 1억 달러를 시작으로 수출장려 정책이 시작되었다. 1971년 10억 달러, 1977년 마침내 100억 달러의 고지를 넘는다. 1964년 수출 1억 달러를 달성을 기념하며 11월 30일을 '수출의 날(무역의 날)'로 정하였다. 1967년 우리나라는 GATT[1]에 가입하면서 10년 동안 연평균 41%의 놀라운 수출 신장을 기록하며 저개발국가에서 개발도상국으로 진입하게 되었다.

한국의 초창기 무역구조는 국민경제의 취약성을 그대로 반영하고 있었다. 1962년 총수입이 3억8700만 달러인데, 수출은 5600만 달러에 불과하였다. 1962년의 국가 총 수출액에서 농수산식품의 수출 비율은 62.2%이던 것이 공업화라고 하는 경제적 근대화와 산업화 과정에서 1970년에는 23.9%로 낮아졌고, 그로부터 50년이 지난 지금은 약 1.5% 수준에 머물고 있다.

당시 우리나라 농업은 낮은 생산성은 물론 규격화된 생산체계가 미흡하였고, 국내 수급관리뿐만 아니라 일관성 있는 수출체제 가동이 어려워 국제 시황의 유동적 변화에 대응하기 곤란하였다. 따라서 국가 수출 초창기에는 농수산물의 생산·수집·가공 및 수출체제를 계열화하여 안정된 수출기반을 조성하기 위하여 계획적인 수출품목의 생산체제를 확립하는 것이 중요하였다.

1957년에 제정된 무역법이 1967년에 무역거래법으로 개정되었으나 농업의 특성상 원초적인 상품이면서 가장 비교역적인 농식품 수출을 촉진키 위해서는 무역거래법으로 농식품의 수출진흥을 촉진하기에는 한계가 노정 되었다. 이 시기에 농림부 조직에 무역과(貿易課)가 신설되었다.

농수산물은 비탄력적인 특성을 보이며 생산량에 따른 가격변동이 심하다. 이에 따라 수출품 생산과 수출을 통해 적절한 수급을 조정하고, 농식품 수출에 따른 결손을 보전하기 위하여 정부는 수출진흥기금을 설치하는 것을 내용으로 하는 '농수산물수출진흥법(1971년. 법률 제2289호)'이 출범 되었다.

---

1 1967년 GATT 가입과 동시에 최혜국대우 우선원칙 적용, 관세 양허를 받아 선진국 시장에 진출

60년대	70년대	80년대	90년대
1964년 1억 달러	'71년 10억 달러 '77년 100억 달러	'85년 300억 달러	'95년 1천억 달러
철광석(텅스텐)	섬유, 신발	의류	반도체
중석, 무연탄, 흑연	가발, 장난감	철강	자동차
잠사(2.7백만 달러)	합판	신발	휴대전화
오징어(2.3백만 달러)	밤(깐밤), 사과	돈육, 인삼	파프리카
돼지털(0.1백만 달러)	통조림 (양송이, 굴)	참치, 건어물	화훼 (장미, 백합 등)

한국 농식품 수출의 변천과정

▌농수산물수출진흥법 출범

'농수산물수출진흥법'은 농수산물의 생산·수집·가공 및 수출체제를 계열화함으로써 안정된 수출기반을 조성하고자 하는 데 목적이 있었다. 농업 강소국(强小國) 한국농업의 수출 의지를 표방한 이 법은 수출품목의 생산·수집·가공 및 수출체제의 계열화를 구축함으로써 수급불균형에 따른 위험을 예방하고 정부의 농수산물 수출확대에 부합하기 위하여 수출단지와 품목 및 생산자·가공업자·수출업체를 지정하고 서로 연관시킴으로써 수출의 시너지 촉진에 기여하는 것을 근간으로 하였다.

당시의 농수산물수출진흥법은 우리나라 농수산물 수출진흥의 일환으로서 수출산업 육성과 개발을 위하여 첫째, 수출 지정품목의 생산 조성에 나섰다. 수출단지와 지정생산자에 대하여 생산기반의 조성에 필요한 기자재의 공급, 생산기술의 지도, 필요한 기타자금을 지원할 수 있게 하였다.

둘째, 지정업자에 대한 금융상의 지원이다. 정부는 지정 품목의 수집·가공 또는 수출에 필요한 자금을 저리 융자하거나 기타지원을 할 수 있게 하였다. 셋째, 수수료의 감면이다. 정부는 지정생산자가 납부하여야 할 각종 수수료를 감면할 수 있게 하였다.

초기의 농수산식품 수출은 어려운 여건에서 출발하였다. 당시는 공업 근대화 초기로서 농수산물의 특화에 의한 수출의 증대가 절실하였다. 농수산물수출진흥법은 농수산물의 생산과 수집 및 가공을 수출부문과 계열화를 통하여 유통구조를 체계화하고, 농수산물의 과잉·과소생산에서 오는 수급을 극복하여 이를 수출과 연계시키기 위해 시행된 법률이었다.

수출진흥정책에 있어서 다양한 지원제도가 개발되었다. 사과 수출 결손금액을 보전하는 방식으로 바나나, 파인애플의 구상무역(1971년)이 이루어졌다. 이는 나중에 마늘, 양파로 확대되었다.

수출물류비 지원(1989년)이 사과 신시장개척 보조금이 배, 화훼, 채소로 확대되었고 점차 김치, 인삼 등 1차 농산물(가공품 일부 포함) 전 품목으로 확대되었다. 사과 수출 바나나 할당 관세(1991년), 감귤 수출(1991년 캐나다) 손실액 보조 지원이 이뤄졌다. 전문무역상사의 출범이 본격화되어 종합무역상사 고려무역(특수법인)이 1975년 설립되고 이어서 지자체 무역회사(1994년)가 경남무역, 전북무역, 경북통상, 충북무역, 제주교역, 전남무역 순으로 설립되었다.

1971년에 제정되었던 '농수산물수출진흥법'은 WTO 출범 이후 수출지원 규제에 대한 외부적 방어를 위해 '농업·농촌기본법(1999.2.5. 법률 제5758호)'에 의해 폐지·대체되었지만, 한국 수출농업의 근대화와 선진화를 내디뎠던 수출농업의 디딤돌 역할을 하였다.

▌채소류 수출은 한국 농식품 수출의 시작

채소류는 국내자급생산을 원칙으로 하여 수출은 크게 기대하지 않은 실정이었다. 1990년대에 들어 수출이 본격화되기 시작하였다. 채소·종자·김치 등의 수출에 힘입어 1995년에는 1억 1100만 달러로 1억 달러를 돌파하였다. 주 수출품목은 김치, 오이, 당근, 채소 종자, 냉동 딸기 등이었다.

1997년 IMF 이후 환율상승 등으로 수출여건이 호전되었고, 1991년부터 정부에서 유리온실을 지원하여 생산기반을 확충하고 수출물류비를 지원하는 등 적극적인 수출확대 정책으로 1998년부터 수출이 늘어났으며 파프리카·가지·오이·토마토·호박 등 신선채소류가 새로운 수출품목으로 부상하였다.

한편, WTO의 출범으로 한국에서 부족한 고추·마늘·양파·생강에 대해서는 최소시장접근 물량의 수입을 이행하였다. 고추·마늘·생강은 주로 중국에서 수입되었고 양파는 미국과 스페인 등에서 수입되었다. 이후에도 양념채소류는 MMA(최소시장접근물량)[2]도입으로 증가추세를 보인다. 여기서 최소시장접근은 우루과이라운드(UR)에서 확립된 시장개방 원칙 중 하나다. 일부 품목에 대해 시장 개방을 제한하던 국가들이 관세화 개방 이행 때까지 국내 소비량에 대한 일정 부분을 반드시 수입하도록 의무화한 것을 말한다.

채소류의 수출·입 관리는 1967년 「무역거래법」 시행 시 고추·마늘·양파·생강 등 농가의 주요 소득 작물이면서 국제경쟁력이 낮은 신선품목을 제외하고 대부분 수입을 자유화하였다. 1980년대 중반 이후 미국의 농산물 수입개방 압력과 수입자유화 추세에 따라 1988년에 채소 주스와 혼합 주스를, 1991년에는 주스·통조림 및 멜론·수박을 1993년에는 고추·마늘·양파·생강을 제외하고 모두 자유화되었다.

WTO 체제 이후 수입관리는 최소시장접근물량은 국내소비량의 3~5% 수준으로 매년 증가하고, 고율 관세는 매년 일정하게 인하하는 조건으로 하였다. 시장접근물량의 수입제도는 국영무역으로 하고 국영무역 기관은 aT한국농식품유통공사로 지정하였다. 한편 양념 채소 시장접근물량은 지정기관인 aT가 공개 경쟁입찰에 의해 수입을 하고 수입된 물량은 aT에서 직접 판매하여 왔다. 1998년 일부 품목은 수입권공매로 전환하여 수입시스템이 유지되고 있다.

한국 농식품 수출의 시작은 채소류의 수출확대지원에서 근원을 찾을 수 있다. 1970년 초반에 농어촌개발공사(지금의 aT)에서 부여·구미·하양 직영사업소를 설립하여 양송이 재배 및 채소류 절임 가공 수출을 추진하였다.

---

2 MMA(Minumum Market Access) : 관세화 이행될 때까지 국내 소비량에 대한 일정 부분 의무 수입물량

이 기간의 수출은 미미하였지만 1995년 버섯 1억 달러의 원천에 기여된다. 1990년 이전까지는 채소류 수출에 대한 정부의 지원시책은 미미하였다.

이후 UR 협상에 따른 수입개방 시 국내농업에 대한 위기 현상을 극복하기 위한 정책대안으로 수출농업의 육성 필요성을 인식하기 시작하였다. 이를 위해 1991년 aT한국농수산식품유통공사에 수출진흥을 담당할 '무역사업단'을 신설하면서 수출농업 육성은 본격 추진되었다. 1991년에 수출품목 개발을 위해 4~5개 품목을 개발해 오던 것을 1993년 농촌진흥청과 자치단체가 협조하여 1개 道에 2품목을 지정하였고, 1994년에는 郡별 특화 품목으로 확대 추진하였다.

해외시장 개척을 위해서 1991년 일본 오사카에 한국농산물 판매장을 설치하고 1992년에는 네덜란드, 1993년 뉴욕에 한국유통분배센터를 설치하였다. 1994년에는 시카고 및 중국에, 1995년 싱가포르에 농업무역관을 설치하여 해외 수출 전진기지를 확대하였다.

수출 홍보를 위해 옥외 전광판 VCR 제작 사업을 추진하였고, 1995년에는 국내외 수출 관련 정보를 수집하여 데이터베이스를 구축하고 PC 공중통신망을 통해 분산하는 '농산물무역정보망(KATI)'을 개발, 수출정보지원체계를 구축하였다.

수출경쟁력 제고를 위해 물류비용이 큰 채소 및 김치를 수출하는 수출업체와 생산자단체에 대해 포장 자재비와 수송비용을 1996년부터 지원하기 시작하였다.

일본 수출지원을 위해 12 FT 소형냉장 컨테이너를 구매, 운영하여 부관페리와 일본철도를 연계, 국내 산지에서 일본 소비시장으로 직송하여 수송비용을 경감 하도록 하였다.

수출물량 확보를 위해서 민간 수출업체 및 생산자 단체에 대해 1995년부터 수매자금으로 농안기금에서 연리 5% 11개월 융자 지원이 있었다. 1998년에는 일본의 채소 생산 감소와 수출업체 및 농업인들의 수출에 대한 인식이 높아지고 환율 호조로 김치를 제외한 채소류 수출이 전년보다 80% 증가한 4천5백만 달러의 수출이 기록되었다.[3]

▌WTO 출범과 농식품 수출

개방정책은 국제경쟁력을 강화하기 위한 하나의 수단이며 그 자체가 목적일 수 없다. 따라서 국제경쟁력의 강화가 곧 개방정책인 듯한 인상은 혼선을 야기하기 쉬울 것으로 보인다. 완전히 개방으로 수입의 길을 터놓아도 그 자체만으로는 경쟁력이 강화될 수 없기 때문이다.

한국농업은 심각한 고령화, 농가소득과 신규 자본투자의 정체기에 직면해 있다. 그러나 WTO 체제출범 이후, 수출산업 육성과 생산·유통기반 현대화 등을 통해 개방의 파고를 넘고 있다. FTA 확대로 늘어난 수출시장을 통한 부가가치 확대, 농업·농촌의 새로운 가치 확산, 첨단농업 등의 기회 요인을 활용하면서 한국농업을 미래 성장산업으로 육성하고 있다.

정부는 FTA를 충분히 활용하고 능동적 대응으로 농업경쟁력을 확보하기 위하여, 농업-기업체 간 상생 협력 기반을 마련하는 한편, 농업의 경쟁력을 향상하기 위해 농업경영체의 규모화, 생산 인프라 확충, 유통구조 개선 등을 추진해 왔다.

특히 수출 부분 경쟁력 강화를 위해 신선농산물에 대해서 국가별 수출 전략품목을 육성하고, 생산과 판매의 조직화 및 수출단계별 지원 등을 통해 수출 활성화를 추진하고 있다. 가공식품 수출확대를 위해 심층적인 시장정보 조사와 전략품목을 발굴하고, 현지화 된 상품개발 지원을 체계화하며 뉴노멀(New Normal) 시대에 부합하는 디지털 온라인 마케팅 진출 지원도 도모하고 있다. 글로벌시대 한국농업의 경쟁력은 수출확대를 통한 성장 동력 확충은 선택이자 필수이다.

WTO가 출범한 1995년 한국의 농림수산식품 수출실적은 34억 달러를 기록했다. 당시 수출액 구성은 농림축산과 수산물이 각각 50%의 비율로 점유되었으며 이중 신선농산물 수출은 29%로 빈약한 실정이었다.

1995년은 WTO 체제의 출범에 따라 우리나라 수출 대응도 긴밀한 움직임을 보여 농림부 산하에 국제농업국(1局5課)을 신설·출범시키면서 농식품

---

3 출처 : 채소 생산·유통 경책 변천사. 2018. (사)채소산업연구포럼

수출정책의 성장 동력을 갖추기 시작했다.

무역진흥과를 중심으로 한국형 '농식품 수출진흥 종합발전 중장기 대책 (Action Plan)'을 수립하여 수출지원을 위한 수출정책의 근간을 수립하였다. 한편 1995년 농업부문의 무역수지 적자는 수출액의 2.6배가 많은 90억 달러를 기록했다.

❙ 국가적 수출입 전환점 ❙

1967년 GATT 가입	최혜국 우선원칙 적용
1979년 미.중 수교(핑퐁 외교)	미국 수출 타격(생사, 양송이)
1992년 한.중 수교(대만과 단절)	대만 수출 타격(사과. 배)
1994년 UR 라운드 의정서 서명	수출입규제 완화(자유무역)
1995년 세계무역기구(WTO) 출범	수출지원정책의 변화
2001년 DDA채택	모든 분야 협상 일괄타결방식 채택
2004년 : 한·칠레 FTA 협상 타결	FTA 체결국가 대열에 합류

무역수지 적자 개선을 위해서 수입농산물의 국산 대체가 필요하지만, 시장개방 하에서 수입을 통제하거나 상대적으로 우리나라보다 저가인 수입 농식품을 국산으로 대체하는 것은 현실적으로 곤란한 상황이었다.

이 때문에 수출확대를 적극적으로 도모함으로써 농업부문 무역수지 적자 폭을 줄여나가는 노력이 필요하였다. 더욱이 수출은 국내로 유통될 물량을 해외로 격리하는 역할을 수행함으로써 수출로 국내 유통량을 감소시켜 국내가격을 안정 효과와 농가 소득지지 및 고용효과에도 기여하여 왔다.

정부도 수출의 중요성을 인식하여 해외시장개척지원사업, 농축산물판매 촉진사업, 우수농식품구매지원사업 등 다양한 수출지원 사업을 추진하면서, 이들 지원을 통해 수출확대와 함께 어느 정도 수출 규모를 갖춘 품목도 증가하는 성과를 달성하기에 이른다.

한국의 농식품 수출 100억 달러. 이 숫자는 한국의 농식품 수출정책에 있어서 조기에 달성하고 싶은 목표다. 해외에 농식품을 내다 파는 것은 결코 녹록지 않다. 농식품 수출 100억 달러 달성은 우리 농식품 수출산업이 비약적으로 선진화될 수 있다는 전환점을 상징한다. 농업의 발전 없이는 미래산업의 발전도 기대할 수 없다. 한국의 수출 농업은 선진국으로 진입하기 위한 필수요소이다.

▌농림수산식품 수출액 추이(2000~2019) ▌

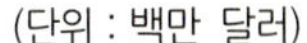

(단위 : 백만 달러)

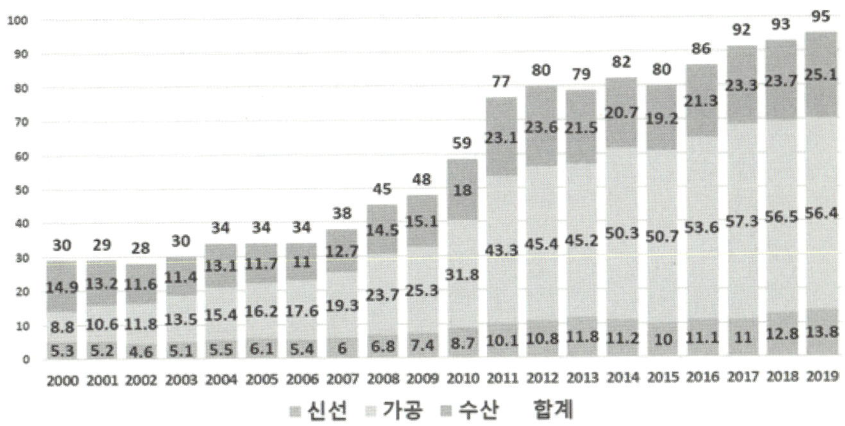

출처 : 저자작성, KATI 수출 통계 각 연도

지금의 한국은 수출 7위의 무역 대국이지만, 50여 년 전만 하더라도 수출 1억 달러로 세계 90위에 불과했다.

1977년 100억 달러를 넘어선 지 18년 만인 1995년에 1천억 달러를 돌파했고 2019년 세계 7위로 껑충 뛰어오르며 세계 수출 비중이 3% 수준까지 상승했다.[4]

농식품부는 과거에 2012년 까지 농식품 100억 달러 수출 달성을 위해 인프라 구축 등의 지원에 나서는 한편 현지 유통망 확보를 시도하는 등 노력이 있었지만 아직까지 100억 달러 도전은 손에 잡힐 듯 잡히지 않고 있다.

---

4 YTN 뉴스

우리나라 국가 전체 초기 수출도 100억 달러가 한계점이었고, 이를 돌파한 후에는 비약적으로 수출이 증가해온 전례를 가지고 있다. 100억 달러 달성은 한국 농식품 수출의 희망을 만져보는 전환점이 될 수 있다.

시장 개방화 시대에 농식품 수출의 중요성은 아무리 강조해도 지나침이 없다. 2019년 국가 전체 수출액은 5242억 달러이다. 이 중에서 농림수산식품 총 수출액은 2019년 95.3억 달러를 기록하여 농림수산식품이 차지하는 비중은 1.5%에 그치고 있다. 반면에 미국, 네덜란드, 프랑스 등 세계 10대 농식품 수출 강국의 농식품 수출 비중은 평균 8.8%(2012년)로서 한국에 비하여 월등히 높게 나타나고 있다.

2000년 이후 우리나라 농림수산식품의 수출액은 2019년 기간 연평균 6.3%씩 성장세를 유지하였다. 이러한 수출의 증가는 농식품 수출기반조성사업, 해외마케팅 지원사업, 수출성장 확충사업, 수출물류비 지원사업 등의 대규모 수출지원 프로그램 사업이 농식품 수출증대에 일정 부분 기여한 것으로 평가받고 있다.

2019년 1억 달러 이상 수출품목 수는 권련, 김, 참치, 라면, 음료, 커피 조제품, 인삼류, 맥주, 설탕, 비스킷, 쌀 가공식품, 김치 등 12개 품목이다. 신선식품은 2000년 5.3억 달러에서 2019년 13.8억 달러로 연평균 5.2%가 증가하였다.

동 기간 동안 가공식품은 8.8억 달러에서 56.4억 달러로 연평균 10.3% 증가한 반면, 수산식품은 14.9억 달러에서 25.1억 달러로 연평균 2.8% 상승에 그쳤다.

농식품 수출과정에서 대표적인 문제점 중의 하나는 수출물량의 지속적·안정적 확보가 곤란하다는 점이다. 이는 수출시장에서 신뢰 저하는 물론, 수출단가 하락의 원인으로 작용하기도 한다. 신선농산물 비중은 점차 감소하고 있는 반면, 가공식품 비중이 확대되는 추세로 재편되고 있어 농업부문 수출의 고부가가치화가 진전되고 있다.

농림수산식품의 주요 수출국 비중은 2000년 일본 46.2%, 미국 9.7%, 홍콩 8.9% 등에서 2019년 일본 22.6%, 중국 17.1%, 미국 12.3% 등으로 변화되었으며, 특히 대일 수출 비중은 40%대에서 20%대로 하락하였다. 특정 시장에 대한 수출의존도는 전체적으로 감소하고 있지만, 주요 수출품목별로 여전히 대일 수출 비중이 높아 엔화 변동에 의해 수출에 많은 영향을 미치고 있다.

▌한국 농림축수산식품 수출총괄 / 1억 달러이상 수출국가▌

(단위 : 백만 달러)

구분	국가	2018		2019		증감률 (B/A)	증감액 (B-A)
		금액 (A)	비중	금액 (B)	비중		
합 계		9,300.3	100.0	9,529.2	100.0	2.5	228.9
1	일본	2,084.1	22.4	2,158.3	22.6	3.6	74.2
2	중국	1,501.6	16.1	1,628.7	17.1	8.5	127.1
3	미국	1,080.0	11.6	1,171.3	12.3	8.5	91.3
4	베트남	584.9	6.3	671.7	7.0	14.8	86.9
5	홍콩	424.2	4.6	413.3	4.3	△2.6	△10.9
6	태국	409.1	4.4	398.2	4.2	△2.7	△10.9
7	대만	395.6	4.0	366.9	3.8	△0.7	△2.6
8	러시아	215.8	2.3	204.7	2.1	△5.1	△11.1
9	인도네시아	227.2	2.4	197.7	2.1	△13	△29.5
10	호주	164.9	1.8	161.2	1.7	△2.3	△3.7
11	필리핀	162.1	1.7	157.2	1.6	△3.0	△4.9
12	싱가포르	136.0	1.5	145.2	1,5	6.8	9.2
13	UAE	196.3	2.1	137.6	1.4	△29.9	△58.7
14	캐나다	122.3	1.3	133.3	1,.4	9.0	11.0
15	말레이시아	122.9	1.3	116.6	1.2	△5.1	△6.3
16	캄보디아	90.1	1.0	102.5	1.1	13.8	12.4

출처 : KATI

한국은행이 발간하는 산업연관분석표를 활용하여 농식품 100억 달러 수출의 국민경제 기여도를 산출해 본 결과 생산유발액은 126억 달러, 부가가치 유발액 45억 달러와 5만 6000명의 고용효과가 있는 것으로 보고되었다. 이는 자동차(소나타 기준) 수출 효과와 비교해 볼 때 생산유발액은 39만대, 부가가치 면에서는 47만대를 수출하는 효과와 동일한 수준이라고 하니 농식품 수출은 국민경제에 많은 기여를 하고 있는 것으로 나타나고 있다.[5] 수출은 지난 50년 동안 한국농업 발전의 원동력이었으며, 선진농업을 앞당기는 견인차 역할을 수행하였다.

▌농식품 수출, 한국농업 미래의 원동력

국가발전 모델로 삼는 선진국인 미국·프랑스·호주 등은 모두 농업 선진국이다. 노벨 경제학상을 받은 미국의 경제학자인 사이먼 쿠즈네츠(S. Kuznets) 전 하버드대 교수는 "후진국은 공업화로 중진국이 될 수는 있지만, 농업과 농촌의 발전 없이는 결코 선진국이 될 수 없다."고 말한 바 있다. 선진국으로 갈수록 농업은 그 나라의 핵심 산업으로 자리매김하고 있으며, 그 중요성은 특별히 강조하지 않아도 극명하게 드러난다. 농업농촌을 경시하거나 도외시하면서 우리가 세계 속의 선진국이나 강국이 되려고 하는 것은 어불성설일 수밖에 없다.

네덜란드, 덴마크 등 유럽의 강소국들은 대부분 농업 수출과 해외농장 진출을 통해 협소한 국내시장을 넘어서 성장하는 계기를 만들었다. 또한, 이웃 국가를 최대한 활용한 전략을 구사했다. 산업이 성장하기 위해서는 생산력의 증대와 함께 시장의 확대가 필수적이다. 유효수요의 개발은 시장이 확대되어야 하고 이의 바탕 하에 생산량을 증대시킬 수 있고 규모의 경제를 실현해서 경쟁력을 높일 수 있기 때문이다.

따라서 수출이 총 수요를 확대해서 규모의 영세성과 과잉 생산 및 수요부족에 시달리는 우리 농업의 문제를 동시에 해결할 수 있는 최상의 돌파구이자 성장을 견인할 수 있는 동력이다. 수출도 일정 수준에 도달하기까지가 어렵다. 이 한계점을 극복하면 자체적 성장 동력을 얻어서 스스로 확대되는 경향이 강하다.

한국의 국가 전체 수출도 1977년 100억 달러가 수출성장의 한계점이었으

---

5 농식품 수출 활성화 방향과 정책과제, 임정빈·안동환. 2010

며, 이후는 비약적으로 수출이 증가해온 전례를 가지고 있다. 이 단계가 로스토우(Rostow)가 제시한 경제 발전단계 중 도약 준비단계(2단계)를 넘어 도약의 단계(3단계)라고 볼 수 있다. 결국, 농식품 수출도 이와 마찬가지로 도약 단계에 이를 수 있느냐가 관건이다.

한국의 농식품 수출이 도약 단계에 이를 수 있도록 하기위해 로스토우의 이론을 활용할 수 있다. 모든 품목을 들고 수출에 나서는 것은 아니다. 세계시장을 겨냥해서 가능성 있는 Best 수출전략 품목을 선정하고, 이를 집중적으로 육성해서 한 품목이 수출의 성공을 거두면 다른 품목으로 전환해서 수출을 확장하는 전략이 필요하다.

작지만 강한 수출농업 즉, STRONG이 되어야 한다. Spirit(도전정신), Technology(기술력), Relationship(고객 감동), Origin(차별화), Niche(틈새시장), Group(조직화)이 어울려져 산업이 고도화로 터닝 포인트 될 때 비로소 우리나라 농식품이 세계시장에서 그 가치를 제대로 인정받을 수 있을 것이다.

한 품목이 성공하면 다른 품목도 자신감을 가지고 이를 벤치마킹할 수 있기 때문에 성공 가능성을 높이는 동반 상승효과가 있다. 이러한 패턴이 확산하면 가속도가 붙기 때문에 우리 농업이 경쟁력을 확보해서 선진화되는 시기를 앞당길 수 있을 것이다.

모든 품목을 다 수출하겠다고 하면 시간과 돈, 에너지, 인력이 분산 지원되어 그 효과가 작을 수밖에 없다. 규모의 경제 차원에서라도 초기에는 몇몇 품목에 전략적으로 집중해야 한다.

수출전략 품목을 결정할 때 가장 중요하게 고려해야 할 사항은 뉴질랜드, 네덜란드와 같은 품목 보드(Product Board)가 구성되어 있느냐가 가장 중요하다. 이러한 품목을 선정·집중해야 각 분야의 협조를 얻기가 쉽고, 정책의 효과가 가시적으로 나타나서 수출로 이어질 가능성이 크다.

또한, 전후방 연관 효과가 큰 품목을 선정해야 수출의 이익과 영향을 더 널리, 더 많이 확산하는 효과를 거둘 수 있다. 수출전략 품목을 육성하면서 이들 품목을 세계시장에 팔 수 있는 기반 및 인프라 분위기를 조성하는 것 또한 중요하다.

스마트 팜 그린단지, 클러스터 등 수출품목만을 전문적으로 생산하는 제대로 된 현대적인 생산단지를 갖추어야 한다. 또한, 농업인 교육과 컨설팅 지원도 이러한 수출단지나 농가에 우선순위를 두어 실시하고 수출형 식품산업을 육성해야 한다.

농업이 발전하기 위해서는 생산부문 혼자의 힘만으로는 힘들다. 농업 체인을 구성하는 모든 분야가 서로 협력하고 발전되어야 농업이 경쟁력을 갖출 수 있다. 수출품목의 농업체인 전체가 서로 협력하는 시스템을 구축하는 일이 긴요하다.

해외시장을 개척하기 위한 적극적인 마케팅 활동도 병행해서 강화되어야 한다. 세계시장을 주력시장, 차 주력시장, 개척시장, 잠재시장 등으로 구분해서 시장별로 차별화된 대책을 가지고 체계적으로 공략해야 한다. 또한, 규모화된 수출 전문생산단지나 농업법인과 계약재배, 계열화 등을 통해 생산단계부터 품질관리를 차별화하고 유통과 마케팅 등이 통합보드를 통해 일괄해서 추진되어야 한다.[6]

농업이 발전되지 않고 선진국이 된 나라가 없다. 진정한 선진국이 되려면 농업이 선진화되어야 한다는 사실은 네덜란드 농업을 살펴보면서 확인할 수 있다. 농업은 사양산업이 아니고 우리의 오래된 미래이다.

소업대국(小業大國), 유럽의 작은 나라 네덜란드가 세계를 움직이는 힘은 바로 '지식과 혁신'이다. 남보다 앞선 지식과 기술을 가지고 끊임없이 앞으로 나아갔기 때문이다. 한국농업도 지식과 혁신의 길로 나가야 미래가 열릴 수 있다.

농업도 예외 없이 국내시장을 뛰어넘어 세계시장을 상대로 치열한 생존경쟁을 해야만 하는 시대다. 변방의 소국에 지나지 않았던 네덜란드가 수출농업으로 세계 최고의 수출 농업국 위치에 오를 수 있었던 것은 한국의 농업인에게 반면교사(反面敎師)가 될 수 있을 것이다.

네덜란드는 독일, 프랑스 등 강대국에 끼여 고난의 세월이 있었다. 시장은 좁고 땅이 바다보다도 낮을뿐더러 농지가격도 비싸고 햇빛도 부족하여

---

6 민연태, 2009. 한국농업성공의 길 지식과 혁신,

천혜의 농업 조건을 가지고 있지 않다. 그러나 다른 나라에 비해 한발 앞선 기술과 끊임없는 개선 노력으로 경쟁력의 원천을 바꾼 나라가 되었다. 원예 농산물은 기술집약적 첨단생산 기반을 확충하여 품질경쟁력을 앞세우고 가공식품은 부족 원료를 수입하여 부가가치를 입힌 수출방식으로 진화되었다.

▌농식품 수출의 가치와 의미

시대의 흐름을 읽지 못하고 큰 흐름에 따라가지 못하면 종국에는 더 곤란한 처지에 빠질 수밖에 없다. 일본의 시오노나나미가 쓴 '로마인 이야기'에 '이동하는 자 흥하고 성 쌓는 자 망한다'고 했다. 기원전 3세기경 지구 동쪽과 서쪽 양쪽에서 대규모 건설이 이루어졌다. 동쪽에는 중국의 진시황이 천하를 통일하고 만리장성을 쌓아 외부의 길을 차단했지만, 로마는 외부로 뻗어 나갈 도로를 만든 것이다. 한쪽은 폐쇄와 현상 유지로 또 한쪽은 개방과 확장이다. 이것이 향후 동양과 서양의 운명을 가르는 분수령이 되었다.

네덜란드 장미 수출단지 스마트 팜, 지속 가능한 농업을 지향

한국은 국토면적 109위, 인구 25위, 그러나 세계 최고 수준의 IT 강국으로 GDP 규모는 세계 12위, 무역 규모는 1조 달러를 기록하여 9위권의 무역국

이다.[7] 6대 선도산업(조선, IT, 철강, 석유화학, 자동차 등)은 생산설비와 기술력을 바탕으로 우리 경제의 수익원(Cash Cow) 역할을 수행하고 있으며 무역 없이 한국은 상상조차 할 수 없다. 우리나라가 세계무역 대국이 된 과정은 자원 수출이나 재 수출입이 아닌 제조기반으로 무역수지 흑자를 이룬 것이다.

반면에 농축산식품 수출 규모는 69.9억 달러(2019년)로 세계에서 38위에 있다. 국가 전체 수출액인 5242억 달러와 비교하면 매우 작아 보이는 수치지만, 농식품 수출에는 숫자 이상의 가치가 있다는 점을 간과해서는 안 된다.

데이터 모니터가 전 세계 농식품 시장의 규모는 자동차산업, 반도체산업, 철강산업보다 큰 규모로, 이들 3개 시장을 모두 합친 것보다 더 큰 시장이라고 전망한 바가 있다. 세계 농식품 시장은 성장률도 높고 특성상 문화·의학·유통 산업 등과 연계되어 경제적 파급 잠재력이 커서 향후 인구 증가, 소득 증대 등으로 시장규모가 지속해서 확대될 것으로 전망하고 미래산업의 중심이 농식품 산업으로 보고 있다. 더욱이 식품산업은 전후방 산업의 성장을 견인하는 데 중요한 역할을 수행하여 고부가가치 산업이다.

농식품 수출의 가치는 우선, 수출로 수입농산물에 대한 대응력을 확보하여 농업기반을 유지할 수 있으며 수출을 통해서 새로운 시장의 활로를 얻을 수 있다. 원예농산물 파프리카의 경우 국내생산의 약 44%가 해외에 수출되어 시설원예산업의 활성화에 기여한다. 쌀 소비량이 시원치 않은 상황에서 쌀 관련 가공품 수출은 쌀 수급에 기여할 실마리를 마련해줬다. 이렇게 수출을 통해 농업의 생산기반을 튼튼히 하고 농가소득 증대와 국내시장 가격 안정으로 이어질 수 있다.

또한, 수출을 통해 생산 및 유통이 고도화되고 품질경쟁력이 올라가게 되며, 안전성이 선진국 수준으로 향상되는 계기가 된다. 그리고 새로운 소득 작물의 개발을 통해 품종을 개발하고 농업 기술을 촉진하는 등 부가가치를 높일 수 있다.

---

7 무역 활동 기업 수는 약 28만 개, 수입 18만 개 수출 10만 개 기업이 활동

수출농업을 선택해야 하는 이유는 세계적인 무한경쟁에서 공격적으로 우리 농업을 보호하고 발전시킬 수 있는 전략적 방법이기 때문이다. 자유경쟁 시장에서 우리 농식품이 외국의 상품에 비하여 뒤진다면 그 상품은 경쟁력을 잃고 자연도태 될 수밖에 없을 것이다. 그러나 우리 농식품이 수출된다는 것은 경쟁에서 살아남을 수 있다는 증거인 것이다.

식품산업이 활성화되면 농민뿐만 아니라 유통업체, 가공업체, 수출업체 등 생산에서 수출까지 밸류체인(value chain) 과정에서 모두 이익을 볼 수 있다. 사례로서 프랑스 와인의 인기는 결국 포도 농민, 가공업체, 유통업체, 수출업체, 외식 산업체, 관광업체 모두의 이익으로 연결되고 있다.

이렇게 농식품 수출은 수입개방에 공세적 대응과 새로운 유효수요를 창출한다는 측면에서도 그 중요성이 날로 더해가고 있다. 개방화 시대에 농식품이 지속적인 성장산업으로 유지하기 위해 수출은 필수가 됐다.

농업과 연관된 분야도 수출과 연결되어 있다. 씨앗을 파는 종자 시장은 700억 달러 규모의 큰 시장이다. 농기계, 비료, 농약 산업은 2000억 달러의 거대 시장이 있다. 농식품 수출을 위해서 최선을 다하는 과정에서 우리 농업은 다양한 분양에서 획기적으로 변화를 꾀하는 효과를 얻을 수 있다.

수출 인프라와 R&D의 투자확대로 종자, 육묘, 재배, 포장, 가공, 물류, 교육, 컨설팅 등으로 경쟁력 있는 고품질의 농식품 공급이 확대된다. 이를 통해 농업의 가치가 향상되고 이는 선진 농업국으로의 전환점(Turning Point)이 이루어진다. 또한, 재배기술이 선진국 수준으로 향상되어 단위당 생산량이 급증하고, 안전성이 크게 향상되어 국제기준에 부합되게 되는 계기가 된다.

해외 경쟁을 통해 한국 농식품의 가격과 품질경쟁력을 높일 수 있다. 수출을 통해 시장을 확대하는 한편, 내수시장의 한계를 극복하고 또한 신규 수출품목을 발굴하여 새로운 농가의 소득원이 창출되어 농업형태가 기술과 자본이 집약화되고, 농업 전반이 선순환으로 동반 발전하게 되어 선진 농업 체제로 전환되는 계기가 되는 것이다.

막상 농식품 수출을 하려면 많은 장벽이 도사리고 있다. 정치적으로는 중국과의 사드 분쟁, 미국발 보호무역주의, 일본과의 긴장 관계 등 최근의 국제정세는 시장 다변화의 시급성을 절감하게 해주고 있다. 또한, 농식품을 수출하려면 식문화 차이와 농약·병해충 등으로 비관세장벽이 존재하기 때문에 제조업과는 다른 점을 갖고 있다.

농식품은 다른 국가로 수출하려면 검역 통과가 선행조건이 되는데, 그 나라에 없는 바이러스, 균, 해충 등이 발견될 경우 통관이 어렵다. 일반적으로 수입국은 타국의 병해충 유입을 방지하고자 8단계에 걸친 자국 기준에 맞는 수입위험분석절차(SPS : 위생검역 조치 적용에 관한 법)를 거쳐야 수입을 허가하기에 농식품을 수출하는 것은 생각보다 녹록하지 않다.

▍기회와 위기가 공존한다

수출 기회의 요인으로는 우리나라는 일본과 중국은 물론, 동남아시아 VIP(베트남, 인도네시아, 필리핀) 시장, 인도, 중동, CIS 국가를 포괄하여 세계 인구의 절반에 가까운 대규모 농식품 소비시장과 인접한 전략적 요충지이며 아시아지역 식품산업 시장은 세계 전체 식품산업의 약 40%를 차지하는 시장규모이다. 위기의 요인으로는 한국의 농축산물의 수입 규모는 수출보다 몇 배가 많으며 수입 증가의 속도도 매우 높다는 것이다.

서울 기점으로 반경 2000km 이내의 지역에 동경, 북경, 상해, 마닐라 등 주요 도시와 15억 인구, 그리고 거대한 농식품 수입시장이 형성되어 있으며, 이들 시장의 성장세 역시 두드러지고 있다.

우리나라가 속해 있는 아시아지역 식품산업 시장규모는 세계 전체 식품산업의 약 40%를 차지하는 규모다. 더욱이 우리나라와 인접한 아시아 식품시장은 세계 평균보다 빠른 속도다.

전 세계적인 코로나19에 따른 경기침체, 소비심리 위축에도 불구하고 미국으로 김치·음료·라면·곡류 조제품 등의 수출이 대폭 증가했으며, 아세안과 유럽연합(EU)도 김치·면류·과자류·소스류 등의 수출이 많이 늘고 있다.

특히 김치와 라면의 관계, 떡볶이와 고추장의 관계는 서로 뗄 레야 뗄 수 없는 상호 연결된 패키지 식품 관계이다. K-푸드 열풍으로 외국인들도 SNS로 어떤 한국 라면이 맛있는지 어떻게 조리하는지 등 잘 알고 있다. 온라인 비대면 홍보가 적절히 지원된다면 한국의 농식품 패키지 수출은 날개를 달 수 있는 기회가 될 수 있다.

우리나라와 같이 농경지 규모가 아주 작은데도 불구하고 첨단원예, 가공품을 생산하여 대량 수출하는 나라도 있다.

▮ 글로벌 농축산식품 수출통계 ▮

(단위 : 천달러)

	Reporter	2010	2014	2015	2018	2019
	Reporting Total		3,021,228,200	2,700,385,931	3,048,151,561	3,044,110,215
1	United States	112,175,854	149,572,762	133,212,843	139,748,049	136,712,515
2	Netherlands	87,143,397	103,638,645	88,042,970	104,456,959	103,043,461
3	Germany	70,630,526	89,407,742	76,944,976	85,397,279	83,862,064
4	Brazil	62,261,000	80,387,321	72,290,571	81,910,792	77,964,920
5	France	64,627,567	75,973,118	65,925,798	72,801,679	71,359,141
6	China	38,829,375	55,303,747	54,910,027	64,279,137	64,518,340
7	Spain	37,557,227	49,683,184	45,106,172	55,686,050	55,297,825
8	Italy	36,467,446	44,975,151	40,455,524	49,358,842	49,655,793
9	Canada	34,675,260	46,806,889	43,678,628	46,507,728	45,738,310
10	Belgium	36,721,996	45,319,099	39,516,798	46,308,724	44,746,078
11	Argentina	32,547,569	35,566,755	32,684,690	29,176,406	34,079,505
12	Thailand	23,145,905	29,958,419	28,320,508	33,830,749	33,562,922
13	Poland	16,977,643	27,599,547	25,251,907	33,170,275	33,352,682
14	Australia	21,965,233	31,537,244	30,003,357	30,110,179	29,490,209
15	UK	24,301,742	30,720,988	27,742,154	29,654,416	29,421,760
16	Indonesia	23,295,636	30,975,486	28,594,805	31,405,954	28,803,269
17	India	17,089,143	33,762,991	27,506,383	29,526,218	28,697,558

18	Mexico	16,975,701	24,673,408	25,680,829	33,654,429	27,456,576
19	NewZealand	16,076,111	23,780,996	19,367,567	23,328,676	24,276,806
20	Russia	5,837,438	16,107,993	13,425,723	20,636,925	20,094,335
21	Malaysia	21,771,977	24,181,719	20,216,453	20,210,042	19,752,231
22	Turkey	11,640,883	17,351,430	16,128,482	16,789,206	18,754,155
23	Denmark	17,528,574	19,769,192	16,516,435	18,351,760	18,343,605
24	Ireland	10,270,628	13,482,736	12,024,123	14,489,807	14,606,229
25	Austria	11,236,565	13,722,942	11,810,817	14,331,998	14,434,611
26	Singapore	6,764,564	10,533,699	10,029,218	13,154,361	13,595,554
27	Chile	8,697,939	11,428,283	10,959,932	12,231,069	12,162,909
28	Hng Kong	5,961,883	8,082,493	8,754,989	11,832,361	10,667,275
29	Hungary	7,799,096	10,265,231	8,812,382	10,288,220	10,581,459
30	Switzerland	7,464,475	9,624,900	8,826,471	9,649,956	9,578,555
31	Peru	5,200,649	7,178,955	6,817,072	8,854,392	9,472,612
32	South Africa	8,023,360	9,310,639	8,413,209	9,962,798	9,427,013
33	Czech Republic	5,458,810	8,554,401	8,066,781	8,410,046	8,475,340
34	Romania	4,110,791	7,354,466	6,547,932	7,631,433	8,019,423
35	Ecuador	4,772,971	6,820,629	6,725,688	7,331,468	7,383,223
36	Portugal	5,088,481	7,058,152	6,145,759	7,441,885	7,287,963
37	Colombia	5,570,606	7,080,888	6,719,180	7,123,654	7,177,479
38	South Korea	4,114,565	5,809,929	5,790,666	6,682,858	6,992,904

출처 : GTA : Global Trade Atals/ 수산물·임산물 제외

네덜란드를 살펴보면 약 42천km²의 면적으로 세계 136번째, 인구 1700만 명으로 세계에서 60번째로 작은 나라인데, 네덜란드 경제의 상당 부분은 농산물의 생산, 가공, 수출, 수입에 기반을 두고 있다. 미국에 이어 2번째로 큰 농산물 수출국이다. 네덜란드의 2019년 농업부문 수출액은 1030억 달러이며 무역흑자 규모는 무려 338억 달러로 중국과 세계 1~2위를 다투고 있으며, 유럽 시설원예 종주국으로 생산량의 대부분인 70~90%를 수출한다.[8]

네덜란드는 약 1만ha의 첨단 유리온실에서 고품질 화훼, 관상식물, 채소를 생산하고 국내외 가공원료를 이용한 가공식품을 생산하는 한편 전 세계로부터 화훼를 수입하여 중개 무역을 함으로써 수출농업 대국이 되었다. 즉, 네덜란드는 1차 농산물 생산에 국한하지 않고 국내외 원료 농산물을 이용한 가공산업을 발전시켜 농식품 부문 전체의 부가가치를 확대하고 있다.[9]

이러한 네덜란드의 농업은 혁신, 교육, 정보, 품질, 안전성, 과학, 친환경의 카테고리 속에서 혁신이라는 키워드를 찾아내었다. 지속적인 혁신과 기술개발을 통해서 예컨대 수입원료와 첨단기술의 접목을 통한 고부가가치 식품을 제조하고, 이를 수출하여 농업선진국의 입지를 유지하고 있다.

농산물 수출은 생산자원 수출의 고도화와 더불어 제조 가공식품 수출이 선진 농업국의 세계적 흐름이다.

위기의 요인으로는 한국의 농축산물 수입 규모는 274억 달러로 수입기준으로 세계 13위로서 수입의 규모가 줄지 않고 있어 수출보다 수입이 많다. 국내에서 잘 생산되지 않는 품목은 물론, 국내에서 생산되더라도 다양한 무역협정(쌀)과 가격 문제로 수입되는 품목들이 많다.

매년 농산물 무역수지를 계산해보면 많은 적자가 기록되고 이어지고 있다. 여기에 수산물과 임산물을 포함한 전체 수입액은 414억 달러가 넘는다. 우리나라 농림축수산 전체 수출액 대비 수입액이 약 4배 이상 많다. 수입되는 원자재는 주로 국내에서 업소용으로 소모되며 네덜란드식의 수입된 원료를 재가공하여 역외로 수출하는 규모는 크지 않다.

농림축수산 수입액 중에서 농산물이 48.1%(옥수수 21.3억 달러, 밀 10억 달러, 대두 5.8억 달러, 쌀 3억 달러, 참깨 1.2억 달러, 바나나 3.6억 달러, 오렌지 2.5억 달러, 포도 1.7억 달러, 키위 0.9억 달러 등), 축산물이 18.1%(쇠고기 27억 달러, 돼지고기 17.3억 달러, 닭고기 2.5억 달러 등), 임산물이 18.9%, 수산물 14.7%를 차지하고 있다.

---

8 중국은 수출 6위국 645억 달러, 수입 2위국 274억 달러로 무역수지 흑자 1위국
9 임정빈·안동환, 2010, 농식품 수출 활성화 방향과 정책과제

█ 글로벌 농축산식품 수입통계 █

(단위 : 천달러)

	Reporter	2010	2014	2015	2018	2019
	Reporting Total		2,798,610,074	2,582,193,780	2,899,035,236	2,868,341,351
1	United States	85,673,379	118,450,068	120,347,315	137,445,766	140,639,214
2	China	56,642,250	101,668,150	99,121,640	114,753,633	124,942,140
3	Germany	83,463,443	101,362,774	89,708,950	104,156,695	101,317,766
4	Netherlands	53,087,343	66,364,623	60,582,913	70,403,860	69,248,206
5	United Kingdom	54,705,053	66,859,926	62,208,680	64,760,131	63,056,602
6	Japan	54,693,345	60,362,295	55,012,141	61,195,579	61,843,715
7	France	49,905,011	60,120,623	52,244,371	60,660,445	58,745,600
8	Italy	42,506,791	48,742,167	41,644,392	45,457,103	44,212,371
9	Belgium	32,284,849	40,785,214	34,045,105	39,983,352	37,433,152
10	Canada	27,459,486	35,368,597	33,825,668	35,792,431	36,229,787
11	Spain	29,340,470	33,815,918	30,854,110	37,508,999	35,738,800
12	Russia	30,957,516	37,386,506	25,291,561	27,931,037	28,053,914
13	**South Korea**	**17,033,561**	**24,386,735**	**23,085,513**	**27,032,063**	**27,406,279**

출처 : GTA : Global Trade Atals/ 수산물·임산물 제외

　외부적인 위기 요인으로 미증유의 코로나19로 세계 경제가 어려운 상황에 놓여있다. 코로나19 전과 후의 세계시장 동향은 매우 달라지고 있다. 글로벌 소비행태 변화로 온라인 비즈니스 비대면 시장이 커지면서　고전적인 수출의 패턴도 달라질 양상이다.

　여기에 보호무역주의 움직임과 해상운임 및 항공 물류비의 대폭적인 인상은 신선농산물의 장거리 운송에 대한 가격 경쟁력의 약화를 불러올 수 있으며 이에 대한 대비책이 강구되어야 한다.

02 글로벌화와 식품산업

메가트렌드를 논하는 사람들은 세계 인구는 계속 늘어나 2050년이면 세계 인구는 약 90억 명이 될 것으로 전망하고 있다. 따라서 식품산업은 인구 성장과 함께 지속해서 성장할 것이다. 미래학자인 짐데이토(Jim Dator) 하와이대학교 교수가 "장차 식품산업은 항공우주산업보다 더 주목받게 될 것"이라고 말한 것은 이러한 주장과 맥을 같이 한다.

식품산업은 인간의 지혜와 기술을 동원하여 인간의 욕망을 충족시킬 수 있는 식품(재화)에 사용가치를 부여하거나 증가시키고자 처리, 가공, 저장, 유통, 포장 등을 실시해 그 경제성을 높이기 위한 계획적이며 조직적인 경영활동, 혹은 경제행위를 수행하는 산업을 총칭하는 의미다.

세계 식품시장의 성장을 주도하는 품목의 특징은 '편의성'과 '건강'으로 집약된다. 세계의 식품시장을 주목할 필요가 있다. 세계 지역별 식품시장의 성장은 특히 아시아·태평양 지역이 주도할 것으로 예상되며, 서유럽과 중동·아프리카 지역에서도 크게 증가할 것으로 전망하고 있다.

식품산업의 해외 진출은 문화가 전혀 다른 소비자를 대상으로 해야 하고 경제 및 인구구조 등이 상이한 지역에 진출하는 것이므로, 현지국의 까다로운 식품 인허가 규정뿐만 아니라 인프라 구축 및 현지 업체와의 경쟁 등 수없이 많은 위험을 수반하게 된다. 기업들은 이러한 위험을 극복하기 위해 해외 진출기업의 지속가능성을 높이기 위해서는 현지화 전략을 도입하고 있다.

세계 주요 식품기입의 식품 관련 매출액을 보면 세계 1위 식품기업인 네슬레(Nestle 스위스)가 세계 전체 매출액의 2~3% 정도를 점유하고 있다. 네슬레와 코카콜라, 다농 등 다국적 기업들은 한국을 비롯해 중국과 일본 등 전 세계 현지 기업들과 손을 잡고 현지화 전략으로 시장개척에 나서고 있다. 15조 원으로 추산되는 중국 분유 시장은 현재 미국계 기업인 미드존슨,

네슬레, 애보트 등 기업이 안전하고 높은 품질의 분유라는 이미지를 내세워 세계시장을 공략하고 있다. 글로벌 촌은 '식품 전쟁' 中이다.

해외 진출 다변화 글로벌기업으로 성장하기 위해서는 단기적으로는 현재 시장 규모가 크고 성장성이 좋은 중국 및 미국 등에 대한 시장 점유율을 적극적으로 확대하는 것이 필요하지만, 중장기적인 관점에서는 시장잠재력이 있고 성장 가능성이 높은 다양한 국가에 선제적으로 진출함으로써 그 국가의 성장과 함께 제품생산 및 Marketing 전략을 다양화함으로써 매출을 증대시키는 노력을 지속적해서 펼쳐야 한다.

식품기업의 해외 진출은 문화가 전혀 다른 소비자를 대상으로 해야 하고 경제 및 인구구조 등이 상이한 지역에 진출하는 것이므로, 현지국의 까다로운 식품 인허가 규정뿐만 아니라 인프라구축 및 현지 업체와의 경쟁 등 수없이 많은 위험을 수반하게 되며, 기업들은 이러한 위험을 극복하기 위해 많은 노력을 기울이고 있다. 이러한 노력 중 해외 진출기업의 지속가능성을 높이기 위해서는 현지화 전략이 필요하다.[10]

세계 경제가 글로벌화 되는 경향 속에 기업들이 자국에서 생산하여 수출하는 경영활동에서 벗어나 전 세계를 대상으로 생산하고 판매 활동을 수행하는 다국적화 양상을 볼 수 있다.

글로벌화는 일반적으로 기업이 개별국가 시장에 대해 각기 다른 전략을 취하기보다는 전 세계시장을 하나의 시장으로 보고 통합된 전략을 수립하는 것[11]으로 국경에 따른 시장의 구분이 없는 것을 특징으로 한다. 글로벌화 된 환경에서는 상품, 제품의 기술, 서비스가 자유롭게 이동하며 인적 자원과 자본의 흐름도 자유롭다. 국제화란 종전의 국가 단위로 시장이 구성되었던 상황에서 한 국가에 있던 기업이 다른 국가로 진출하는 것을 의미하는데 글로벌화와 비교가 되기도 한다.

글로벌화를 촉진하는 요인을 살펴보면 첫째, 자본 집약적인 생산방식과 규모의 경제이다. 노동집약적인 생산방식에서 자본 집약적인 생산방식으로

10 이상근 딜로이트 안진회계법인. 식품산업의 Global화를 위한 제언
11 Michael Porter, Competition in Global Industries, 1986

전환되고 노동비용은 감소하는 반면에 자본비용이 차지하는 비중이 증가되고 있다. 기업들은 단지 내수시장의 수요만으로는 자본재에 대한 막대한 투자를 감행하기 어렵기 때문에 전 세계시장의 수요를 목표로 삼는다.

둘째, 글로벌화를 촉진 시키는 요인으로 연구개발 투자(R&D)는 산업이 급속도로 글로벌화가 진행되는 촉매제가 되었다. 전 세계시장을 염두에 두고 신제품개발과 판매가 이어질 수 있도록 지속적인 연구투자가 이어지고 있다.

셋째, 과거 이질적이었던 각국의 소비자 수요가 점차 동질화되어 가고 있다. 소비자 수요의 동질화를 이루게 한 것은 커뮤니케이션 기술의 발전이다. 인터넷을 토대로 전 세계의 단일시장 내에서 동일한 것을 보고 느끼고 경험할 수 있게 되면서 소비자의 수요가 전 세계적으로 동시화되고 동질화되어 간다.

넷째, WTO체제 진전에 따라 각국에서 무역장벽이 낮아지고 자본의 이동과 기술이전도 자유로워지고 있다는 점에서 글로벌화는 보다 급속히 진행되고 있다. 글로벌화 된 산업에서는 제품, 기술, 서비스가 각국으로 자유롭게 이동하며 인적 자원과 자본의 흐름도 자유롭게 이루어지고 있다.

세계 경제가 글로벌화 되면서 상품과 서비스는 어느 특정 국가의 국경을 가지지 않고 마음대로 들락거리고 있다. 자본도 자유롭게 이동되고 있다. 투자자들은 세계 도처에 걸쳐 생산입지를 마음대로 선택하여 생산 활동을 할 수 있게 되었다.

이제 국경이라는 말은 경제적 의미로는 더 이상 쓸모없게 되어버린 시대에 살고 있으며 국경 없는 무한한 세계경쟁이 치열하게 펼쳐지고 있다. 이러한 세계화 속에서는 국가나 기업이나 할 것 없이 경쟁적 우위를 갖추지 못하면 쇠퇴해 버리고 만다. 이것이 경쟁의 속성이다.[12]

---

12 장세진, Global Business Management

우물 밖으로 나가는 한국식품

식품산업은 농업의 전방연관 산업으로 그 중요성이 매우 크다. 국내농업의 발전을 위해서는 그동안 정부가 노력을 기울여 온 공급 측면의 경쟁력을 높이는 것도 중요하지만 새로운 수요를 창출하는 등 수요를 증대시키는 노력이 필요하다. 수출농업의 발전적 확대를 위해서는 식품산업의 발전과 새로운 수출 수요를 창출하는 노력이 필연적이다.

우리나라 식품산업은 식품의 소비성향은 고급화, 기호의 다양성, 편의성, 안전성, 기능성에 대한 선호도가 증가하고 있다. 2017년 외형상 식품산업 규모는 218조 원으로 10년 전인 2007년도에 비해서는 2배 이상의 성장을 이뤘다. 여기에 식품유통까지 포함한 시장규모는 471조 원으로 추정하고 있다.

식품시장의 성장을 주도하는 품목의 특징은 '편의성'과 '건강'으로 집약된다. 최근 식품업계에서 간편식이 대세다. 라면이 K푸드(식품 한류) 위상을 공고히 하고 있다. 신종 코로나19 팬데믹으로 세계시장에서 품질이 좋고 공급이 원활한 한국 라면이 조명을 받으면서 라면 수출이 급증하고 있다. 신토불이 한국식 입맛이 세계화로 통한다는 것은 식품 소비자들의 입맛이 세계화됐기 때문이다. 특히 커피와 맥주, 치즈, 과자 등 기호식품은 세계 공통이 된 지 오래됐다. 심지어, 한국의 인삼 보다 스위스의 인삼이 더 인기가 많은 세상이 됐다.

한국 것만 고집해서는 세계시장에서 어렵다. 한류열풍이 거세다지만 토종식품만으로 세계시장을 상대로 파이를 키운다는 것인 한계가 있을 수밖에 없다. 자동차 시장, IT 시장 보다 큰 세계 식품시장을 어떻게 공략할 것인가가 미래 한국 식품산업의 과제이다.

초코파이와 같은 수입원료에 우수 식품기술과 스토리가 접목된 '메이드 인 코리아'제품이 필요하다. 그러나 수입원료 가공식품에 대해선 정부의 지원이 아예 제외되어 있다. 수입산 원재료를 사용한다는 이유에서다. 농민과 정치권의 눈치를 살피는 사이에 부가가치가 높은 식품산업에서 외국에 비해서 엄청나게 밀리고 있다.

식품산업이 세계화되는 길은 원료 공급의 다양화가 필수적이다. 부족한 자원은 수입을 해서라도 부가가치를 키우는 식품산업으로 인식을 바꿔야 한다. 그러기 위해서는 수입산 원재료를 기반으로 하는 가공식품에 대한 정부의 지원도 필요하다. 수입산 원자재와 국내 식재료와 연계성 강화로 기술 개발을 통해 국내뿐 아니라 해외시장을 향해, 세계인들이 좋아하는 기호식품을 만들어내야 한다.

네슬레는 한국에 합작회사(롯데푸드)를 만들어 커피믹스 판매액이 치솟고 있다. 스위스 세계 인삼 제품의 선두주자인 파마톤社는 세계 인삼 시장의 15%인 30억 달러 이상을 수출하고 있다. 백삼에서 추출한 사포닌으로 캡슐 제품인 '진사나'를 생산하고 있다.

우리나라가 인삼 종주국이라고 하지만 인삼 제품 수출액은 2억 달러에 미치지 못한다. 외국인들은 인삼을 다려먹지 않고 캡슐을 선호하는데, 이런 세계의 흐름을 읽지 못한 결과다. 우리가 갖고 있는 장점을 살리지 못한 결과이다.

한국과 유사한 농업환경을 가진 네덜란드의 사례를 통해 우리나라 농업의 나아갈 방향을 가늠해 볼 수 있다. 네덜란드는 우리나라와 경지면적에서 큰 차이가 없음에도 불구하고 농업 강국이 되었다. 네덜란드 농업은 고부가가치 창출 생산구조 전환, 농업 기술 개발, 농업교육의 인프라구축 등으로 기술과 자본 집약적 농업으로 변신하였다. 특히 푸드밸리 조성 등을 통해 농업과 식품산업이 융합하여 발전하면서 농식품산업 강국으로 변모한 세계적인 사례로 주목을 받아왔다.

우리나라는 지정학적으로 동북아 중심에 있다. 우리나라는 대규모 시장을 가진 중국과 일본 사이에 놓여 있어서 이 지역 시장의 접근성이 매우 좋다. 따라서 농업이 글로벌 경쟁력을 갖출 수 있다면 식품산업의 성장 가능성은 매우 높다고 할 수 있다.

인구 14억 명이 넘는 거대 중국시장은 수입식품의 블랙홀이다. 중국의 식품산업 매출액은 1000조 원이 넘은지 오래되었다. 그러나 대 중국 식품 수출액은 아직 기대만큼 많지가 않다. 하지만 한국식품에 대한 중국 식품시장은 낙관적이다. 중국의 식품업체들은 '메이드 인 코리아'(made in Korea) 딱지를 붙여 중국에 역수출하는 방안에 매력을 느끼고 있다.

이제는 농업과 식품의 연계를 통한 농식품 산업으로 발전시키기 위한 기반 마련과 글로벌 경쟁력을 갖출 수 있는 환경 조성을 위한 정책 마련도 필요하다. 급변하는 미래기술과 융합시대에 발 빠르게 대처하지 않는다면 경쟁에서 한순간에 뒤처질 것이다.

세계 3대 식품단지는 네덜란드 푸드밸리와 이탈리아 에밀리아로마냐, 미국 나파밸리가 있다. 한국형 '익산 국가식품클러스터'도 해외식품 공략의 전초기지로 가동을 시작하고 있어 앞으로 역할이 기대되고 있다.

▌세계 농식품 시장과 대응

2019년 우리나라 식품산업 생산은 81조 원으로 최근 3년간 3.9%의 성장을 보였다. 우리나라는 몇몇 국내 식품기업들이 해외에 활발하게 진출하고 있으나 대부분 해외 인지도 부족으로 글로벌 식품기업과의 경쟁은 어려운 실정이다. 포춘 글로벌 500에 포함된 국내 기업은 17개이지만 그 중 식품기업은 전무하다.

농식품 관세는 공산품보다 높으며, OECD 국가의 2015년 농산물 평균 실행관세는 7.4%로 공산품 실행관세 2.2% 보다 3배 이상 높다. 전 세계적으로 볼 때 농산물 WTO 양허관세가 실행관세의 약 6배 수준으로 양허관세와 실행관세의 격차도 상당하다. 농식품 생산은 여러 나라에 걸쳐 분업화되면서 1차 농산물 생산에서 식품·의류 등 다른 제품으로 가공, 마케팅 등 농식품 가치사슬의 글로벌화가 진행되고 있다.

농식품 무역에 영향을 미치는 위생·검역조치(SPS), 기술규정(TBT) 등 비관세조치(NTMs) 관련 국제 협력 강화 필요하다. 비관세조치는 농식품 가격에 상당한 영향을 미칠 뿐만 아니라, 같은 목적의 제도임에도 규제 요건은 국가마다 다른 경우가 많다. 특히 유기 농산물, 잔류 농약 관련 규제의 국가 간 상이성이 무역 비용증가에 큰 영향을 끼친다.[13]

농업생산과 농업정책의 변화에 따라 세계 식품 시스템의 통합이 진전되고 있다.

세계 식품시장 규모는 시장조사 전문기관인 영국의 GlobalDate에 의하면 세계 식품시장은 성장이 꾸준히 확대되어, 2011년 4.8조 달러에서 2017년 6.2조 달러로 성장하였고 세계 식품시장은 음료와 식료품이 성장을 주도하며 2020년에는 7조 달러를 돌파하리라 예상한다. 2017년 기준으로 식품시장이 3.04조 달러, 음료시장이 2조 69조 달러, 담배시장 0.62조 달러로 음료의 비중이 증가하고 담배는 감소하는 추세다.

품목별로 보면 시장규모가 각 3000억 달러 이상이면서 향후 성장률도 큰 폭으로 증가할 품목으로는 청량음료, 증류주, 맥주 등의 음료류와 제과제빵 및 시리얼류 등이다. 시장규모는 각 2000억 달러 미만으로 작은 편이나 성장률이 높은 식품은 파스타와 면류, 짭잘한 스낵과자인 세이보리스낵(savory snack), 유지류, 해산물, 아이스크림 등이다. 세계 식품시장은 최근 5년간 연 3.2% 성장하였으며, 향후에는 연 4.0% 성장할 것으로 전망하고 있다.[14]

❘ 세계 10대 식품기업 현황 ❘

순위	기업명	국가	매출('14년)	주요상품
1	Nestle	스위스	1000억 달러	유제품
2	Mondelez International	미국	340억 달러	과자, 음료
3	Archer Daniels Midland	미국	812억 달러	식물기름, 육류
4	Danone	프랑스	280억 달러	유제품, 물
5	Wilmar International	싱가폴	430억 달러	팜오일, 설탕제품
6	General Mills	미국	172억 달러	소매용 식품 제조
7	Kraft Foods	미국	182억 달러	음료 치즈, 냉장 식품
8	JBS	브라질	511억 달러	육류
9	Associated British Foods	영국	214억 달러	설탕, 곡류
10	Tyson Foods	미국	395억 달러	닭, 소고기, 돼지고기 등 육류

출처 : Forbes Global 2000 Food Processing

---

13 참고 : 농식품 시장, 무역의 변화와 개혁 전망
14 2017년 한국농촌경제연구원 보도자료

4차 산업혁명과 농업

농업의 환경은 다양한 경제적·사회적·기술적 요인에 영향을 받으며 변화를 거듭하여 왔다. 변화하는 농업 환경 속에 스마트 농업, 다시 그리는 농업의 가치사슬이 있다. 2000년대 들어서는 4차 산업혁명의 핵심 기술이 적용되어 농작업의 무인화·지능화를 이루고, 농업에서, 없어서는 안 될 요소인 노동력, 지식, 경험 등을 데이터가 대신하는 새로운 시대에 접어들었다. 바야흐로 농업 4.0 시대를 맞이한 것이다.

불과 150년 전까지만 해도 세계 생산인구의 90%가 종사하던 농업이 이제는 5% 정도만이 남아 있다. 4차 산업혁명은 친 농업적 기술 혁명이 될 것으로 본다. 미국, 일본 등 농업선진국은 기후변화, 고령화 등의 문제해결을 위해 기계화·자동화·첨단화를 급속하게 진행하였고, 이에 제4차 산업혁명은 농업의 규모화 및 기업화가 가속화되는 계기로 작용하고 있다.

스마트팜(Smart Farming)이란 ICT 등 스마트 기술을 접목해 가축 및 작물의 생육환경을 시간·공간에 따른 제약 없이 적정 수준으로 제어·관리할 수 있는 농장을 의미한다. 즉, 스마트팜에서는 IoT(사물인터넷), 클라우드 등의 기술로 농작물 재배시설의 온도와 습도, 일조량 등을 측정·분석하고 모바일 기기를 통해 작물의 생육환경을 원격으로 제어한다. 오늘날 이 같은 스마트팜 분야에서는 농업의 효율성을 극대화하는 정밀농업이 중심이 되어 구현되고 있다. 정밀농업은 각종 ICT를 활용해 비료, 물, 노동력 등의 투입 자원을 최소화하면서 생산량을 최대화하는 생산방식이다. 스마트팜은 시설원예, 노지 농업, 축산 등의 분야에 속하는 농업경영체를 중심으로 이뤄져 있다. 농업의 밸류체인 전체를 두고 볼 때 생산단계에 초점이 맞춰져 있다. 시설원예 분야에서의 스마트화는 폐쇄된 온실·암실과 같은 실내에서의 농작물 생육환경을 실시간으로 제어하는 '컨트롤 로직'과 '제어 알고리즘'을 개발하여 탑재한 제어 모듈·솔루션을 핵심으로 하여 구동된다.

스마트 농업(Smart Agriculture)이란 농업과 ICT(정보통신기술), BT(생명공학기술), GT(유전공학기술), ET(환경공학기술) 등 다양한 첨단기술의 융복합이 이뤄짐에 따라 스마트팜은 스마트 농업이라는 보다 발전된 형태로 점차 진화해나가고 있다.

┃ 스마트 농업으로 인한 효과 ┃

	전통 농업 중심	스마트 농업 중심
편의성	시간과 장소에 구속됨	시간, 공간 제약없이 모니터링 및 제어 가능
노하우	현장인력, 개인역량의 농사 경험에 의존	인력 노하우 중심에서 프로세스와 시스템 중심으로 전환
소득	생산에만 집중	생산·2차 가공과 직거래

출처 : 삼정 경제연구원

스마트 농업은 기존 농업에 혁신적인 기술을 적용하는 것을 아우르는 표현으로 종종 일컬어진다. 스마트 농업을 정의하는 명확한 기준은 아직까지 정해져 있지 않다. 스마트 농업은 ICT를 비롯한 각종 첨단기술을 농업 밸류체인의 생산단계를 비롯해 종자 개발, 생산, 관리, 가공 유통, 소비 등 농업 전후방 산업에 접목해 농장뿐만 아니라 농업 전체의 스마트화를 도모하는 개념으로 정의하기도 한다.[15]

2014년부터 시작된 'ICT 융복합 확산-스마트팜 시설보급' 지원사업은 시설원예, 과수, 축산의 3대 분야로 나누어 추진되고 있으며, 시설현대화사업과 동시에 추진함으로써 기반을 확대하고 농가의 투자 부담을 완화하고 있다.

시설원예 분야, 'ICT 융복합 확산-스마트팜 시설보급' 사업이 추진되고 있으며, 양액기와 같은 ICT 기반구축 시설 장비는 '시설원예현대화사업'으로 별도로 신청하도록 되어 있다.

과수 분야, '과수분야 스마트팜 확산' 사업으로 운영되며, ICT 기반구축 시설 장비는 신청 가능하지만 '과수 고품질시설현대화·원예현대화사업'에서 지원되는 시설·장비에 한정하고 있다.

---

[15] 삼정 경제연구원(119호), 2019, 스마트 농업, 다시 그리는 농업의 가치사슬

　축산 분야, '축산분야 ICT 융복합 확산' 사업으로 운영되며, ICT 연계를 위한 시설장비, 예를 들면 환풍기, 냉난방기 등의 환경제어, 정전·화재감시, 모돈 발정 체크기, 부화기, 컴퓨터용 액상 급이기 등을 지원하고 있다.

　국내의 스마트 농업의 보급과 관련한 농업시장 규모는 약 5조 원에 이른다. 센서 및 네트워크 기반의 지능형 농 작업기, 스마트 농업 생산시스템, 식물공장 기술 등이 주요 산업기술인데 시설원예 및 축산 등에 집중되어 있다. 2018년 기준 스마트팜 보급사업 참여기업은 323업체가 등록(축산 116, 과수 25, 시설원예 182업체)되었다.

　향후, 농업생산 분야는 '스마트팜', '정밀 농업기계' 등으로 확대될 것이다. 농약 살포 드론, 무인 트랙터, 자동 수확기 등의 지능형 농기계 및 농업·축산용 로봇의 상용화가 진행된다.

　노동인구의 고령화로 인한 노동력 부족 해결을 위해 농업 로봇의 경우 빅데이터, 인공지능 등이 결합하여 개별 로봇들이 단일로봇으로 통합된 형태로 발전할 것이다. 즉 파종, 제초, 방제, 관수, 수확, 유통의 전 과정을 무인 자동화하여, 사람은 시스템의 관리 및 운영 계획수립에 제한적으로 관여할 것이다. 또한 센서, 정보시스템, 기계, 정보관리 등 다양한 기술이 융복합된 정밀농업의 발전으로 자원의 효율적 이용이 가능할 것이다. 빅데이터 활용 농업 서비스 플랫폼 등을 통해 재배환경 데이터 등을 수집하고 시장 선호도 분석에 따라 시장 판매 추이 파악도 가능할 것이다. 재배환경 데이터 및 병해충 정보, 기후, 위성, 기상정보, 토양의 비옥도 및 지형 관련 정보 등을 수집하고 농가에 서비스하여 최적의 생산 환경 조성과 생산량 제고가 가능할 것이다.[16]

　이와 같이 농업과 첨단기술의 융합을 통해 다양한 신사업이 창출됨에 따라 향후에 한국의 농업은 스마트팜, 스마트 농업과 관련한 시설원예농업의 스마트 온실, 축산업의 스마트축사 확산·적용에 무수한 기회를 마주하게 될 것으로 보인다. 스마트 팜은 첨단시설을 갖춘 농장이 목적이 되어서는 안 된다. 지속 가능한 농업을 지향할 수 있는 과정일 뿐이다.

16 출처 : 농기평, 2016. 07, 제4차 산업과 농업혁명

▍반도체보다 짭짤한 종자산업

지금의 시대는 국제정치적 비교 이익 때문에 자유무역의 원칙이 언제든지 어긋날 수 있다. 공산품의 국산화만큼 어려운 것이 농산물의 국산화다. 농업 분야도 국산화 비율을 높여야 한다. 세계 종자 시장은 독과점 체제로 형성되어 가고 있다. 따라서 종자의 국산화가 중요하다. 종자 산업은 오랜 시간의 투자가 소요되는 종자 개발 특성으로 인해 자본과 기술력을 가진 글로벌 대기업들이 세계 종자시장을 주도하고 있다.

우리나라의 2019년 기준, 채소 종자의 총 수입액은 7천만 달러(807억 원)로 2010년 3900만 달러보다 80%나 늘어났다. 고추·단고추 1100만 달러, 토마토 940만 달러, 양파 1300만 달러 등이 수입된다.

▍2019년 채소종자 수입현황(단위 : kg, 천 달러)▍

작물	총수입 (A+B)			순수입 (A)			해외채종 (B)		
	수량	금액	%	수량	금액	%	수량	금액	%
계	1,707,629	69,899	100	307,397	19,986	100	1,400,232	49,913	100
고추	39,669	6,343	9	0	0	0	39,669	6,343	13
단고추	309	5,040	7	165	4,793	24	144	247	0
당근	56,037	3,100	4	3,242	1,094	5	52,795	2,006	4
무	811,990	9,698	14	157,894	1,357	7	654,095	8,341	17
배추	142,780	1,821	3	47	36	0	142,733	1,785	4
브로콜리	38,742	1,477	2	31,518	802	4	7,224	675	1
상추	35,085	1,124	2	1,375	374	2	33,710	751	2
수박	18,740	3,081	4	48	36	0	18,691	3,045	6
시금치	247,981	2,915	4	86,781	1,360	7	161,200	1,555	3
양배추	48,367	2,750	4	1,007	302	2	47,360	2,447	5
양파	43,813	12,854	18	12,091	4,731	24	31,722	7,852	16
오이	16,037	1,414	2	0	2	0	16,036	1,412	3
참외	920	588	1	0	0	0	920	588	1
토마토	6,896	9,379	13	175	3,162	16	6,721	6,218	12
파	65,955	2,957	4	8,029	466	2	57,926	2,491	5
호박	134,310	5,629	8	5,025	1,472	7	129,285	4,157	8

출처 : 한국 종자협회

　지금의 시대는 국제정치적 비교 이익 때문에 자유무역의 원칙이 언제든지 어긋날 수 있다. 공산품의 국산화만큼 어려운 것이 농산물의 국산화다. 농업 분야도 국산화 비율을 높여야 한다. 세계 종자 시장은 독과점 체제로 형성되어 가고 있다. 따라서 종자의 국산화가 중요하다. 종자 산업은 오랜 시간의 투자가 소요되는 종자 개발 특성으로 인해 자본과 기술력을 가진 글로벌 대기업들이 세계 종자 시장을 주도하고 있다.

　유전(遺傳)자원은 미래의 보고(寶庫). 토마토, 파프리카 등의 종잣값이 금값을 넘어선 지 오래이다. 2020년 한국거래소 기준 가격으로 최근 1년 간 순금 1g은 최고 7만 원대에 거래됐다. 반면에 몇몇 파프리카 종자는 1g당 10만 원이 넘게 거래되고 있으며, 토마토 종자도 1g당 12만 원에 거래되는 경우가 있다. 특히나 종자 1g의 가치는 씨앗 자체 이외에 재배되는 농산물과 관련 농기자재, 수확 후 가공 및 유통에 이르기까지 그 부가가치가 더욱 크다.

　세계의 종자 기업 10개사가 글로벌 종자 시장의 70% 이상을 차지하고 있다. 특히 글로벌 종자 기업들은 M&A를 통한 시장 점유율을 확대해 과점 현상이 심화하고 있다.

　제2의 반도체 산업으로 불리는 종자는 미국과 중국이 전체의 약 50%를 차지한 가운데 세계 각국은 종자 주권 확보에 여념이 없다. 세계 종자 연관 산업은 780억 달러(86조 원)로 추정되며, 이 중에서 옥수수, 콩 등 농산물 종자 시장은 약 400억 달러로 커졌다.

　세계의 종자 산업은 연 5%씩 성장하는 블루오션이다. 이에 각국은 종자 보존에 심혈을 기울이고 있다. 노르웨이는 전 세계 종자 약 97만 점을 보관하는 현대판 노아의 방주 '글로벌 시드 볼트'를 운영하고 있다. 종자 시장의 1~2위는 미국, 3위는 중국기업이다.

　반면에 국내 종자 산업은 1997년 11월 IMF 구제금융 사태가 터지면서 보유하고 있던 대부분의 종자 주권을 상실했다. 우리나라 상위 5대 종자회사 중 4개 회사가 외국기업으로 팔려나갔다. 이와 함께 토종 종자는 물론 육종 기술과 인력까지 죄다 외국기업에 넘어갔다.

당시 국내 1위 업체인 흥농종묘와 3위 업체인 중앙종묘가 멕시코의 다국적 종자회사인 세미니스에 팔렸다. 국내 2위 업체인 서울종묘는 스위스에 본사를 둔 다국적 기업 노바티스에 팔려나갔다. 국내 4위 업체인 청원종묘도 일본 종자회사인 사카타에 인수합병 됐다.

이후 2005년에 몬산토가 세미니스를 인수하며 세계 최대 종자회사가 되면서 흥농종묘와 중앙종묘는 몬산토의 소유가 되었다. 현재는 LG그룹의 팜한농(동부팜한농)이 2012년 몬산토의 종자 일부를 인수하면서 흥농종묘와 중앙종묘의 종자를 소유하고 있다.

국내 종자 산업은 IMF 이후 다국적 기업이 국내 주요 종자회사들을 인수합병한 이후 구조조정과 여기에서 독립되어 나온 개인 육종가가 늘어나면서 소규모 종자 업체들이 늘어나 현재 약 2500개 업체가 등록되어 있다.

6차 산업으로 불리는 농업에서 핵심도 결국 종자에 달렸다. 2014년부터 2018년까지 최근 5년 동안 우리나라가 해외 국가에 지출한 종자 로열티는 590억 원에 달한다.

같은 기간 우리나라가 벌어들인 종자 로열티는 약 15억 원으로 로열티 지출액의 2.6%에 불과했다. 그나마 다행인 것은 우리나라가 외국에 지출한 종자 로열티가 지속적해서 감소추세인 점이다.

상대적으로 낙후된 종자 산업을 미래 성장산업으로 발전시키기 위해 우리나라 정부는 황금씨앗 '골든 시드 프로젝트(Golden Seed Project)'사업을 시행해왔다. GSP 사업은 파프리카·양파·배추·버섯·감귤·감자에서 돼지·닭·미역까지 20여 품목의 종자 개발을 연구 대상으로 하고 있다.

보통 하나의 품종이 개발되기 위해서는 작물에 따라 7~15년의 오랜 연구 기간과 기술, 노동력, 비용 등이 함께 소요된다. 특히 개발된 신품종이라도 재배 농가와 시장에 안정적으로 정착하기 위해서는 추가로 5년 이상의 시간이 필요하다. 우수한 품종이 지속적으로 개발되기 위해서는 품종개발 연구에 매진할 수 있는 제도와 여건 마련이 중요하다.

 벼·보리·고추·배추·수박·양배추·상추 등 일부 작물의 경우 종자 국산화율은 100%로 올라섰다. 그러나 한국의 전체 종자 자급률은 여전히 많이 미흡하다.

양파 종자(중만생종)의 80%가 일본 품종이다. 과일 중에서 국산 종자 자급률이 낮은 포도는 4.0%에 불과하고, 배 14.0%, 사과 19.0%, 제주 감귤 90%가 일본 품종이며, 파프리카의 대부분도 외국 종자다. 난(蘭)은 18.0%의 보급률에 그친다. 국산 장미 자급률은 30%다. 장미 1주당 적게는 1달러, 많게는 3달러씩 로열티로 지급한다. 우리가 해외에 내는 화훼 관련 로열티는 1년에 100억 원 이상이다.[17]

청양고추는 중앙종묘가 태국 고추와 제주도 고추를 잡종 교배해 개발했다. 그러나 1997년 외환위기 때 중앙종묘가 미국 몬산토에 매각되면서 로열티로 지급하는 금액이 한해에 100억 원 정도로 추정된다.

2012년 동부팜한농이 몬산토 코리아를 인수하면서 삼복 꿀수박, 불암 배추 등 채소 종자 300여 품종에 대한 특허권을 인수했다. 그러나 채소시장에서 가장 비중이 많은 고추, 토마토, 파프리카 등 많은 국내 토종 종자들이 여전히 몬산토의 권리로 남아 있다. 국내 기업이 개발하고 재배해 오던 많은 토종 종자들이 현재는 로열티를 내지 않으면 더 이상 재배할 수 없게 된 것이다.

로열티의 중요성을 보여주는 예가 있다. 씨 없는 청포도 '샤인머스켓'이다. 원래 샤인머스켓은 일본에서 1988년 개발했다. 일본이 샤인머스켓의 상품화 성공을 예상하지 못하여 품종 등록을 망설이는 동안 우리나라가 이를 국내로 도입해 한국형으로 개량해 심었다. 이렇게 해서 한 송이에 1만 원이 넘는 샤인머스켓을 로열티 없이 먹고 있다.

 우리가 즐겨 먹고 있는 후지 사과, 신고 배, 조생 감귤, 백도 복숭아, 거봉 등이 일본에서 개발된 품종이다. 이로 인해 한 해 동안 일본 품종을 쓰는 대가로 수백억 원의 로열티가 나가고 있다.

---

17 https://news.joins.com/article/23398988

그만큼 종자는 수입 의존도가 높다. 로열티를 지급해야 하는 작물은 종자가 아닌 식물체를 줄기나 뿌리 등에 의해 개체를 증식하는 영양번식 하여 증식할 수 있는 화훼나 과수 작물이 대부분이다.

더도 덜도 말고 딸기만 같아라. 딸기는 세계 생산량 기준으로 한국이 3위다. 원예작물 중 생산액이 가장 많고 농가 소득이 높은 주요 작물이다. 2005년까지는 국산 종자 자급률은 9%에 불과했다. 국내 재배 품종의 90% 이상이 육보(레드펄), 장희(아키히메) 등 일본 품종이었고 2006년 한·일간 로열티 협상 당시 연간 30억 원 내외의 로열티(품종사용료)를 부담해야했다.[18]

이후 국산종자 개발을 위한 산·학·관 R&D 추진과 협업의 결과로 2016년 '매향'과 '설향' 및 '죽향'의 개발로 딸기 국산 종자 자급률 90%를 달성함으로써 로열티 부담에서 완전히 벗어났다.

현재 국내 재배 면적의 84% 정도가 설향이다. 매향은 과실이 작아 내수용 보다는 저장성이 좋아 주로 홍콩 등 동남아시아를 중심으로 한 신선딸기 수출 주력 품종이다. 딸기는 연간 약 5000만 달러를 해외로 수출하는데 그 중에서 약 70~80% 정도가 매향 품종으로 수출되고 있다.

　　네덜란드 종자산업. 네덜란드 종자 산업은 2016년 기준 종자 수출액이 18억 유로로 세계 1위. 전 세계 원예 종자 교역량의 액 40% 정도가 네덜란드산이다. 유럽 내 종자 분야 특허의 약 30%는 네덜란드산이며 채소 종자의 경우 60%가 넘는다.

　　네덜란드 종자회사 Rijk Zwaan은 세계적 기업 중 하나이다. 전 세계 종자 시장의 74%는 상위 10개 업체가 점유하고 있다. Rijk Zwaan의 주 상품은 과일·채소, 잎 작물, 뿌리 작물, 다양한 종류의 양배추 종자이며, 1000개가 넘는 종자를 제공하고 있다. Rijk Zwaan의 매출액은 2007년 4억 2000만 유로를 기록한 바 있다. Rijk Zwaan은 기업 이익의 대부분을 연구·개발에 투자하고 있다.

　　노르트홀란트州에 있는 Enza Zaden 회사는 한국에 파프리카 종자를 수출하고 있다. 1000여 개의 품종을 개발했으며, Bejo Zaden 회사는 50종의 야채에 대해 각기 다른 1000여 가지 종자를 개발하고 있다. 네덜란드 품종개발 분야는 시드밸리와 함께 빠르게 성장 중이다. 현재 시드밸리 내 채소, 원예 품종개발과 관련하여 총 35개 업체가 있으며, 시드밸리 지역의 식품개발 소재와 기술은 전 세계로 수출되고 있다. 네덜란드 종자회사들은 매출의 15~30%를 종자 개발·연구에 투자하고 있다.[19]

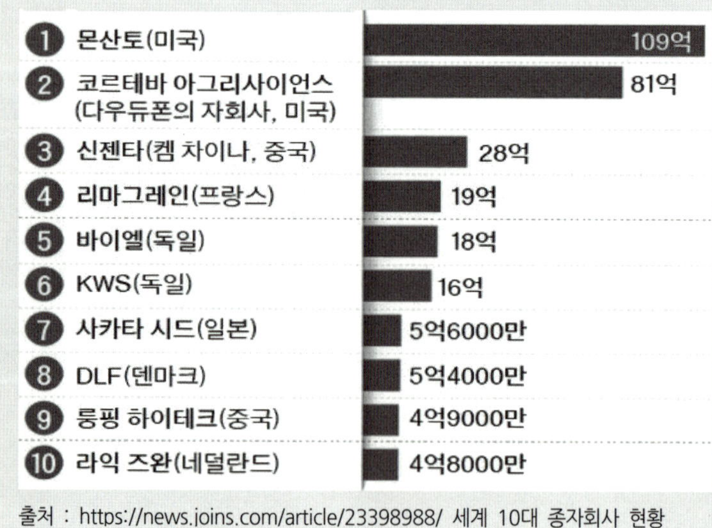

출처 : https://news.joins.com/article/23398988/ 세계 10대 종자회사 현황

---

19 출처 : Kotra, 네덜란드 암스테르담무역관

03 Chapter · FTA 위기를 기회로

▌ 제2차 세계대전은 무역장벽과 관계가 있다

1929년 미국 주식시장의 주가 대폭락으로 인해 전 세계로 파급된 세계 대공황으로 힘들었을 때, 당시 경제 대국 미국이 불황을 해결하려고 보호무역 정책을 실시하였다. 수입품에 대한 관세를 무려 60%나 올려버렸다. 미국이 이렇게 관세를 올리니 무역 상대국인 캐나다나, 영국 등 23개국도 미국의 보호무역에 대한 보복관세를 적용하였고, 이러한 보호무역주의의 전 세계 확산으로 세계 무역이 약 79%나 감소하였다.

나라마다 수출과 수입이 막히니 물건의 생산과 판매가 어려워졌다. 산업은 멈추고 실업자가 급증해서 세계 경제 불황이 더욱 심해졌다. 무역장벽이 높아지고 보호무역이 세계적으로 확산하자 당시에 선진국으로 도약하려던 독일, 이탈리아, 일본 등이 경제난을 겪게 되었고, 이들이 무력으로 경제난을 해결하려 들면서 제2차 세계대전이 발발하게 된 것이다. 다시 말해 무역장벽이 전쟁 원인 중 하나였다.

관세 및 무역에 관한 일반협정, 세계무역규범 GATT

세계 각국은 무역장벽으로 인한 비극을 반복하지 않기 위해 1947년 13개국이 참가해 관세 및 무역에 관한 일반협정, 즉 GATT 협정을 체결한다. GATT의 설립목적은 세계가 함께 경제적으로 협력하고, 자유무역을 확대함으로써 무역장벽을 완화하고, 차별대우 폐지를 통해 범세계적인 경제협력과 무역을 확대하는 것이다.

이를 위해 회원국 모두가 참여하는 다자간 무역협상 즉, 라운드를 통해 관세를 점차 낮추는 등 무역장벽을 완화하기 위해 노력하게 된다.

우리나라는 1967년 71번째 회원국으로 GATT에 가입하였는데, 이것은 당시에 수출중심의 경제개발을 하던 우리나라에 큰 도움이 되어 수출주도형 경제성장의 발판을 마련하게 되었다.

1947년	1967년	1994년	1995년	2001년	2004년
GATT 출범	한국 GATT가입	UR 라운드	WTO 출범	DDA 채택	한·칠레 FTA

우선 무역 상대 국가별로 어렵게 개별적으로 무역협상을 하지 않고도 가입과 동시에 GATT 전체 회원국과 무역협정을 맺는 효과를 얻었다. 특히 가장 유리한 혜택을 받는 국가와 동등하게 대우하는 최혜국대우나 외국 상품을 자국 상품과 동등하게 대우하는 내국민대우 같은 GATT 원칙에 따라 한국의 수출은 차별 없이 관세 혜택을 받게 되었다.

GATT 가입과 함께 한국의 무역은 날개를 달게 되었고 비약적인 성장을 이루게 되었다.

GATT의 한계와 WTO의 출범

1, 2차 오일쇼크로 세계 경제가 침체를 겪던 1980년대 세계적으로 보호무역주의가 되살아나면서 선진국의 통상압력과 국가 간 무역 분쟁이 늘어나기 시작했다. 하지만 GATT는 이런 국제무역 질서의 혼란을 막을 수 없었다. 국제기구가 아닌 단순한 협정에 의한 사무국 성격에 불과하고, 국제기구로서의 체제 미비, 분쟁에 대한 법적 구속력이 미미한 것이 GATT의 한계로 대두되었다.

이런 문제를 해결하고자 1986년 새로운 국제무역질서 정립을 위한 제8차 다자간무역협상, 우루과이 라운드가 시작되어 마침내 1994년 4월 우루과이 라운드 최종 의정서 서명이 있었고, 1995년 세계무역기구 WTO(세계무역기구)가 정식 출범했다. GATT의 무역자유화 원칙을 이어받은 WTO는 강력한 권한을 가진 공식적 국제기구로 국제간 무역 분쟁을 판결하고, 그 결과를 이행하지 않을 경우 다른 품목에 관세를 부과할 수 있도록 하는 보복 권한을 주었다. 또한 공산품에 국한되었던 GATT와 다르게 1차 산업인 농산물에

서부터 서비스, 지적 재산권 같은 3차 산업의 상품에 대한 무역까지 그 논의
범위가 확대되었다.

▌GATT의 각종 라운드와 평균 관세율의 변화 추이 ▌

출처 : Center for Internationnal Economics(GATT)

　이러한 분쟁 조정 능력과 무역 범위의 확대로 인해 개발도상국과 구 공산
권 국가의 가입이 증가했다. GATT 체제 당시 128개국이었던 가입국은 현재
160여 개국으로 늘어났고, 전 세계 무역량의 98%가 WTO 체제로 편입되었다.
　그동안 선진국의 통상압력에 시달리던 우리나라는 WTO의 분쟁 해결 제
도를 적극적으로 활용했다. 미국 중심의 교역상대국도 중국 등 신규회원국
으로 다변화되었고, 중요 수출품도 1972년 신발, 의류, 가발, 수산물 등에서
최근에는 전자, 선박, 자동차, 휴대폰, TV, 철광 등으로 다양화되면서 안정
적인 수출성장을 유지할 수 있었다.

FTA 시대의 도래, 위기를 기회로

2001년 카타르에서 개최된 도하 라운드 협상에서 개발중심의 도하개발 어젠다(DDA)를 채택하고, 새로운 다자간 무역협상을 통해 무역자유화와 개발도상국 경제개발 지원에 초점을 맞춰 새로운 무역질서에 대해 논의했지만, 선진국과 개발도상국 간의 의견 차이로 타결 없이 난항을 거듭하게 된다. WTO 가입국 증가로 WTO 외연은 확대되었지만, 선진국과 개도국 등 다양한 국가가 합의에 도달하기는 더 어려워졌다.

모든 것이 타결되기 전에는 아무것도 타결된 것이 아니다. 모든 회원국이 동의해야 하고 일괄타결방식인 WTO의 다자간 무역협상이 급변하는 세계경제에 효율적으로 대처하지 못하자 각국은 협상 타결이 빠르고 즉시 효과를 볼 수 있는 자유무역협정 FTA로 눈을 돌리게 된다.

FTA는 상호 무역 증진을 위해 2개 이상 국가 간에 관세와 비관세를 완화 또는 철폐하는 특혜무역 협정이다. 체결 국가 간에 협정한 낮은 관세로 무역을 하는 FTA는 양자주의·특혜주의로 WTO의 다자주의·무차별 주의의 원칙에 위배된다. 하지만 WTO도 FTA를 허용하고 있다. 다자간 무역협정보다 자유무역 협상이 빠르고 궁극적으로는 세계 무역 자유화에 기여한다고 보는 것이다.

FTA 위기를 기회로

세계에서 가장 가난했던 나라 한국은 대외무역을 통해 성장한 나라이다. GATT, WTO, FTA와 같은 무역협정에 참여해 수출의 기회를 잡고 경제발전의 발판으로 삼았다.

2004년 한-칠레 FTA를 시작으로 미국, 중국, EU, 인도 등과 FTA 협상 체결을 통해 거대 자유무역 시장을 확보하였다. 이에 따라 FTA를 통해 특혜관세 대상국을 중심으로 수출이 증가세를 보이며, 농식품 수출환경에 긍정적으로 작용하고 있다. 자유무역의 가치와 원칙은 최근 미국발 보호무역주의 부흥과 대면되고 있다.

세계 자유무역의 흐름은 WTO가 주도하는 다자간 자유무역협상이 지지부진해지면서 1990년대 말부터 점차 '양국 간 자유무역협정' 즉 FTA의 활성화로 이어졌다. FTA는 원칙적으로 관세철폐라는 높은 수준의 자유화를 목표로 하고 있다.

FTA로 농식품 산업에는 위기와 기회 요인이 동시에 존재하지만, 그것을 잘 극복하면 그 과정에서 농업이 한 단계 더 발전할 수 있다. FTA로 손실은 최소화하고 이익을 최대화하는 데 지혜를 모아야 한다.

오늘날의 수출여건은 FTA 협상과 시장개방 확대 가속화로 국제시장에서 경쟁이 더욱 심화하는 현상을 보이고 있다. 우리나라 입장에서는 국내 농업에 대한 부정적인 파급효과도 있지만, 수출증대의 가능성 또한 높아지는 긍정적인 측면도 많다. 한국의 영토면적(99,720㎢)은 세계 109위이지만, FTA가 진행되면서 세계 경제영토의 약 70%와 관세 없이 교역이 가능하게 됐다.

세계적인 FTA 확산추세에 맞추어 우리나라는 56개국과 16건(2019년) FTA가 체결되었다. FTA를 통해 국가 간 관세장벽은 낮아지지만, 한편으로는 이렇게 FTA의 진전에 반하여 보호무역주의, 자국 우선주의 움직임도 대두되어 수출 농식품에 대한 통관거부 등 비관세장벽(NTB)도 강화되고 있다.

이러한 배경에는 당사국 농업의 특성상, 품목별 검역 기준은 FTA와 별개의 문제라고 인식하고 있기 때문이다. 위생검역조치(SPS)와 무역상 기술장벽(TBT) 등 기술적 비관세조치가 그것인데, 속된 말로 귀에 걸면 귀걸이 코에 걸면 코걸이 식 장치이다.

비관세장벽은 일반적으로 무역장벽 중 관세 이외의 장벽을 총칭하여 사용하고 있다. 비관세장벽의 성격과 영향은 복잡하여 그 개념을 통일적으로 규정하기 어렵지만, 관세 이외의 모든 무역 제한 조치를 비관세장벽이라고 보고 있다.

우리나라의 주요 농식품 중에서 파프리카, 토마토, 김치, 수산물에서는 참치, 김, 전복 등은 대일본 주력 수출품목인데, 만약, 일본이 몽니를 부려 위생검역조치(SPS)를 다양한 케이스로 엄격하게 적용할 경우 어려움을 겪을 소지가 있다.

김치 중국 수출의 경우 중국이 자국의 절임 채소인 파오차이의 기준에 맞춰 100g당 대장균 30마리라는 터무니없는 기준을 요구하여 한동안 수출이 금지된 적이 있었다. 우리나라 김치에는 많은 유산균이 함유되어 있지만, 중국에서 유산균은 대장균으로 분류되기 때문에 수출이 불가능했던 것이다.

FTA 시대에 우리 농식품 산업의 '독'을 '약'으로, 그리고 '윈 윈'이 가능하도록 회생과 유지를 위한 최고의 농업은 수출농업이다. 국내 농산물의 소비 포화로 수출을 늘려야만 농업이 계속 성장할 수 있다.

FTA는 변화와 도전의 출발점이다. 세계시장을 상대로 하는 무한경쟁에서 살아남기 위해서 농식품의 세계화와 융·복합으로 농업 비즈니스모델을 선진화하여 본격적인 개방화 시대에 대응해 나가야 한다. 발상을 바꾸면 가능성은 무한하며, 세계와 경쟁하는 것이야말로 부강한 농업 대국을 이룰 수 있는 길이 될 것이다.

우리나라 무역 규모는 이미 1조 달러 클럽을 넘긴 지 몇 해가 되었다. 중국, 미국, 독일, 네덜란드, 일본, 프랑스 다음이 대한민국이다. 지난 30년간 우리나라는 상품 수출 세계 7위의 경제 강국으로 부상했다.

반도체·조선산업 등에 이어 우리 농업도 가장 잘할 수 있는 것으로서 '농식품 수출'을 내세우게 될 수 있다. 우리에게는 선진산업 기술, 수출 노하우, 인재와 자본, 압축성장의 경험이 있다. 아시아의 넓은 배후시장이 있고 중국이 돈을 벌수록 고가시장이 더 커지고 있다. 중국은 거대한 농산물 수입국이다.

상품투자의 귀재 짐 로저스의 경우 농업이 가장 경쟁력이 큰 산업이라고 예측하기도 하였지만, 미래 시대의 농식품 산업을 기회로 만들기 위해서는 과감한 시설현대화 투자가 필요하다. 선진국은 농업생산 시설의 규모화에 의한 생산성 및 안전성과 직결되어 있다.

과감한 기술개발 및 투자, 생산 인프라 확충 등으로 선진국형으로 농업구조를 개편하고, 고부가가치의 수출농업 구조로 전환해야 한다. 아직 선진국 대비 축산은 60% 수준, 파프리카 생산성은 50% 수준, 참돔 생산량은 65%에 머물고 있다.

우리나라 농업도 선진국처럼 전문화, 규모화로 수출산업을 연계해 나가면 유럽의 선진농업 국가보다 못할 이유가 없다. 농업도 소극적인 자세에서 벗어나 수출산업으로 키울 수 있다는 적극적 자세만 갖는다면 세계적 경쟁력을 가질 수 있다. 농업선진국이 되려면 생산에서부터 유통 등 전 과정에서 총체적인 변화가 필요하다.

FTA의 체결과 농업의 보호

FTA는 빛과 그림자가 함께 공존한다. FTA는 우리의 경제영토가 넓어지므로 시장의 확대로 시장경제가 좋아질 것으로 보고 있다. 그러나 FTA 체결에 따른 국가 경제발전에 농어민들이 소외되거나 희생이 되어선 안 된다. FTA 체결은 농민피해는 가장 적게 하고 농업경쟁력 강화를 위한 지원 대책을 강구하는 것은 물론, 수출 극대화를 위한 방안도 마련되어야 한다.

주요 선진국들은 미래성장 동력으로 농식품 산업의 중요성을 강조하고 있으며, 이를 위해 국가 주도의 산업 육성 정책을 강화하고 있다. 미국의 경우 '농업은 도전을 겪는 동시에 막대한 경제적 기회 앞에 서 있다'. 일본은 '농업이 일본을 구한다'. 프랑스는 '농업은 나노공학, 우주산업처럼 미래를 여는 열쇠다'. 이러한 구호 아래 주요 선진국들은 국가 차원의 수출 프로그램 개발 및 민간공동 협회 설립을 통해 수출전략 상품개발, 마케팅, 브랜딩, 시장개방 대응 등 농식품 수출을 위한 정부지원을 강화하고 있다.

대한민국 헌법 제123조를 보면 '농어업 보호·육성'과 '농·어민의 이익을 보호'하는 것이 국가의 '의무'임을 규정하고 있다. 헌법 제123조는 ① 국가는 농업 및 어업을 보호·육성하기 위하여 농·어촌종합개발과 그 지원 등 필요한 계획을 수립·시행하여야 한다. ② 국가는 지역 간의 균형 있는 발전을 위하여 지역경제를 육성할 의무를 진다. ③ 국가는 중소기업을 보호·육성하여야 한다. ④ 국가는 농수산물의 수급균형과 유통구조의 개선에 노력하여 가격안정을 도모함으로써 농·어민의 이익을 보호한다. ⑤ 국가는 농·어민과 중소기업의 자조조직을 육성하여야 하며, 그 자율적 활동과 발전을 보장한다. 농어업 보호 육성과 농어민 이익 보호, 이는 그 어떤 이의도 허용될 수 없는 헌법적 정언명법 같은 것이다.

우리나라와 같은 영농구조가 영세한(2017년 호당 0.55ha) 나라는 영농기술이 발전된다고 하더라도 영농규모가 크며 대량생산하는 미국, 캐나다. 아르헨티나 등 농산물에 있어 비교우위의 나라와는 경쟁을 할 수 없는 위치에 놓여 있다. 따라서 농산물을 여타 공산품과 같이 취급하여 기술혁신에 의한 경쟁력 강화는 단기간에 쉽지 않다. 농산물은 공산품과 다른 특수성을 갖고 있음으로 어느 나라를 막론하고 정도의 차이는 있으나 수입을 규제하지 않은 나라는 없는 실정이다. 개방으로 이농 현상과 농업소득의 감소는 사회 정책적인 배려와 복지시책도 살펴봐야 한다.[20]

▌원산지 규정과 종류

FTA 원산지 규정의 정의. 상품의 원산지(Country of Origin)란 수출입 상품의 국적을 의미하는 것으로 그 물품이 생산되었거나 제조 또는 가공된 나라를 말한다. 동물이나 식물의 경우에는 해당 동식물이 사육되거나 재배된 나라를 의미한다. 원산지 규정이란 특정 제품의 원산지를 결정하기 위한 기준을 의미한다. 예를 들면 특정 상품이 FTA 체결국에서 만들어진 상품으로 인정받기 위해 충족되어야만 하는 조건들이다.

FTA 원산지 규정의 목적은 한국에서 수출된 상품을 한국산이라고 보면 간단할 거 같은데, 왜 원산지 규정이라는 것을 도입해서 복잡한 조건을 다는 것일까. 원산지 규정을 도입하는 가장 대표적인 이유는 우회 수입을 방지하기 위해서이다.

예를 들어 A 국은 B 국에서 수입되는 상품에 대해서는 특혜관세를 부과하고, 그 나머지 국가로부터 수입된 상품에 대하여는 이전처럼 높은 관세를 부과한다. C 국은 B 국과는 FTA를 체결하였지만 A 국과는 FTA를 체결하지 않았다고 가정하자. 이 경우 C 국 기업은 직접 A 국으로 수출할 경우 높은 관세를 지불해야 하지만, B 국을 경유하여 자사 제품을 B 국산으로 둔갑시

20 남구희. 내가 겪은 농정이야기. 2009. 보명출판사

킬 경우 A 국은 C 국과 FTA를 체결하지 않았음에도 불구하고 C 국산 제품에 대해 특혜대우를 부여하게 되는 부작용이 나타난다.

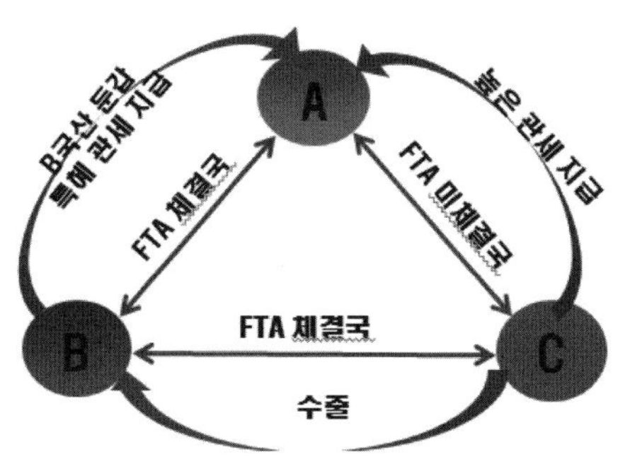

이러한 상황이 발생하는 것을 방지하기 위해 '원산지규정'이라는 것을 FTA 협정에 포함한다. 예를 들면, B 국산 제품이 A 국의 특혜대우를 받기 위해서는 무늬만 B 국산 이어서는 안 되고, 대부분의 제조 과정이 B 국에서 이루어져야 한다는 조건을 단다. 이렇게 되면 C 국 기업들은 차라리 B 국에 직접 투자해서, B 국에서 제품을 생산해 A 국에 무관세로 수출하게 된다. 또한 A 국과 B 국 기업들은 가능하면 역내에서 생산된 부품이나 원료를 사용해서 역내 산으로 인정받고자 할 것이다. 결국 FTA 체결국들은 원산지 규정을 도입함으로써 우회 수입을 방지하고 역내 가공 및 교역을 촉진함과 동시에 제3국으로부터 투자 유치도 증가시킬 수 있게 된다.

이와 같이 원산지는 통상 '해당 물품이 실질적으로 생산된 국가'를 지칭한다. 이와 같은 '물품의 국적은 FTA 체결국간에 협상을 하여 결정하므로 FTA 마다 그 기준이 달라진다. 그러나 FTA에서 원산지를 결정하는 기본원칙으로는 완전생산기준과 실질적 변형기준이 있다.

완전생산기준은 해당 물품의 전부를 생산, 가공 또는 제조한 나라를 원산지로 인정하는 기준을 말한다. 주로 가공하지 않은 채 교역이 이뤄지는 농수산물이나 광산품 등 1차 산품이 이에 해당된다.

이와 달리 실질적 변형기준은 해당 물품이 2개국 이상에 걸쳐 생산, 가공 또는 제조된 경우 해당 물품의 본질적 특성을 부여하기에 충분한 정두의 실질적 변형이 최종적으로 수행된 나라를 원산지로 인정하는 기준을 말한다. 즉, 외국에서 수입한 원재료와 국산 원재료를 혼합해서 물품을 가공, 생산할 경우 이 기준이 적용되며, 대부분의 가공생산품이 이에 해당된다.

실질적 변형의 판정은 세번 변경(CTC) 기준을 원칙으로 하고, 부가가치

기준과 특정 가공공정(SP) 기준을 보완적으로 사용하거나 이 기준들을 서로 조합하여 사용하기도 한다.

세번이란 관세율표상에 분류된 상품번호로 국제무역을 할 때 공통으로 사용되는 상품분류 기준이다. 또한 세번 변경 기준이란 수입되는 원료의 세번과 완제품의 세번을 비교하여 세번이 일정단위 이상으로 변하는 경우 실질적 변형이 이루어진 것으로 인정하여 원산지를 부여하는 것을 말한다.

부가가치 기준이란 완제품의 전체 가치 중에서 최종 공정을 수행한 나라에서 일정 수준의 부가가치를 창출하는 경우 그 나라를 원산지로 인정하는 기준을 말한다. 또한 특정 가공공정 기준은 제조공정 중 특정 공정을 수행하거나 특정 부품을 사용한 국가를 원산지로 인정하는 기준을 말한다.

예를 들면, 커피는 볶음 공정을 수행한 나라가 원산지이고, 의류는 재단을 수행한 국가가 원산지가 된다고 명시하는 경우가 이에 해당한다. 이들 각 기준은 각각 장단점을 지니고 있어, 어느 한 기준을 일률적으로 적용하기가 쉽지 않다. 따라서 물품의 특성별로 병용하기도 하고 서로 조합하여 사용하기도 한다.

그러나 일반적으로 복잡한 원산지 규정은 역내 회원국들에게 여러 가지 행정절차와 제품생산에 관련된 비용을 유발시킨다. 경우에 따라 기업들은 원산지 인정을 받기 위해 역외의 저렴한 원재료를 사용하는 대신, 역내의 비싼 원재료를 사용하기도 한다.[21]

---

21 참고 : 한국 FTA 산업협회

04
Chapter 한국농업 개발도상국 졸업

농업 부문을 이야기할 때는 WTO 분류상 그동안 한국은 개도국의 지위를 누려왔다. 미국이 힘의 우위를 바탕으로 한 WTO 무력화 시도로 우리나라는 이제 더 이상 개도국 지위를 유지할 수 없게 되었다. 개도국 지위 문제는 WTO 논의 사항이지만, 2019년 2월 미국은 WTO에 경제협력개발기구(OECD) 가입국 및 G20 회원국, 세계은행 분류상 고소득 국가 그리고 세계 전체 무역량의 0.5% 이상 차지하는 국가에 포함되면 개도국으로 인정할 수 없다고 주장하면서였다.

한국은 2018년 기준으로 중국, 미국, 독일, 일본, 네덜란드, 프랑스에 이어 세계 7위의 수출 대국으로 기록되고 있다. 10년 전인 2008년 12위에서 5단계나 뛰어넘어 교역 총액이 1조 달러(수출 6,111억 달러, 수입 5,431억 달러)를 돌파하였다.

현재 GDP 세계 12위, 국민소득 3만 달러 등 비약적인 발전이 있었다. 누가 봐도 한국은 과히 무역 대국이며 선진국 반열이라 할 수 있다. 우리나라는 반도체와 IT, 조선 등에서 신화를 창조했다. 반면 농산물 수출은 국가 전체 수출액의 약 1.5%에 지나지 않고 있다.

한편, 글로벌 농축산식품 국가별 수출은 우리나라가 69.9억 달러(2019년)로 38위 정도에 머물러 있다. 이러한 결과는 제조업은 눈부신 성과에도 불구하고 농업부문은 첨단농업 제품을 만들고 수출할 만한 자본의 유입과 기술력을 갖추지 못했기 때문이다. 제조업 분야가 그랬듯이 농업 역시 수출에 주목해야 할 필요가 있다.

미국이 꼽은 4가지 조건은 ▲경제협력개발기구(OECD) 회원국 ▲주요 20개국(G20) 회원국 ▲세계은행(World Bank)이 분류한 고소득 국가 ▲세계무역에서 차지하는 비중이 0.5% 이상인 국가다. 이 가운데 하나라도 해당하면 개도국 지위를 인정해서는 안 된다는 게 미국의 입장이다. 우리나라는 4가지 조건을 모두 충족한다.

한국이 개도국 지위에 집착했던 것은 시장개방과 보조금과 관련이 있다. 선진국 분류 시는 관세의 인하와 대부분 시장을 개방해야 한다. 또한 농산물 가격 지지를 위한 보조금에 도 각종 규제가 더해진다. 개도국은 특별품목 12%, 민감 품목 5.3% 등 최대 17.3%에 대해 관세 감축을 최소화할 수 있다. 반면에 선진국은 전체 농산물의 4%가 민감 품목으로 보호되고 나머지는 관세를 대폭 낮춰야 한다.

특히 가장 큰 영향을 받는 것이 감축 대상 보조금인 농업보조총액(AMS)이다. 개도국 지위를 포기하면 AMS를 지금보다 50%가량 삭감해야 한다. 그동안 한국은 개도국의 지위를 인정받아 농업 보조총액을 연간 1조 4900억 원까지 쓸 수 있었다. 선진국으로 지위가 바뀌면 보조금 지원은 현재보다 절반가량 떨어질 것이다.

한국산 쌀 가격은 통상 국제 시세의 5배이다. 그러다 보니 수입쌀에 대해 쌀 관세율 513%를 통해 국내 쌀시장을 보호하고 있다. 한국은 대신 일정 수준의 시장접근을 허용하기 위해 연간 40만 8700톤의 쌀을 의무적으로 수입하고 있다.

선진국으로 지위가 바뀌면 선진국 관세 범위가 절반 수준이므로 수입쌀의 경쟁력이 대폭 높아질 것이다. 결국, 시간이 얼마나 걸리느냐의 문제만 남아 있을 뿐 쌀을 기반으로 하는 우리 농업의 구조는 대폭으로 수정이 필요할 것이다. 쌀 이외에 채소와 과일도 수입이 용이하고 그 양도 급증하고 있어 농업의 근본적 변화는 불가피하다.

그동안 한국농업은 생산성이 낮다는 근본적 문제를 갖고 있었다. 이에 비해 해외 국가들은 농업을 산업으로 간주하고 효율화와 생산성 제고에 노력해 왔다. 관세장벽이 낮아지면 이들과 경쟁이 불가피하여 근본적인 체질 변화와 시스템 혁신만이 남은 길이다. 우리나라는 농업과 쌀이라는 존재의 위치로 인해 자발적 변화는 불가능한 것이 현실이었다. 이제는 농업의 개도국 탈피로 더 과거 시스템에 머물 수 없게 됐다.[22]

---

[22] 참조 : 시사저널 http://www.sisajournal.com

한국농업이 개발도상국을 벗어난다는 것은 위기라면 위기지만 다른 면에서 생각해보면 우리 농식품 산업이 고도화된 산업화의 길로 접어드는 계기가 될 수 있다. 개도국에서 선진국으로 지위가 바뀌어도 미래의 새로운 협상이 타결되기 전까지는 기존 특혜는 변동 없이 유지된다. 다만 변화를 거부하기보다는 당당히 경쟁할 수 있는 체질을 갖추는 것이 급선무다.

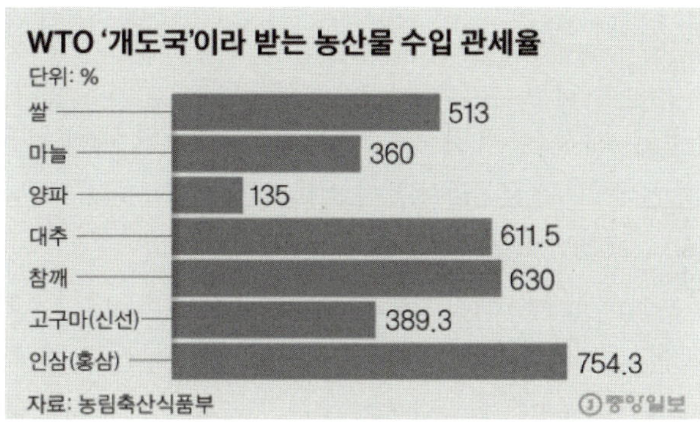

출처 : 중앙일보/ https://news.joins.com/article/23614705

한국 곡물 자급률, OECD 회원국 중 최하위

한국은 곡물소비의 77%가 수입산이다. 글로벌 시장개방으로 세계는 농업 부문의 변화가 빠르게 진행되고 있다. 한국의 농업이 국제 경쟁력을 가지기 위해서는 우리가 어디에 위치해 있고 세계는 어떤 농업을 하고 있는지 알아야 한다.

농촌경제연구원의 통계로 본 세계 속의 한국농업(2020년) 자료에 의하면 한국은 식량 후진국이다. 곡물 자급률은 OECD 회원국 중 최하위, 농림어업 GDP비중은 내리막을 걷고 있다.

한국은 식량 후진국이다. 전 세계 평균 곡물 자급률은 100%를 웃돌고 있는 반면, 우리나라의 곡물 자급률은 전 세계 평균에도 한참 못 미친 20% 수준이다. 또한 농림어업의 GDP(국내총생산) 비중과 경지면적, 농촌인구 등 주요 농업지표에서도 세계 평균보다 낮은 수준을 보인다.(통계로 본 세계 속의 한국농업. 2020년)

GDP란 전체 생산에서 농업이 차지하는 비중이다. 최근 3개년(2013~2015년) 평균 세계 농림어업 비중은 3.9%이고 OECD 회원국의 평균 농업 GDP 비중은 1.6%이다. 한국의 농림어업 GDP 비중은 평균 2.3%로 세계 평균보다 낮고 OECD 평균보다 다소 높다. 참고로 미국은 23.3%인 반면에 베트남은 14.6%이다.

최근 3개년 평균 세계 경지면적은 전체 국토면적의 12% 안팎을 유지하고 있다. OECD 회원국의 평균 경지면적 비중은 20.0%이며, 한국의 경지면적 비중은 16.9%로 OECD 회원국 중 19위이다.

세계 평균 곡물 자급률(2013~2015년)은 평균 102.5%이다. 곡물 자급률이 가장 높은 나라는 호주로 275.7%이며 한국은 23.8%에 불과하다. 캐나다 195.5%, 미국 125.2%이며 중국 97.5% 일본 27.5%이다. 한국은 세계 평균(101.5%)에 크게 밑도는 수준으로 OECD 회원국 가운데 최하위이며 결국 76%에 해당하는 곡물을 수입에 의존하고 있는 셈이다.[23] 밀은 전체 소비량 중 99.0%를 수입하고 있다. 한편, 농림축산식품의 수출은 세계 38위, 수입은 13위에 위치해 있다.

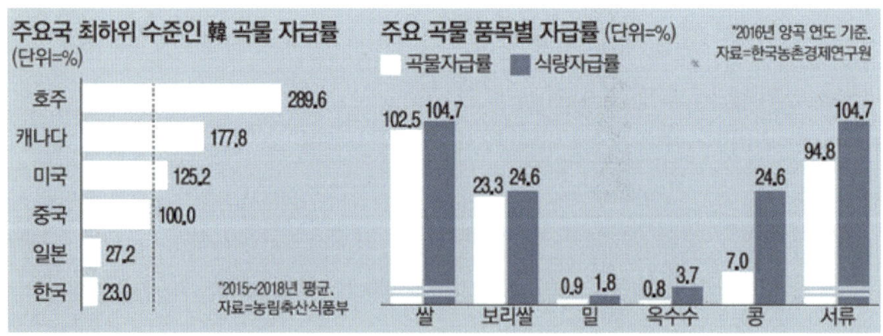

출처 : 매일경제 뉴스/ https://www.mk.co.kr/news/it/view/2019/07/574527/

---

[23] 사료용을 제외한 곡물류 자급률은 48.4%(2016년)

05
Chapter 뉴노멀(New Normal) 시대 농식품 수출

전문가들은 코로나 19 이후 세상은 '변화'가 아니라 '진화'라고 말한다. 지금까지 당연하던 것들이 더 이상 당연하지 않을 수가 있고, 말도 안 된다는 것들이 말이 돼 버릴 수도 있다. '변화'는 다시 되돌아갈 수도 있지만 '진화'는 다시 되돌아갈 수 없다.

글로벌 소비가 바뀌고 있다. 해외의 Next Normal을 잡아야 한다. 미증유의 경제 침체 속에서 경험해 보지 못한 소비 변화에 당면해 있다. 세계는 '코로나19'로 변화하고 있는 비즈니스 환경에 맞추는 모바일 플랫폼 모델을 만들어 가고 있다. 바야흐로 포스트 코로나 시대다.

경제학자들은 코로나19 사태가 끝나도 우리의 일상은 과거와 크게 달라질 것이라고 전망하고 있다. 오프라인 고객은 줄었고 세대를 아울러 인터넷 탐색과 소셜 미디어 사용이 코로나19 이선에 비해 폭발적으로 늘었다. 새로운 표준 '뉴노멀' 시대에 살면서 우리의 일상이 달라지고 있다.

「과거(Normal)의 경영전략 경영목표가 시장 점유율 확대 및 단기 손익을 추구하는 한편, 규모의 경제와 고성장이 성장 동인이었다. 반면 뉴노멀 경영전략은 이이 극대화 및 장기 이익의 추구이다.」[24]

코로나19가 언제 종식될지는 알 수 없지만, 뉴노멀이 초래한 변화에의 흐름에 타야 한다. 진행형인 뉴노멀 시대, 농식품 수출은 무엇을 준비해야 할까? 코로나19로 인한 인식의 변화가 마케팅에서 시작되었다. 뉴노멀 시대를 주도하는 전 세계 신소비자에 주목하여야 한다.

온라인 구매는 더 이상 세대를 가르지 않는다. 디지털의 편리함을 맛본 세대의 일상이 디지털을 연결하고자 하는 니즈는 점차 커질 것이다. 무명(無名)이 유명(有名)한 시대다, 비대면 쇼핑도 급증했고, 이것은 곧 디지털 마케팅에서 비대면(Untact) 비중이 점점 중요해질 것이라는 전망을 비춘다.

언택트(Untact) 시장에 대한 수출 모색. 전 세계적으로 박람회는 최소 또는 연기되고 있다. 각국의 이동이 제한된 상태이지만, 이럴수록 온라인에서 해외바이어 관심 상품과 특징을 사전에 파악하고 심층 상담으로 오히려 이것이 수출의 또 다른 기회의 단초가 될 수 있다. 따라서 온라인 시장 급성장에 대비한 온·오프라인의 통합마케팅에 대비하여야 한다.

건강식품에 대한 집중적인 연구개발이 필요하다. 뉴노멀 시대에는 '면역력 강화식품'에 대한 관심과 시장규모가 지금보다 훨씬 커질 것이다. '장 부서케' 프랑스 몽펠리에대학 폐 의학과 명예교수가 이끈 연구진은 코로나19 사망자 수와 국가별 식생활 차이의 상관관계 연구에서 한국의 사망자 수가 적인 이유에 주목하면서 한국은 발효한 김치를 주식으로 먹어 코로나19 사망자 수가 적다는 게 연구진의 분석이다. 연구진은 "배추가 코로나19에 예방에 도움이 될 수 있다"[25]고 주장했다. 이러한 연구논문의 홍보는 한국 농식품이 과학적 효능을 갖춘 건강식품 인식으로 확대되면서 전 식품으로 관심도를 늘리면서 수출에 긍정적인 흐름을 줄 수 있다.

보호무역주의를 경계해야 한다. 주요 수출국들이 무역수지 적자를 기록한 것은 코로나19 유행으로 인한 노동이동 제한과 생산 활동이 잠정 중단되는 등의 이유가 크게 작용했다. 글로벌 경제가 보호무역주의 회귀한 분위기다. 의료 방역 관련 제품은 수출을 제한했다. 또한, 베트남은 식량안보를 명분

---

24 www.kiri.or.kr › pdf
25 mnews.joins.com. 2020.7.16

으로 쌀 수출을 제한하였다가 오히려 재고 과잉으로 어려움을 겪기도 했다. 비교우위 상품이나 자원을 전략화함으로써 자유무역에 대한 왜곡을 발생시킨다. 따라서 비관세장벽 심화에 대응한 빅데이터 확보 및 수출업체 정보 제공도 꾸준히 지원되어야 한다.

수출품의 장거리 운송에 대비해야 한다. 코로나19가 발생하면서 국경 봉쇄, 이동 제한 등 극단적인 조치가 있었다. 하늘길이 막히면서 항공 물류비가 치솟았다. 수출로 먹고사는 한국에서 배를 구하지 못해 발을 동동 구른다. 운임이 단기간에 급등하였고 배를 구하지 못할 줄은 꿈에도 몰랐다. 이로 인해 수출 농업법인, 수출기업의 물류 애로가 발생하였다. 유통기한이 짧은 신선농산물 수출은 타격이 더 클 수밖에 없다. 항공으로 수출하던 딸기는 선박 운송으로 전환되면서 유통기한을 늘릴 수 있는 저장 및 포장, 팔레타이징(적재) 등 유통의 고도화가 촉진되는 계기가 되고 있다.

언택트(Untact), 온라인 마켓에서 길을 찾아야. 뉴노멀 마케팅은 고객의 니즈를 최적화하는 방식으로 캠페인을 기획하고 진행하는 방법이다. 과거 (Normal)에는 채널에 맞춘 캠페인 프로세스 설계였다면 현재(New Normal)는 온라인 마켓에서 고객의 경험을 설계하는 것이다.[26]

국경을 넘어 일반적으로 상품을 옮기는 수출업자들의 비용은 평균 물품 가치의 15%가량이다. 이 중 5%는 관세 때문이며, 반면 10%는 관세 및 국경 절차와 관련된 행정 비용으로부터 발생한다.

이러한 가운데 온라인 유통의 중심인 아마존에서 우리의 작은 기업들이 만든 상품이 세계시장에 나아가고 있다. 어느새 전자상거래는 글로벌 소매 유통시장의 13.2%를 차지하고 있다. 소비자들이 온라인 쇼핑에 눈을 돌리며 세계 곳곳에서 온라인 주문량이 급증하는 추세를 보인다.

전 세계적으로 전자상거래의 발달, 편의점 유통시장의 양상을 바꿔나가고 있다. 세계 온라인 유통 시장규모는 2020년 4조 달러 규모에 달할 것으로 전망하고 있다. 이중에서 온라인 식품 구매 비중은 전체 온라인 쇼핑 구매액의 4.6% 수준이다.

---

[26] http://www.ciokorea.com/news/147452

유로모니터는 글로벌 전자상거래 시장이 향후 5년간 연평균 14.4%의 고속성장을 지속해 2024년에는 소매유통시장 내 비중이 19.4%에 이를 것으로 전망한 바 있다. 코로나19 이후 비대면 소비가 일상화되면서 전자상거래의 성장세는 더욱 가속화될 전망이다.[27]

코로나19는 세계적으로 유통의 변화를 몰고 왔다. 언택트(Untact) 시장에 대한 수출 모색은 온라인 마켓을 주목해야 한다.

온라인을 통한 수출시장 다변화 흐름을 적극 활용해야 한다. 코로나19는 세계적으로 유통의 변화를 몰고 왔다. 언택트(Untact) 시장에 대한 수출 모색은 온라인 마켓을 주목해야 한다.

26년 전 미국의 전자상거래를 기반으로 탄생한 최대 규모의 온라인 상거래 업체, '아마존'은 약 180여 개국의 3억 명 사용자를 대상으로 서비스를 제공하고 있다. 모바일, 온라인 식품시장의 성장세는 더욱 가파르다. 코로나19 이후 미국의 경우 오프라인 판매 채널은 모두 매출이 감소했다. 주된 판매 플랫폼이 오프라인에서 온라인으로 이동하는 속도가 매우 빠르다.

조사기관 Brick Meets Click에 따르면 매출액도 이 모바일과 온라인을 통한 식품 판매가 두 배 이상이 증가했다. 앞으로도 구매의 편리성을 맛본 소비자의 구매패턴 추세가 오프라인에서 온라인으로 이동하는 속도는 더욱더 빨라질 것으로 예측한다.

언택트 수출방식은 일상에서 모바일과 온라인 마켓으로 확대될 조짐이다. 예를 들어 한국의 셀러들은 아마존 글로벌 셀링을 통해 쉽게 미국, 중국, 캐나다, 영국, 일본 등 국경에 비교적 자유롭게 판매(수출)를 할 수 있다. 호미, 갓, 가면, 화장품 등 우리의 제품을 단번에 베스트 셀러로 둔갑시킨 쇼핑몰이 아마존이다.

아마존에서 한국 농식품 중 라면·우동, 소스·양념류, 음료·스낵, HMR(가정간편식) 등의 수요도 높다. 특히 미국의 경우 가정간편식 시장은 밀 키트(Meal Kits)라고 할 수 있는데 즉석 조리식품이 전체의 37%인데 HMR 시장규모는 2016년 410억 원 정도이다.

---

[27] 한국무역협회, 2020. 21호. 코로나19 이후 글로벌 전자상거래 트렌드

중국도 위챗 등 SNS를 활용한 언택트 온라인 비즈니스가 기존보다 더욱 다양화되고, 라이브 방송 등이 가속화되고 있다. 실제로 중국의 유명 인터넷 오픈 마켓인 '타오바오'의 경우 라이브판매자가 코로나19 발생 이전과 비교해 매우 높은 성장세를 보였다는 언론의 기사도 접한다.

이로 인해 중국은 코로나19로 인해 전체 소비자의 20%가 온라인으로 식품을 구매할 만큼 전자상거래가 활성화되고 있다. 중국의 대표 전자상거래 사이트인 허마센셩에도 K-FOOD가 움직이고 있다.

중국의 수입식품 시장은 연평균(2009년~2018년) 17.7% 성장하고 있으며, 수입식품을 구매하는 중국 소비자의 58%가 온라인을 통해 거래하고 있다. 또한, 코로나19로 온라인거래가 활성화되면서 2020년 중국의 온라인 시장은 2배 가까이 성장할 것으로 전망되고 있다.

뉴노멀 2.0 사회에서는 개인주의 성향과 디지털 기술을 통한 비대면 커뮤니케이션이 가속화될 것이다. 코로나19 위기는 양적 완화로 극복할 수 있었던 글로벌 금융위기와는 사뭇 다른 모습이다. 코로나바이러스는 재정적 문제는 물론이고 생명과 직결돼 있기 때문이다. 사람들은 금융위기를 헤쳐왔던 것처럼 다시 한번 정보기술을 활용해 코로나19 위기에 적응하고 극복해낼 것이다.[28]

---

28 최형광 칼럼, 뉴노멀 2.0(New Normal 2.0) 시대 변화와 특징

명견만리(明見萬里), 농식품 수출 밸류체인

명견만리의 뜻은 '관찰력이나 판단력이 매우 정확하고 뛰어나 어떤 일이 일어날 것을 잘 알다. 만리 앞을 내다본다.'는 뜻에서 나온 말이다. 농식품 수출의 전 과정, 즉 생산에서 해외수출에 이르는 가치사슬(Agricultural Value Chain)의 전 과정을 종합적·동태적으로 파악하고 피드백(feedback)을 통해 수출의 동적(動的)인 경쟁력의 변화가 필요하다.

농식품 수출은 글로벌 경제에서 그 유형·무형적 가치가 증대되고 있다. 농식품 수출은 농식품 산업의 성장을 견인하고 농가소득 제고 기여와 국제 수준의 고품질 안전 농식품 생산을 유도하는 한편, 수입 농식품에 효과적으로 대응함으로써 경제 향상에 기여한다. 따라서 농식품 수출확대는 국가적 차원에서 체계적으로 육성·발전시켜야 할 중요한 정책과제이다.

그러나 우리나라 농업은 무엇보다 토지, 자본에서 말할 수 없이 불리하여 선진국과 경쟁하기 어려운 구조적인 한계를 지니고 있다. 또한, 우리나라의 농식품 수출은 그동안 지속적인 투자와 지원에도 불구하고 품목별 생산구조 및 경영규모 측면에서 선진화에 크게 미치지 못하고 있을 뿐만 아니라 구조적으로도 매우 불안정한 형태이다.

수출품목 중 채소류를 살펴보면 김치, 파프리카, 딸기, 토마토, 배추, 고추, 양배추, 멜론, 호박, 무, 양파, 오이 등이 있지만, 1억 달러에 근접하는 품목은 김치와 파프리카 2개 품목뿐이다. 몇몇 품목을 빼고는 국제시장에서의 경쟁력 제고 및 수출시장 개척과 성장에 한계를 나타내고 있다. 국내 공급과잉 해소를 위한 잉여 농산물 수출을 통하여 국내 수급의 안정을 꾀하는 방식의 고전적인 수출 발상은 버려야 한다.

제대로 된 수출 스타 품목에 의해 지속해서 물량을 공급할 수 있는 체제가 부족하다. 수출품목은 잡화점식으로 다양하나 연속성이 결여된다. 자본에 의한 규모화 된 수출이 이루어지지 못하고 있다. 또한, 수출단지나 수출업체의 수출상품화 시설 및 물류시설의 미비와 효율적 해외의 수요변화에 신속히 대응하지 못하고 있다.

중국이 WTO에 가입한 이후 국제시장에서 한국과의 원예농산물 수출 경쟁은 더욱 치열해지고 있다. 세계 곳곳에서 시장이 겹치는 형국이 심화하고 있다. 따라서 차별화를 위한 고부가가치, 고품질, 브랜드화 중심의 효율적인 상품화 전략이 이루어지지 않으면 앞으로도 가격 경쟁력에서 열세인 한국농산물 수출의 위축은 불가피하다.

세계적인 무역자유화 추세는 미국, EU, 일본, 중국, 러시아, 동남아 등 주요국 시장에 우리 농식품을 수출할 기회를 증가시켜 주고 있다, 특히 최근 우리나라와 가까운 ASEAN을 중심으로 한류 열풍과 맞물려 나타나고 있는 우리 농식품의 수출증가 추세와 한국 음식에 대한 관심증대는 이러한 가능성을 보여주고 있다.

우리가 가진 강점과 기회 요인을 잘 활용하면 농식품 수출이 우리 농업의 새로운 성장 동력원으로 농가소득에 기여할 수 있다. 한계에 도달하는 국내 시장을 과감히 탈피하고, 신시장, 신수요 창출을 위해 적극적으로 해외로 진출하는 것이 우리 농식품 산업의 지속적 성장을 위한 방책이다.[29]

따라서 수출농산물의 가치사슬(Agricultural Value Chain)에 의해 생산단계에서부터 수출단계에 이르는 과정을 종합적·동태적으로 파악하고 이를 통해 수출의 동적인 경쟁력의 변화가 필요하다.

농업은 어떤 산업보다 갈등이 많고 현상과 해법을 바라보는 스펙트럼이 천차만별하다. 따라서 농업체인 전체가 서로 협력하고 합의하는 시스템을 제도화 하는 일이 무엇보다도 긴요하다. 농산물 수출을 위한 전후방 가치사슬의 효율성을 저해하는 요소는 다음과 같다.

지속적 수출물량이 이어지질 못한다. 채소·화훼수출 단지 참여 농가의 경우 평균 재배면적이 0.5ha 정도에 불과한 소규모 영농형태를 띠고 있어 수

출규격품 생산 및 안정적인 공급물량 확보가 어렵다. 수출농업 경영체의 영농규모가 작고, 자본과 기술 부족으로 바이어가 요구하는 품질 수준을 맞추기에 어려움이 있다. 특히 수출과 국내출하가 모두 가능한 품목의 경우에는 국내가격 상승 시, 수출계약을 일방적으로 파기하는 등 안정적인 수출 물량 확보가 곤란하다.

농가의 이중적인 시각이 있다. 수출 약속 불이행은 국내 수출업체와 수입국 바이어 간 계약이행 곤란으로 수출시장에서 신뢰를 저하한다. 국내 시세가 하락 시에는 밀어내기 식 수출로 인한 수출물량 급증으로 수출단가가 하락한다. 반대로 수출 상대국의 성수기와 국내 성수기가 겹쳐질 경우는 수출물량 확보에 어려움이 있다. 국내가격의 변동성으로 농가 입장에서는 국내가격이 수출가격보다 높을 경우, 까다로운 품질 규격 조건을 만족시켜야 하는 수출을 꺼리는 이중적인 시각이 있다.

상품의 품격이 떨어진다. 선별장 등 열악한 시설과 작업 관행상 세척, 수확 후 관리, 위생 수준, 안전성, 포장형태 등 바이어 요구사항이 제대로 반영되지 않고 있다. 작업자들의 수출 마인드 부족과 노후화된 선별장 등 설비 또한 부실하다. 파프리카, 방울토마토 등 일부 수출품목은 품질관리가 이루어지고 있으나, 배추·양배추, 화훼류, 버섯류는 ID에 의한 품질관리가 약한 편이다.

클레임이 지속적 나타난다. 딸기, 파프리카, 배추 등에서 안전성 관련 클레임이 지속되고 있다. 클레임을 줄이기 위해서는 안전농산물에 대한 나라별 수입식품 안전관리제도를 사전에 확인하고 생산 및 수출에 임해야 한다. 수입국별·제품별 규제 사항, 승인절차 등에 대한 철저한 사전 이해와 준비가 필요하다. 클레임 발생의 유형별 발생 빈도는 상품 클레임〉 운송·선적 클레임〉 포장 클레임 순 등이다.

수출 물류시설이 불완전하다. 원예농산물은 수확 후 관리기술이 상품성 유지의 성패를 좌우하는 요인이다. 그러나 수출품의 공동선별장 및 수출 물류시설 부족과 불완전한 물류 시스템으로 품질 저하가 발생된다. 수출품의 유통, 수송 적재관리 등 효과적인 유통관리 시스템 확립이 부족하다. 특히 수출품의 팔레타이징과 연계된 시스템의 고도화 부족으로 장거리 수송에 신선도의 저하가 발생 될 우려가 상존한다. 또한, 수출 물류 과정상 클레임 발생에 대한 위협요인 제어 및 합리화 방안 모색이 부족하다.

수출물류비 의존도가 높다. 수출물류비 지원제도는 농식품 수출의 대표적인 지원정책으로 수출업체의 인지도, 이용도, 만족도 등이 가장 높은 정책사업이다. 수출물류비 보조에 의존하는 경향이 높다. 그러나 수출물류비 지원제도를 이미 해외 바이어도 상당수 인지하고 거래에 임하고 있어 수출단가를 정할 때 이미 물류비 지원분이 반영돼 왔다. 따라서 수출물류비는 수출업체 직접지원보다는 수출농산물의 품질향상, 신규시장 개척, 공동마케팅 추진 등의 간접지원으로 전환이 필요하다는 의견이 대두되고 있다.

원예농산물 수출품목의 다양성과 규모화가 부족하다. 수출품목의 다양화와 함께 규모화 확대가 필요하다. 대규모 농업생산국인 미국, 호주 등은 물론 유럽의 덴마크, 네덜란드 등의 소국에 비추어서도 5% 이하에 머물 정도로 열악하다. 일부 품목을 제외한 농가의 생산 규모화는 극히 미진한 편이다. 농가소득 주도형 원예농산물의 수출 비중은 농산물 국가 전체 수출의 약 14% 정도에 불과하다. 농식품 수출의 총액이 늘어나도 농가의 소득과는 거리가 멀다.

조직화의 협력과 협조가 없이 이해관계자만 있을 뿐이다. 농업은 생산부문 혼자의 힘으로 성장하기 힘들다. 그러나 수출조직 내 생산자 및 수출업체는 '나만 열심히 하면 된다'라고 인식할 뿐 수출조직 공동의 목표의식이 없다. 마케팅 조직의 힘으로 큰 이익을 얻기 위한 협력과 협조가 부족하고 오로지 개인의 이익을 위해 참여하고 있다 수출업체끼리도 제 살 깎아 먹기 경쟁하는 집합체에 지나지 않다. 농업체인을 구성하는 모든 분야가 서로 협력하고 발전되어야 농업이 경쟁력을 갖출 수 있다는 것을 인식하지 못한다.

지방 농정의 강화가 경쟁을 부추기고 있다. 수출농업 발전에 지방정부의 역할과 책임이 매우 중요하다. 그러나 협의와 협력의 틀에서 중요한 중앙정부와 자방정부와의 관계에서 협의의 틀이 부족하다. 지방농정의 강화는 필연적으로 지역 간 경쟁을 부추기게 된다. 거의 모든 수출품목 조직이 시군단위를 벗어나 협력과 통합을 모색하기 어렵다. 지방자치단체가 주는 예산지원을 무시할 수 없고 지자체장의 수출성과 업적을 무시할 수도 없다. 그러다보니 전국의 농업인이 하나로 협력하지 못하고 있다.

제 살 깎아 먹기 수출로 과당경쟁이 심하다. 수출액이 10만 달러 미만인 소기업 5년 생존율은 5%이다.[30] 농식품의 특성은 상품의 단가가 낮고 이러한 상품을 해외에 내다 파는 다수 영세한 수출업체의 난립은 생산 농가에게 온전한 제값을 주기 어렵다. 각 지방자치단체의 차별적인 예산지원이 개인주의와 우리끼리 경쟁을 부추기고 있다. 한정된 해외바이어를 두고 수출업체 서로 간에 제 살 깎아 먹기 식 경쟁이 지속되고 있다.

보호주의에 의한 통상장벽 대응이 어렵다. 우리나라 농식품 수출이 직면한 비관세조치는 대부분 수입규제 조치를 포함하여 통관지연, 무역기술장벽(TBT), 위생·검역 조치(SPS)와 관련된 사항이다. 최근 중국은 식품 안전이 더욱 강화되는 추세이고, 수입국에서는 대부분 기술규제가 적용되며, 비관세조치도 품질기준, 수입허가제, 수입 쿼터제·표시제(labeling) 등 다양하다. 뉴질랜드, 호주, 미국 등 대형유통업체에서는 신선농산물의 경우 자국산 농산물에 대한 보호정책이 보이지 않는 손으로 작용한다.

수출시장 다변화가 부족하다. 수출지역이 꾸준히 확대되고 있지만 안정적인 수출시장 확대 및 수출 체질 강화를 위해서 기존의 수출시장 외 대체 수출시장 발굴이 시급하다. 중화권, 일본, 아세안, 미국 등의 수출 비중이 70%선으로서 특정 국가의 수출 의존 경향이 높다. 수출시장 다변화를 통해 농식품의 해외시장 수출 활성화를 꾀하고 있지만, 일부 권역에 집중되는 경향은 쉽게 변화되고 있지 않다.

대량수출, 주류시장(Main Stream) 진출이 부족하다. 수출 비중과 증가율이 높은 품목 및 국가를 중심으로 선택과 집중으로 수출을 늘려가야 한다. 수출 유망 국가 및 시장 선택에 있어서 국가별 수출시장 여건 및 특성에 맞추어 기회 요소, 잠재시장, 장애 요인 등을 탐색하여 차별화된 시장개척과 확대 노력이 필요하다. 700만 재외동포 네트워크를 활용한 수출 패턴에서 주

---

30 http://www.hani.co.kr/arti/economy/marketing/853000.html

류시장을 대상으로 마케팅 방식을 전환하여 대량수출 수요를 창출해내는 노력이 필요하다.

목표시장 맞춤식 전략이 필요하다. 우리 농식품의 강점과 기회 요인을 토대로 BCG 매트릭스(BCG Matrix) 포트폴리오 분석을 통해 시장 점유율을 높이는 연구도 필요하다. 주력 시장, 차 주력 시장 등에 대한 면밀한 검토를 바탕으로 상품별·시장별 맞춤형 전략이 수립되어야 한다. 국내 공급 측면에서도 수출 물량의 안정적 확보, 품질 및 안전성의 체계적인 관리 등이 농식품 수출 활성화의 전제 조건이다.

검역·통관 단계에서는 비관세장벽이 위협적이다. 수입식품 잔류농약허용기준(IT)에 위반되거나, 병해충 발견으로 반송 또는 폐기되는 사례가 발생된다. 추가 검역이나 통관지연 등에 따른 비용 발생 문제가 노출되고 있다. FTA 타결국가에서도 비관세장벽이 여전히 존재하여 수출을 어렵게 하고 있다. 최근에는 기술적인 규제뿐만 아니라 인증, 라벨링, 통관, 지적 재산권 등과 같은 무역기술장벽(TBT) 및 위생검역 조치(SPS), 환경, 수출입규제, 투자 장벽 등 다양한 형태로 나타나고 있다.

▍농식품 수출조직

농식품 수출을 안정적으로 수행하기 위해서는 수출활동을 전문적으로 수행하는 수출조직이 필요하다. 자생력과 거래교섭력 및 지속성을 가진 수출업체 육성을 위하여 정부와 aT는 수출업체 및 생산자조직을 육성하는 사업을 시행하고 있다.

농식품 수출은 지속성과 안전성이 담보되어야 한다. 일시적이고 간헐적 수출방식은 곤란하다. 즉 안정적 공급이 가능하면서 해외시장에 순조롭게 내다 팔 수 있는 기반이 유지되어야 한다. 어떤 방식으로 상품을 조달하고 지속적으로 수출할 것인가가 먼저 고려되어야 한다.

수출시장에서 원하는 품질과 물량을 안정적으로 확보하고, 거래 교섭력을 제고시키기 위해서는 가급적 수출 활동을 전문적으로 수행하는 수출품목조직이 필요하다. 개별적인 수출업체는 영세성으로 과당경쟁과 엄격한 품질관리가 어렵다. 수출업체의 영세성과 전반적인 수출구조의 취약성은 과당경쟁, 가격 덤핑 등 제 살 깎기가 악 순환되어 경쟁력을 저하하는 결과를 낳았다.[31] 이에 따라 정부는 뉴질랜드의 제스프리나 미국의 선키스트처럼 강력한 수출 전문조직의 운영을 기대하며 2008년 이후 수출선도조직을 지원하고 있다. 이 외에도 원예전문단지 지원, 품목별 수출협의회를 지원하고 있다. 이러한 3가지 지원 꼭지가 수출 조직화의 근간을 이루고 있다.

수출조직 분야 외에도 정부는 품목별 대표조직과 자조금 제도를 활성화시키기는 정책을 지원하고 있으며, 지자체와 생산자단체도 공동선별 및 공동계산 등 지자체 단위의 수출조직 강화를 위한 사업들을 수행하고 있다.

수출 및 유통조직 육성을 위해 다양한 지원이 이루어지고 있지만 품목별로 자생력과 지속성을 가질 정도의 활성화된 선도조직은 손에 꼽을 정도로 미미하다. 따라서 수출물량 및 품질관리, 물류시스템 관리, 마케팅 활동이 체계적이지 못하다.

개별 수출업체 및 수출 농가도 수출조직에 대한 소속감이 약하고 일시적인 거래 관계에 의존하여 수출하는 경향이 강하기 때문에 해외시장에서 경쟁력 약화와 과당경쟁 사례가 나타나고 있다. 출혈경쟁을 억제하기 위하여 품목조직별로 수출협의회가 자체적으로 체크프라이스(Check Price, 최저가격) 제도를 운영하고 있다.

한국형 마케팅 보드 수출선도조직

한국 농식품 수출경쟁력 향상을 위한 '수출통합조직'. '수출선도조직'의 개념은 농식품 수출업체와 생산자조직 상호 간에 계약을 체결하여 품종 선택에서부터 재배, 수확, 선별, 포장, 안전성, 품질관리, 공동정산, 수출업무 등의 전 과정을 수행하는 것이다. 또한 품목 규모화를 통하여 수출시장에서의

---

[31] 농촌경제연구원, 농식품 수출조직 운영실태와 육성방안, 2015. 10

교섭력 강화와 경쟁력 제고를 통해서 수출확대를 선도하며, 지속적이고 안정적인 수출 활동을 수행할 수 있는 조직을 말한다.

이 사업은 수출 마케팅 창구 단일화 및 신선농산물 품질경쟁력을 강화하는 사업이다. 수출선도조직 육성사업은 파프리카, 장미, 토마토, 버섯 등 15개 품목 18개 선도업체 중심으로 진행되고 있다.

전국단위 수출 농가와 업체가 참여하는 조직화로 품질 강화, 공동마케팅 및 수출단가 투명화를 통한 과당경쟁 방지 등 수출 인프라를 강화하는 것이 본 사업의 목적으로 다수의 품목을 '한국의 제스프리'로 키우겠다는 것이 수출 선도조직 사업의 방향성이다.

수출 조직화 사업은 낮은 단계의 '수출선도조직'과 해당 품목의 국가 수출 비중이 50% 이상인 '연합법인선도조직', 해당 품목 국가 수출 비중이 ⅔이상인 '수출통합조직'으로 나눌 수 있다.

수출통합조직은 생산자(농업인, 농업경영체, 생산자단체)와 수출업체가 공동 출자하여 설립한 수출 전문 통합마케팅 법인으로서 생산자, 농산물 전문생산단지와 구속력 있는 출하약정계약을 체결하고, 수출물량 및 가격·품질 등을 자율적으로 통제·관리할 수 있는 조직을 대상으로 지원하는 사업이다.

그동안 국내 농식품 수출은 대부분 소규모 개별농가 및 영세 수출업체 위주로 이루어져 왔다. 그러다 보니 불필요한 과당경쟁에 따른 저가 수출과 체계적이지 못한 품질관리, 들쭉날쭉한 물량공급 등 많은 문제점을 안고 있다. 이는 해외 바이어와의 교섭력 약화로 이어지면서 전반적으로 우리 농식품의 수출경쟁력을 떨어뜨리는 요인으로 작용되어 왔다.[32]

정부는 이러한 문제점을 해결하고자 수출확대 가능성이 높은 농산물을 대상으로 수출통합조직 육성사업을 운영하고 있다. 수출통합조직은 품목별 수출비중 2/3 이상의 참여조직 설립을 목표로 한다. 이렇게 수출통합조직사업의 핵심은 수출업체 및 수출 농가의 규모화와 조직화를 통해 우수한 품질의 농식품을 안정적으로 공급, 해외시장에서 충분히 제값을 받을 수 있는

한국형 수출모델을 만들자는 데 있다.

　현재 수출통합조직은 버섯, 파프리카, 딸기, 포도, 토마토, 절화류 등의 품목조직이 운영되고 있다. 대표적으로 파프리카 수출 연합법인 ㈜코파(KOPA)가 있다. 코파는 현재 국가 파프리카 수출의 99%를 차지하고 있으며, 조직화 이후에 수출단가가 30% 정도 상향된 성과를 거두고 있다. 농업회사법인 케이머쉬(K-MUSH)는 세계 20여 국가에 신선 버섯을 수출하여 국가 버섯 수출액의 90% 정도를 점유하고 있다. 이러한 수출통합조직은 정책적 지원이 따른다. 기반조성 보조금 지원을 기반으로 수출업체 및 수출 농가의 조직화·규모화의 진전과 해외 공동마케팅, 공동정산시스템 등을 통해 수출의 성과를 내고 있다.

　한국형의 마케팅 보드인 수출통합조직은 농업경영체만 참여하는 뉴질랜드의 제스프리 형을 본보기로 한국형 통합조직이 출범되었으나, 실제는 생산자와 수출업체가 한배를 타고 있어 서로의 이해관계가 대립되고 있다.

　「생산자와 수출업체가 공동목표를 실현하기 위해 협력자 또는 협조자가 되어야 하는데 오로지 이해관계자들이 자신의 이익을 위해 참여만 하고 있을 뿐이다. 무늬만 통합조직이며 수출자와 생산자 간에 협력해야 한다는 개념이나 조직력과 문화도 없다. 생산과 품질관리 및 수출업무에서의 통합이 아니라 보조금의 수령 등 대정부 업무의 통합에 그치고 있다. 통합조직의 회원 수출사 간에도 제 살 깎아 먹기 경쟁은 치열하다.」[33] 수출통합조직은 진행형에 놓여있다.

　뉴질랜드 키위는 법적인 제도를 기반으로 한 생산조합이다. 생산조합은 '제스프리 인터내셔널' 수출회사의 설립을 통해 수출을 단일화 한 것이 성공요인이다. 정부는 제스프리의 수출독점권을 인정하는 '수출창구 단일화법'을 제정하여 이들을 지원했다. 반면에 사과 엔자(ENZA)의 경우는 생산조합과 수출업체가 분리, 다수의 수출업체가 상호경쟁을 유도하여 마케팅에 성공을 거두고 있음은 한국형 마케팅 보드의 방향성에 시사하는 바가 있다.

---

[33] 수출연구사업단 총괄사업단. 2020. 동향보고서

수출협의회 운영과 공동마케팅 사업

수출협의회는 농식품 수출과정에서 수출업체 간 과당경쟁을 방지하고 수출창구 단일화를 유도하기 위하여 수출업체들이 결성한 조직이다.

2008년 배, 버섯, 파프리카 등 품목을 시작으로 사과, 단감, 딸기, 포도, 토마토, 양란, 채소종자, 배추, 김치, 인삼, 유자차, 쌀, 쌀 가공품, 전통주, 전통식품, 닭고기, 식품기업 등 20여개 품목의 수출협의회가 운영되고 있다. aT가 품목별 수출협의회에 대한 주요 지원내용은 공동마케팅에 있다. 공동마케팅 사업은 수출시장 정보조사, 온·오프라인 홍보(매체광고), 품질관리, 바이어 초청, 수출상담회, 박람회 참가 등 사업이 있다.

품목별 수출협의회 선정기준은 국가 전체 수출 비중이 50% 이상이며, 해당 품목 수출금액이 1백만 달러 이상으로 수출 자율질서 유지가 필요한 최소 수출 규모로 설정한다. 신선품목의 경우 수출 가이드라인(check price) 설정이 없으면 수출협의회 구성이 불가하다.

막상 품목별 수출협의회를 들여다보면 수출업체와 수출 농가가 혼재된 이해관계자들의 집합 조직체에 지나지 않는다. 공동마케팅 사업은 개인주의가 팽배해 별반 관심이 없다. 수출업체의 경우 수출협의회 회원이 되어야 수출물류비의 보조금의 혜택이 있다 보니 공동사업의 협력과 협조보다는 자사 이익만을 위한 과당경쟁으로 개인주의가 팽배하다. 이러한 배경에는 정책 보조금 수혜가 자리하고 있다.

▌농산물 전문생산단지 운영

정부는 농식품 공급기반의 규모화와 수출촉진을 위해 원예전문생산단지를 지정하여 운영하고 있다. 원예전문생산단지 지원은 정부가 지정한 원예생산단지에 대한 안정적인 수출체계를 구축하는 사업이다.

수출 농식품의 안전·고품질 농산물의 안정적 생산과 물류비 절감을 통하여 소비자의 요구에 부응하고, 농산물과 식품의 수출진흥을 도모하기 위하여 농산물전문생산단지(농산물단지)를 채소류, 과실류, 화훼류 버섯류, 곡류 부문 등 184개소 단지가 운영되고 있다.

단지의 활성화와 수출성과를 제고하기 위하여 정부는 지차체와 공동으로 매년 원예전문생산단지의 운영 실태를 조사하고 평가한다. 우수단지에 대한 인센티브를 제공함으로써 안전성과품질이 우수한 농산물을 확보하고 수출의 안정성을 높여 수출단지를 보다 활성화시키기 위함이다.

농산물단지의 수출농가에 대한 주요 지원내용은 물류비성 원예단지 인센티브, 안전지킴이, 농약검사비, 검역관 초청, 전문가 컨설팅, 선진지 연두 등이 있다. 농산물단지 생산량의 수출 비중은 전체 생산량 대비 증가하고 있으며 장미의 경우는 100%, 파프리카 70%로 상대적으로 높지만 딸기, 선인장, 단감 등을 수출물량 비중이 아직 낮다.

농산물단지는 공간적으로 집적되어 있지 않고 한 지역(군 혹은 읍·면)에 서로 다른 단지에 소속된 농가들이 공존하는 구역이며 관리는 각 조직에서 자체적으로 이루어고 있다. 농산물단지는 산발적으로 흩어져 있기 때문에 생산관리(병해충 및 농약관리)를 일괄적으로 수행하기는 쉽지 않다.

원예전문생산단지의 주요 평가항목은 첫째, 조직 운영 부문이다. 평가항목은 단지 규모, 자조금 조성 및 운영, 계약재배 수출 비중, 수출 농가 비율 등이다. 둘째, 수출사업 부문이다. 단지내의 수출금액, 수출 신장률, 생산량 대비 수출 비중 등이다. 셋째, 안전성 부문이다. 품질 및 안전성 관리 실태를 살펴보고 있다.

▌원예전문생산단지 운영 품목 및 단지 현황 ▌

구 분	'08	'10	'12	'14	'15	'16	'17	'18	'19
계	159	155	165	157	148	150	161	170	184
채 소	62	59	67	69	64	64	70	79	88
과 실	54	52	52	45	44	43	46	51	52
화 훼	43	44	46	43	40	34	31	26	26
버섯류	–	–	–	–	–	9	13	13	17
곡류	–	–	–	–	–	–	1	1	1

출처 : KATI

농산물단지는 일정 규모를 갖춘 품목별 특성에 따라 집단화된 농산물 생산지역이다. 재배 및 저온저장고(APC), 선별장, 예냉시설 등의 부대시설을 갖추고 있다. 그 구성원은 지역농업협동조합, 전문농업협동조합, 영농조합법인, 농업회사법인, 작목반, 영농회 등 농업경영체 및 생산자단체가 있다.

우리나라는 1950년~1960년대 소농화 되었다. 앞으로 규모화의 진전이 필요하다. 품목별 농산물단지는 조합형의 수직 통합적 경영체 조직으로 변신하여 시장 경쟁력을 갖추고 규모화와 시설투자 확대로 설비 집약적 구조로 변화가 필요하다. 농사는 땅만 있으면 되지만 농업은 산업과 땅이 자본과 규모의 진전이 있어야 하고 인프라가 뒤를 받쳐줘야 한다. 세계 강소농업국은 원예단지의 규모화와 기술농업의 진전으로 자본의 진입을 이끌어 낸 것이 성공의 요소가 됐다.

농산물단지가 영세하면 수출업자에게 휘둘릴 수밖에 없고, 우리 수출조직끼리 제 살 깎아먹기 경쟁을 할 수밖에 없다. 농산물단지는 나만 열심히가 아닌 조직화와 협력의 중요성을 지향하고 있다.

▌천수답(天水畓)과 물류비

'천수답'이란 벼농사에 필요한 물을 빗물에만 의존하는 논이다. 저수지나 강으로부터 물을 끌어대거나 지하수를 이용할 수 있는 시설이 전혀 없는 지역의 논을 말한다. 가뭄의 해갈 방법은 하늘에서 쏟아지는 비다. 비가 와야 한다. 비가 적절히 내려주면 농사짓는 데 별반 문제가 없다. 농식품 수출업체도 비를 기다린다. 밀어내기식이라도 수출만 하면 수출물류비 보조금이 논물을 채운다. 비를 더 많이 맞기 위해 과당경쟁도 불사한다. 수출업체들은 천수답 경영에 젖어있다.

상품투자의 귀재, 짐 로저스는 '향후 20~30년간 가장 긍정적이고 잠재력이 높은 산업'으로 농업을 꼽고 있다. 우리 농업이 계속 성장할 수 있는 방법의 하나가 수출을 통한 외연의 확대이다. 수출 촉진지원 동력 중에서 농식품 수출물류비 보조정책은 수출업체의 인지도, 이용도, 만족도 등이 가장 높은 사업이다. 그렇지만 수출물류비 보조는 수출촉진의 순기능적인 측면과 수출의 과당경쟁 촉진 빌미를 제공할 수 있는 양날의 정책이 되고 있다.

　　WTO 농업협정문에서 수출지원과 관련해 직접적인 수출 보조 등은 감축 대상 보조[34]로 설정돼 있다. 그러나 시장개척 지원이나 해외시장 정보수집, 수출금융과 수출보험 등 간접적 수출지원이 가능하다. 우리나라도 수출 농식품에 소요되는 물류의 비용 일부를 보조하는 '농축산물판매촉진사업(물류비 지원사업)'을 시행하고 있다. 이는 수출확대를 통한 농가 소득증진을 목적으로 1998년부터 WTO 규정이 허용하는 범위 내에서 국내산 과실류, 채소류 등을 수출하는 업체에 대하여 농어촌구조개선 특별회계자금으로 수출물류비 일부를 지원하는 것이다.

　　우리나라 농식품 수출물류비는 농식품의 수출에 소요되는 집하 운송비, 선별·포장 인건비, 포장재비, 국내외 운송비(선박, 항공) 등을 수출업체에 지원하는 물류 보조금이다. 1989년에 과실류를 시작으로 현재 과실류, 채소류, 버섯류, 화훼류, 김치류, 인삼류, 축산물, 전통주, 장류, 차류, 쌀 가공품, 곡류 및 기타 가공류 등 농산물 13개 부류 150여개 품목(농산물 64, 축산물

---

34 세계무역기구협정의 이행을 위한 특별법 제11조(협정이 허용하는 수출지원 확충)와 WTO 농업협정 제9조(개도국에 대한 수출보조 허용)에 근거

13, 가공류 27 등)에 대해 지원되고 있다. 수출물류비 지원은 국산 농산물이나 국산원료를 사용한 일부 식품에 한한다. 물류비 지원 대상은 신청일 기준 과거 1년 이내의 지원 대상 품목의 수출실적(FOB 기준)이 10만 달러 이상인 자 또는 물품 공급자로서 등록한 업체가 지원 대상이다.

동 사업은 2024년에 중앙정부와 지자체의 수출물류비 지원이 모두 폐지되는 일몰사업이다. 2015년 WTO 제10차 각료회의에서 선진국은 모든 농산물 수출 보조금을 즉시 폐지하되, 개발도상국은 5년간 유예하여 수출 마케팅비와 물류비 보조를 2023년까지 지원할 수 있도록 했다.

농업 분야에서 개도국 지위를 부여받은 우리나라는 물류비 보조를 차차 줄여나가 2024년에 전면 폐지해야 한다. 향후 중앙정부의 지원 한도는 2019년 9%, 2020년 7%, 2022년 5%, 2024년 0%로 줄게 된다. 2024년 이후에는 선진국 사례를 감안하여 산지 조직화 지원, 공동물류시스템 지원 등 간접지원 형태로 전환하는 것으로 방향을 잡고 있다.

총액한도제에 의거 기본물류비는 표준물류비의 총 22%(2020년 기준)를 한도로 매월 수출물량 기준에 따라 중앙정부와 지자체가 분담하여 지원하고 있다. 지원 한도는 중앙정부는 ‘수출물량(kg)×품목별 표준물류비의 7%’ 이내이며, 지자체의 지원 한도는 ‘수출물량(kg)×품목별 표준물류비의 15%’ 이내다. 지자체의 물류비는 수출 농가와 수출업체로 구분되어 있는데 지원 비율은 지자체마다 달리 운영되고 있다.

물류비 지원은 수출실적 기준으로 지원되기 때문에 해외시장에 있어 국내 수출업체 간 저가 수출 경쟁을 촉발하기도 한다. 또한, 해외바이어가 국내 수출업체에 지원되는 물류비 지원액을 물품대에 포함시켜 악용하는 사례도 있다.

하늘에 기대는, 물류비 보조만 쳐다보는 이른바 ‘천수답(天水畓) 물류비 정책’에 기대하는 심리가 수출업체에 팽배하다. 수출업체 간 과당경쟁이 심화되어 수출 보조금을 목적으로 하는 영세 수출업체들까지 난립해 수출단가를 휘젓고 있다.

일부 수출업체는 '이미 파프리카라든지 방울토마토, 배추 등 일부 수출 품목은 물류비 보조가 있으나 마나 한 지가 오래 되었다'고 주장한다. 바이어가 수출단가에 물류비를 몽땅 반영하여 가격 네고(Nego)[35]에 포함되어있기 때문에 실질적으로 도움이 되지 못한다고 시큰둥한 반응이다.

지차체간의 차별적인 수출물류비 지원정책이 오히려 과당경쟁을 부추기고 수출단가 하락의 빌미가 되기도 한다. 수출물류비 예산확보가 부족한 지자체에 소속한 수출업체는 수출물류비 예산지원이 월등히 높은 지자체에 소속된 수출업체에 비해 수출경쟁력이 불리한 구조이다.

지자체의 농정은 자율성과 지역 독창성을 갖고 추진되어 할 것이나 수출 문제는 각 지자체를 떠나서 전국의 동일품목 농민이 동일한 시스템에 협력하여 시장에 대응해야 한다. 그리고 수출물류비 보조는 직접 지원보다는 수출 농산물의 품질향상, 신규시장 개척, 공동마케팅, 수출선도 농가에 대한 조직력 강화 등의 간접지원으로 전환돼야 한다는 의견이 우세하다.

그동안 수출물류비 보조가 수출단가 형성에 영향을 미쳐왔던 만큼 물류비 감축은 가격 경쟁력 약화를 염려한다. 그러나 수출물류비 감축은 생산과 조직화 부문, 안전성 관리 부문 등에 역량을 강화할 기회가 될 수도 있기에 오히려 수출의 체력을 반전시킬 수 있는 좋은 계기로 삼을 수 있다.

일찌감치 보조금 감축으로 성공한 뉴질랜드는 한때 농가소득 중 정부 보조금이 차지하는 비율이 35%까지 치솟았다. 1984년 모든 농업보조금을 철폐하여 일시적으로 농민의 강한 저항을 받았지만, 보조금 철폐는 농업의 경쟁력 강화에 결정적인 역할을 하여 오늘날의 키위 산업이 만들어졌다.

우리나라 농업보조금 지원은 선진국처럼 많지는 않지만 직접 보조를 통해 억지로 경쟁력을 높이기보다는 농업경영체의 간접적인 지원을 통해 생산의 품질 고도화, 유통 활성화, 안전성관리(IPM) 등 선진 생산시스템으로 체질 개선과 유통 밸류체인의 고도화를 앞당기는 시책으로 전환될 것으로 기대되고 있다. 수출물류비, 이제 천수답식 농사에서 벗어나는 것은 자의건 타의건 간 시간문제로 다가왔다.

---

35 Nego는 Negotiation의 준말로 협상, 교섭, 협의, 거래 등의 뜻

Ⅱ. 농식품 수출시장 특성

바람에 따라 돛을 달아야

농식품 수출의 성공열쇠 Ⅱ - 農食品 輸出 槪論

07 Chapter 수출의 명당자리

▌일본 시장

일본은 우리와 식문화가 거의 같고 지리적으로도 가장 인접하며 소득이 높아 거대한 구매력을 갖고 있는, 인구 1억 3000만 명의 Best Market이다. 일본의 소비자들은 수입식품의 안전성에 매우 민감하다. '눈으로 먹는 시장'이라 할 만큼 포장(디자인, 소포장)을 중시하고 건강 및 다이어트 식품의 인기가 급증하고 있다. 2019년 일본 시장에 우리나라가 수출한 농림축수산식품은 21억 5800만 달러로 여전히 한국 농식품 수출 1위(22.6% 점유) 시장이다. 부류별 수출 비중은 가공식품 수출이 53.7%, 수산식품이 33.9%, 신선식품이 12.4%이다.

일본은 FTA 체결국은 아니지만 변함없는 한국의 제1위의 농수산식품 수출국이다. 고령화에 따른 시니어 지향 수요증가와 맞벌이 세대, 미혼자 증가로 1인 가구를 위한 간편 조리 식품, 소포장 제품 출시가 확대되는 시장이다.

일본은 남북으로 3000km에 걸쳐 길게 늘어져 있다. 4개 주요 섬과 4000여 개 이상의 작은 섬으로 이루어진 섬나라로 주요 섬은 혼슈, 시코쿠, 규슈와 홋카이도이다. 총면적은 약 38만㎢로 국토의 4/5 정도가 산지인데, 경작이 가능한 면적은 12.4% 정도(4444ha)에 불과하다.

2019년 한국 농림수산식품 수출액 중에서 일본 수출액은 22.6% 점유율로 중국(17.1%) 미국(12.3%)보다 높다. 대일수출 주요 채소 품목은 파프리카, 오이, 토마토, 딸기, 멜론 등이다. 2000년까지는 토마토, 오이의 비중이 컸으나, 2001년 이후로는 파프리카 위주의 수출이 이루어지고 있다.

일본은 세계 최대의 농산물 순 수입시장이고, 동시에 우리나라 농산물의 최대 수입국이다. 대일 농산물 수출경쟁력은 기본적으로 가격 경쟁력, 품질 경쟁력, 상품에 대한 신뢰성에 의해 좌우된다. 일본 시장에서 중국산 농산물은 한국산에 비해 가격 경쟁력에서 절대 우위를 갖고 있지만, 품질경쟁력은 낮아 식품 안전성, 동식물 검역문제 등으로 수입이 제한되는 경우가 많다.

일본도 도쿄를 중심으로 한 관동지방과 오사카를 중심으로 한 관서지방은 서로 다른 지역성이 있다.

일본시장 수출 확대를 위해서는 첫째, 지역별 특색에 맞춘 차별화된 전략이 필요하다. 도쿄 위주의 관동지역은 대형유통업체와 네트워크 구축, 오사카 중심의 관서지역은 식문화 거점화, 북부지역은 계절적 특성을 살린 마케팅, 남부지역은 지리적 근접성을 활용한 전략이 필요하다.

둘째, 한국산 농식품의 안전성에 대한 소비자 신뢰 구축이 필요하다. 친환경농법, 채소류 ID 제도, GAP, HACCP 같은 안전성 관리를 집중적으로 홍보해 한국산의 차별성을 확보해야 한다.

셋째, 이온, 쟈스코와 같은 대형유통업체 연계 판촉전을 통해 네트워크를 형성하고, 대형유통업체의 구매담당자와 납품업체인 벤더 등 바이어 초청 수출상담회 개최를 통해 유망품목의 거래알선과 대형유통업체 신규 입점 기회를 확대하는 것도 필요하다.

일본 소비 트렌드는 간편 식품에 대한 수요가 높아지고 있는데, 먹는데 시간과 수고가 덜 필요한 추세로 가고 있다. 고령화와 여성의 사회진출 가속으로 식문화의 간편화 진행과 가공품 비중이 높아지고 있다.

▌2019년 일본 농식품 수출 상위 5개 품목 ▌

단위 : 달러. 괄호안은 %

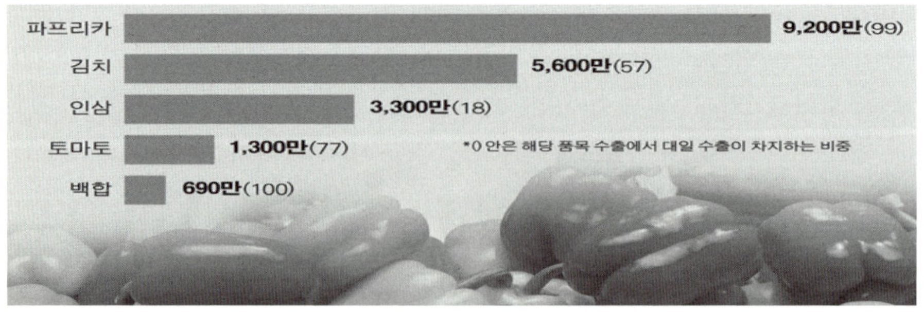

출처 : 한국일보 2019.07.08

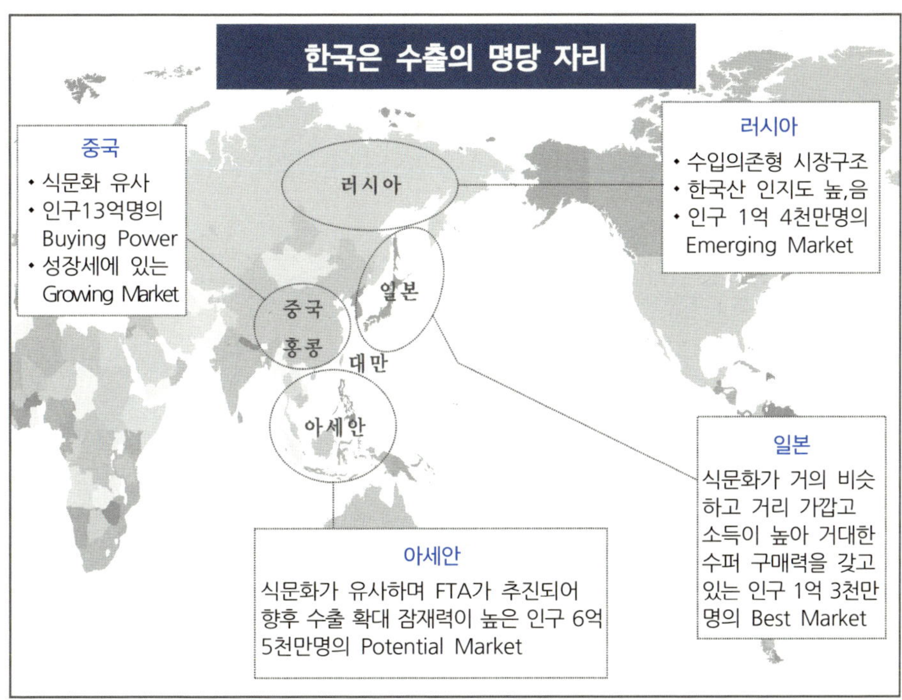

출처 : 저자 작성/ KATI 참고

일본 신선농산물 시장 트렌드는 최근에 여성의 사회진출 및 고령화로 외식을 이용하는 기회가 증가했다. 청과물의 가정용 수요가 감소하고 업무용이 증가하고 있다. 또한 고령자 및 독신 가구 증가에서 반찬 상품은 소량·소포장의 수요가 높아지고 있다.

수입 신선농산물은 수입 상사에서 직접 소매업체 등에 유통되는 비율이 높다. 채소는 일본산보다 저가로 거래하는 품목이 많아서 가공·업무 용도가 중심이다.

일본의 신선농산물 시장을 확대하기 위해서는 품목의 가치를 높이는 것이 중요하다. 일본에서는 품질 및 안전성에 대한 높은 선호도를 가지고 있다. 오랫동안 일본산 하면 안전하고 고품질이라고 믿었기 때문에 지금도 변함없이 일본산을 중시하는 경향이 있다.[36]

▌일본 파프리카 시장 여건

일본인들은 최근에 연간 4만 3000톤(2019년) 정도의 파프리카를 소비하고 있는데 자급도는 10% 정도이다. 수요의 90% 이상이 수입산. 한국 파프리카 수출액의 99% 이상이 일본이다.

일본 파프리카 시장은 일본 자국산과 한국산을 주축으로 네덜란드산 및 뉴질랜드산의 4파전 양상이다.

일본 농가의 경작 규모는 500평~1천 평으로 소규모여서 연간 소비량을 자체적으로 생산하지 못한다. 게다가 일본 생산자의 노령화로 향후 자국산의 급격한 생산증가는 기대하기 어렵다.

한국산 파프리카의 일본시장 확대를 위해서는 절대적으로 안정적인 공급이 중요하다. 4계절 연속적으로 안정적인 공급이 투명하게 이루어진다면 일본 시장에서 한국산 파프리카의 점유율을 더욱 끌어올릴 수 있을 것이다.

일본 시장에서 한국산 파프리카의 시장 점유율은 2006년 52%에서 2019년 80%까지 상승하였다.

한국산의 생산이 달리는 1~2월, 8~9월에는 네덜란드산과 뉴질랜드산 M사이즈로 수입선이 대체되고 있다. 향후 한국산 파프리카 재배방식의 작기 다양화를 통한 안정적 공급시스템이 최대의 관건이다.

가격 경쟁력은 일본산 및 수입산 전체에 비해 한국산이 우위의 위치에 있다. 일본으로 수출할 때 수송비 역시 kg당 550원 정도로 다른 나라보다 적다. 유럽에서 일본으로 파프리카를 수출하려면 kg당 3천 원 정도의 물류비가 든다.

한국산 파프리카의 과제는 파프리카 수출 규모가 물량 기준으로는 증가되었으나, 수출단가는 다소 하락세이다. 일본산 파프리카는 여름·가을 재배가 많기 때문에 수입 파프리카가 들어오면 하절기(6~8월)는 공급과잉에 따라 가격이 약세를 면치 못한다. 일본산 파프리카 생산이 안정되지 않는 이유로는 기상악화의 영향이 크다.

---

36 aT. 해외 이슈 조사

일본은 두꺼운 과육의 파프리카를 좋아하는 경향이 있으며, 네모의 묵직한 형상의 품종을 중심으로 재배되고 있다. 현재 일본에서 재배되는 주요 품종은 150~180g 무게의 빨간색(약 70%), 노란색(약 30%), 주황색 등이며 네덜란드 종자회사 엔자 자덴사(ENZA ZADEN사) 품종이 유명하다.

일본에서는 200g 이상인 대형(L~LL 사이즈)품종에 대한 수요가 적기 때문에 중형(M)과 소형(S)의 품종개발이 활성화되어 있다.

수입된 파프리카는 수입 상사가 매입하고 도매시장(도매업자) 및 유통매장 등 소매업체에 판매된다. 일본 바이어에 따르면 안정공급이 최우선 요청사항이다.

한국산은 가격과 품질이 만족스럽지만, 안정적인 공급이 이루어지지 못하면 항시 네덜란드산 및 뉴질랜드산으로 수입 대체될 수 있는 연결고리를 가지고 있다.

일본에서도 하절기는 자국산의 유통량이 증가하기 때문에 수입산은 가격 경쟁력이 매우 낮다. 한국산 파프리카는 일본산 생산 확대가 큰 위협 요소지만, 생산 효율성이 안정되지 못하고 결과적으로 인기산업으로 진입이 어려울 전망이다.

일본 수출확대를 위해서는 바이어가 원하는 사이즈의 요구사항(크기 및 색깔)에 대응하는 것과 동시에 연중 안정공급을 철저하게 하는 것이 중요하다.

▎한국 파프리카 수출 현황 ▎

단위 : 톤, 천 달러

주요 수출국	2018년		2019년		전년대비 증감률(%)		2018 수출액 비중(%)
	중량	금액	중량	금액	중량	금액	
총 계	31,919	92,260	35,325	91,515	10.7	−0.8	100.0
일 본	31,775	91,821	35,250	91,244	10.9	−0.6	99.7
대 만	103	253	37.1	89.8	−64.0	−64.5	0.1
홍 콩	41	183	36.2	173.6	−11.7	−5.1	0.2

출처 : KATI

08 Chapter ASEAN과 신남방 VIP 시장

아세안은 경제적 문화적 정서적으로 흡인력이 강한 기회의 땅이다. 따라서 우리 시장을 남방으로 눈을 돌리며, 남방으로 가야 할 시대다. 아세안 시장이란 1967년 창설된 동남아시아 국가연합을 의미한다. 필리핀, 인도네시아, 말레이시아, 싱가포르, 태국, 캄보디아, 베트남, 미얀마, 라오스, 브루나이 등 총 10개국이 회원국으로 평균 나이가 30세 전후로 젊은 인구로 구성되어 있다. 2019년 아세안에 우리나라가 수출한 농림축수산식품은 18억 1100만 달러를 기록하여 중국보다 큰 시장으로 성장했다.

ASEAN은 총 10개 회원국에 6억 5000만 명의 인구와 2조 9000억 달러(2018년)의 경제 규모를 가진 거대 시장이며, 미국, 중국, 일본, EU와 더불어 한국의 5대 교역 시장 중 하나이다. 세계 2위의 수출농업 대국 네덜란드가 주변국으로 수출의 성장 발판으로 삼았듯이 세계교역 7위의 수출국인 우리나라도 ASEAN 주변국의 시장을 확장하고, 수출 주도형 전략 품목을 육성해야 한다. 한국과 식문화가 유사하며 향후 수출확대 가능성이 높은 Potential Market이다.

아세안은 소비시장의 세분이 되어있어 고품질·고가품으로 인식되고 있는 한국 농식품의 수출에 긍정적 요인이 있다. 특히 한류 열풍으로 인해서 우리 농식품에 매우 우호적인 분위기가 형성되어 있다.

신흥 부유층의 증가로 인한 고급 수입식품에 대한 구매력이 증가하고 있다. 또한 무슬림이 인도네시아 인구의 86%, 말레이시아 60%, 싱가포르 17%를 점유하는 점을 고려하여 이슬람에서 허용하는 식품 가공 인증제도인 Halal Food 마크 부착을 통해 문화적인 이질감을 해소하려는 노력이 필요하다.

최근 ASEAN 회원국들의 빠른 경제성장에 따른 1인당 소득 및 구매력 증가로 인하여 아세안은 일본, 중국에 이어 우리나라의 제3위의 수출시장이다. 아세안은 우리나라와 비교적 가까운 시장이기 때문에 가격 경쟁력 측면에서 우리나라 농식품 수출에 유리한 시장이다. 특히 최근 확산하고 있는 한류의 인기가 가장 높은 지역으로 한류의 확산과 함께 동남아시아 시장으로의 농식품 수출액이 큰 폭으로 증가하고 있다.

한-ASEAN FTA(2007년)는 기본적으로 양자협정이지만 아세안 10개국에 적용된다는 측면에서 복수 국간 협정의 성격을 동시에 지니고 있다. 상품 자유화 방식(Modality)을 정한 후 모든 관세품목을 일반품목군(Normal Track) 또는 민감품목군(Sensitive Track)에 배치하고 기간에 맞춰 관세를 인하 또는 철폐하고 있다. 대부분의 국가에서는 일반품목군에서는 관세가 철폐되었으나 캄보디아, 라오스, 미얀마는 2020년까지 철폐가 예정되어 있다. 한-아세안 FTA는 원칙적으로 직접 운송의 경우에만 특혜관세가 인정되며 제3국 경유는 예외적으로 인정된다.

ASEAN 지역은 40세 이하 젊은 층이 약 60%를 차지하여 중간연령이 아주 젊은 나라들로 구성되어 있다. 노동력이 풍부하고 소비성향도 높아지고 있다. 최근 아세안 시장은 우리 농식품 수출 1위 시장이었던 일본을 가뿐히 제치고 올라설 분위기이다.

GDP는 2조 6000억 달러로 연 5%의 높은 성장시장이다. 식품시장만 보면 4천억 달러 수준으로 2020년까지 매년 9%의 성장이 예상되는 등 잠재력이 매우 큰 시장이다. 따라서 아세안 시장은 한국 수출 식품의 매우 중요한 파트너 시장이 되었다.[37]

이제까지 동남아시아 시장을 일본이 독점하였으나, 한국이 빠른 속도로 동남아시아 시장을 잠식하고 있다. BTS와 같은 케이팝과 뷰티 콘텐츠들을 앞세운 한류까지 공세가 이어지면서 미래 고객인 동남아시안의 어린 세대들이 동경하는 나라가 한국이 되어가고 있다. 동남아시아의 특징은 평균나이가 30세 전후 인구 구성이라는 점이다. 따라서 이들은 케이팝과 패션, 그리고 뷰티와 스마트폰은 좋아하는 세대로 이루어져 있다.

VIP(Vietnam, Indonesia, Philippines) 시장은 내수시장이 풍부하고 다양한 인적·물적 자원, 높은 경제성장률과 탄탄한 내수시장을 바탕으로 저성장 시

---

[37] aT Focus, Vol.31. 주목받는 아세안 VIP 시장

대에 들어선 오늘날 BRICs를 대신할 신흥 경제 국가로 주목받고 있다.

VIP의 소비시장을 주도하고 있는 신흥 중산층은 경제성장과 함께 등장하여 아세안 시장의 트렌드를 보여주는 바로미터(barometer)가 되고 있다. 특히, 한류의 영향으로 한국식품에 대한 관심과 인지도가 크게 높아지고, 질 좋고 안전한 식품이라는 인식이 확대되고 있어 6억 아세안 시장은 한국 농식품 진출의 좋은 안마당 시장이라 할 수 있다.

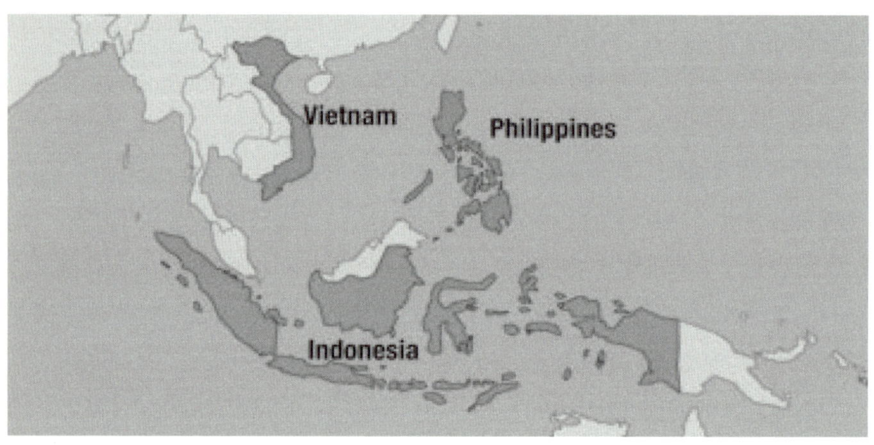

출처 : eknews.net. 새로 뜨는 동남아 VIP시장

▍VIP시장, 베트남 시장

베트남은 1992년 한국과 수교를 맺었다. 1995년에 아세안 회원국이 되었으며 2007년에 WTO에 가입했다. 아세안 회원국을 포함, 한국-미국-중국-일본-인도 등 많은 국가와 FTA를 체결하였다. 1천 년 동안 중국의 지배를 받았고, 1858년 프랑스 식민지가 된 베트남은 프랑스 통치의 영향으로 커피, 바게트 등을 즐겨한다. 베트남은 공산당 단일 지도체제하의 정치적 안전성을 토대로 매년 6%대의 경제성장세를 보이고 있다.

베트남의 인구는 약 9600만 명으로 세계 15위(2018년)이다. 전체 인구에서 30대 이하의 젊은 층이 60%를 차지한다. 베트남 경제가 연 6%대의 높은 성장으로 중산층 확대에 따라 식품시장의 규모는 더욱 커질 전망이다. 특히 베트남 중산층과 트렌드에 민감한 젊은 소비층의 증가가 수입 식품시장을 가속화시키고 있으며, 젊은 소비자층일수록 마케팅에 민감하게 반응하고, 브랜드에 대한 관심이 높다.

베트남의 젊은 소비자와 중산층은 최신 트렌드를 따라잡기 위해서라면 돈을 기꺼이 투자하며, 젊은 여성들은 외국의 영화, 음악, 미디어를 즐겨보고 해외 아이돌에 대한 선망이 높다.

베트남은 유통서비스 부문에 대한 100% 외국인 투자를 개방하고 있다. 개방 이후 제조업을 중심으로 외자를 유치해 수출을 통해 경제성장을 이룩했으나, 베트남의 농업은 GDP에서 약 17%를 차지할 정도로 여전히 중요한 산업으로 자리 잡고 있다.

생산량을 기준으로 베트남의 후추는 세계 1위, 쌀과 커피는 세계 2위 수준이며, 기타 고무, 카사바, 차 생산도 세계 5위권 수준이다. 그러나 생산량에 비해 베트남 농산물의 품질에 대한 세계시장의 평가는 낙후된 영농법, 생산방식, 저장 및 관리체계로 인해 낮은 편이다.

베트남과 국경을 맞대고 있는 나라는 중국, 캄보디아, 라오스다. 중국과는 약 1400㎞에 걸쳐 국경을 접하며, 11개의 국경 경제구역이 설치되어 국경 경제구역을 통한 무역량은 베트남과 중국 간 총무역량의 20% 이상을 차지하고 있어 중국과는 상호 의존적인 관계에 있다. 베트남-중국 국경무역이 주목받는 것은 지리 문화적 근접성으로 원거리 무역에 비해 비용이 적게 들고 투자위험이 적기 때문이다.

한국 상품이라고 무작정 잘 되지는 않는다. 가격이 중요하다. 베트남 현지 기준으로 봐야 한다. 베트남의 소득수준은 2500달러 수준인 반면, 한국은 3만 달러 수준이다. 가격의 느낌이 다르다. 한국에서 싼 것이 베트남에서는 싼 것이 아니다.

베트남은 농식품 수출액이 수입액보다 크다. 베트남의 주요 수입국은 중국, 한국, 일본이 상위 1~3위를 차지한다. 특히 한국산 농식품 수입액의 연평균 증가율은 29.1%로 상위 10개국 가운데 가장 높다. 주요 농식품 수출품목인 커피 위주의 차 수출액은 2012년에는 3억 달러(USD)에 불과했으나, 2016년에는 32억 달러로 10배 이상 증가했다.

도시화 추세와 대형마트의 증가로 수입 음료 시장이 빠르게 성장하고 있으며, 과실 음료, 차 음료, 에너지 음료 등의 한국음료가 인기를 끌면서 기타 음료가 수출 주력품목으로 급격히 부상하고 있다.

남북으로 길게 이어진 지형으로 북부, 중부, 남부 3개 시장으로 나뉘는 지리적 특성으로 물류, 유통 등에서 시장별로 다른 특징을 가진다. 하노이는 베트남의 수도로 정부기관 및 정권이 집중된 지역으로 고가품의 판매가 활발하다. 호찌민은 제1의 소비도시로서 평균소득이 가장 높고 수입식품의 대표 판매시장이 형성되어 있다. 중부(다낭, 나짱, 후에 등)는 베트남의 제3, 4의 도시로서 주로 관광산업이 발달하여 있다. 베트남은 도로 및 냉장 물류 인프라가 미비해 물류 및 운송이 시장형성에 중요한 역할을 하고 있다. 이로 인해 수입식품의 경우 하노이, 호찌민을 제외한 주변 도시로의 확대에 어려움이 있다.

베트남 소비자들은 해외브랜드 식품이 현지의 식품보다 안전하고 품질이 좋다고 생각하는 경향이 있다. 베트남인의 식품안전에 대한 인식과 중요성이 커짐에 따라 식품시장 전반적으로 수입식품에 대하여 관심이 확대되고 있다.

2017년 기준 재래식 유통채널이 식품 판매액의 약 70%를 차지하며 현대식 유통채널은 나머지 30%를 차지한다. 재래유통채널은 동네의 사정에 밝고 주민과의 유대관계가 돈독하다는 장점이 있다. 베트남 소비자들은 식료품을 소량으로 자주 구매한다는 점에서 재래유통채널이 대형유통채널보다 유리하다. 베트남은 밤늦게까지 활동하는 문화가 아니기 때문에, 편의점은 대중화된 매장의 형태는 아니다.

재래시장에서의 식재료 소비 선호에 따라 재래시장의 시장 점유율이 매우 높다. 베트남에는 9천 곳 이상의 재래시장이 존재하며, 베트남 소비자들은 집에서 가까운 재래시장을 매일 방문하여 식재료를 구매한다. 재래시장은 냉장 시설이 미흡하여 식품의 보관 상태와 위생이 좋지 않아 소비자들의 인식만큼 신선하지 않고, 가공식품은 냉장 시설이 필요 없는 제품만 유통되고 있다.

베트남 소비자들은 지금까지 신선농산물 및 가공식품을 재래시장에서 구매하는 것이 더 신선하다고 인식하였으나, 최근 대도시를 중심으로 위생적이고 가격대가 일정하며 다양한 가공식품을 판매하는 대형유통업체에서 식품을 구매하고자 하는 소비자들의 인식 전환이 이루어지고 있다.

현대식 유통채널 주요 슈퍼마켓으로 Co.op mart는 베트남 전역에 걸쳐 약 77개의 매장을 운영 중이다. Big C는 프랑스 카지노 기업이 투자한 유통기업으로 가격, 신선함, 규모화(판매량)를 중점으로 마케팅을 펼쳐 사업 초기부터 시장안착에 성공하였다. Metro는 독일계 도매식 대형할인점으로 다른 철저한 회원제를 시행 중이다. VIN 그룹 Vin Mart는 현지에서 손꼽히던 오션마트(Ocean mart)와의 합병을 통해 베트남 유통시장의 점유율을 높여왔다.

호치민 롯데마트 점 전경

롯데마트는 하노이를 포함한 북부에 4개 점, 다낭에 1개 점, 호치민을 포함한 남부에 5개 점으로 총 10개의 매장을 보유 중이다. 호치민 고밥店 이마트(e-Mart)는 1개 점이 운영 중인데 단일 점포 매출로는 베트남 전체 1위이다.

한국계 유통채널인 케이마켓(K-Market)은 베트남 내 최대 규모의 한인 마트이며, 베트남 전역(하노이, 다낭, 호치민)에 70개의 매장을 운영 중이다. 베트남에 있는 한국 신선식품과 가공식품의 대부분은 케이마켓를 통해 수입되거나 유통되고 있다.[38]

베트남의 소매유통업은 재래시장의 현대화 등을 통해 향후 5년간 연평균 10%의 성장률을 유지할 것으로 전망하고 있다. 따라서 향후 베트남 진출 관심 소비재 기업에서는 편의점이나 E-commerce 유통에 적합한 형태로의 상품 기획, 마케팅 활동 등에 주목할 필요가 있다.

ASEAN중에서 가장 눈부신 경제성장률을 기록하는 베트남. 2019년 아세안(10개국)에 한국 농식품 수출액은 18억 달러, 이중에서 베트남 수출액은 6.7억 달러를 차지한다. 수출 증가율도 매년 10%이상 성장세를 보이고 있어 이제 베트남은 한국 농식품 수출의 기회의 시장으로 뜨고 있다.

호치민 e-Mart와 한국농식품 수출활성화 MOU 2016.05 (저자와 이마트 호치민 법인장)

---

[38] aT. 수출국가 정보 zip

VIP시장, 인도네시아 시장

지난 30년간 동남아시아 시장을 독점하였던 일본에 비상등이 켜지고, 한국이 동남아시아 시장을 잠식하기 시작하고 있다. 최근 인도네시아 소매유통 시장의 트렌드는 빠르게 변화하고 있으며 온라인 구매가 급증하고 있다. 또한 현지의 열악한 교통 인프라로 인해 접근편의성을 추구하면서 소매점, O2O(Online to offline) 산업이 성장하고 있으며, 프리미엄 제품, 한류 관련 품목 등으로 소비 품목도 다양화되었다. 인도네시아의 소매시장은 아세안에서 가장 큰 규모를 형성하고 있다.

BTS와 같은 케이팝과 뷰티 콘텐츠들로 인해 어린 세대들이 동경하는 나라가 일본이 아닌 한국이 되어가고 있다. 동남아시아의 특징은 평균나이가 30세 전후이다. 따라서 이들은 케이팝과 패션, 그리고 뷰티와 스마트폰은 좋아하는 세대로 그들은 지금 한국문화에 빠진듯하다.

국토면적이 1900만km²로 세계 15번째로 넓은 국가이고, 세계 4위의 인구 대국으로서 인구가 2억 7000만 명이며, 동남아시아에서 가장 큰 나라이다. 또한, 동남아 전체 GDP의 40%나 차지하고 있는 대국이다. 1만 7000여 개의 섬으로 구성된 세계 최대의 도서(섬) 국가인 인도네시아는 지형적인 특성상 물류비용이 국내 총생산액(GDP)의 30%를 차지할 정도로 물류 인프라가 낙후돼 있다. 이로 인해 한국 농식품이 지방 도시로 진출하는데 큰 장애 요인으로 작용하고 있다.

한국과 2019년 CEPA(포괄적경제동반자협정)를 맺었다. 단순히 관세를 낮추는 FTA보다도 몇 단계는 더 높은 수준의 관계가 CEPA이다. 두 나라는 서로의 성장을 도와서 주요 수출품목에 대하여 아예 관세를 없애고 기술력이 낮은 쪽은 상대에게 일감을 몰아주고, 대신 기술력이 높은 쪽은 무역을 통해 수익을 챙기되 기술력을 아낌없이 지원해주자는 관계가 CEPA이다.

인도네시아 시장은 5대 도시(Jakarta, Bandung, Surabaya, Medan, Makassar)로 구성된다. 섬과 섬으로 이뤄진 지형적인 악조건 때문에 한국 농식품 유통업체들의 경우 수도인 자카르타를 제외한 지방 시장을 공략하는 데 어려움이 있는 시장이다.

또한, 인도네시아에서는 할랄 인증이 필수적이다. 인도네시아는 이슬람권 최대 시장으로 매년 5% 이상의 경제성장률을 기록하고 있다. 인도네시아는 우리 농식품 수출대상국 9위 시장이며, 중산층과 젊은 층을 중심으로 외국 식품에 대한 관심이 증가하고 있는 시장이다.

전문직 종사자들이 건강 및 기능성 식품에 대한 관심이 높아 품질이 우수한 한국 농식품 수요가 지속해서 증가하고 있다. 인도네시아에는 다국적 기업 진출의 가속화와 일상적 제품들이 다양하게 출시된다. 주변인들이 직접 체험한 경험이 의사결정에 중요한 수단으로 여겨지고 있다. 이런 분위기에 편승하여 한류의 확산과 확장은 시간의 문제라고 보고 있다.

인도네시아 시장에서 성공하기 위한 필수 마케팅 전략은 입소문 마케팅(WOMM)이다. 구전 마케팅이 시장의 성공을 좌우한다. 인도네시아에서 입소문 마케팅은 정치, 사회, 경제 등 다양한 분야에서도 큰 역할을 담당하고 있다.

인터넷 마케팅과 함께 WOMM에 의해 제품을 구매하는 분위기이다. 이러한 이유는 WOMM이 더 신뢰가 있고, 제품을 추천해주는 사람은 주로 친구와 가족이기 때문이라고 생각한다. 인도네시아 고객은 물건이 좋은 경우, 평균 7명의 주변 사람들에게 전파한다. 그러나 물건이 나쁠 경우, 평균 11명에게 전파한다. 결국, 인도네시아에서 제품에 대한 중요한 정보의 소스는 신문이나 광고가 아닌 친구, 가족들이 주는 정보이다.[39]

인도네시아의 식품에 적용되는 비관세장벽 유형으로 첫째, 식약청인증(BPOM)이 가장 획득이 어려운 인증으로 꼽히고 있다. 두 번째는 할랄 인증이다.

인도네시아는 풍부한 인구와 소득수준 향상 등에 힘입어 견실한 성장세를 이어갈 전망이다. 시시각각 변하는 현지 규제에 대해 철저한 준비를 하고, 다양한 홍보 채널 활용, 독자적인 부가서비스 제공, 온오프라인 옴니채널 활용 등 차별화된 전략으로 시장을 공략할 필요가 있다.

---

[39] kotra, 인도네시아 자카르타무역관. 2010

우리나라보다 3배쯤 크고 경지면적은 약 1000만ha에 달한다. 세계 쌀 생산과 아시아 농업혁명을 주도하여 1960년대 1인당 농업 생산성이 아시아 평균보다 6배나 높던 나라였다. 주산지의 경우 1년에 3모작도 가능한 기후조건과 넓은 평원은 한때 세계 최대 쌀 생산국 필리핀을 만들었다.

그 필리핀이 지금은 세계에서 쌀을 가장 많이 수입하는 나라가 됐다. 한국 쌀 생산량의 절반 정도를 수입하는데 20년이 채 걸리지 않았다. 수천 년 내려온 전체 농지의 절반 이상이 비농업용으로 바뀌었다. 아시아 평균의 6배이던 농업 생산성은 한국의 1/10도 되지 않는 나라가 됐다.

마닐라(메트로 마닐라)가 수도이며 인구는 약 2억 명, 국토는 30만 400㎢로 우리나라의 3배이며, 7107개의 도서로 국토의 약 65%가 산악지대로 구성되어 있다. 필리핀의 권역은 마닐라 행정중심도시가 있는 북부의 루손(Luzon), 중부의 비사야스(Visayas), 남부의 민다나오(Mindanao)로 나눌 수 있다.

현지 시장 진출 확대를 위해서 지역별 목표시장을 선정해야 한다. 필리핀은 저온저장시설, 창고 등 물류 인프라가 열악해 필리핀 전역을 커버하는 유통망 개척은 현실적으로 지난하여, 전체 인구의 약 30%가 거주하고 소비 수준이 높은 지역별 대도시 타깃 선정이 필요하다.

필리핀인들은 말레이 계통의 수많은 민족으로 구성되어 있다. 오랜 기간 스페인과 미국의 식민 지배를 받아 혼혈인이 많은 국가이기도 하다. 필리핀의 연령대는 경제활동이 가능한 젊은 인구의 비율이 높다.

필리핀은 빈부 격차에 따라 소득 양극화가 심각한데, 합리적인 가격에 일정 수준의 품질을 갖춘 제품 위주의 소비가 발생하고 있다.

필리핀은 전 세계에서 11번째로 큰 식품시장을 보유하고 있으며, 가공식품과 음료 산업이 급격히 발전하는 나라이다. 전체 1인당 연간 GDP가 3천 달러인 반면, 인구의 2/3는 연간 소득이 1만 3000달러로 양극화가 심하다. 필리핀으로 수출되는 한국산의 농식품 수출액 기준 상위 제품은 대부분 가공식품류로 시럽, 라면, 커피, 비스킷 등이다.

필리핀 사회는 값싼 가공식품류 위주의 소비가 많아지고 있다. 따라서 대필리핀의 주요 수출품목은 기타 조제 식료품과 라면, 비스킷을 비롯한 과자류, 혼합 조미료, 소스류, 아이스크림 등으로 가공식품이 대부분을 차지하고 있다.

필리핀 내 식음료 구매는 약 70%가 전통적인 유통채널에 의해서 이루어지고 있지만, 현대적인 시설을 갖춘 현대식 유통매장이 등장하면서 소비자들이 옮겨가는 추세이다. 도시화 현상의 가속화, 중산층의 성장, 젊은 소비자층 증가로 수입제품에 대한 거부감이 적은 편이다.

필리핀은 이민족의 영향에 따른 다양한 식문화가 발달하였고, 스페인의 식민지와 미국의 통치로 서양 음식의 영향을 많이 받았다. 소비자들은 신선식품보다는 주로 가공식품을 섭취하는 경향이 높으며, 라면과 통조림 식품의 매출이 많은 편이다.

필리핀의 현대적인 식품 유통망 중 가장 큰 비중을 차지하는 것은 슈퍼마켓이며, 하이퍼마켓이 그 뒤를 잇고 있다. 식품의 안전과 품질에 대한 소비자 인식이 높아지면서 슈퍼마켓과 하이퍼마켓에 대한 선호가 높아지고 있다. 쇼핑센터 중심으로 소비가 이루어지기 때문에 쇼핑센터 내에 주요 슈퍼마켓과 하이퍼마켓이 입점해 있는 경우가 많다.

7천여 개의 섬으로 구성되어 있는 필리핀에서 물품을 유통하는 것은 쉽지 않은 일이다. 대부분 지역의 교통 인프라가 열악하여 운송에 많은 불편이 있다. 도심에 있는 매장은 공급하는 데 큰 문제가 없으나, 외곽에 있는 섬에 운송하는 경우에는 운송비용이 과다하게 차지하며, 도심에 있는 매장과 비슷한 가격에 판매하기 때문에 운송비용을 수입업체에서 부담하는 것이 일반적이다.

필리핀 내 다국적 기업의 현지 생산 가공식품이 대부분을 점유하고 있어, 제품 간 경쟁이 치열하다. 현지 소비자들은 대용량 구매를 통한 가격할인보다 개당 가격이 다소 높더라도 소용량 패키지 상품을 선호한다.[40]

---

40 aT 필리핀 농식품 수출 프로세스

09 멀리 있지만, 가까운 수출시장

Chapter

미국 시장

미국은 3억 3000만 명의 인구에 약 20조 달러의 GDP를 가지고 있는 세계 제일의 농
식품 시장이다. 우리나라 농식품의 주요 수요층인 한국인 수는 218만 명에 달한다.
미국은 거리가 멀어 물류비용이 높을 뿐만 아니라, 장거리 운송에 따른 신선식품의
품질 유지가 쉽지 않아 수송 측면에서 불리한 지역이다. 해상운송의 경우 미국 서부
(LA)까지 10일, 동부(뉴욕)까지 24일이 소요된다. 2019년 미국에 수출한 농림축수산
식품은 약 11억 7000만 달러로 한국 농식품 수출시장 3위를 차지했다. 신선식품보다
면류, 과자류, 음료 등 가공식품의 수출 비중이 높은 시장이다.

미국은 농경지 면적 세계 1위의 농업 강국이자 세계 곡물 생산량의 약
20%, 교역량의 35%를 점유하고 있다. 미국은 다인종 국가로 전 세계 모든
음식문화가 집약되어있는 글로벌 식품시장이다. 전체 인구 가운데 백인이
66%, 히스패닉 16%, 흑인 13%, 아시아인 5%로 구성되어 있다.

미국 시장은 세계최대의 단일 시장이다. 그러나 미국으로 농식품을 수출
하기 위해서는 까다로운 통관 절차와 샘플 검사 등을 거쳐야 하는 탓에 많
은 준비와 사전 지식이 필요하다. 농식품은 FDA가 샘플 조사를 하는데, 샘

플 조사 결과가 안전하다고 판정되면 즉시 수입이 허가된다. FDA는 식품표시(Label statements) 사항을 규정하고 있다. 미국에서 유통되는 식품은 이 규정을 반드시 준수해야 한다. 또한 대부분의 식품에서 영양분석표(Nutrition Label) 부착을 의무화하고 있다.

미국에서 소비되는 식품의 제조, 가공, 포장, 보관하는 국내 및 해외시설은 미국에 유통되기 전에 반드시 FDA 등록이 필요하다. 건강보조식품 및 재료, 과일 및 채소, 통조림 및 냉동식품, 스낵 및 캔디, 가공되지 않은 농산물 등 전반적인 식품들이 규제대상 식품이다. 해외시설의 경우 반드시 미국 내에 거주하거나 사업자가 실질적으로 존재하는 에이전트를 지정해야 하는 점도 유의해야 된다. FDA 시설등록은 FDA 웹사이트(www.fda.gov/furls)를 통해 진행이 가능하며, 등록은 2년마다 재등록이 필요하다.

북미는 선진 거대 시장으로 Global Standard Market이다. 비록 식문화와 식습관이 판이하게 상이한 시장이지만, 가능성 있는 품목 위주로 교민마켓 시장 유지와 주류(主流)시장 개척을 병행하면서 꾸준하게 시장을 두드려야 한다. 최근의 식품시장 트렌드는 간편함, 매운맛, 이색적인 맛, 민족식품이다.

한국 농식품 수출은 교포 중심으로 이루어져 현지인 마켓 진출에는 한계를 가지고 있지만, 최근 건강식품 선호로 한국 음식 및 식품에 대한 관심이 점점 높아지고 있어 건강·미용을 강조한 한국식품의 주류시장 진출 가능성도 높아지고 있다.

현지인 마켓 벤더를 활용한 시장 진출 전략이 필요하다. 대형유통업체의 특성상 직접 수입보다는 전문 벤더를 통해서 물품을 납품받는 시스템으로 벤더의 역할이 중요하다. 월마트 등 150여 대형마트에 신선농산물을 공급하는 Melisa's와 같은 벤더와 공동마케팅을 통해 주류마켓 진출이 필요하다. 또한, 중국, 일본 등 아시안계, 유사 식문화를 가진 히스패닉계 시장개척이 필요하다. 특히 4300만 명으로 추산되는 히스패닉 대상 한국식품 소비확대를 위해 히스패닉 식품 전문박람회 참가를 통한 신규 바이어 발굴도 필요하다.

식품안전현대화법(FSMA)의 제정 및 시행으로 자국 식품안전에 대한 기준이 높으며, 수입식품에 대한 규제를 강화하고 비관세장벽이 높아지는 추세이다. 철저한 구매자 중심의 시장으로 Buyer's Market이다. 판매망을 장악한 대형 유통업체들이 제조업을 지배한다. 박람회와 전시회를 통한 상거래가 활성화되어 연간 5000여 회의 박람회를 통한 농식품 거래가 활발하다.

히스패닉 인구는 빠른 증가세를 보이면서 미국인들의 입맛을 다국적으로 변화시키고 있다. 간편식(HMR) 시장의 성장과 밀레니얼 세대가 식품유통, 배달서비스 수요를 창출하고, 온라인 식품시장의 성장세를 이끌고 있다.

건강한 식품 섭취의 중요성에 대한 관심이 증가하면서 웰빙이 전반적인 식품산업의 흐름을 바꾸고 있다. 웰빙과 건강 트렌드 경향은 건강에 좋은 식품들을 선호하는 소비자가 늘어나면서, 소비자들의 다수가 식품의 선택 시 건강식품을 우선적으로 고려한다. 건강식품의 기준은 저열량, 저염, 저당, 저 가공, 고섬유질, 적은 인공성분, 적은 트랜스 지방, 무방부제 등을 확인하는 것이다. 또한 에스닉푸드(Ethnic Food)의 다양한 맛에 대한 추구와 한 끼 식사를 만들 수 있는 재료들을 손질된 상태로 레시피와 함께 배송하는 서비스로 '밀 키트(Meal Kit)' 시장이 떠오르고 있다.[41]

우리 농식품의 수출 애로 요인은 한국과의 운송 기간 장기화로 신선 농식품의 품위 유지가 어렵다는 점이다. 부산항 선적기준으로 뉴욕(엘리자베스항) 24일~30일, LA 항 10일~14일, 그리고 LA에서 동부지역 운송으로 4~5일이 추가 소요된다. 개인적인 식습관이 사과·배 등 과일의 경우 껍질 채로 먹기 때문에 소과(小果)를 선호하는 편이다. 주류마켓 진출은 대형도매상에 등록된 벤더(수입상)를 통해서만 가능하다.

이러한 까다로운 절차로 인해 대부분의 한국산 식품은 한인 마켓에서 유통 및 판매된다. 대부분 교포상이 수입하고 90%가 한인 마켓에서 가공식품 중심으로 판매되어 교포마켓 간 경쟁이 치열하다. 뉴욕, LA, 버지니아, 애틀란타 등에서 운영 중인 H마트(12개주 72개점), 한양마켓(5개), 그랜드마트(5개) 등이 대표적인 한인 마켓이다.

한국 업체 진출을 위한 고려사항. 미국의 식품 유통채널은 단계별 도매상과 소매상 등으로 세분화되어 있다. 도매상은 크게 상인도매상(Merchant

---

[41] 수출국가 정보 zip. aT

Wholesalers)과 에이전트(Agent), 브로커(Broker)로 분류된다. 디스트리뷰터(Distributor)[42]라고 하는 배급업자는 제품의 소유권을 가지고 독립적으로 회사를 운영하는 도매상을 의미하며, 브로커와 에이전트는 상품에 대한 소유권이 없음으로 거래로 인한 수수료를 받는 형태이다.

미국 대형마트의 유통시스템은 직수입이 쉽지 않은 유통시스템 구조로 되어 있다. 대외구매총괄이 대부분 직접 해외나 국내에서 열리는 박람회 혹은 상담회를 통하여 수출이 가능한 업체를 선별하는 작업이 진행되므로, 현지 구매자가 직접 수입을 하는 일은 없다. 각 민족 고유식품 또는 지역별 카테고리로 부서가 나뉘어져 있어 해당 제품군의 담당자와 연락이 닿기까지 오랜 시간이 소비되는 애로 사항으로 인해서 현지의 에이전트나 브로커를 이용하는 것이 현지 납품에 도움이 된다.

브로커는 냉동, 델리, 신선식품, 그로서리, 베이커리 등 식품 부류별로 나누어져 있는데, 제조업체를 대신해 세일을 담당한다. 또한 납품하고자 하는 제품을 분석하고 현지 트렌드에 맞게 마케팅도 한다. 한마디로 제조업체의 입장에서 보면 사외 세일즈맨이다. 거래가 성사되면 제품별로 3~10%, 신선식품의 경우 최대 15%로 품목과 판매실적, 마켓 규모에 따라 커미션 기준이 정해져 있다.

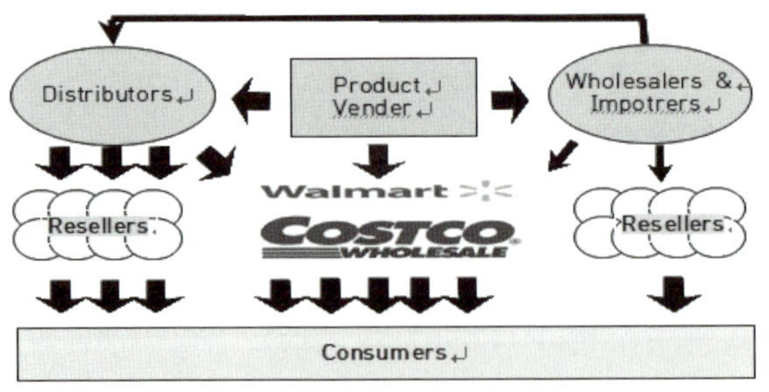

출처 : "미국 코스트코 어떻게 진출하나?"(임해리)를 참조

---

42 market player로서 대형유통망과 공급업체의 중간에서 필요로 하는 역할을 담당

대형업체를 공략하기 위해서는 미국 문화를 잘 알고 있는 전문가 및 제품 디자이너와의 팀워크를 통해 '미국적 제품개발'에 주력하고 대규모 전시회보다 전문 전시회를 공략하여 참가하는 것이 중요하다. 오프라인 매장으로의 직접 진입은 유통비용이 많이 소요되며, 유통업체로부터 진열비 및 광고비 등의 상당한 금액을 요구받기 때문에 온라인 판매를 통해 인지도를 높인 뒤 진입하는 것이 대안이 될 수 있다.

식품류 진출방안으로는 현지 수입 도매상(벤더)를 활용하여 대형유통업체(주류시장)에 공급하는 방법과 PB제품 생산업체를 이용하는 방법, 박람회에 참가하는 방법이 있다. 미국의 대형 유통업체의 경우 매년 PMA 박람회, Fancy Food Show, US food 등에 참가하여 신제품의 개발·탐색에 나서고 있다. 단기간 내에 벤더와 소통할 수 있는 Food Show를 방문하는 것은 좋은 기회가 될 수 있다.

소매 유통업체에는 월마트(Walmart), 크로거(Kroger), 랄프스(Ralphs), 세이프웨이(Safeway) 등 대형식료품점(하이퍼마켓)과 대용량 위주의 식료품 및 일용잡화를 판매하는 코스트코(Costco), 샘스클럽(Sam's club) 등 회원제 창고형 매장, 그리고 약품을 주로 판매하나 화장품 및 음료, 잡화 등을 취급하는 대형 드러그스토어(Drug stores) 등이 있으며, 슈퍼마켓은 식료품과 일용잡화를 한 곳에서 취급하는 가장 대중적인 소매점이다.

미국 시장은 세계최대의 단일시장이다. 그러나 미국으로 농식품을 수출하기 위해서는 까다로운 통관 절차와 샘플 검사 등을 거쳐야 하는 탓에 많은 준비와 사전 지식이 필요하다. 강화되는 FDA, USDA 등 검역 당국의 통관 검역에 철저히 대비해야 한다. 우선 샘플 조사를 하는데 샘플 조사 결과가 안전하다고 판정되면 즉시 수입이 허가된다. FDA는 식품표시(Label statements) 사항을 규정하고 있는데, 미국에서 유통되는 식품은 이 규정을 반드시 준수해야 한다. 또한 대부분의 식품에서 영양분석표(Nutrition Label) 부착을 의무화하고 있다.

FDA는 미국에서 소비되는 식품의 제조, 가공, 포장, 보관하는 국내 및 해외시설은 미국에 유통되기 전에 반드시 FDA에 등록하도록 규정하고 있다.

건강보조식품 및 재료, 과일 및 채소, 통조림 및 냉동식품, 스낵 및 캔디, 가공되지 않은 농산물 등 전반적인 식품들이 규제대상 식품이다. 해외시설의 경우 반드시 미국 내에 거주하거나 사업체가 실질적으로 존재하는 에이전트를 지정해야 하는 점도 유의하여야 한다. FDA 시설등록은 FDA 웹사이트(www.fda.gov/furls)를 통해 진행이 가능하며, 등록은 2년마다 재등록이 필요하다.[43]

온라인 식품시장 트렌드. 전자상거래는 글로벌 소매유통시장의 13.2%를 차지하는 주요 유통채널이다. 코로나19 감염 예방이 최우선 과제가 되면서 가정에서 이루어지는 경제활동인 '홈 코노미'가 활발해졌다. 매장 운영이 제한된 소매유통 기업들이 온라인 전환에 박차를 가하고 있다. 그리고 온라인과 오프라인 상거래의 경계가 모호해짐에 따라 소비자들은 오프라인과 인터넷, 모바일 구분 없이 여러 유통채널을 이용하는 것에 익숙해져 '크로스오버(Cross Over) 쇼핑'이 유통시장의 새로운 트랜드로 자리 잡고 있다. 크로스오버 쇼핑은 소비자가 제품을 구입할 때 온라인과 오프라인 등 모든 유통채널을 활용해서 품질과 가격 등을 비교한 뒤 더 나은 조건으로 구매하는 수요자 중심의 쇼핑 패턴이다.

옴니채널도 등장했다. 멀티와 크로스 채널이 기존 고객의 확대에 초점을 두었다면 옴니채널은 고객과의 유지적인 관계 유지에 중점을 두고 있다.[44]

세계 최대 소비시장인 미국의 경우 온라인 식료품 시장은 지속적으로 성장할 것으로 예상된다. 물류인프라 확충, 소포장·소용량 품목의 증가, 배송기간의 단축, 오프라인보다 저렴한 가격 등의 요인으로 인해 온라인에서의 식품구매가 크게 증가할 것으로 전망된다. 2024년까지 미국 온라인 식료품 시장 규모는 1000억 달러(약 112조 원)까지 성장할 것으로 전망하고 있다.

미국 식품 수출 시 알아야 할 상식들, 변화되는 수입식품 안전기준을 인지해야 한다. 해외 공급업체 입증, 제 3자 검사 및 증명에 대한 규정 준수가 요구된다. 가공식품은 미국식품의약국(FDA), 농·축·수산물은 미국 농무부

---

43 aT 한국농수산식품유통공사. KATI
44 aT 한국농수산식품유통공사, 2016. 미국·캐나다 온라인 모바일 시장조사

(USDA)가 담당한다.

FDA는 미국 농무부(USDA)에서 관리하는 농산물, 축산물, 수산물 등을 제외한 모든 가공식품을 관리하며, 미국에 제품을 수출하기 위해서는 생산기지(제조, 가공, 포장, 저장 등)를 FDA에 등록해야 한다.

식품 도착 전에 FDA에 선적 통보가 필수다. 해외 제조업체가 가공식품을 미국으로 수출할 경우 물품이 미국에 도착하기 전에 반드시 FDA에 선적일 신고를 해야 한다. 신고 기준은 운송 수단에 따라 다른데, 육상의 경우 2시간 전, 항공은 4시간 전, 해상은 8시간 전에 신고를 해야 하며, 국제우편으로 보낼 경우에는 보내기 전에 통보가 필요하다.[45]

'캐즘마케팅'과 미국 주류시장 진출. 주류시장으로 건너는 단계가 '캐즘(chasm)' 마케팅이다. 캐즘이라는 말은 얼음, 바위에 있는 깊은 틈을 의미한다. 사람과 사람 사이, 시장과 시장 사이에 있는 단절 또는 거리감을 나타내는데 쓰이기도 한다. 새로운 상품을 시장에 내놓으면 반기는 사람도 있는가 하면 품질을 의심하거나 반기지 않기도 한다. 이렇게 상품을 두고 소비자들 사이에 일종의 심리적 간극이 생기에 된다. 이러한 간극을 마케팅에서 '캐즘'이라는 용어를 빌려와 표현한다.

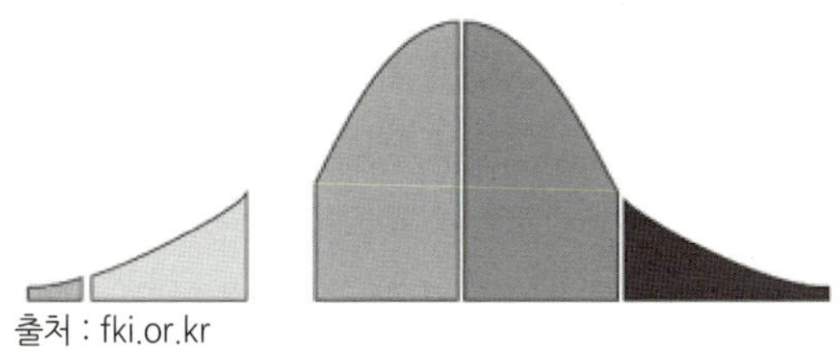
출처 : fki.or.kr

우리나라 농식품의 다수는 해외에서 아시안마켓 위주로 판매될 뿐이지 메인스트림 마켓에서 팔리는 경우는 몇몇 품목을 제외하면 거의 없는 실정이다. 막상 현지인에게 먹혀들지 않고있는 것이다. 이러한 캐즘을 극복하는 마케팅 전략을 '캐즘 마케팅'이라 부른다.

캐즘을 극복하기 위한 캐즘 마케팅 전략은 매우 다양하다. 우선, 처음 시장에 진입할 때는 타깃 범위를 너무 넓게 잡지 않는 것이 중요하다. 디테일

---

[45] 참고 : aT 2017 해외이슈 조사보고

전략이 캐즘 마케팅이다. 디테일 전략은 우선 타깃을 확실히 하고 좁게 잡도록 하는 것이다. 거대한 시장을 세부시장으로 나눈 후 하나씩 공략해가는 방식이다. 공략하는 시장의 범위가 좁고 타깃이 분명할수록 마케팅 방법도 단순하고 분명해지며, 제품을 효율적으로 어필할 수 있게 된다.

주류가 되기 위해 건너야 하는 케즘 마케팅 전략의 두 번째 전략은 전략적 소비자 시장을 세분화한 후에 공략하는 것이다. 마치 볼링 핀 공략 시 전략처럼 기둥 핀을 공략하여 다른 핀이 흔들리거나 쓰러지게 하는 것과 같은 개념이다. 한 사람의 호의적인 반응을 이끌어 내면 다른 소비자에게 구전의 홍보가 퍼져나가는 효과, 즉 SNS 등을 통해 제품에 대한 긍정적인 경험담이 퍼지게 하는 것을 기대하는 것이다. 캐즘을 극복하기 위한 시도는 캐즘 극복 전략만큼이나 다양하다.

▌중국 시장

인구 13억 4000만 명으로 세계 1위, 구매력이 성장세에 있는 Growing Market이다. 국토면적 959만 ㎢로 세계 제4위, 한반도의 약 44배의 땅덩어리를 가진 나라. 중국과 국경을 접하고 있는 나라는 총 14개 국가로 한족(92%) 및 55개 소수민족(8%)으로 구성, 다른 국가와 차이가 많이 나는 차이나(CHINA)다. 2019년 중국시장에 우리나라가 수출한 농·축·수산식품은 약 16억 3000만 달러로 한국 농식품 수출시장 2위를 차지했다. 가공식품의 수출 증가 폭은 수출국 중에서 가장 높은 시장이다.

중국의 소비가 바뀐다. 중국의 Next Normal, 코로나19로 인해 소비패턴의 전환이 일어나고 있다. 즉 중국 소비자들의 인식, 구매 채널, 소비품목 등 소비 전반에 걸쳐 다양한 변화가 발생하고 있다. 구매 채널의 경우 온라인 플랫폼 및 위챗 등 SNS 채널을 활용한 언택트(Untact) 소비성향이 뚜렷해지고 있다.[46]

중국의 온라인 시장은 연평균 20% 이상의 성장률을 보이며, 이를 끌고 있는 3대 소비계층으로 부유층과 젊은 세대 그리고 여성이 핵심 소비자 그룹이다. 새로운 3두 마차는 보다 부유하고 젊고 온라인 쇼핑 선호도가 높은 소비군의 부상으로 중국 소비시장도 기존과 다른 특징을 보일 전망이다.

중국 시장의 특징은 시장경제 사회주의의 시장이다. 중국 시장은 단일시장이 아니라 복수의 시장으로 이해해야 한다. 땅이 넓고 인구가 많기 때문에 세분화하여 시장을 볼 줄 알아야 한다. 개혁개방 이후로 유통에 급격한 변화를 가져왔다. 특히 공급자 시장에서 구매자시장으로 전환되면서 다양성 추구의 욕구가 폭발적으로 일어나고 있다. 내수시장이 엄청난 속도로 성장하여 세계최대의 소비시장으로 진화 중이며, '글로벌 브랜드의 각축장'이 되어가고 있다. 따라서 품질 좋은 고급 브랜드라는 제품의 이미지 구축이 중요한 시장이다.

식품안전 기준 엄격히 강화. 최근 중국의 빠른 경제성장에 따른 소득수준 향상으로 안전한 먹거리를 찾는 소비자들이 대폭 증가하는 등 변화가 가시화되고 있다. 짝퉁에 익숙하면서도 먹거리 농식품만큼은 진품을 원한다.

대중국 농식품 수출 시 사전준비, 품목별 수출입 허가, 수입식품 생산 공장 등록관리 및 수출입 화물 검역은 해관총서에서 총괄하고 있다. 수입식품은 반드시 수입식품 검역을 받아야 하며, 일부 품목은 수입이 제한되어있거나 수입허가 제도를 적용하는데 수입신고 시 HS code가 정확하여야 한다.

예를 들면, 신선 우유, 올리브유, 건 인삼은 생산 공장등록, 검역증 등에 의하여 수입이 가능하지만, 곶감의 경우 수입이 불가능하다. 조제분유, 유제품, 육류, 수산물 등을 중국으로 수출하려면 해외생산 공장이 중국 CNCA

---

46 http://news.kotra.or.kr/user/globalBbs/kotranews

(국가인증 감독 관리국)에 생산 공장으로 등록이 되어 있어야 하며, 쌀, 포도, 삼계탕 또한 재배지 생산농장과 최종 포장이 진행된 공장, 도축장 및 생산 공장등록이 필요하다.

중국 식품안전 국가표준은 식품을 생산하거나 경영하는 개인이나 회사는 반드시 해당 표준을 적용해야 한다. 수출 진행 전에 수입식품의 검역 기준이 되는 '국가표준(제품표준과 통용표준)'을 사전에 확정하고 중국의 규정에 맞는 제품 이력을 확보한 다음 수출을 준비하여 수입 통관 시 불합격 리스크를 최소화해야 한다.

중국의 포장 식품과 식품 첨가제는 반드시 중문 라벨이 있어야 하며, 중국의 식품안전 국가표준의 내용을 준수하여야 하고, 중문 라벨과 설명서가 없거나 규정을 따르지 않을 경우 수입할 수가 없다.

중국 수입식품 질검총국의 검사 방법은 과자류의 경우, 감관 지표(외관, 맛, 냄새), 오염물질 제한량(납), 미생물 제한량(대장균 군, 균락 총 수), 식품 첨가제(식품첨가제 과다/초과사용) 등의 항목을 조사한다. 김치의 경우 감관지표(이취, 곰팡이)와 오염물질 제한량(납, 아질산염), 미생물 제한량(살모네라균, 황색포도상구균, 대장균) 등이 규정에 부합해야 하는 등 식품마다 각 각의 적용하는 기준이 설정되어 있다.

소비 주도 성장정책으로 변화. 중국은 '세계의 공장'이라는 타이틀을 넘어 '세계최대 소매시장' 미국을 위협하는 소비 대국으로 성장했다. 중국 정부는 경제성장 패러다임을 투자와 수출중심에서 소비 주도 성장정책으로 전환했고, 소비 수요 창출을 통한 내수시장 확대를 위해 각종 개혁, 감세 정책, 산아제한 완화 등을 실시하고 있다.[47]

세계 2위의 거대 중국 소비시장은 소득향상, 인구구조 변화, 도시화 등으로 양적 확대뿐 아니라 소비구조, 지출 형태 등 질적 측면에서도 많은 변화를 보이고 있다. 소비시장 특성은 소비 양극화, 신 소비층, 2·3차 도시의 성장, 유통 서비스의 발전, 소비 제품군의 변화, 고급 브랜드의 선호도 증가, 수입제품 수요증가로 요약된다. 중국도 1인 가구의 등장으로 소비행태는

---

[47] https://news.joins.com/article/23304818

편리성과 독립성이 강조되는 개인화 현상이 촉진되고 있다.

디지털화는 세계최대의 전자상거래 시장을 기반으로 온라인 유통시장이 오프라인 유통시장을 빠르게 잠식하고 있다. 고급화는 성장 속도보다 빠른 소득증가에 힘입어 중산층 비중이 크게 증가하면서 프리미엄 제품에 대한 선호도가 상승하여 전 세계 사치품 시장의 1/3을 중국인이 점유한다. 중국산 제품의 품질 개선 등으로 중국 소비자들의 80% 가까이가 자국산 제품에 만족하면서 자족화의 구매 비중을 늘려가고 있다.

중국의 농산물 소매유통 오프라인 매장은 백화점, 체인점, 할인마트, 편의점 등으로 다양하게 발전했다. 대표적인 프리미엄 마트로는 올레(Ole) blt BHG Market Place 등이 있다. 대표적인 대형 할인마트로는 까르푸, 월마트, 다룬파(大润发), 화룬완자(华润万家), 융후이할인마트(永辉超市), 화룬수궈(华润苏果), 우메이마트(物美超市) 등이 있다. 그동안 대형할인마트는 마트 수가 매년 30%나 급증했다. 특히 월마트, 까르푸 등 외국계 유통기업의 대형 할인마트가 상하이, 베이징 등 대도시에 점포 수를 빠르게 늘렸다. 이 중에서 까르푸는 중국 100대 할인마트 중 매출액 규모 기준으로 2위를 차지한다.

최근 중국의 농식품 유통. 온라인과 오프라인의 전략적 제휴로 신유통 모델이 농식품 소매업계에 급속도로 파급되고 있다. 이 모델은 유통을 '온라인+오프라인+물류'를 융합한 방식이다. 모델의 핵심은 회원 관리, 결제, 재고, 서비스 등 분야의 데이터를 통합적으로 소통한다. 신유통 모델은 소매업계에서의 위기를 벗어나기 위해서이다.

대표적인 모델로는 알리바바의 허마셴성(盒马鲜生), 징둥(京东)의 7Fresh, 텐센트(腾讯)의 차오지우중(超级物种), 쑤닝(苏宁)의 쑤셴성(苏鲜生) 등이 있다. 이러한 신유통 모델의 등장은 온라인 시장의 흥행, 모바일 결제의 보편화, 즉시 배송산업의 발전이 농식품 오프라인 매장과 온라인 플랫폼의 변화를 초래하고 있다. 대표적으로 알리바바의 허마셴성은 농식품 신유통의 상징적 모델로 2019년 기준으로 전국 21개 도시에 167개 매장을 개점했으며, 베이징에 16개, 상하이에 33개 매장을 운영 중이다. 징둥의 7Fresh는 전국에 16개 매장을 개점했으며, 현재 베이징에서 4개의 매장을 운영 중이다.[48] 중국의 전자상거래 시장 규모는 2016년 기준으로 5.2조 위안(약 847조원)이며, 이중 식품 거래액은 2,210억 위안(약 36조원)으로 전체 4.3%를 차지한다.

농식품 신유통 모델을 통한 대중국 농식품 수출 방안은 유통환경 변화에 따라 대중국 타깃 시장을 명확히 파악하고 농식품 신유통 모델을 적극적으로 활용할 필요가 있다. 지역별, 소득계층별, 연령대별 타깃 마케팅 전략을 수립하고, 중국 소비자의 소비패턴에 적합한 상품개발 및 포장 개선이 중요하다.

중국 시장공략의 실패 원인은 중국 시장에 대한 조사 부족과 마케팅 능력의 부족이다. 인구가 많고 지역이 넓다 보니 지역별 문화적 다양성과 경제 발전상의 차별성으로 마케팅의 출발은 시장 세분화로부터 시작해야 한다. 타깃팅 작업에서는 자사에 맞는 세분 시장과 세분 고객을 선택하여 집중공략이 효과적이다. 포지셔닝은 단순히 한국에서 성공한 제품을 중국시장에 옮겨 팔기보다 제품개발 초기부터 중국 소비자의 가치를 창출할 수 있는 제품을 내놓아야 한다.

중국은 하나의 시장으로 보고 마케팅을 추진하기에는 힘든 거대한 시장이다. 각 지역별 마케팅 전략을 수립해 각 시장에 맞는 시장개척이 수출확대의 지름길이라 할 수 있다.

대중국 농식품 수출시장의 전략적 방안으로 우수한 품질을 기반으로 하는 브랜드화 전략은 물론이며, 포화상태의 1선 도시 이외에 2·3·4선 도시 및 내륙 소비시장에 진출하는 차이나 플러스 차이나(China+China) 소비시장을 주목해야 한다.

---

[48] aT, 중국 농식품 신유통시장의 현황조사 2019.

EU는 28개 회원국을 보유하는 5억 1000만 명의 인구(2018년)와 17조 6000억 달러의 경제 규모(GDP)를 가진 단일 경제권으로는 세계 최대의 시장이다. EU의 1인당 GDP는 3만 5000달러로 미국의 66% 수준이다. EU의 5대 경제 대국인 독일, 프랑스, 영국, 이탈리아, 스페인 5개국이 유럽연합에서 차지하는 비중은 약 66%로 12조 달러에 이른다. 2019년 EU에 우리나라가 수출한 농림축수산식품은 5억 6000만 달러를 기록, 가공식품 위주의 수출시장이다.

EU 시장은 2018년 4억 1400만 달러의 수출이 이뤄졌으며 부류별 수출에선 신선농산물은 총 4000만 달러로 전체 10% 수준인 반면 가공식품류는 3억 7300만 달러로 전체 90%를 차지하고 있다.

EU 시장은 가공식품류에 대한 수출 비중이 상대적으로 높은 경향이 있는데 면류, 음료, 과자류, 소스류 등 가공식품류 중심의 수출 접근이 필요한 것으로 보인다.

EU에 체류 중인 한국인은 약 12만 명으로 우리나라의 수출농산물에 대한 소비층이 얇은 편이다. EU는 해상운송 비용이 미국보다 더 많이 소요되기 때문에 대 EU 농림수산식품 수출에서 신선농산물 비중이 미국이나 아세안에 비해 매우 낮은 편이다.

EU도 자국의 소비자 건강과 안전성을 위하여 농식품의 수입 통관 절차가 다소 까다롭게 운용되고 있다. 한-EU FTA가 발효된 지 5년이 경과 된 2016년에는 5년 내 관세철폐 유형에 묶여있던 품목을 포함해서 모든 한국산 농식품의 관세(28개국 공동관세)가 철폐되었다.

그러나 관세 혜택을 적용받기 위해서는 원산지 규정을 반드시 숙지하여야 한다. 금액별, 품목별로 서류작성방식 및 제출서류가 달라 수출하려는 품목과 금액에 맞춰 서류를 정확하게 작성·제출하여야 한다.

6000유로 이하는 원산지 신고서 문안과 함께 FTA 인보이스를 제출해야 하고, 품목별 기준의 경우는 포장제품, 건강식품, 가공식품 등에 따라 서류가 각기 달라 품목별 구비 서류를 잘 챙겨야 한다.

EU의 경우 소득이 높은 현지인들의 식품선택 선호도는 안전성, 품질, 가격순으로 특히 식품의 안전성이 높은 비중을 차지하고 있다. 동양 식품을 건강식품으로 인식함은 물론 새로운 국가들의 식문화를 접하기 위해 간편한 인스턴트 식품을 선호한다. 또한 다양한 구매패턴과 복잡한 유통망, 보수적인 상거래 관행으로 시장접근이 어렵고 소비자 안전 및 환경보호 명목의 비관세장벽이 존재한다.

EU가 미국을 제치고 세계최대 농식품 수출권이 된 경쟁력의 열쇠는 '품질'이다. 품질관리는 다양한 '표시제'로 품질을 차별화시키고 있다. 지리적 표시제인 GI는 크게 원산지 명칭 보호와 지리적 표시 보호 두 가지로 나뉜다. 미국이나 신대륙의 대규모 농업에 비해 가족농 중심인 EU 농가의 가격 경쟁력은 낮게 마련이다. 미국 농가의 평균 농지규모가 180ha인데 EU 농가의 평균 경지 규모가 14.3ha라는 점을 단순 비교해봐도 알 수 있다.

하지만 가격 경쟁력이 낮다고 해서 EU 농식품산업이 설 자리가 쉽게 없어지지는 않는다. 품질에서의 비교우위를 유지하기 위해 부단히 궁리하는 것이 EU 농식품 정책의 현주소다.

28개 회원국 간 편차가 분명히 존재하지만 EU 농업의 경쟁력은 대체로 품질, 식품안전으로 귀결된다. 지리적 표시제, 유기농 기준 강화 등은 EU 농식품 품질정책의 대표적 예이다.

우리나라와 같이 EU 식품시장을 두드려야 하는 제3국의 입장에서는 EU 시장 문턱이 더욱 높아질 전망이다. 그러나 한편으로 EU 28개국의 농식품 품질, 식품안전 기준이 단일화 되는 경향도 있으므로 우리 농식품 수출업계가 EU 제도에 익숙해진다면 유럽 시장에 대한 효율적인 대처 역시 가능해질 수 있다. 우리나라의 농가 교역조건 역시 농자재 가격 상승 등으로 농식품 가격 경쟁력 측면에서 경쟁하기가 더욱 어려워지고 있는데 EU의 사례에서 교훈을 얻을 수 있다.[49]

인구 1억3천만 명의 Emerging Market이다. CIS 지역까지 포함하면 어마어마한 식품 판매 시장을 가진 러시아는 유통시장, 대형유통체인, 인터넷 쇼핑몰 등으로 급 선진화가 진행 중이다. 한국식품 진출 가능성은 밝으며, 유통시장 변화에 잘 적응해야 한다. 그래서 러시아 유통시장은 아는 만큼만 보이는 시장이다. 1990년대 초 소련 붕괴 이후 러시아 선원들이 부산에서 한국 식료품을 사가기 시작한 것이 농산물 수출로 발전하였다.

출처 : 한국일보 / 시베리아 횡단철도(TSR)

소비패턴이 유럽화되어 있는 러시아 시장접근을 위해서는 고급화 전략이 필요하다. 식료품 소비가 전체 지출 중 1/4 정도를 차지하며, 고급상품에 대한 선호도도 증가하고 있다. 수년간의 고도성장으로 대거 형성된 중산층이 소비 주체 세력으로 등장하였고, 대도시 신흥부유층의 구매력도 증가하고 있다.

러시아는 수출확대 가능성을 보고 문을 두드리는 수출업체들이 많았지만 현지의 물류 인프라 구축 미흡으로 인한 물류비가 높다. 수출 비용 과다, 높은 관세와 입점비, GOST 인증제도, 그리고 까다로운 통관절차와 외상거래방식 등 수출 장애 요인이 많아 수출을 포기하는 경우가 비일비재했다.

하지만, 러시아는 유가 상승과 소득 증대로 수입식품 소비가 지속적인 증가세를 보여 왔으며, 높은 인구밀도와 풍부한 자원보유 등 잠재력이 큰 매력적인 시장이고, WTO 가입 추진으로 향후 시장 여건 개선이 전망되어 여

---

49 https://eiec.kdi.re.kr/publish/naraView.do?cidx=9509

전히 수출확대 가능성이 매우 큰 시장으로 남아있다.

최근 들어 전체 농식품의 수출 호조세에도 불구하고 러시아는 약 3% 정도의 수출증가에 그치고 있어 러시아 수출확대 전략을 다시 짚어볼 필요가 있다. 대러시아 수출의 경우를 자세히 들여다보면 러시아 및 CIS 지역을 통틀어 최대의 시장인 모스크바 지역의 경우, 면류 제품, 마요네즈, 초코파이 등 과자류, 간장, 알로에 음료 등 가공식품이 주류를 이루고 있다.

극동지역은 거리가 가까워 물류비용 측면에서도 경쟁력이 있어 화훼류와 감귤 등 일부 신선품목과 프림, 스낵류, 음료를 비롯한 소량다품목의 가공식품 등이 유망하다. 그러나 커피 조제품의 상표권 분쟁, 마요네즈의 현지 생산 확대, 극동지역에서의 조미김, 알로에 음료 등 일부 품목에 대한 국내 수출 업체간 경쟁 심화로 덤핑 및 저가품 수출이 성행하고 있다.

러시아는 높은 구매력과 넓은 시장을 가진 거대한 시장으로 진입 장벽은 높으나, 일단 한번 진입하면 수출확대 기회는 그만큼 크다고 할 수 있다. 러시아는 제조업 기반이 취약하여 대외의존도가 높은 수입시장으로 러시아 정부의 국내농업지원과 보호무역주의 강화 및 수입대체 정책에도 불구하고 식품의 경우 전체 국내 소비의 40% 이상이 수입산으로 충당되고 있다.

중동부 유럽에서 가장 큰 식품시장을 보유한 러시아에는 다양한 소비계층과 상권이 형성되어 있고, 대형식품 소매유통 부문은 급속도의 성장을 지속하고 있다. 특히, 수년간의 고도성장으로 형성된 대도시의 신흥부유층은 놀랄만한 구매력을 보이고 있다. 경제 위기로 하강 곡선을 보이던 소비자 신용지수도 최근 다시 성장세로 되돌아서는 등 향후 식품 소비는 빠른 속도로 늘어날 전망이다.

러시아 시장공략을 위해서는 세계에서 제일 넓은 국토를 보유하고 있다는 점과 이에 따른 지역 특성을 고려하여 차별화 전략을 적극적으로 시도해야 할 필요성이 있다. 예를 들면 정치, 경제, 금융의 중심지인 모스크바 지역은 유럽형 식문화권으로 웰빙식품 선호 경향이 뚜렷하며, 극동 및 시베리아 지역은 동양 식문화에 익숙해져 있어 한국 농식품을 비롯한 동양식품에 대한 거부반응이 거의 없는 편이다.

　현지 바이어들이 한국 업체에 대해 느끼는 불편사항 중 하나가 지속적이지 못한 물량공급이므로 지속적인 시장확보 및 바이어 관리를 위해 국내가격 및 수요량 변화와는 상관없는 지속적인 물량공급이 필수적이다. 러시아 중심 CIS 지역은 풍부한 자원과 인구 등 잠재력이 큰 시장이다.

　블라디보스톡은 부산항이나 동해항에서 운항된다. 철도운송은 블라디보스톡을 경유하여 TSR(Trans Siberian Railway) 시베리아 철도 철로운송이 일반적이다. 모스크바를 목적지로 TSR을 이용하는 경우, 부산항에서 출발하여 블라디보스토크에 도착한 뒤, TSR을 통해 모스크바까지 운송한다. 모스크바까지 TSR 기준 20일 정도가 소요되며 운임은 TSR의 20ft 기준 $1800~$1950이다. TSR 지선은 총 12여개가 연계되어 있다.

▍호주 시장

호주의 대표적 콜즈(Coles)마켓 및 시드니 최대 규모 도매시장 프레밍턴

한국과의 기후대가 반대로 한국산 식품의 수요가 많은 겨울철에 집중 시장공략이 장점인 시장이다. 다국적 문화를 가지고 있으며, 호주로 이민하는 아시아계 인구가 증가함에 따라 에스닉 푸드가 유행하고 있다. 호주는 세계에서 가장 다문화적인 나라로, 많은 문화권의 인종이 모여 다양한 음식이 풍부하다. 호주는 세계에서 가장 높은 수준의 식품안전시스템을 갖추고 있다. 호주 수출시 식품 원산지 표시 및 라벨링 규정을 지켜 불이익을 당하지 않도록 철저한 준비가 요구된다.

총인구는 2016년을 기준으로 약 2400만 명으로 추정되며, 인종 및 민족 구성은 2017년 기준 영국계(36.1%), 호주계(33.5%), 중국계(5.6%), 인도계(4.6%) 등으로 구성되고 있다. 세계에서 6번째로 면적이 넓은 나라로 호주 대륙 본토와 태즈메이니아섬, 그리고 인도양과 태평양의 많은 섬으로 이루어져 있다.

호주는 제조업이 취약하지만 농업, 서비스업의 경쟁력이 높은 국가로 상호보완적인 무역구조로 되어있는 동북아 국가와 적극적인 FTA 정책을 추진하고 있다.

호주에는 35개의 주요 항구와 12개의 주요 공항이 있다. 호주는 전체 수출입 물류의 74%가 해상물류로 거래되며, 멜버른 항(전체 해상물류의 40% 차지)과 시드니 항이 주요 수출입 항구이다. 항공 물류의 경우 시드니 국제공항이 주요 수입 공항이고, 퍼스 공항이 주요 수출 공항의 역할을 담당하고 있다.

한국에서 호주로 해상으로 수출 시 컨테이너 선적기준 부산항에서 호주의 멜버른 항까지는 약 23일, 시드니 항까지는 약 26일, 브리즈번 항까지는 약 29일이 걸린다. 호주·뉴질랜드는 공동 식품 기준을 제정하면서도 개별국 사정에 맞춘 별도의 기준을 보유한다. 호주와 뉴질랜드 정부는 식품안전 공동기준을 마련하고, 양국은 '호주·뉴질랜드 식품기준법 1991'에 따라 '식품기준조약(1995)'을 체결하였다. 이를 토대로 호주·뉴질랜드식품기준청(FSANZ) 설립과 호주·뉴질랜드 식품공전 개발에 합의하여 식품기준을 수립하고, 서로의 상호 체계를 인정하고 있다.

리콜의 가장 큰 이유는 알레르겐 미표기(37%)이며, 미생물 오염(34%), 이물질(14%) 등이다. 또한, 식중독균인 리스테리아에 오염된 벨기에산 채소, 살모넬라균에 감염된 계란 사건 등이 있었다. 호주는 한국의 버섯 수출 비중이 매우 높은 국가이므로 리스테리아균의 사전 안전성 수출검사가 반드시 필요하다.

호주는 수입 식물생산물에 관한 검역 방법을 강화하고 있다. 기존에 사용해오던 메틸브로마이드 훈증법으로는 수입 식물생산물의 모든 부분을 검역하기 힘들다는 주장이 제기되어 호주 농업수자원부는 2017년 5월 25일부터 보다 강화된 메틸브로마이드 훈증법을 사용하고 있다.

포장을 단단하게 한 상품은 검역 시 시간이 오래 걸릴 수 있으며, 특히 신선식품인 식물생산물은 검역시간이 길어지면 신선도가 떨어질 수 있다. 따라서 통관 검역시간 단축을 위해 느슨한 포장, 상품 사이의 충분한 공간 확보 등 검역에 용이한 포장방법을 고려해야 한다.

호주시장 진입을 위해서는 단일문화의 개념이 아닌 여러 가지 다문화권 현지화 전략이 요구된다. 호주인들 사이에서는 주로 고기 한 점과 2가지 야채의 패턴으로 식사를 하는 'Meat and two veg' 라는 식문화가 존재하며, 주로 70대 이상의 호주 노인들이 이러한 식문화를 선호하는 편이다.

호주 정부는 2016년 6월 식품 원산지 표시 및 라벨 규정을 새롭게 도입하였다. 호주는 전체 또는 일부 성분이 자국 내에서 재배, 생산, 제조된 식품의 경우에만 상징적인 동물인 캥거루 로고 표시로 자국산 또는 수입산 혼합 정도를 확인할 수 있다.

예를 들어 모든 성분이 호주에서 재배(Grown)되거나 생산(Product)된 경우 캥거루 로고, 노란색으로 채워진 바 차트(Bar Chart)와 함께 'Grown in Australia' 또는 'Product of Australia'로 라벨링하고 있다.

▌호주의 새로운 원산지 표시 라벨▌

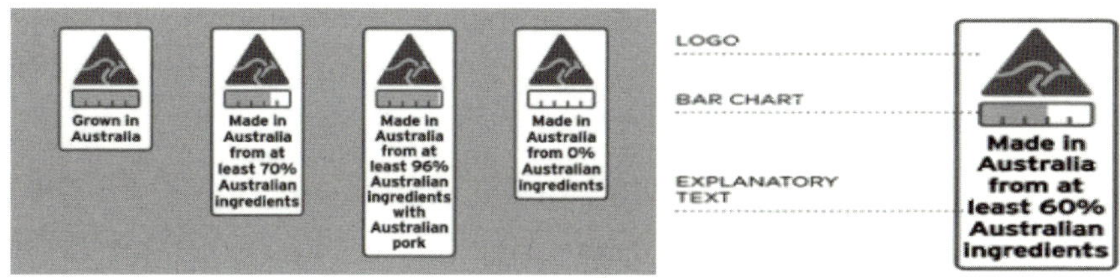

출처 : 구글검색

캥거루 바 차트에 호주에서 재배 또는 생산된 성분의 비율대로 노란색으로 숫자와 함께 설명된다. 캥거루 로고 없이 바 차트만 표시하는 라벨은 호주에서 제조(Made)됐다고 볼 수 없고 포장(Packed)만 했거나, 해외에서 호주로 수입됐으나 호주에서 재배되거나 생산된 성분이 들어있는 경우이다.

호주는 식품 알레르기 발생률이 가장 높은 국가 중 하나로 이를 방지하기 위해 알레르기 발생률이 높은 10가지 식품 성분이 주원료나 첨가제로 사용된 경우 반드시 라벨에 표시하도록 규정하고 있다.

호주는 세계에서 가장 높은 수준의 식품안전 시스템을 갖추고 있으며, 원산지 표시 라벨에 대한 기준도 올라감에 따라 식품 관련 국내 기업에서는 호주 수출 시 식품 원산지 표시 및 라벨링 규정을 지켜 불이익을 당하지 않도록 철저한 준비가 요구되는 시장이다.

Coles, Woolworths, IGA 등 호주 대형마트 대부분은 수출업자로부터 직접 제품을 구매해 판매하는 경우는 많지 않으며, 재고 관리와 통관 문제 등 리스크를 최소화하기 위해 중간 유통사를 통한 제품 구매를 선호하는 편이다.

대형마트는 일반적으로 몇몇 주요 유통사를 통해 제품을 공급받고 있으며, 아시아 식품의 경우 현지 주요 아시아 식품유통업체(Oriental Merchant Ettason, Rockman Australia 등)를 통해서 제품을 구매하여 판매하고 있다. 호주 내 대형식품 유통사들은 대부분이 중국계이나 중국 식품 이외에도 일본, 태국, 한국 등 기타 아시아 국가 제품도 다수 수입하여 공급하고 있다.

호주 시장에 초기 진입할 경우, 현지 대형 유통사들과의 거래에 어려움이 있을 수 있다. 그 때문에 현지 한인마트나 소형 중국 마트를 타깃으로 하는 한국계 교민 식품 유통사를 통해 진입하는 방법이 현재 유력한 방안이다. 보수적인 호주 시장에서는 시장에 신속하게 진입하기 힘든 구조로서 현지의 탄탄한 네트워크를 보유하고 있는 식품유통업체를 잘 활용하는 것이 도움이 된다.

Chapter 10

해외시장 인증제도

해외인증제도는 할랄 인증, 코셔 인증 이외에도 미국 FDA 인증, 중국 SFDA(국가 식품약품감독관리국) 등록, 러시아 고스트 인증, 사우디아라비아 SASO(Saudi Arabian Standards Organization) 인증, Global GAP 등이 있다.

출처 : 구글검색

할랄(Halal)은 이슬람 율법에 따라 도축·생산·가공되어 이슬람교도가 먹고 쓸 수 있는 제품을 말한다. 채소나 곡류 등 식물성 음식과 어류 등 해산물, 육류 중에선 닭고기와 소고기 등이 포함된다. 술과 돼지고기 등 이슬람에 금지된 음식은 '하람(Haram)'이라고 한다. 할랄인증기관은 전 세계에 200여 개에 이르지만, 전 세계적으로 통용되는 인증기관은 말레이시아 자킴(JAKIM)과 인도네시아의 무이(MUI) 등으로 손에 꼽을 정도로 적다.

18억 명에 이르는 이슬람인들을 겨냥한 할랄식품이 수출 유망품목으로 부상하고 있다. 세계 인구의 25%가량이 이슬람교를 믿는 무슬림이다. 이들을 위한 할랄(Halal) 푸드의 시장 규모는 2018년 기준 전 세계 식품시장의 13%나 차지하고 있으며, 식품업체들의 관심을 한 몸에 받고 있다. 한국기업들 또한 중동시장 진출을 목표로 하여 할랄인증을 받기 위해 활발하게 움직이고 있다.

할랄식품 시장은 빠르게 성장하여 2019년에는 약 22%인 2조5천억 달러에 이를 전망이다. 할랄식품만을 주로 먹는 이슬람권은 현재 많은 무슬림 국가들의 주요 소비시장이다. 더욱이 앞에서 언급한 바와 같이, 무슬림 인구는 전 세계 인구의 약 25%로써 매우 큰 비중을 차지하고 있다.

지역별로는 전 세계 무슬림 인구의 약 60%가 아시아에 거주하고 있다. 자료에 의하면 향후 5년 후 전 세계 인구의 약 30%를 이슬람 인구가 차지할 것으로 예상되어, 할랄식품 시장은 지속적인 성장세를 유지할 것으로 보고 있다.

할랄식품 공급은 비 무슬림 다국적 기업이 할랄식품 시장의 약 80%를 장악하고 있다. 스위스 Nestle(커피, 음료, 과자류 등), 미국 Safron Road(케밥, 치킨너겟 등), UAE AlIslami(치킨, 버거, 소시지, 케밥 등), 인도 Allanassons(커피, 시리얼, 육류 등), 영국 Tahila(육류, 야채, 생선 등), 프랑스 Isla Delice(햄, 소시지, 면류 등) 등이 할랄식품의 중심적 공급회사이다.

아시아에서는 말레이시아가 할랄식품 최대 수출국이며, 태국과 인도네시아가 새로운 수출 국가로 부상하고 있다. 특히 태국은 식품생산의 약 25%를 할랄제품으로 생산하고 있다.

최근 많은 국가들 사이에서 종교 식품인 할랄식품이 새로운 트렌드 중 하나로 자리 잡고 있다. 할랄식품은 동아시아와 동남아시아를 중심으로 거대 시장을 형성하고 있다. 최근에는 북미와 유럽에도 채식주의와 친환경 식품 소비시장까지 확대되고 있다. 그 중에서 국가 주도로 할랄인증을 강화하는 국가들이 바로 말레이시아와 인도네시아이다.

인도네시아 할랄 시장

인도네시아는 전체 인구의 약 87%가 무슬림으로 세계에서 가장 많은 무슬림 인구를 가진 국가이다. 인도네시아로 식품 수출 시 할랄인증은 권고사항이나 인구의 대부분이 할랄인증 여부에 민감한 무슬림이다. 앞으로 할랄인증에 관한 제도변화 및 한국식품의 인도네시아 내 소비확산 증대를 위해 할랄인증이 필요하다.

2019년 5월 현재, 인도네시아 할랄인증기관은 LPPOM MUI 이다. 인도네시아 이슬람 단체인 무이(MUI)의 부속기관으로 인도네시아에서 유일한 할랄인증기관이다.

무이인증 획득에서 가장 중요한 것은 알라신이 엄격히 금기하는 하람(Haram)을 사용하지 않는 것, 대표적인 하람에는 돼지, 사체, 피, 술 등이 있다. 또 이를 사용한 식품 첨가제에도 잣대를 엄격하게 적용해 무이 획득을 하고자 하는 농식품 업체는 원재료뿐만 아니라 식품 첨가제 등에도 각별히 신경 써야 한다. 돼지고기와 그 부산물은 물론이요 여기서 얻어지는 콜라겐, 젤라틴 등의 사용도 금지한다.

할랄법 개정으로 2019년 10월부터는 전 수입제품의 할랄 인증을 의무적으로 받아야 되는 강제적 인증이다. 할랄인증은 식품, 화장품 등 체내 섭취 제품에 적용되는 것이 일반적이나, 개정된 할랄법은 '전 수입제품'으로 명시하고 있어 진출 장벽이 더 강화될 것이다. 할랄인증 발행 기관인 이슬람 종교지도자단체(MUI)에서 한국산 제품 단독 인증 대행 기관으로 '인니 할랄코리아'를 지정하고 있다. 이에 따라 해당 기관을 통해서만 할랄인증의 획득이 가능하다.

인도네시아 MUI 할랄인증은 무슬림 인구가 절대다수인 국가의 소비자와 바이어들에게 인지도가 가장 높은 마크이다.

말레이시아 할랄 시장

말레이시아는 인구 약 3000만 명 중 62%가 무슬림이며, 인도네시아와 더불어 아시아 최대의 이슬람 국가이다. 말레이시아 정부의 역점 사업으로 자국을 국제 할랄 허브로 발전시키려는 다각도의 노력으로 인해 세계 할랄산업을 선도하는데 유리한 지위를 점하고 있다.

말레이시아는 자국을 세계 할랄산업 지역으로 만들고, 할랄산업을 육성하기 위해 '말레이시아 이슬람개방청'에서 이를 책임지고 있다. 말레이시아 할랄인증기관은 JAKIM이다. 말레이시아 JAKIM의 할랄 허브부(Halal Hub Division)에서 실제 인증업무를 담당하며, 이곳에서 신청절차 처리, 공장 실사, 사후관리 등의 업무를 수행한다.

세계 최고 수준으로 인증받는 말레이시아 할랄인증인 MS1500:2009는 말레이시아 표준부에 의해 개발된 할랄 제품의 생산, 취급, 보관 기준에 대한 ISO인증이며, GMP와 GHP와 같은 국제기준을 따른다.

식품, 의약품, 화장품, 식당, 호텔 등 거의 전 분야에 걸쳐 할랄인증을 실시하고 있지만, 해외인증은 식품, 화장품에만 한정되고 있다.

말레이시아는 전 세계 49개국 75개 이슬람 단체에서 인증된 할랄 인증만을 말레이시아 내 제품 수입 시 인정하고 있다. 우리나라는 2013년 7월 1일부터 한국이슬람교중앙회(KMF)가 JAKIM이 인정하는 할랄인증기관이 됨에 따라 국내 식품기업의 말레이시아 진출이 용이하다.

싱가포르 할랄 시장

싱가포르 인구 약 530만 명 중 15%가 무슬림인 싱가포르는 주요 해상항로인 말라카 해협에 위치하고 있는 지정학적 입지를 토대로 세계적인 무역국가이며, 수출 서비스 분야에서도 강세를 보이고 있다. 국토가 작아 모든

분야의 식품을 수입에 의존하는 경향이 높다.

싱가포르 할랄인증기관은 MUIS 이다. 싱가포르의 유일한 할랄인증기관인 MUIS는 국가기관으로 인도네시아의 MUI, 말레이시아의 JAKIM과 더불어 공신력 있는 세계 3대 할랄인증기관 중 하나로 신속하고 투명한 절차가 강점이다.

1978년부터 시작된 MUIS 할랄인증은 할랄품질경영시스템(HalMQ)에 초점을 맞추어 할랄 인증서를 발급하며 음식과 식품관련 산업의 다양한 종류에 따라 총 7종류의 할랄인증이 가능하다. MUIS 할랄인증 마크는 브루나이, 인도네시아, 말레이시아 등 주요 아시안 이슬람 국가와 걸프협력회의(GCC) 국가의 교차인증을 통해 세계적 권위를 인정받고 있다.

코셔(Kosher) 시장

할랄과 비슷한 듯 다른 코셔도 존재한다. 코셔(Kosher)는 히브리어로 '적합한'이라는 뜻을 가지고 있다. 코셔푸드(Kosher food)는 유대인의 복잡하고 까다로운 율법을 준수한 정결한 음식을 일컫는다.

코셔에 해당하는 육류와 가금류는 반드시 규정된 방식대로 도살하여야 하며, 육류와 유제품은 함께 생산 또는 섭취가 불가하다. 코셔인증이란 원재료 및 생산 설비를 통해 특정 식품이 코셔 기준에 부합하는지를 가리는 제도이다.

코셔푸드 수요는 1500만 명 정도이나 비종교인들에게 인기가 매우 많다. 코셔는 할랄과 달리 종교에 국한되지 않고 청정하고 안전한 식품으로 인식되어 미국과 캐나다 지역에서 많이 소비되고 있다. 코셔 식품의 시장 규모는 약 3500억 달러이다. 미국, 영국, 프랑스 등의 주요 서구권 식품시장에서는 코셔 식품이 시중유통제품의 약 40%를 차지할 만큼 거대 시장이다. 미국 소비자 대상 조사결과 자료에 의하면 건강과 안전상의 이유로 코셔 식품을 구매한다는 비중이 55%에 달할 만큼 안전성을 중시하는 소비자가 주 고객 층이라 할 수 있다.

코셔 음식 중 육류는 '발굽이 갈라지고 되새김위가 있는 동물'만이 코셔로 인정된다. 이 두 조건이 함께 충족되어야만 한다. 따라서 소, 양, 염소, 사슴 등은 되새김위도 있고 발굽도 갈라져 코셔로 인정되지만, 돼지는 굽은 갈라 졌으나 되새김질을 하지 않음으로 코셔가 될 수 없다.

또한 유대인 가정에서는 주방기구마저 코셔 전용과 비 코셔용으로 나뉘어 사용한다. 코셔에는 식기도 적용되기 때문이다. 코셔가 아닌 음식이 닿은 식기는 코셔가 아니므로 끓는 물에 삶거나 더러워진 부분을 불로 소독하는 등 반드시 정화시켜 사용해야 한다.

▌러시아 고스트(GOST-R) 인증

러시아 GOST는 러시아어로 '정부규격'을 뜻하는 'GOsudarstvennyy STandart' 단어의 약자이다. 러시아에 서 생산, 유통, 판매되는 모든 상품에 대하여 상품의 표준 규격 및 시험항목, 시험방법 및 결과의 판정 기준 을 제정하고 해당 상품이 동 기준에 부합하는지를 증 명하는 인증이다. 제품 또는 포장에 GOST-R 인증마크 부착이 의무화되어 있어 동 마크가 부착되지 않은 상품은 수입 및 판매가 금지된다.

인증관리 및 대행 기관은 러시아연방 기술조정 및 도량기관(Federal Agency on Technical Regulation and Metrology)이다. 인증취득을 위해서는 동 기관의 권한을 위임받은 테스트센터에서 제품 테스트를 받아야 하며, 동 테스트 결 과에 따라 인증 여부가 결정된다. 국내 대행 기관으로는 CRT Far East와 세 르콘스 코리아(Sercons Korea)가 있다. 현재 GOST-R 인증을 모두 TR CU 인증 으로 바꾸려고 하는 추세이기에 있다.

세계 농식품 수출기업 조직화

해외 수출조직의 운영사례를 우리나라의 수출조직에 적용하기 어려운 측면이 있지만 그럼에도 국내 수출조직 육성의 방향타가 될 수 있기 때문에 검토하고 연구할 필요가 있다. 세계적인 마케팅 전문 생산자조직으로는 미국의 썬키스트, 뉴질랜드의 제스프리, 네덜란드 그리너리, 이스라엘의 아그렉스코, 덴마크의 데니쉬크라운 등을 꼽을 수 있다.

썬키스트는 미국 캘리포니아주와 애리조나주의 6000여 오렌지 생산농가와 선과회사의 연합조합이며, 제스프리는 주식회사 형태의 농업법인으로 2700여 키위 생산농가 연합 영농조합이 참여하고 있다. 이스라엘의 아그렉스코는 설립 초기인 1962년에 정부가 100% 출자해 수출 전문기관으로 출발했지만, 1994년에 지분의 절반을 생산자조직 등에 배분, 이익금을 모두 생산자들에게 배당하고 있다. 네덜란드 그리너리는 생산자소유 판매전문협동조합 1600여 원예생산자들이 주인이다. 덴마크의 데니쉬 크라운은 2만 5000명의 양돈 농가들이 주인으로, 덴마크 농업부문 수출의 40% 이상을 차지하여 세계에서 두 번째로 큰 육류수출업체로 성장하였다.

선진 농업국가의 성공사례를 살펴보면 생산·유통·가공·수출에 이르기까지 수직적 통합으로 소유와 상호계약 관계가 확실하다. 농민이 조합원인 협동조합이 자회사를 만들어 유통과 수출업무를 담당토록 하는 수직적 통합을 이뤄냈다. 계약에 의해 생산자들이 물량을 안정적으로 공급하고 품질 통제를 받는다.

썬키스트는 품종을 선택하나 수확 후 처리방법은 계약에 의해 패킹 하우스(상품 포장실)에서 담당하고 판매와 수출은 연합회가 전담한다. 제스프리는 농가와 선과장, 수출업체간 협약에 의해 유기적인 연계가 강하다. 아그렉스코는 생산농민과 생산자단체의 패킹 하우스 간 계약에 의해 물량을 공급한다.

이들은 소유와 경영이 철저히 분리돼 전문경영이 가능하다. 연합회장이나 조합장이 수출회사의 이사장으로 대표권은 가지고 있으나, 경영은 전문경영인에 의해 독립경영을 한다. 브랜드와 철저한 품질관리시스템이 구축되어 있으며, 「썬키스트」 「제스프리」 「그리너리」는 회사명과 브랜드명이 동일한 특징을 가지고 있다. 이들의 품질관리 시스템은 철저하기로 유명하다. 썬키스트는 연합회에 별도의 품질관리실을 설치하고 품질관리원들이 패킹하우스를 순회하면서 지도하고, 도매시장에 검사원을 배치하고 있다. 개별 패킹하우스 브랜드를 썬키스트 브랜드와 같이 적어 품질관리 책임 소재를 명확히 하고 있다. 제스프리의 경우는 '제스프리 시스템'이라고 해 농약 안전성과 품질관리, 생산 이력 관리가 가능한 품질보증 시스템이 철저하다.

세계적 마케팅 전문생산자 조직은 철저한 공동계산제를 실시하고 있다. 썬키스트는 패킹 하우스와 생산자가 전량 수탁 계약을 맺고 패킹하우스에서 선별포장 후 연합회에 판매를 맡긴다. 패킹 하우스는 농가와 공동계산을 하며, 연합회 본부가 패킹 하우스의 대금 지불을 보증한다. 아그렉스코도 생산 농가로부터 농산물을 위탁받아 수출하고 2주일 내에 공동계산을 한다.

이렇게 선진농업 국가에서는 전문화된 상품 생산과 품질관리체계, 브랜드화, 소유와 경영의 분리가 체계적으로 운영되는 수출 농기업을 통해 세계 시장에서 성공 가도를 달리고 있다. 성공한 이들 글로벌 수출 농업경영체의 공통점에서 우리나라 농식품 수출확대를 위한 해법적 요소를 고민해 볼 필요가 있다.

▌덴마크, 돈육 수출기업 세계 1위

덴마크 농업의 특징은 농가는 기업이고 스스로 기업인의 자세를 가지고 있다. 덴마크는 돼지고기 생산에서 세계 9위, EU 국 중 4위를 차지하는 돼지고기 수출국가이다. 데니쉬 크라운(Danish Crown Amba) 중심으로 축산분야의 지속적인 합병을 통하여 사업의 수직적 계열화 조직개편 추진과 자회사 중심의 수평적 계열화를 통한 SCM(Supply Chain Management) 선진화를 이룩하여 선진사례로 제시되고 있다.

덴마크 농식품위원회(DAFC)는 덴마크 농업과 식품산업의 컨트롤타워 역할을 하는 곳이다. DAFC의 역사는 덴마크 농업의 역사이다. 농식품 분야에서 핵심브레인과 같은 역할을 하는 곳이다.

국토면적은 한국의 절반에 불과하지만, 농가당 농지 규모는 한국의 40배에 가까운 조건 등을 최대한 살리면서 기계화·전문화 과정을 거쳤다. 여기에다 컨트롤타워인 농식품위원회 등의 역할에 힘입어 농업선진국이 되었다.

덴마크의 현재 농가당 경지면적은 57ha로 한국 농가의 1.5ha와는 비교할 수 없을 정도로 이미 '대농'의 수준이다. 인구는 550만 명에 불과 하지만, 전체 농경지 면적은 250만ha로 오히려 한국의 180만ha보다 넓다.

농가 수는 덴마크가 4만~5만 가구에 불과하다. 반면에 한국은 100만 가구에 달하여 양국의 농업여건을 수평적으로 비교하기는 어렵다. 농가당 경지면적은 1990년대 들어 40ha를 넘어섰으며, 2000년대에 50ha에 진입하면서 규모화를 이뤘다.

덴마크는 1980년대 돼지농장 경영 생산자 5만 가구, 돼지 수는 1천300만 마리였다. 그러나 2000년대에 들어서 생산자 수 1만 명대, 돼지 수는 2천만 마리를 넘겨 기업농으로 성장할 발판이 마련됐다. 세계 주요 도시에서 소비되는 햄 종류 중 가장 고급품인 '살라미(Salami)'는 덴마크의 특산품이다.

농업기계화는 수백 년 동안 덴마크 농업의 주류였던 독립 자영농과 영세 소농을 대농으로 전환 시키는 촉진제가 됐다. 기계화로 소농은 크게 줄고 업종 전문화로 경쟁력을 갖춘 대농장이 속속 출현했으며 변신은 성공적이었다. 과거 덴마크 농가의 형태는 대부분 소·돼지 사육뿐만 아니라 곡물까지 재배하는 혼합농 형태였으나, 현재는 단일품목을 전문적으로 생산하는 형태로 변했다.

전문화를 바탕으로 이룬 농업 산업화 덕분에 덴마크는 국내 농산물 생산액의 약 60% 이상을 수출하고 있다. 특히 축산 관련 수출 비중이 80~90%에 달할 정도로 축산물 분야에서 전문화돼 있다. 작은 나라인 만큼 돈육 생산량은 세계 9위에 그치지만, 돈육 수출은 세계 1위로, '데니쉬 크라운' 이라는 돈육 상표는 안전하고 좋은 이미지로 전 세계에 알려져 있으며, 특히 일본 수출 특화에 성공했다. '데니쉬 크라운'은 돼지를 생산할 때부터 미리 부위별 수출 국가를 염두에 두고 품질을 관리하고 있다. 한국 수출의 경우 돼지 그림 분해도에 목심과 삼겹살 부위에 국가기가 표시되어 있다.

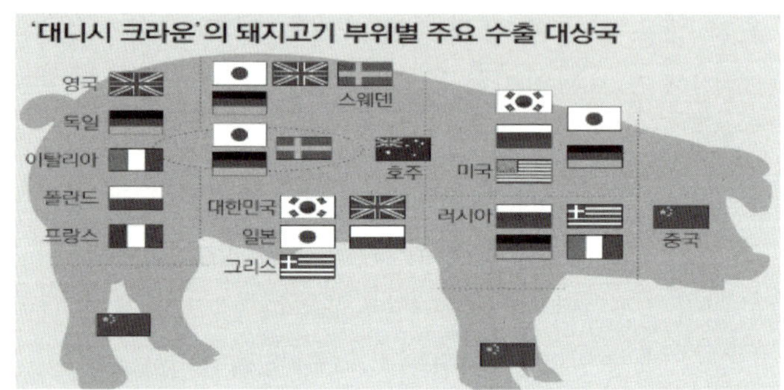

출처 : blog.daum.net

덴마크는 오로지 농민을 위한 협동조합이 성공의 기반이다. 덴마크의 협동조합은 품목별 조합의 형태를 띠고 있다. 덴마크는 '가장 잘할 수 있는 것'으로 특화에 성공하였다.[50] '데니쉬 크라운'은 고품질 경쟁력으로 돈육 수출은 34억 유로(2010년)로 한때 세계최대의 수출업체이며 덴마크 농업부문 전체 수출액의 절반 정도에 해당하는 액수다.

덴마크 농업의 특징은 농가는 기업이고 스스로 기업인의 자세를 가지고 있다. 덴마크 농업의 저력은 농민의 경영자적 자질과 철저한 농업교육에서 기인된다. 농업에 종사하려는 사람은 농업학교에 들어가 5년 과정을 이수해야 농민 자격증을 받을 수 있고, 농장을 소유하거나 운영할 수 있다. 농업의 진입은 반드시 30ha 이상의 농지를 구입해야 하는데, 이 과정에서 정부는 농민에게 농업자문센터와 은행을 연결해주는 등 총체적 지원을 아끼지 않는다. 금융기관은 우수한 농업경영자에겐 좋은 조건의 융자를 지원하지만, 경영능력이 없는 농민에게는 이농(離農)을 유도한다.

덴마크에서 생산되는 돼지고기의 약 85%가 해외로 수출되고 있다. 자본,

---

50 출처 : 연합뉴스, 무안, betty@yna.c.kr 2010.11.17

지식, 교육, 창의성 등 그들 뒤에는 정부의 시스템이 잘 작동하고 있다. 정부는 마치 은행처럼 움직인다.

▌뉴질랜드 키위 브랜드 '제스프리'

제스프리는 세계 1위의 키위 수출회사이다. 전 세계 키위 교역량에서 제스프리가 차지하는 비중은 45% 정도지만 금액으로는 75%에 달한다. 키위 농가들이 소유한 '제스프리(Zespri)' 브랜드가 아니면 누구도 키위를 수출하지 못하게 법으로 강제했다. 제스프리는 1등급 키위는 모두 수출하는 동시에 2·3등급 키위는 버릴지언정, 절대 수출하지 않는데, 이는 철저한 품질관리와 브랜드 전략의 일환이다.

뉴질랜드의 농업보조금 개혁은 한국농업에 시사하는 바가 크다. 뉴질랜드는 1950~1960년대 중반에 수출증대 및 기술발전으로 세계적 부국으로 성장했다. 1960년대 중반에는 농업부문 수출확대를 위해 각종 보조정책을 도입했고, 1980년 기준으로 농업은 수출 비중이 70%에 이를 정도로 주요한 외화 획득 산업이었다.

그러나 1970년대 석유파동과 함께 뉴질랜드 경제는 최대 수출시장인 영국에 대한 수출 급감, 양모 가격 급락, 농업경쟁력 저하 등으로 심각한 경제 불황과 금융위기에 직면했다. 금융위기에 대응해 추진한 가격보조, 이자보조, 자재보조, 조세감면 등의 농업정책은 오히려 큰 화근이 되어 과잉 생산과 가격하락, 소득 저하를 초래하였고 정부재정의 부담을 가중시켰다.

1982년 정부 보조에도 불구하고 농업부문의 어려움이 심해지자 '뉴질랜드 농민연합'은 보조를 축소하라는 역제안을 했다. 뉴질랜드 농민연합은 정부규제와 보조정책으로는 성장에 한계가 있다고 판단한 것이다.

1984년 농정개혁을 포함한 경제개혁이 본격적으로 추진됐다. 가격보조, 투입재 보조 등 농업보조금 철폐는 기본이고 수출 보조와 수입허가제 철폐, 관세율 감축 등의 규제 제거와 개혁이 1980년대 중반에 완료되었다.

개혁추진 결과는 정부 주도형 농업이 시장 지향적 농업으로 전환되어 농업 경영이 주로 국내외 시장 환경을 고려하면서 농업생산의 합리화와 다각화, 농가 규모화, 경영 전문화가 이뤄졌고, 그 결과 정부 지원의 주요 대상이었던 양, 소 사육 등 전통적인 부분의 비중은 감소하고 낙농과 원예 등의 비중이 확대되었다.

제스프리는 세계 1위의 키위 판매고를 올리고 있는 제스프리 인터내셔널의 브랜드다. 이 회사는 뉴질랜드 키위 생산자협동조합이 설립한 키위 마케팅 전담 자회사로서 유한회사이다.

제주산 골드키위도 제스프리 브랜드. 제스프리는 우수한 품질관리 시스템 운영을 통해 세계에서 수출을 가장 많이 하고 있는 뉴질랜드 키위 관련 대표회사이다. 제주에서는 2004년부터 제스프리 골드키위 재배를 시작하여 현재 210여 농가에서 160ha를 계약재배하고 있다. 국내 키위는 일부 제주에서도 생산되지만, 나머지는 전부 수입산이다. 제주산이든 수입산이든 상표를 보면 대부분 'Zespri'라 새겨져 있다. 제스프리 인터내셔널(Zespri International)은 미국, 유럽에 이어 우리나라 제주도에서도 2007년부터 제주산 골드키위를 시판하고 있다. 뉴질랜드 베이 오브 플렌티 지역의 기후조건과 가장 비슷한 남제주군과 협약을 맺고, 농장을 엄선하고 재배를 허가하여 질 좋은 상품을 내놓고 있다.

유통업체 주도에서 생산자 주도로. 뉴질랜드는 1952년 키위 첫 수출을 시작했다. 수출은 꾸준히 늘었다. 하지만 1980년대 후반 연이은 풍작과 난립한 수출업체들 간의 가격 인하 무한경쟁으로 수출 외형은 늘어났지만, 대부분의 농가는 적자를 면치 못하는 상황이 발생한다. 대형업체를 중심으로 한 수출업자들 즉 유통업자들만 과실을 챙긴 것이다.

키위 생산 농가들에는 비상이 걸렸다. 농가들은 개별적으로 수출업체들과 거래해서는 '남 좋은 일만 시킨 꼴'이라는 걸 뒤늦게 인식한다. 자신들이 주인이 되기로 했다. 대안은 협동조합이었다. 수출업체와 개별 거래로 농가들이 서로 경쟁만 할 것이 아니라 뭉쳐서 협동해 유통까지 주도하자는 생각이었다. 그래서 1997년 뉴질랜드 키위 생산자협동조합이 결성된다. 막다른 골목에서 생존을 위한 결단이었다. 그리고 마케팅 전담 자회사를 설립한다. 제스프리인터내셔널, 그리고 그 브랜드로 수출창구를 단일화했다.

제스프리 아니면 수출 못해. 제스프리는 뉴질랜드 키위 공동브랜드다. 세계 1위의 키위 판매고를 올리고 있는 제스프리 인터내셔널의 브랜드다.‘

뉴질랜드 정부는 제스프리의 수출독점권을 인정하는 ‘수출창구 단일화법’을 제정하여 이들을 지원했다. 키위 농가들이 100% 소유한 제스프리 브랜드가 아니면 누구도 키위를 수출하지 못하게 법으로 강제한 것이다. 뉴질랜드에서 키위를 생산한 농가는 제스프리를 통하지 않고는 수출할 방법이 없다. 사실상 제스프리가 키위 수출을 독점하고 있는 구조다.

뉴질랜드 정부나 생산자협동조합은 이는 독점이 아니라 창구 단일화라고 말한다. 이를 통해 뉴질랜드 전체 2700여 키위 생산 농가를 보호하고 소득을 증대코자 하는 것이다. 대형유통업체가 주도해 그들의 주머니만 채우던 수출구조를 생산자협동조합이 되찾아온 것이 핵심이다.

뉴질랜드 키위 농가들은 1970년대 수출로 큰돈을 벌었다. 하지만 1980년대 후반 연이은 풍작과 난립한 수출업체의 가격 인하 과당경쟁과 1980년대부터 1990년대 말까지 칠레, 이탈리아 등도 키위 수출에 뛰어들면서 국제적 가격이 폭락했다. 수출 외형은 늘어났지만 대부분의 농가는 적자를 면치 못하는 상황이 발생하였고 수출업자들만 과실을 챙기게 되었던 것이다.

당시 뉴질랜드 키위를 수출하는 회사는 7개사였다. 서로 간에 경쟁이 심하여 원가 이하로 밑지고 파는 덤핑도 상습적으로 이뤄지면서 1990년대가 되자 파산하는 농가가 속출하였다.

이런 위기 상황에서 정부가 키위 농가의 생존을 위한 구조조정에 나서면서 1997년 뉴질랜드 키위 생산자협동조합이 결성된다. 수출업체를 배제하고 키위 자주 조직에 수출독점권을 주는 방향으로 의견이 모아졌으나, 그 과정은 순탄치 않았다. 기존 수출업체의 반발에도 불구하고 정부가 농가 편을 거들고 나섰다.

 1999년에는 뉴질랜드 정부는 제스프리의 수출독점권을 인정하고 수출창구를 단일화 하는 '키위산업 구조조정 법'을 제정하여 키위 농가를 지원하였다. '제스프리 인터내셔널' 이라는 마케팅 전담 자회사를 설립하여 수출창구를 단일화했던 것이다. 제스프리는 1등급 키위는 모두 수출하는 동시에 2·3등급 키위는 아예 수출이 되지 않도록 엄격히 막았다. 2·3등급 키위는 버릴지언정, 절대 수출하지 않는데 이는 철저한 품질관리와 브랜드 전략 일환이다.

키위, 세계 교역량의 절반을 넘어선 제스프리. 수출창구가 단일화되자 수출은 급신장했다. 창구 단일화로 회사 역량이 집중돼 기술혁신과 수출역량 강화가 동시에 이뤄졌다. 제스프리의 프리미엄 키위는 경쟁국인 이탈리아나 칠레산의 키위보다 50% 이상 높은 값에 거래된다. 수출대상국별로 현지화도 추구해 나라마다 맛과 크기가 다른 키위를 내놓았다.[51]

 그 결과 제스프리는 세계 1위의 키위 수출회사로 성장하였고, 한 해 매출액은 약 1조 원 이상에 달한다. 전 세계 키위 생산량에서는 13%를 점하지만, 교역량에서 제스프리가 차지하는 비중은 약 32%로 1위를 차지하고 있으며,[52] 금액 기준으로는 50%를 훨씬 상회하고 있다.

 제스프리가 농가에서 직접 키위를 구매하는 것은 아니다. 수출을 대행하고 수수료만 받는 방식이다. 제스프리는 생산 농가의 생산시설 관리는 물론 생산 품목과 재배방식 등을 일일이 지도한다. 기후변화와 각종 병충해에도 대비하고, 국제가격 변동에 탄력적으로 대응하는 시스템도 가동하고 있다.

 생산자협동조합 산하에는 마케팅을 전담하는 제스프리 인터내셔널 이외에도 키위를 선별 포장하는 회사, 운송회사, 비료회사 등 80여 개의 사업체가 따로 있다. 하지만 이 모두가 생산자들의 소유로 철저한 생산자협동조합이다.

---

51 지속적인 품질의 향상을 위해 연간 마케팅 비용의 20%를 연구개발(R&D)에 투입하고 있다.
52 2011년 기준, World Kiwifruit Review 2013

 이런 경쟁력을 믿었기에 정부도 과감히 나설 수 있었던 것이다. 그 과정에서 물론 시장주의자들의 반발도 있었다. 이들은 뉴질랜드 정부에 대해 '독점이다', '위헌적 규제다', '반 시장적이다'며 소송까지 불사했다. 하지만 뉴질랜드 대법원도 농부들의 손을 들어줬다.[53]

뉴질랜드는 농업 국가로서 농업이 국가 GDP의 12%를 차지하고 있다. 전 국토의 52%가 목초지인 나라, 사람보다 젖소가 많은 나라, 농업 수출이 총 수출의 절반인 나라다. 우리나라 수출품목이 반도체, 자동차, 조선 등이라면 뉴질랜드에는 목재, 유제품, 키위가 있다.

뉴질랜드 농업경쟁력의 하나는 강력한 협동조합이다. 협동조합 폰테라를 통한 낙농업 수출도 세계 1위다.

하지만 협동조합이라는 장치를 외면했던 사과나 배 생산 농가들은 결국 경쟁력을 상실해 낙후성을 면치 못하고 있다. 제스프리의 '독점'에 대해서는 '착한 독점'을 이야기한다. 애당초 독점을 막자는 것은 부당한 부의 편중을 방지하기 위해서다. 제스프리의 독점은 이와는 다르다. 오히려 99%의 경제적 약자에게 독점의 과실이 돌아간다. 협동조합들의 협동으로 이뤄낸 독점은 그래서 착한 독점이다.[54]

뉴질랜드의 경우 농산물 수출의 대표 품목 격인 키위와 사과는 공급사슬 측면에서 유사한듯하나 완전히 다른 시스템이다. 뉴질랜드 키위는 품종이 제한되어있기 때문에 색상, 당도, 과중 등의 표준화가 비교적 용이한 반면에 사과는 품종이 다양하고 품종에 따라 식감이 상이하여 단일한 등급 기준을 적용하기가 어렵다.

뉴질랜드 사과 수출조직인 T&G(Tumers Growers)는 수출업체를 중심으로 자체 생산·공급 체계를 갖추고 있는 수출조직 형태이

---

53 뉴질랜드 사과 수출의 경우 별다른 규제가 없다. 70여개의 업체가 사과 수출
54 소상공인 신문, 2013.07.05. 99% 생산 농가 살린 '착한 독점'

다. 강력한 생산자조직(100% 참여) 중심으로 운영되고 있는 Zespri와 비교가 가능하다. 뉴질랜드 사과 산업은 전 세계 생산량의 1%, 사과 수출시장에서 3%를 차지할 정도로 수출 잠재력이 큰 품목이다.

뉴질랜드에서 키위의 착한 독점 수출과 달리 사과는 별다른 규제 없이 경쟁마케팅으로 다수의 수출업체들이 상호 경쟁하는 마케팅 구조를 형성하여 상이한 산업 구조를 보이고 있다. 사과 유통업체는 기업의 전략에 따라 과원, 선과장, 저온 저장고 등의 수직통합(vertical integration)을 추진하고 있다. 단위면적당 생산량을 세계 평균 단수와 비교하면 키위는 2배 이상, 사과는 3배 이상 많은 수량을 생산하고 있다.

키위와 사과의 공급사슬에서 가장 커다란 차이점은 이들 품목의 수출 비중이다. 키위는 생산대비 90%가 수출된다, 반면 사과 생산량은 전 세계의 1%에 불과하지만 전 세계 수출무역량의 5%를 차지한다. 연간 50만 톤을 생산해 이 중 65%가 넘게 수출이 되고 있다.

뉴질랜드 농산물 마케팅 구조에서 자주 언급되고 논란이 일고 있는 용어가 수출창구 단일화(Single Desk) 이다. 키위와 사과 모두가 뉴질랜드 수출업체의 과도한 경쟁으로 수출단가가 하락하여 농가소득 감소를 야기하자 생산자들이 수출업체를 관리하는 체계를 수립하였다.

1990년대 농업 구조개혁 이전까지 키위와 사과 모두 마케팅 보드에 의한 마케팅 창구의 단일화가 이루어졌다. 사과의 경우에는 1948년 내수와 수출 물량 모두에 대한 독점권한이 마케팅 보드에 부여되었고, 키위는 1988년 뉴질랜드와 호주 시장을 제외한 수출물량에 대해서 독점권이 마케팅 보드에 부여되었다.

농업구조 개혁 과정에서 마케팅 보드의 상업적 기능을 독립조직으로 분리시켰으며, 키위의 제스프리, 사과의 엔자(ENZA)[55]가 독점적 마케팅 권한을 승계하게 된다. 그 과정을 보면 사과 부문에서 구조 변화를 먼저 시도하였고, 키위 부문은 사과의 변화를 평가하면서 변화를 추진하였다.

---

55 뉴질랜드 사과는 1991년까지 '뉴질랜드 사과' 브랜드로 수출

　2000년도를 넘어서면서 단일 창구에 대한 논의는 새로운 국면을 맞이한다. 키위는 제스프리라는 브랜드를 앞세워 단일 창구를 지속적으로 유지한 반면, 사과는 2001년에 지난 52년간 지속되었던 마케팅 보드가 구조조정을 통하여 해체되어 수출독점권을 종식 시키고(2006년) 사과 유통에 경쟁 체제를 도입했다.[56]

　키위 부문은 키위 마케팅 보드의 수출관련 기능을 제스프리로 독립시키고, 마케팅 보드가 제스프리의 활동을 관리 감독하고 모니터링 하는 체제로 사업구조를 재편하였다.[57]

　반면에 사과 부문은 내수와 수출관련 시장진입 규제를 철폐하면서 사과 마케팅 보드에서 마케팅 기능을 분리한 엔자(ENZA)가 일반 회사로 전환된다. 민간 유통업체가 엔자를 인수하면서 제도적 독점과 관련된 요소가 대부분 해소되었다.

　키위는 제스프리라는 단일 창구를 키위 산업의 핵심 성공 요인으로 강조하고 있다. 반면 사과의 경우는 사과 산업에 경쟁 체제가 도입된 이후 사과 산업 전반의 구조개혁이 원활하게 이루어지고 있다는 것을 근거로 단일 창구가 반드시 필요하지 않다는 주장에 따라 사과 산업은 기업경쟁 체제를 도입하여 경영의 효율성을 추구한다는 자본주의 체제의 보편적 구조를 지향하고 있다. 이렇게 뉴질랜드 내에서도 독점적 마케팅과 경쟁적 마케팅이 품목의 특성에 따라 이해와 전략이 충돌하고 있다.

---

56 2014년 76개의 업체(사과 선과장 56개소)가 수출
57 농촌경제연구원, 2016. 뉴질랜드 원예산업구조 키위·사과

이탈리아 남티롤 사과 수출조직(VI.P)

이탈리아 남티롤 사과 수출조직 VI.P는 수출조직 운영이 활성화되어 품질 관리와 마케팅에 성공적인 조직이다. 이탈리아는 사과 생산량이 EU 전체 생산량의 20%를 차지하는 유럽 제2의 사과 생산국이다. 사과 평균 재배면적은 평균 2.16ha에 불과하여 유럽 기준으로 비교하면 매우 영세하다.

남티롤 지역에는 32개의 사과판매 협동조합이 있으며 이를 통해 지역 생산량의 90%가 판매되고 있다. 7개 협동조합을 결합하여 비영리 법인인 VI.P(빈쉬가우 과일·채소 생산자연합)의 연합조직을 구성하였다. VI.P 소속(7개의 협동조합)는 별도의 통합 회장이 없는 구조이다. 조합원의 생산물은 100% 조합을 통해 출하하는 것이 의무이자 권리이다. 조합에 출하되는 사과는 공동선별, 공동정산되며 정산횟수는 1년에 4회이며 투자시설에 대한 감가상각비를 제하고 지급된다.

수출물량 및 재배관리 과정의 계약을 불이행하는 것에 대해 1800여 농가를 모두 컨트롤하기 어려워 농가들끼리 상호 관찰한다. 생산 농가가 생산 및 출하 규정을 준수하지 않을 경우 퇴출되며, 한번 퇴출된 농가는 다시 조합에 가입할 수 없다. 일주일에 한번 협의회를 통해 가격과 물량 등을 결정한다.

VI.P 운영자금은 매출액의 4.1%를 EU로부터 보조금으로 받고, 같은 비율의 금액을 회원조합으로부터 납부받는다. 회원사의 출하품 선별등급 기준에 따라 정산금액이 달라지기 때문에 매우 민감한 사항으로, 지역 간 재배지에 따른 상품특성을 완전히 반영하기 어렵기 때문에 VI.P의 현안 중의 하나이다.

VI.P의 사과 생산과 유통체계 운영의 주요 특징은 천적과 해충이 균형을 이루도록 하는 친환경 종합생산체계(95%)와 유기농 생산(5%)으로 생산한다. 입고된 사과는 바코드 부착 후 CA 저장고[58] 입고 시 부착된 바코드 기록

---

[58] 기체제어(CA, controlled atmosphere) 저장고

에 따라 선별등급(30개 등급)을 매기고, 등급에 따라 다른 상자에 포장한다. 선별 및 포장처리 작업은 신선도 유지를 위해 주문발주가 들어온 후 작업한다. 가장 큰 협동조합인 MIVOR는 생산된 사과의 크기, 색깔 등을 기준으로 품종을 분류하여 저온 저장고에 저장된다.

MIVOR는 생산된 물량의 50%를 국내시장에 유통시키며 나머지 50%는 전량 수출된다. VI.P는 일정한 품질 및 품종 기준 규격을 설정하여 협동조합에 보급하고, 7개의 조합은 VI.P에서 규격화한 품질 및 품종을 기준으로 선별·출하함으로써 모든 협동조합에서 생산한 사과의 품질이 균일하게 유지되는 시스템이다. 다만, 7개 협동조합의 사과는 서로 섞이지 않는다. 생산자들은 생산에만 전념하며 판매 활동이나 세금계산서 등 행정 처리는 VI.P에서 일괄적 처리한다. 이탈리아 내수시장 판매의 경우 전담 판매자가 각각 맡은 시장을 배타적으로 관리한다. 해외수출에 있어서도 국가 또는 권역별 판매 책임자가 사과 수입업체를 전담하다.[59]

그리너리(The Greenery) 시스템

농산물 생산의 차원을 넘어 가공, 유통, 수출 등 전후방 부문을 통합해서 최종 소비자에게 근접한 시장 지향적 시스템이 그리너리(Greenery)시스템이다.

네덜란드 그리너리 농협은 농산물의 수입증가와 대형유통업체의 시장지배력 강화로 경영환경이 위기에 직면하자 '95년부터 조직구조와 사업전략을 과감하고 신속히 혁신하여 1996년에 전액 출자 자회사인 그리너리 BV를 설립하여 판매사업을 전담토록 하는 새로운 기업형 조합경영모델을 도입한다. 네덜란드 청과물 생산·마케팅 조직인 그리너리 BV는 유럽 최대 규모의 생산·유통·무역 조직으로 성장했다.

---

59 참고 : 한국농촌경제연구원. 2015. 농식품 수출조직 운영실태와 육성방안

매출액 18억 유로 규모의 선도 협동기업 그리너리의 주력 취급품목은 채소, 과일, 버섯이며, 약 1600여 조합원 생산자(단체)와 2000명의 종업원이 근무하고 있는 협동조합형 기업이다. 그리너리 농협은 해외 60여 국가의 거래망 확보, 1350개 기업과 제휴 관계 체결을 통해 연중 안정적 공급 체계를 구축함으로써 유럽 최대 청과도매회사로 성장했다.

그리너리의 시장영역은 네덜란드 시장은 물론, 독일, 영국, 스칸디나비아를 비롯해 북미지역과 멀리는 일본, 홍콩 등 동아시아 시장까지 진출하고 있다. 주 고객은 유럽 소매시장의 강자로 군림하고 있는 대형유통업체들과 식자재 회사, 그리고 가공식품업체 등이다.

그리너리의 혁신 전략. 1995년 12월 네덜란드의 14개 신선청과물 출하 경매시장들은 경매 사업을 폐지하면서 하나의 조직으로 합병했다. 그러나 통합과 혁신의 과정에는 갈등이 있었고, 1997년 2월에 9개 조직만의 참여로 새로운 조직이 출범했다.

새로운 조직의 혁신 전략은 다섯 가지 방향으로 요약된다. 규모화, 시장 지향적 조직 운영구조, 부가가치 향상, 공급사슬 통합 등이다.

시장 지향적 조직구조. 그리너리 조직구조의 핵심은 채소경매장을 통합하는 과정에서 협동조합 내부에 있던 판매조직을 별도의 자회사로 분리한 것이다. 생산자들이 출자하여 설립한 '협동조합의 통합조직인 VTN'은 판매와 마케팅을 전담하는 '그리너리 BV'를 자회사로 분리하고 주주만의 역할을 갖는다. VTN은 그리너리 BV의 경영감독권만을 가질 뿐 경영정책과 운영에는 간섭하지 않으며, 그리너리 BV의 CEO와 경영위원회가 독자적인 경영권을 행사한다. 이러한 경영구조는 경쟁력 강화의 핵심적인 요소이다.

그리너리 BV는 생산자를 두 가지 유형으로 분리했다. 출하 의무가 적용되는 VTN의 조합원과 출하 의무가 부과되지 않는 비조합원으로서 단지 회원자격만 갖는 생산자 그룹으로 분리했다. 생산자들은 이 두 가지 유형 중 하나를 선택할 수 있다.

따라서 시장 지향적 조합회사인 그리너리 BV는 조합원 이외의 상품도 취급한다는 점이 중요한 특징이다. 실제로 매출액의 약 60% 정도만이 조합원들이 생산한 물량이고, 나머지는 다양한 경로를 통해 수집과 판매를 수행하는 것이다. 이것은 시장의 요구에 유연하게 대처할 수 있는 그리너리 BV의 특징이다.

경쟁력을 추구하는 판매전략. 그리너리 BV는 수집과 도매기능도 수행한다. 주요 고객은 유럽의 대형유통업체들로서 연중 신선청과물과 버섯을 공급한다. 조합원들의 생산품뿐만 아니라 비조합원의 생산품은 물론 5개 대륙에서 수입한 농산품으로 보충하여 대형유통업체가 요구하는 구색을 갖춘다.

그리너리 BV는 이러한 역량을 갖춤으로써 품질 등급에 따른 상품의 표준화, 소비시장의 특성에 따른 차별화, Global GAP(Europe GAP)과 같은 인증체계를 통한 공급의 투명성 보장 등 최첨단 수준의 유통시스템을 구현하고 있다.

그리너리의 경험에서 얻을 수 있는 교훈은 그리너리 BV는 생산 농가의 조직화를 통해서 유통과 수출의 창구를 전담하는 것이다. 첫째, 판매사업의 효율화를 위해 자회사를 설립하여 사업을 전담하게 하고 소유와 경영을 분리하여 정치적 의사결정 구조 배제와 경영의 책임성과 전문성을 강화하는 조직구조의 개선이다.

둘째, 생산에서 소매단계에 이르는 공급망 체계를 일관된 시스템으로 구축함으로써, 생산자와 소비자 모두에게 이익을 준다. 셋째, 무임승차자 배제 및 생산자 출하 의무의 엄격한 부과이다. 넷째, 단기적인 수익성을 추구하기보다는 중장기적인 조직의 발전과 성장을 추구하면서 조합원과 조합 경영진이 기업가 정신을 갖추는 것이다.

농업의 위기 상황에 대한 인식, 경쟁력을 향한 혁신과 구조조정의 고통을 이기는 인내심, 시장 지향적 조직을 만들기 위한 갈등을 극복하고 성취하려는 강력한 의지가 세계시장을 향해 도전하는 그러너리의 경쟁력이다.[60]

---

60 The Greenery, 세계시장을 향한 유통조직 혁신의 선도자, 하석건, 2008

공동브랜드의 대명사, 미국 'SUNKIST'

100년 전 시작된 미국 감귤농장 썬키스트는 세계 77여 국에 수출하는 핫한 브랜드다. 공동브랜드의 대명사 '썬키스트', 국내 소비자들에게도 친숙한 '썬키스트(Sunkist)'는 미국 캘리포니아 및 애리조나에 있는 6000여 개 감귤 농가 조합에서 출발했다. 1893년 설립된 조합은 1907년부터 생산품에 이 브랜드를 부착하기 시작했다.

유통업체 상인들의 횡포로 인한 캘리포니아 오렌지 농가 손실을 극복하고자 농가 조직화를 추진, 남부 캘리포니아 과일 생산자 거래소를 시작으로, 조합원이 소유하고 운영한다는 원칙을 통해 오렌지 재배 농가의 80%가 참여하고, 출하물량의 약 85%를 취급한다. 태양이 입을 맞춘다(Sun-Kissed)는 콘셉트로 광고를 시작했는데 과잉 생산된 오렌지 소비를 늘리는 데 기여했다.

100여 년이 지나 썬키스트 브랜드는 미국 내 오렌지의 60%, 레몬의 80%를 공급하고 있다. 2010~2015년 6년 연속 10억 달러 이상의 매출을 올렸다. 이 중 45%는 해외에서 벌어들인다. 가공공장 등에 투자하는 고정비는 브랜드 로열티 수입으로 충당해 조합원의 부담을 줄였다. 썬키스트는 '조합원-지구거래소-연합회' 3단계 구조로 운영된다. 지구거래소는 연합회와 조합원 간 품질관리, 주문, 출하 등 조정 역할을 맡는다. 대신 교섭창구는 연합회로 단일화해 시장교섭력을 높였다.

썬키스트 브랜드로 판매되는 제품은 주스, 제과혼합물 등 77개국, 700여 개 품목(브랜드)에 달한다. 품질 기준에 미달하는 상품을 처리하기 위해 가공산업을 발달시켰는데 브랜드 품질관리와 수익 다각화에 도움이 됐다. 과일은 생산자 출하물량의 13%에만 '썬키스트' 상표가 부착된다. 세계에서 가장 오래되고 성공적인 공동브랜드 모델로 평가받고 있다.[61]

성공 요인으로는 조합원의 가입조건을 완화를 통해 조합원 유인책을 세우고 있으며, 조합원 배당을 통해 직접적인 이익을 분배하고 있다. 또한 브랜드 홍보를 통해 소비자에게 브랜드 이미지를 구축하고 있으며, 다국적 기업으로서 높은 브랜드 경쟁력을 갖게 된 것이 성공 요인이 됐다.

---

61 https://www.hankyung.com/economy/article/2017091316871

■ 이스라엘 '아그렉스코 카멜(Carmel)' 수출전문 기업

1962년 이스라엘 정부가 100% 투자해 독점적인 국영무역 기업인 아그렉스코는 '카멜(Carmel)'을 설립하여 수출 전문 물류체계를 만들었다. 아그렉스코 카멜(Agrexco - Carmel)은 신선농산물의 생산 - 포장 - 운송의 혁신으로 신선농산물 수출의 선도적 역할을 담당하며 이스라엘 전체 농산물 수출액 중 38%를 차지한다.

아그렉스코 카멜은 생산하는 모든 농산물을 '카멜' 브랜드로 출시하고 있다. 산지 생산조직은 제품을 자기 책임하에 선별하여 기본적인 포장까지 담당하고 있다.

아그렉스코 카멜은 지분의 50%를 정부가 소유하고 있으나 정부 지원은 거의 없으며, 수출시장 확대 및 고품질 공급 R&D를 중점적으로 추진하고 있다. 이스라엘 전체 농산물 수출액 중 38%를 차지하며, 수출시장 규모의 60%를 점유하고 있다.

수확할 때와 같은 '신선한 농산물 공급'이라는 모토 아래 운송·포장·냉장 시설을 구비한 물류체계를 구축하여 수송은 국영무역 기업인 아그렉스코에서 맡고 있다. 항공운송은 화훼나 허브와 같은 유통기한이 짧은 품목을 맡고 있다. 선박으로는 과실, 채소 등 유통기한이 다소 긴 품목을 운송하고 있다. 아그렉스코 카멜은 상대국과 합의된 프로토콜을 생산자들에게 설명하고 생산자는 품질 개선에 대한 책임을 가지고 최고의 농산물을 생산하고 있다.

이렇게 아그렉코 카멜은 신선농산물의 생산과 포장 및 운송의 혁신으로 수출에 선도적 역할을 담당하고 있다. 지역물류센터에서 검역을 실시하고, 전용 선박터미널을 통해 운송하며 주요시장인 미국과 유럽지역에 10개 해외지사를 두고 운영하고 있다.

아그렉스코는 1990년대 농산물 수출 면허 자유화를 통한 이윤 창출을 목표로 민영화 되었으며, 이스라엘의 대표적 브랜드로 성장하였다.

'각고의 노력으로 환골탈태에 성공하는 솔개처럼, 우리 조직도 철저한 개혁과 변화로 진화해야 한다'는 메시지를 소개한다. 솔개처럼 1년 살다 죽을지, 30년 더 살지 결단해야 한다.

「솔개는 가장 장수하는 조류로 알려져 있다. 솔개는 최고 약 70살의 수명을 누릴 수 있는데 이렇게 장수하려면 약 40살이 되었을 때 매우 고통스럽고 중요한 결심을 해야만 한다. 솔개는 약 40살이 되면 발톱이 노화하여 사냥감을 그다지 효과적으로 잡아챌 수 없게 된다. 부리도 길게 자라고 구부러져 가슴에 닿을 정도가 되고, 깃털이 짙고 두껍게 자라 날개가 매우 무겁게 되어 하늘로 날아오르기가 나날이 힘들게 된다. 이즈음이 되면 솔개에게는 두 가지 선택이 있을 뿐이다. 그대로 죽을 날을 기다리든가 아니면 약 반년에 걸친 매우 고통스런 갱생 과정을 수행하는 것이다. 갱생의 길을 선택한 솔개는 먼저 산 정상부근으로 높이 날아올라 그곳에 둥지를 짓고 머물며 고통스런 수행을 시작한다. 먼저 부리로 바위를 쪼아 부리가 깨지고 빠지게 만든다. 그러면 서서히 새로운 부리가 돋아나는 것이다. 그런 후 새로 돋은 부리로 발톱을 하나하나 뽑아낸다. 그리고 새로 발톱이 돋아나면 이번에는 날개의 깃털을 하나하나 뽑아낸다. 이리하여 약 반년이 지나 새 깃털이 돋아난 솔개는 완전히 새로운 모습으로 변신하게 된다. 그리고 다시 힘차게 하늘로 날아올라 30년의 수명을 더 누리게 되는 것이다.」[62]

위의 이야기는 생태학적으로 주장하기 힘든 내용인데, 강조하고자 한 게 조류의 생태가 아니라 '개인과 조직의 환골탈태'를 이야기하고 있다.

---

[62] 우화경영 정광호 지음. 2005년 4월 매일경제신문사

Ⅲ. 농식품 수출의 성공열쇠

"행복한 가정은 모두 비슷한 이유로 행복하지만, 불행한 가정은 저마다의 이유로 불행하다" 러시아의 대문호 톨스토이의 장편소설 '안나 카레니나'의 첫 문장이다. 명작 소설의 탄생을 장식한 이 문장은 수출기업의 경영과 비즈니스 영역에도 적용될 수 있는 깊은 통찰을 담고 있다. 바로 "성공한 기업은 모두 비슷한 이유로 성공했지만, 실패한 기업은 저마다의 이유로 실패했다"는 말로 바꿔서 읽으면 그 의미가 더 두드러지게 드러나게 된다.

성공한 기업은 모두 비슷한 이유로 성공한다는 말은 기본적인 원칙들을 지켜낸 소수의 업체만이 성공이라는 결실을 맛볼 수 있다는 뜻이 담겨있다. 지금은 세계화 시대이다. 흐르는 강물에 가만히 있으면 결국 뒤로 밀려나게 된다. 최고의 상품을 만들어서 국내를 벗어난 영업방식이 기업의 가치와 생존을 지켜낼 수 있을 것이다. 작은 시장에서 골목대장 비즈니스는 적은 것을 취할 수 있으나 시장을 키우기 어렵다.

'우물 안 개구리'처럼 자신만의 세계에 고립된 채 주변 환경의 변화에 적응하지 못한 자연의 생명체는 예외 없이 모두 지구상에서 사라졌다. 글로벌화는 지구촌을 빠르게 공유경제(sharing economy)의 플랫폼 사회로 이끌고 있다. FTA의 진전은 시장에서 국경의 구분을 없애고 있으며, 내수시장과 해외시장의 경계가 사실상 의미가 없어지고 있다.

따라서 국내시장에서 최고의 상품이 해외에서도 경쟁력이 유지되어야 한다. 작은 시장에서 1등이 되어봐야 얻을 건 별로 없다. 큰 시장에서 성장해야 한다. 경영학에서는 현장에 답이 있다고 하는데 농식품 수출의 현장은 해외시장에 있다.

농산물 수출은 단기적인 관점보다는 장기적인 관점을 가지고 접근해야 한다. 많은 열매를 맺기 위해서는 가지를 키우는 것보다는 뿌리를 튼튼히 하는 지혜가 필요한 것처럼 안정적인 생산기반 확보와 프로농가의 육성이 이뤄져야 수출농업이 도약할 수 있다. 농식품 수출이 성공하기 위해서는 여러 가지 조건이 충족되어야 하지만 전략과 전술을 잘 다듬어야 한다. 목표에 도달하기 위해서 '전략은 어떻고 전술은 어떻게 해야 한다'는 식의 이야기를 종종 듣게 된다. 그러면 전략과 전술의 차이는 무엇일까?

전략이란 '어떤 목표를 정해놓고 거기에 대하여 어떻게 나아갈 것인지 큰 틀을 잡는 것'이다. '전술이란 전략을 세우고 그것을 행하면서 발생하는 여러 가지 일들에 대해 대처하는 것'을 말한다. 전략은 무엇을 할 것인가(What To)이고, 전술은 어떻게 할 것인가(How To)이다. 전략은 목적이고 전술은 방법이다. 혹자는 전략은 효과의 문제이고, 전술은 효율의 문제라고 한다.

토끼와 거북이의 이야기를 보면 거북이의 성실성으로 토끼를 이기는 것으로 설정되어 있지만, 여기에도 전략과 전술을 응용하면 상황은 달라진다. 경주할 장소가 물이 있는 곳이나 땅이냐를 정하는 것이 전략이라 할 수 있고, 경주에 필요한 잔기술이 전술이라 할 수 있다. 전략의 방향이 잘못되면 아무리 전술이 좋아도 승리하기 힘들 것이다.

마케팅은 시장변화 추이를 주시하며 대응전략이 마련되어야 하는데, 이 과정에서 일류 기업들은 3가지 렌즈를 통해 미래를 내다본다고 한다. 단기적인 기업성과와 중기의 플랜, 그리고 장기 목표를 볼 수 있는 렌즈가 그것이다.

농업, 대한민국 새로운 시대를 열다. 대통령 주재 농식품 미래성장 대토론회 저자(2014.11.19)

연합마케팅, 멀리 가려면 함께 가라

수출확대를 위해서는 수출물량이 규모화 되어야 하고 동시에 물량이 규모화 되고 안정적으로 공급되어야 단위당 비용을 절감할 수 있고 거래 교섭력도 높일 수 있다. "서로 떨어져 있으면 우리는 한 방울에 불과하다. 함께 모이면 우리는 바다가 된다." "빨리 가려면 혼자 가고 멀리 가려면 함께 가라."라는 말이 있듯이 원예농산물의 수출을 성공적으로 오랫동안 지속하려면 연합마케팅 형태를 잘 갖추는 것이 중요하다.

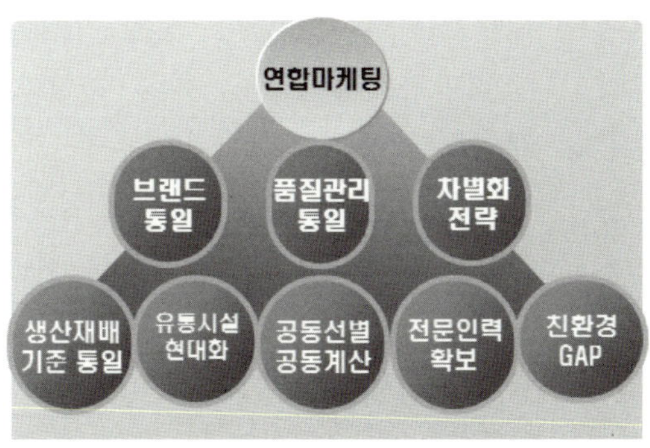

조직력이냐, 개인기냐는 축구 강대국의 양대 축인 유럽과 남미축구를 일컫는 말이다. 유럽축구는 개인기에 의존하기보다는 탄탄한 조직력으로 밀어부친다. 남미축구는 각 개인의 기술과 재능이 탁월하다. 그렇다면 과연 어떤 스타일이 유리할까. 정답은 없다고 본다. 어느 쪽이든 나름의 장단점이 있다.

농산물 생산기술이 발전하면서 시기별 품목의 생산지역 경계가 무너지고 중복출하도 빈번해져 가격하락을 부채질하고 있다. 농산물 제값 받기의 기본은 품목 공동체의 조직화이다. 개별 분산출하는 규격통일 및 품질관리가 어렵고 시장교섭력이 떨어져 제값 받기에 어려움 때문이다. 연합마케팅은 생산자끼리 수평적으로 연대하여 기술과 정보를 공유하여 생산자의 이익을 지키고, 생산·가공·공동출하 등 수직적 연대를 통해 관련 사업과 상호 이익을 높일 수 있다.

생산에서 최종 출하단계까지 지역 단위 연합마케팅을 기본으로 전국을 하나로 묶을 때 시장교섭력을 높일 수 있다. 특수한 품목이나 특수한 품질을 생산하는 경우에는 개별적으로 마케팅하는 것이 비용과 효율성 면에서 유리하다. 그렇지 않다면 토마토, 파프리카, 딸기, 화훼 등 원예농산물에서는 조직의 힘이 발휘되는 연합마케팅이 백배 유리하다.

그렇다고 남들이 한다고 무턱대고 연합만 추구할 필요는 없다. 잘 팔기 위한 마케팅의 형태로 연합을 선택해야 한다. 또한, 연합만을 위한 연합이 돼서는 개별보다 못하다. 연합마케팅은 시장 확보·물량조절·자금력 등 여러 가지 면에서 개별마케팅보다 유리하다.

연합마케팅은 수출에서도 큰 힘을 발휘할 수 있다. 글로벌 시장에서 경쟁은 불가피하다. 하지만 승자는 없고 패자만이 양산되는 수출 경쟁은 버려야 한다. 수출업체들끼리 따로국밥 마케팅은 궁극적으로 시장도 잃고 이익도 얻지 못하는 결과를 초래할 뿐이다. 제값 받는 수출이 중요하다. 제 살 깎아먹는 과당경쟁만 지양하게 된다면 수출 이익도 크게 늘어날 것이다.

우리나라 농업은 영농규모가 작아 개별농가 단위의 영농규모화를 지향하고 있다. 그러나 개별농가의 영농규모 확대는 한계가 있다. 따라서 품목 농가들이 협력하여 규모화 된 시장대응력을 확보하여야 한다. 국내외 대규모 수요에 대응하기 위해서는 강력한 전국단위의 '품목 조합形' 통합조합의 큰 우산 아래로 뭉쳐야 한다. 이해관계자들의 집합체 무늬만인 통합조직법인은 '조합형 통합조직'으로 변화되어야 한다

해외시장에서는 공동브랜드만이 생존할 수 있는 생태계가 형성되고 있다. 해외 진출은 연합을 통하여 공동브랜드(Co-Brand)를 부착하고 안전성과 안정화를 통해 시장개척을 만들어 간다면 미국의 선키스트(Sunkist), 뉴질랜드의 제스프리와 같은 세계적인 수출 마케팅조직 모델로 성장해 나갈 수 있으리라 본다.

선진농업 국가의 연합마케팅은 생산·유통·가공·수출에 이르기까지 수직적 통합으로 소유와 경영의 계약 관계가 확실하다. 농민이 조합원인 협동조

합이 수출 자회사를 만들어 유통과 수출업무를 담당토록 하는 수직적 통합을 이뤄냈다. 계약에 의해 생산자들은 물량을 안정적으로 공급하고 품질 통제를 받는다.

▌농식품 수출은 사냥꾼의 자세로

아프리카 초원에 사는 사슴은 매일 아침 일어나 사자에게 잡혀 먹히지 않기 위해 빨라야 하는 것을 머리에 되새긴다. 그리고 같은 공간에 사는 사자는 눈을 뜰 때마다 굶어 죽지 않기 위해서는 사슴보다 빨리 달려야 함을 매일 깨닫는다. 수출 사냥꾼 CEO는 열정과 도전정신이 충만한 혁신적 사고를 지녀야 한다.

순식간에 폭발시키듯 근력을 사용하는 사자는 500m 이상을 뛸 수 없기 때문에, 이때 까지만 잡히지 않으면 초식 동물이 목숨을 구할 수 있다. 한 끼 식사를 위해 달리는 사자보다 목숨을 걸고 도망가는 초식 동물이 이기는 경우가 많다. 최선을 다하지 않으면 사자는 굶어 죽는다. 수출 사냥꾼 역시 최선을 다하지 않으면 결과는 없다.

마케팅에서 영역의 법칙이란 것이 있다. 어느 영역에 최초로 들어간 사람이 될 수 없다면 최초로 뛰어들 새로운 영역을 개척하라는 것이다.

우물 안 개구리가 되어서는 곤란하다. 낚시꾼은 가만히 앉아서 큰 물고기를 낚으려 하지만, 사냥꾼(CEO)은 처음부터 사냥할 대상과 장소를 정하고 계획을 세운 다음 실행에 옮긴다. 낚시꾼이든 사냥꾼이든 목표를 향한 전략은 같지만, 수출에서는 능동적으로 움직이는 사냥꾼의 자세가 필요하다.

최고경영자로 성공한 사냥꾼은 1%의 차별화로 기적을 만든다. 막상 수출을 하려면 복잡한 시장조사와 바이어 발굴에 노력과 비용이 많이 들 수 있다. 따라서 수출 사냥꾼의 주된 사냥터는 박람회장을 들 수 있다. 시장개척의 첫발, 해외에서 정기적으로 개최되는 농식품 박람회는 최소의 시간과 비용으로 시장개척의 성과를 거양할 수 있는 최고의 마케팅 수단이다.

박람회는 판매자와 구매자가 한자리에서 만날 수 있는 장소이며, 동시에 수많은 잠재 구매자를 대상으로 세일즈 활동이 가능한 최적의 장소이다. 이곳의 비즈니스는 자사의 상품에 남들과 1% 다른 창조적인 아이디어를 접목하여 상품혁신이 받쳐 주어야 한다.

해외 사냥터에서는 전략적인 마케팅을 구상하고 비즈니스에 임해야 한다. 유능한 사냥꾼이라면 시장세분화, 표적시장, 포지셔닝 전략을 염두에 두어야 한다. 시장세분화는 하나의 시장을 세분화하는 것이다. 세분화 된 시장을 평가, 비교, 분석한 뒤 진입 가능한 시장을 골라내는 것이 표적시장 선정이다. 포지셔닝은 다른 경쟁사들에 비해 최고 경쟁력을 가질 수 있는 경쟁 위치를 설정하는 것이다.

해외 인터넷 마케팅도 관심을 가져야 한다. 최근에는 SNS(Social Network Service)를 활용한 수출 마케팅 활동이 새로운 수단으로 등장하고 있다. 대표적인 SNS로 Facebook(지인 기반), Google(검색 기반), Linkedin(비즈니스 기반) 등이 활용되고 있다.

이러한 해외 유수의 박람회 참가 및 SNS를 통해서 성공한 농식품 기업이 여기저기서 나타나고 있다. 알로에 음료만으로 127개국을 개척한 L 대표는 10여 년간 해외 현장을 누빈 결과 이제는 월마트, 까르푸, 코스트코, 테스코, 메트로, 세븐일레븐 등 한국 농식품이 원활히 진입할 수 없었던 글로벌 소매 채널에 진입하면서 한국 음료 수출 1위 기업을 만들었다.

이러한 배경에는 CEO의 현장에서 답을 찾자는 발품과 사냥꾼 같은 능동적 노력이 있었기에 가능했다. 농식품 수출을 성공시키기 위해서는 특별한 비법이 있는 것은 결코 아니다. 열심히 바이어를 찾아 뛰는 열정과 노력, 이른바 기본에 충실할 때 성공도 가까이 있는 법이다. 더불어 품질을 고급화 차별화하고 부가가치를 높이는 방법을 강구하는 것이 농식품 수출의 기본이다. 농식품 수출은 사냥꾼의 자세가 필요하다.

▌실탄이 있어야 전쟁을

안정적 생산기반 확충에 의한 수출물량이 뒷받침되어야 이기는 전쟁을 계속할 수 있다. 농산물 수출은 단기적인 관점보다는 장기적인 관점을 가지고 접근해야 한다. 많은 열매를 맺기 위해서 뿌리를 튼튼히 하는 것처럼 안정적인 수출은 생산 인프라의 구축을 어떻게 선진국 시스템으로 진행 시키느냐에 달려있다.

네덜란드는 소규모 국가임에도 불구하고 미국에 이어 세계 2위의 농산품 수출국이며 세계 3대 채소 및 과일 생산국으로 유럽 전체 채소 수출의 1/4을 차지하고 있다. 그 비결중 하나가 시설원예산업의 하드웨어와 소프트웨어가 잘 조직된 시스템이 만들어 낸 결과이다.

네덜란드가 농업선진국이 된 까닭은 농업 분야에 대한 지속적인 R&D 투자를 바탕으로 효율적인 기술개발을 통해 높은 생산성을 갖추고 있기 때문이다.

파프리카 안전성 문제로 일본 다국적 기업인 돌 재팬(Dole Japan)을 방문해서 채소부 ‘다카히로 미와’ 씨를 만났을 때 그가 한 말이 기억난다. 그는 한국은 해외에 팔 물건이 없는데 무엇을 팔겠다는 것은 ‘실탄 없이 전쟁터에 나가는 것’이라고 한국농산물 규모화와 관련된 수출의 문제점을 지적했다.

농산물 중 고작 파프리카를 제외하면 안정적인 생산기반을 갖춘 상품이 별로 눈에 띄지 않는다는 것이다. 수출의 시작이 생산기반 확충과 수출규격품 생산인데, 이 점을 소홀히 하면서 마케팅과 홍보에 열을 올리는 것이 이해하기 힘들단다. 수출 유망품목으로 주목을 받았던 방울토마토, 오이, 멜론 등이 안정적인 수출물량 확보가 어려워 바이어 관심에서 멀어졌고, 이제는 겨우 명맥만 유지하고 있는 것을 보면 공감이 가는 대목이다.

그렇다면 어떻게 대처해야 하는가. 해답은 훌륭한 실탄을 충분히 만들어 낼 수 있는 지속적인 시설투자와 규모화의 진전이 따라줘야 한다. 그러기 위해서는 자본과 기술집약적인 첨단농업으로 규모화하고 생산성을 높여 가격 경쟁력이 있는 고품질 농식품으로 경쟁력을 갖출 필요가 있다.

사례로서 파프리카는 한국 원예농산물 중 수출 1위로서 2019년 국내 생산량의 44%가량을 수출하는데 99%가 일본에 집중되어 있다. 일본은 파프리카 자급률이 매우 낮다. 수입물량 중 한국산 점유율이 83%를 차지하며, 한국산 물량이 부족한 시즌(1~2월, 8~9월)은 뉴질랜드산과 네덜란드산으로 물량을 보충하고 있다.

이처럼 매년 한국산 파프리카의 일본 시장 점유율이 증가하고 있는 것은 안정적인 연중 안정적인 공급이 가능한 생산환경(온실)을 만들어 수출용 상품을 안정적이고 안심할 수 있는 공급체계가 준비되었기에 가능했다.

▌스토리를 담은 수출상품

상품에 문화 마케팅을 입히는 역량을 높여 나가야 한다. 이제는 문화와 상품이 만나 새로운 '알파'를 창출하는 시대이다. 품목마다 어떤 스토리를 만들어 낼 것인가를 고민 하자. 상품에는 '꿈·감성·스토리'가 있어야 한다. 바이어가 관심 있어 하는 것은 '좋은 상품'은 물론이고, '좋은 스토리'를 가진 상품들이다. 스토리의 중요성은 문화가 중요한 산업으로 부상되면서 더욱 강조되고 있다

스토리텔링으로 고객이 만족할 수 있는 꿈·감성을 입혀야 한다. 마케팅 에도 상품이 아니라 '이야기'를 끼워 넣어 팔아야 가치 경쟁 시대에서 살아 남을 수 있는 성공 포인트를 만들 수 있다.

스토리텔링 마케팅은 짧고 이해하기 쉽게 스토리를 담아 고객에게 노출 하는 것이다. 스토리텔링 마케팅에 여러 차례 노출된 고객들은 브랜드의 이 름을 접할 때 함께 들었던 스토리도 함께 떠올리게 되며, 이는 긍정적인 기 업 이미지와 연결된다. 단순한 제품 판매보다는 그 제품에 스토리텔링을 입 혀 문화적으로 접근하는 전략이 필요하다.

스토리텔링은 제품에 얽힌 이야기를 전달하는 것으로, 소비자가 사람과 사람 사이에서 느끼는 감정을 제품에서도 느낄 수 있도록 하는 마케팅 전략 이다. 스토리텔링 기법은 특히 소비자가 브랜드와 제품에 감정적으로 동요

할 때 소비를 결정한다는 점에서 소비자의 감정을 잘 활용하고 있다.

미래학자 롤프 옌센(Rolf Jensen)은 "사람들은 쓸모 있는 상품보다 자신의 꿈과 감성을 만족시키는 상품을 구매하는 경향이 있다. 사람들을 매혹시키는 것은 상품의 사용가치나 교환가치가 아니라 그 상품에 깃들여 있는 이야기이다."라고 말함으로써 스토리텔링의 중요성을 강조하였다.[63]

프랑스의 향수와 와인은 일종의 문화상품들이다. 제품마다 스토리를 담고 있다. 니나리치社 의 1949년에 출시된 향수 '레를 뒤땅'은 전 세계 여성의 사랑을 받아 1초에 한 병꼴로 팔리는 스테디셀러 상품이 되었다. 프랑스 와인에는 수많은 포도 주산지의 문화유산과 빈티지 등의 스토리가 담겨있다. 세계인들이 와인의 맛과 문화적 숨결에 열광해 프랑스 와인은 연간 무려 약 15조 원 정도가 수출된다. 장인의 비법과 오랜 전통 및 고유문화가 밀어 올린 힘의 결과이다.

상품에 담겨있는 감성과 스토리를 담아낼 때 고객들은 상품의 궁금증을 해소할 수 있고, 그것이 구매의 만족감으로 연결될 수 있다. 품목마다 어떤 스토리를 만들어 낼 것인가를 고민해서 상품에 '꿈·감성·스토리'를 입히는 노력이 필요하다. 특히 가공식품의 경우는 품질 차이가 미미해 지면서 상품 자체를 넘어 브랜드에 이야기나 꿈을 담아 고객을 만족시키는 이른바 드림케팅(dream＋marketing) 기법이 유행의 트렌드가 됐다.

농식품 수출도 그저 과거에 하던 식으로 하면 곤란하다. 스토리를 입혀서 자사의 상품 가치를 높여가는 마케팅 계획을 가져야 한다. 기업의 마케팅 전략은 점점 유형적인 제품만의 경쟁이 아니라 제품 안에 깃든 스토리와 같은 무형적인 차원의 경쟁으로 확대되고 있다. 재미, 희소성 이라는 스토리를 입혀야 프리미엄 상품으로 탄생될 수 있다. 세계적으로 유명한 '고디바 초콜릿'은 프리미엄 전략이다. 가격을 커버해줄 만한 이미지가 필요했다. 그래서 고디바는 영국 코벤트리 지역 영주의 부인인 고다이바(Godiva) 부인 이야기 이름을 따서 브랜드를 만들어지게 된다.

---

[63] 단국대, 정연승. click 경제교육

　　고디바 부인과 고디바 초코렛. '고디바'라는 벨기에 고급 초콜릿 브랜드가
있다. 그 상징인 말을 탄 나체 여인 그림은 전설의 고다이바 부인을 나타낸다.
드랍스 초콜릿 회사가 1956년 브뤼셀에 첫 매장을 열면서 고다이바 부인의
전설에서 이름을 따서 상호를 '고디바'로 바꿨다.

출처 : http://egloos.zum.com/iceager/v/3174245

　　「11세기 중엽 코번트리의 영주였던 남편 레오프릭이 마을 주민들에게서
무거운 세금을 걷자 고다이바 부인이 감세를 호소하였다. 그러자 남편이 알
몸으로 말을 타고 마을을 돌면 세금을 깎아주겠다고 약속했고, 고다이바 부
인은 이를 행해서 약속했던 세금감면을 받을 수 있었다. 브랜드 고다이바는
고다이바 부인의 희생정신을 브랜드와 연결했다.」 고다이바는 고다이바 부
인의 아름다운 뜻과 감성을 담은 초콜릿을 생산한다는 이야기로 고다이바라
는 초콜릿 브랜드를 새겨 넣는 것에 성공했다.[64] (위 그림은 영국 화가 존
콜리어(John Collier)의 고다이바 부인)

　　한국의 전통주에 대한 재미있는 스토텔리이 있다. 「어느 선비가 한 마을에
들어서는데 저 멀리서 젊은이가 노인의 종아리에 회초리를 대고 있었다. 그
선비는 젊은이에게 "넌 어찌 노인의 종아리를 이리 때리느냐"고 묻자 그 젊은
이는 이렇게 대답했다. "내게 하나뿐인 귀한 자식인데 이놈이 내가 먹으라는
술을 먹지 않아 이렇게 늙어가고 있어 안타까운 마음에 회초리를 댄다"고…」
우리나라 최초의 스토리텔링이라 회자하던 백세주의 스토리텔링이다.

---

64 고디바가 가르쳐주는 성공 마케팅, 한국무역신문

고급스런 포장·디자인으로

포장은 침묵의 판매원이자 상품을 팔아주는 역할을 한다. 일반적으로 특정 상품의 차별화 방향은 브랜드를 차별화 수단의 핵심으로 하지만 여기에는 포장도 한몫한다. 흔히 사람들이 백화점에 가서 물건을 보며 스쳐 지나는 시간은 한 제품 당 0.6초에 불과하다고 한다. 소비자의 마음을 사로잡는 제품의 포장 능력이 마케팅의 기본이다.

저 물건을 꼭 사고 싶다고 마음먹을 정도까지는 아니지만, 단순히 포장을 보고 '어? 예쁜데' 하며 구매력을 느낀다고 한다. 눈길을 끌 수 있는 시간이 그야말로 눈 깜짝할 순간인 0.6초란 말이다. 즉 '튀지' 않으면 기억에서 잊힌다는 것이다.

포장은 제품을 보호하고 수송이 편리하도록 하는 것이 주목적이었는데 마케팅이 발달하면서 포장의 중요성이 달라지고 있다. 이는 상품의 본질보다는 포장을 통해서 상품의 정성과 가치를 느낄 수 있기 때문에 포장·디자인을 중요하게 생각하는 것이다.

이러한 경향으로 특히 소비재 제조업체에서는 포장을 매우 중요시하고 있다. 특히 미국에서는 포장산업이 자동차산업 다음가는 거대한 산업으로 발전되어가고 있다고 한다. 이는 오늘날 격렬한 판매전의 유력한 무기의 하나로 포장이 등장하고 있음을 나타내 주고있는 것이다.

또한, 오늘날 기업의 마케팅 전쟁은 바로 포장과 브랜드 전쟁이라고 표현해도 과언이 아니다. 비단 서비스 제품뿐만 아니라 농업 분야도 경쟁력 측면에서 포장과 브랜드에 대한 통합적인 이해와 고민을 할 필요가 있다.

'보기 좋은 떡이 먹기도 좋다'는 말이 있듯이 포장은 상품의 가치를 높이는 수단이자 상품의 이미지를 좌우하는 요소가 되기도 한다. 농산물에서도 생산자들은 보다 유리한 시장교섭력 강화를 위해 고급스러운 포장·디자인으로 상품을 차별화하는 데에 관심을 가져야 한다. 따라서 수출용 포장은 현지인의 기호에 맞는 세련된 디자인과 브랜드로 고급스럽고 글로벌하게 할 필요가 있다.

일본 소비자들은 꼼꼼하고 깐깐하여 세세한 부분에까지 신경을 쓴다는 특성이 있다. 일본인은 '눈으로 먹는다'라는 말이 있다. 국내에 판매한 사고 방식으로 포장이 이 정도면 괜찮거니 하다가는 여지없이 낭패를 당하기에 십상이다.

패키지 디자인은 기업의 제품을 시장에 내놓는 최전선의 매력이다. 따라서 디자인하기 위해서는 '왜 (Why)?'에 대한 '이유(Reason)'를 표현해야 한다. 사람들은 상품을 선택할 때 시각, 청각, 촉각, 후각, 미각의 '5감' 중에서 주로 시각에 의해 구매를 결정한다. 이것이 패키지 디자인 중요성이 강조되는 이유이다.

패키지 디자인(Package Design)이란 제품을 담는 용기나 포장지를 만들고 디자인하는 활동으로써 기획, 마케팅, 디자인, 제작, 유통 및 진열까지 제품을 관리하는 총체적 과정을 포함한다.

특히 주류시장의 진입 장벽을 뚫기 위해서 상품의 우수성은 말할 것도 없지만 포장도 매우 중요하다. 포장에 투자하는 비용은 그리 크지 않지만 제품의 성공 여부를 좌우하는 요소로 포장 마케팅의 역할과 비중은 매우 크다. 성공적인 시장 공략을 위해서는 포장과 디자인 선택은 너무 중요하다.

▌브랜드는 제5의 영업사원

최고의 수출 농식품을 만들기 위해서 정성으로 키우고 만들기만 해놓으면 수출이 잘 될 수 있는 것인가. 절대 그렇지 않는 경우가 많다. 그러면 맛과 품질만 우수하면 반드시 최고의 수출상품이 될 수 있는 것인가. 이 또한 반드시 그렇지도 않다고 본다. 스타벅스의 커피 맛이 최고로 우수한가 하면 그렇지 않고, 맥도널드 햄버거의 맛과 품질이 가장 우수한가 하면 그렇지 않은 것처럼 지금은 파워 브랜드의 창출과 유지가 제5의 영업사원이 된 시대이다.

농산물 수출은 기르고 키우는 것만이 능사가 아니다. 브랜드를 만들어 키우는 것이 수출의 시작이다. '브랜드는 무엇일까?' 하는 물음에 대한 답을 표현하자면 견해에 따라 약간의 차이는 있으나 일반적으로 상품의 인지도, 신용보장, 이미지, 충성도, 품질, 애착도, 차별성 등이 대표적으로 꼽힌다.

농산물 브랜드는 라벨링의 한 형태로서 이름, 상징, 디자인을 통해 차별화시키는 수단이다. 브랜드의 적절한 활용을 통해 소득과 자산 가치를 향상할 수 있다.

시장개방의 가속화가 불가피해진 현실을 고려할 때 우리 수출 농산물도 적극적인 브랜드화를 통해 경쟁력을 높이지 않으면 안 된다. 우리 농산물이 외국농산물과 경쟁하기 위해서는 철저한 상품관리가 이뤄지는 수출품목별 대표브랜드의 보급과 육성이 중요하다.

브랜드는 특정 농산물을 구매하는 소비자의 마음속에 가치가 있다고 느끼게 하는 경험적 상징체계이다. 따라서 브랜드는 시장 차별화를 위한 마케팅 전략으로서 소비자의 인지도와 충성도를 제고하는 효과가 있다. 그래서 브랜드는 서비스까지 포함하며 넓게는 상호까지 포괄하는 의미로 해석되기도 한다. 브랜드파워는 세계 농식품 시장에서 경쟁력을 갖기 위한 필수 조건이 된 지 오래다.

우리나라 농산물 브랜드 수는 매년 크게 증가하여 2000년 4700개이던 브랜드는 현재 약 7000여 개 정도이다. 미등록 된 브랜드까지 합치면 더 늘어날 수 있다.

개별적인 산지 브랜드는 교섭력이 약하기 때문에 통합브랜드 체계를 구축해야만 경쟁에서 살아남을 수 있다. 수출방식도 통합브랜드를 중심으로 시스템적 수출이 진행되어야 한다. 성공적인 공동브랜드 명품화의 절대조건은 절대지존, 절대품질, 절대안심, 절대가치, 절대개성, 절대정성, 절대명성이다.

브랜드는 생산 준비단계부터 매장에서 소비자의 손에 들어가기 전까지 전 과정에서 우수한 품질관리가 유지된다는 전제하에, 소비자와 경쟁사 및 자사를 분석하고 도출된 브랜드 마케팅 전략을 구사하여 그 기반 위에 브랜드 이름을 붙였을 때 비로소 이뤄진다.

뉴질랜드의 키위 재배 농가들은 최고의 키위를 키우는 데 전념하고, 마케팅을 위해서는 공동브랜드 '제스프리(Zespri)'를 만들었다. 상품에다 디자인과 감성마케팅을 합쳐 키위가 아닌 '제스프리를 팝니다'가 브랜드 전략이다. 제스프리 브랜드는 침묵의 판매원으로 전 세계 70개국에 매년 33만 톤, 전 세계 소비량의 30% 정도의 키위를 공급하면서 연간 약 9억 달러의 수출고를 올리고 있다.

FTA 등의 진전으로 시장개방의 가속화가 불가피해진 현실을 감안할 때 우리 수출 농산물도 적극적인 브랜드화를 통해 경쟁력을 높여야 한다. 농식품은 열심히 키우고 만드는 것만이 능사가 아니다. 잘 만들어진 상품에 더해서 잘 지어진 브랜드를 붙여서 내다 파는 것이 상품의 시작이다.

브랜드를 키우기 위해서는 새로운 '제품'을 만들어서 시장에 들어가는 것이 아니라 새로운 '가치'를 만들어서 들어가는 것이 중요하다. 브랜드는 소비자와 기업의 커뮤니케이션 수단이 되었다. 오늘날 기업의 마케팅은 디자인과 브랜드와의 전쟁이라고 표현해도 과언이 아니다.

자사만의 최고(BEST)의 상품, 최초(First)의 상품, 그리고 단 하나(Only)의 상품과 브랜드가 되어야 한다. 농식품 수출은 발전단계를 '상품수출(1단계)', '기술수출(2단계)', '브랜드수출(3단계)'로 단계별로 세분화하여 점검할 수 있다.

농산물 수출은 수출 대상국의 식품 기준에 맞는 농산물 생산이 최대 관건이다. 같은 작물일지라도 수출 대상국마다 등록 농약이 다르고 잔류허용기준이 서로 달라 농약 선택과 사용이 매우 제한적일 수밖에 없다. 또한, 일부 수출 농가와 수출업체의 안전성에 대한 인식 부족도 농산물 수출확대에 큰 장애 요인 중 하나이다. 안전성 측면에서 내수용과 수출용 농산물은 동일 기준이 적용되지 않는다.

농식품 안전성에 대한 소비자의 관심이 고조되면서 세계 각국은 자국의 농업보호와 농산물의 안전성 확보를 위하여 농식품 안전관리제도 및 검역을 강화하고 있으며, 이를 비관세 무역장벽으로 활용하고 있다. 일본, EU의 Positive List System 시행과 미국의 Zero Tolerance[65] 적용이 그 대표적인 예이다.

또한 이력추적관리제도(Traceability)를 도입하여 생산단계에서 투입된 농약, 비료 등 농자재의 사용 내용을 요구하는 등 농산물의 안전성을 더욱 강화하고 있다. 미국의 경우 안전에 대한 경각심이 높아지면서 식품 신뢰를 높이기 위해 클린 라벨(Clean Label)을 부치는 제품이 증가하고 있다.

수출 농산물의 안전생산이 어려운 이유는 한국농산물의 주요 수입국인 일본, 대만, 미국 등 주요 수출의 식품안전관리제도 강화와 더불어 수출 대상국마다 농약잔류기준 등 규제기준이 다르기 때문이다.

일본은 우리 신선농산물 최대 수출시장이다. 일본 소비자는 농산물을 구입할 때 가격도 중요시하지만 안전성을 최우선으로 고려한다. 따라서 안전성 확보는 수출 농산물의 기본적인 경쟁력이다.

일본, 대만 등 다수의 수입국은 식품에 대한 안전성 관리라는 명목을 비관세장벽의 주요 수단으로 활용하고 있다. 어렵사리 수출 길에 올랐던 채소류가 검역의 벽을 통과하지 못하거나, 까다로운 검역 절차로 신선도가 떨어져 경쟁력을 제대로 발휘할 수가 없었던 사례가 종종 있었다.

과거에 돼지고기 구제역 발생, 김치 기생충 알 파동, 파프리카 잔류농약

---

[65] 자국에 허용기준이 설정되지 않은 농약 등에 대해서는 불검출을 원칙으로 하는 제도. 실제로는 잔류기준이 없는 경우 0.01~0.1 ppm 적용

검출 등으로 수출시장이 순식간에 급감했던 뼈아픈 경험이 있다. 이에 따라 대일본 수출은 오이, 파프리카, 방울토마토, 깻잎, 꽈리고추 등에 대해서 수출 농가별 ID가 부여되어 일본 후생성과의 안전성 관리시스템이 작동되고 있다.

실패는 누구든지 겪을 수 있고 또 누구나 실수를 할 수 있다. 문제는 이것을 어떻게 처리하고 관리하느냐이다. 빨리 덮고 잊으려고만 한다면 또다시 같은 실패를 반복할 수밖에 없게 되고, 안전성에 있어서 농업 후진국 신세를 면할 수 없게 된다.

안전성은 '농장에서 식탁까지(Farm To Table)' 보장되어야 한다. 분명 수출은 우리 농업의 경쟁력 제고에 유력한 방편이다. 생산자마다 만들어진 제품이 한국을 대표한다는 책무를 가져야 한다. 개인이 한번 저지른 안전성 위반의 실수로 본인이 받게 된 불이익이야 어찌할 수 없지만, 이로 인한 불똥이 국내 전체 수출에도 튀어 엄청난 손실을 초래한다는 점에서 이미지를 훼손하는 수출은 금물이다. 공자의 어록을 보면 일찍이 이렇게 말한 바 있다. 과즉물탄개(過則勿憚改), 즉 '허물을 고치는 것을 두려워하지 말라.'

▌농산물 수출은 장기적 안목이 필요

눈에 보이는 이득을 떠나서 신용은 수출업체에 있어서 가장 큰 재산이다. 우리가 신용을 저버린다면 생명을 포기하는 것과 같다. 수출은 한번 성사되면 장기적으로 거래가 이어질 수 있지만, 수출가격이 국내가격보다 낮다고 해서 수출을 한 번이라도 기피하면 계속해서 수출로 이어질 수 없다. 물량이 안정적으로 공급되어야 수입을 해가는 상대방이 안심하고 안정적으로 비즈니스를 할 수 있으며, 따라서 수출도 안정적으로 지속될 수 있다.

국내에서 생산한 농산물을 해외 소비자에게 판매하기 위해선 여러 가지 어려움을 극복해야 한다. 바이어와 계약을 체결하고도 안심할 수 없는 부분이 바로 수출물량 확보이다. 특히, 원예농산물의 경우 국내가격이 상승하면 수출 농가가 공급계약을 파기하고 국내에 판매하는 경향이 있었다.

국내에서의 상거래도 신의가 밑바탕이 되지 않으면 정상적으로 이루어질 수 없는데, 하물며 지독하리만큼 계약에 철저한 수출에서 당장의 이익 때문에 신의를 잃는 것은 앞으로 수출을 하지 않겠다는 것과 같다.

대만의 사과 시장은 우리가 놓친 시장이다. 과거 대만은 한때 한국 사과가 유일하게 수입되던 황금시장 시절이 있었다. 그러나 한국 내 사과가격 시황에 따라 대만 수출 공급에 차질이 발생하는 사례가 잦아지면서 한국산 사과의 수입이 멀어지게 되었다. 안정적인 물량공급의 신뢰가 관건인데 신용 구축이 얼마나 중요한가를 말해주는 단면이다.

혹자는 농가소득 증대를 위해 생산이 감소한 시기에는 높은 가격을 받고 국내에 출하하고, 생산이 증가한 시기에는 가격안정을 위해 해외에 수출하면 되지 않겠냐고 생각할 수 있다. 그러나 현실은 다르다. 우리가 일시적으로 높은 가격을 받기 위해 수출시장을 한번 포기하면, 다시 그 시장을 회복하려 해도 영원히 복구하지 못하거나 당시 이익의 몇 배의 비용을 지불해야 한다. 당장 눈앞의 이익에 연연하는 것보다는 장기적인 안목에서 수출자와 수입자가 상호 협력을 통한 상생(win-win)이 롱런 할 수 있는 것이 수출방식이다.

수출물량이 커지고 안정화 되면 수익성도 개선된다. 보다 많은 인적 물적 자원을 투입하여 강력한 마케팅 활동을 펼칠 수 있다. 이전보다 더 많은 물량을 수출할 수 있고 더 많은 수익을 올리는 선순환 구조를 이룰 수 있다.

수출물량의 규모화와 안정적인 공급을 위해서는 먼저 수출생산자조직이 규모화 되어야 한다. 그리고 생산과 출하를 통제할 수 있는 강력한 조직력이 필요하다.

일본의 한국산 파프리카 소비자를 대상으로 한 조사에서 한국산에 대한 불만 1위는 '사이즈가 크다' 이다. 일본 소비자의 니즈(needs)는 M 및 S 규격인데, 한국산은 대부분 L 사이즈 위주의 파프리카를 공급하는 경향이 높다. 이는 농가들이 생산성이 높고 재배가 쉬운 품종을 선택하기 때문이다. 두 번째는 색깔의 비율 문제다. 일본 수입업체의 희망과 달리 생산되는 대로 색깔의 비율과 상관없이 수출이 이뤄진다. 이런 이유로 색깔과 사이즈의 부족분을 네덜란드산으로 채울 수밖에 없다. 수출규격 구색을 갖추는데 있어서 단기적인 처방보다는 '정석'을 따라야 한다.

원예농산물은 철저한 선별과 예냉관리

원예 농산물의 선별과 예냉은 동일체이다. 신선농산물의 경우 해외시장에서 상품성 제고를 위해 수출 전에 상품의 품격을 입히는 작업이 중요하다. 수출품 선별이 상품화를 위한 가장 중요한 작업이라면 예냉은 신선도 유지를 최대한 늘리기 위한 품격관리 과정이다. 생산자가 만족하는 상품이 아니라 소비자가 원하는 상품이 출하되어야 한다.

농가 개별적으로는 규격품 선별과 품질관리가 어렵다. 따라서 공동선별 시스템에 의한 예냉의 과정을 거치는 것이 수출품의 기본이다. 예냉이란 수확한 즉시 작물이 품은 온도를 낮춤으로써 수확 후 품질을 오랫동안 유지하기 위한 일련의 작업을 말한다.

채소류 수출에 있어 예냉 관리에 따라 품질 차이가 크게 나타나 상품의 품격이 달라질 수 있다. 거리가 짧은 국내 유통에서는 큰 문제가 안 되지만 수출은 클레임과 직결되는 문제가 된다. 수확한 농산물은 수확한 후에도 활발한 생명 활동을 지속하기 때문이다.

이 과정에서 농산물은 호흡, 수분, 에틸렌 발생으로 인하여 노화, 부패가 지속하여 선도가 떨어지며, 결국 상품성의 가치를 잃게 된다. 따라서 수확 후 빠른 시간내 품온을 저하시켜 호흡작용과 신진대사를 최소화하기 위한 냉각처리가 예냉이다.

예냉의 방법은 강제통풍식, 차압통풍식, 진공식, 냉수식 등 여러 가지가 있다. 중요한 것은 품목에 따라 적절한 예냉 방법을 선택하는 것이다. 또한 예냉이 완료되면 선도유지를 극대화하기 위해 수출전용 저온의 출고장에서 직접 냉장수송차에 화물을 싣기 위한 팔레타이징과 하역도크(loading dock)의 설치도 예냉관리의 연장선이다.

농사는 키우는 것에 끝나지 않는다. 상품의 철저한 선별 과정과 수확 후 예냉 관리로 소비자에까지 상품의 품위를 유지케 하는 책임감이 있어야 한다. 예를 들면, 엽채류의 경우 신선도를 유지하기 위해 0~1℃로 수송하는 것이 적합하지만, 깻잎은 3~5℃를 유지하는 게 좋다. 딸기는 4℃를 유지하는 것이 좋다고 알려져 있다. 과채류인 풋고추와 애호박은 7℃ 이하에 오래 노출되면 물러짐과 과피에 자국이 생기는 저온장해가 발생하기 쉽다. 또 수출과정에 엽채류는 조금만 수분이 손실돼도 쉽게 시들어버리고, 고추는 꼭지 또는 씨앗의 색깔이 변하며, 애호박은 물러짐과 부패증상이 나타날 수 있다. 따라서 채소류를 수출할 때는 각 품목별로 품질변화를 억제하는 수확 후 관리기술을 적용할 필요가 있다.

신선농산물 수출과정에 간혹 클레임이 발생한다. 이는 수확 후 관리를 이행하지 못해서 발생하는 경우가 대부분이다. 수출된 농산물이 신선도로 인한 클레임이 발생하지 않도록 수확 후 관리기술의 적용에 더욱 관심이 필요하다. 예냉의 최종 온도는 저장온도보다 2~3℃ 높은 것이 적당하다. 예냉실의 공기 온도는 1~2℃ 낮게 설정하지만, 농산물이 동결온도보다 낮아져서는 안 된다.[66]

■ '용의 꼬리' 보다 '닭의 머리'를 만들어야

닭으로 시작하든 계란으로 진화가 시작됐든 결과가 중요한 법이다. 똑같은 상품을 개발하더라도 세계시장에 뻗어 나가는 기업이 있는가 하면 근근이 현상 유지하기에 바쁜 기업도 있다. 기술의 발달로 상품의 기능과 품질이 모두 비슷비슷해지면서 소비자가 최종 선택하는 것은 일류화 상품이며, 최고 상품만이 살아남을 수 있다. 국내에 머물기 보다는 작지만 틈새 시장에 있어 세계 최고가 되는 전략이 필요하다.

---

66 농업인신문(http://www.nongupin.co.kr)

우리나라 세계시장 점유율 5위 이내 및 5% 이상이며, 7년 이내에 세계시
장점유율 5위 이내에 들어갈 가능성이 있는 세계 일류상품은 모두 92개 품목
(2019년)이 있다. 이들 품목의 수출액은 전체 수출액의 약 50%를 차지한다.

반면에 농식품 수출은 스타 품목으로 내세울 만한 주력 수출품이 드물다.
1억 달러가 넘는 농식품은 궐련, 참치, 커피 조제품, 라면, 자당, 소주, 인삼,
김 등 몇몇 품목이 있을 뿐이다. 프랑스 와인(90억 달러), 뉴질랜드 키위(10
억 달러), 네덜란드의 채소종자(18억 달러), 파프리카(10.7억 달러), 토마토
(19억 달러), 장미(13억 달러) 등등 수많은 스타 수출상품이 있는데 비하여
우리나라의 수출품목은 다수가 수출 규모면에서 스타 정도가 못 된다. 네덜
란드의 경우는 1억 달러 이상 품목이 2019년 기준 240개 품목이나 되지만
우리나라는 고작 12개 품목에 그치고 있다.[67]

많고 많은 상품 중에 하나뿐인 상품을 만들겠다는 생각을 가지는 것과 세
계 일류화 상품을 만들겠다는 목표를 가지는 것과는 그 준비과정이나 제조
과정이 다를 수밖에 없다. 세상에서 없는 유일한 것을 만드는 것이 쉽지 않
지만 일류화 상품을 만들었을 때 경쟁력이 비로소 확보되는 것이다.

일류화 상품은 '용의 꼬리'를 만드는 것보다 '닭의 머리'를 만드는 것이 낫
다. 일류화 상품이라는 것은 경쟁력을 갖추어야 하는데, 우선 생산성이 좋
아야 한다. 그리고 품질이 안정적이어야 한다. 어떤 상황에서라도 불량이
발생하지 않도록 안전성이 보장되어야 한다. 또한, 고객이 사용하기에 편리
해야 한다. 상품이라는 것은 항상 고객 입장에서 생각을 해야지 생산자 입
장에서 생각하면 안 된다.

일류화 상품을 개발하겠다는 로드맵이 설정되면 뛰어난 엔지니어를 확보
해야 하는 것이 우선이다. 상품은 결국 사람이 만들어내기 때문에 동종 카
테고리에서 최고의 실력을 갖춘 엔지니어를 확보하고 꾸준히 인재를 길러
내도록 하여야 한다. 시장과 고객을 읽고 문제가 무엇인지 이해하고 해결할
때 일등과 최고의 상품이 나올 수 있다.

---

67 2009년 1억 달러 이상 품목 104개. 2019년에 1억 달러 이상 품목이 두 배 이상 증가

<h2 style="text-align:center">네덜란드 신선 주요품목 수출 현황(2009/ 2019)</h2>

단위 : 백만 달러

품목	HS코드	2009	2019	증감(%)
버섯균사	060290	3,114	4,291	37.8
담배	240220	3,094	4,132**(929)**	33.5
치즈	040690	2,415	3,134	27.9
기타절화	060319	1,885	2,116**(1)**	12.3
국화절화	060314	408	410**(1)**	0.5
토마토(신선)	070200	1,574	1,935**(18)**	22.9
채소종자	120991	1,051	1,862**(56)**	77.2
장미절화	060311	1,039	1,335**(2)**	28.5
고추류(파프리카)	070960	977	1,079**(92)**	10.4
포도(신선)	080610	602	902**(24)**	49.8
오이(신선)	070700	437	514**(9)**	17.6
배(신선)	080830	360	369**(83)**	2.5
토마토케찹	210320	295	277	△9.3
딸기(신선)	081010	215	264**(54)**	22.8
사과(신선)	080810	353	236	△33.2
양송이(신선)	070951	251	165**(54)**	△34.3

출처 : ITC international/ ( )괄호 내는 한국이 해외로 수출한 금액임

▌불안한 내수시장 극복은 해외시장 개척이 답

국내의 농산물 생산량이 많아지면 결국 가격하락을 부추기고 이는 농가 수익감소로 이어질 수밖에 없다. 그래서 국내시장에서 수요가 많은 품목과 대량생산이 가능한 품목, 그리고 작황이 불안정한 농산물은 공급의 위험을 안고 있는 만큼 수출을 통한 부가가치 창출이 필요하다.

농식품 수출은 수입농산물에 대한 대응력뿐만 아니라 국내 농산물 가격 안정과 수급조절에 절대적인 요소이다. 과잉 생산된 농산물에 대한 가격 안정을 시키는 방법은 국내 수매·비축에 의한 시장 출하물량 조절과 또 다른 방법 중 하나가 수출시장 개척이다. 그러나 잉여 농산물을 수매나 산지 폐기로 수급을 조절할 수 있는 시스템은 운영상 적지 않은 어려움을 수반한다. 그래서 수출을 통한 수급조절이 최선의 방안이라 할 수 있다.

수출을 통해 국내가격을 안정시킨 대표적인 사례로 신고배, 단감, 감귤, 파프리카, 버섯, 포도 등 많은 수출품목을 예로들 수 있다. 이들 품목은 수출이 있었기에 국내가격을 지지할 수 있었다. 이제 수출은 단순히 국내 수급불균형의 결과로 남아도는 일부 농산물을 외국시장에 팔아 국내가격을 지지하고 안정시킨다는 의미를 넘어서고 있다.

초밥 시장, 일본을 감동시킨 한국산 활 넙치와 활 전복은 일본에서 명품이다. 이들 품목은 각각 일본 시장의 약 50%를 점유하고 있다. 무엇이 이토록 특별하게 만들었을까. 바로 땀 흘려 해외시장을 개척하고자 하는 노력이 있었기에 가능했던 것이다. 이렇게 국내시장 수요와 수출 수요의 밸런스를 맞추면서 적절한 수급의 조화를 이루는 것이 장기적으로 볼 때 생산자에게 유리한 출하 전략이다.

농식품 수출은 국내생산 환경에서부터 해외 현지인의 기호까지 충족시켜야 성사될 수 있는 어려운 과정이다. 어느 품목이 한 국가에서 성공했다고 다른 국가에서도 그럴 것이라는 기대가 통하지 않는다. 농식품 수출은 공산품 수출보다 더 어려운 과정이다.

따라서 정부, 지자체, aT 등에서는 수출에 애로사항 해소를 위해 수출컨설팅, 수출 바우처제도 등 다양한 지원제도를 운용하고 있다. 이른바 농식품 수출의 사다리를 잘 활용하는 것이 해외시장 개척의 첫걸음이다.

FTA는 변화와 도전의 출발점이다. 농식품의 세계화와 융·복합으로 농업 비즈니스모델을 선진화하여 개방화 시대에 대응해 나가야 한다. 세계와 경쟁하는 것이야말로 부강한 농업 대국을 이룰 수 있는 길이 될 것이다.

창조적 플레이어가 되자. 창의력이 곧 경쟁력

인류의 발전은 창조성과 모방이라는 본능에 의해 이루어져 왔다. 지식이 저장되고 전달되는 방법이 모방이다. 창조성도 대부분은 모방에 근거하여 나온 것으로 생각한다. 코페르니쿠스(Copernicus)적 발상도 인식의 전환, 역(易)으로 모방한 결과로 볼 수 있다. 상상력과 창의력이 곧 경쟁력이다.

21세기는 상상과 창의의 시대다. 창의적인 발상 없이는 성장도 없다. 노력과 같은 미덕으로 성공했던 코닥이나 노키아 같은 기업들은 급변하는 환경에 대처하지 못하고 파산했다. 창의력이 부족했기 때문이다.

실패하는 길을 생각해 보면 버려야 할 것이 무엇인지 알게 되고, 마침내 새롭고 독창적인 길을 찾아낼 수 있다. 소국대업(小國大業)을 이룬 네덜란드 역시 창조성과 혁신의 결과물이라 볼 수 있다.

과감한 개혁정치로 중국의 경제를 크게 성장시킨 등소평은 "누구나 변화는 싫어한다. 그러나 패러다임은 변한다. 변화를 거부할 수 없으면 즐겨라."고 말했다. 세이크 모하마드는 무한한 상상력으로 현재의 두바이를 이룰 수 있었다. 우리는 변화와 상상력과 창조성을 강조하는 시대에 살고 있다. 그리고 이 시대의 최대 세일즈 품목은 상상력이라고 말한다.

글로벌화 되기 위해서는 전략을 짜기 전에 생각부터 바꿔야 한다. 세계 환경의 변화에서 식품산업이 발전하기 위해서는 '창의력이 곧 경쟁력'임을 인식해야 한다. 이제는 식품산업의 패러다임이 변해야 할 때이다.

창조가 안 되면 참고라도 하고 모방이라도 해야 한다. 변화가 안 되는 이유는 바꿀 줄 모르기 때문이다. 무식은 아는 것도 없지만 모르는 것도 없는 상태이다. 지식은 쌓이다 보면 호기심이 발동하고, 호기심은 곧 창조적 아이디어가 될 수 있다.

망하는 길을 생각해보면 버려야 할 것을 알게 되고, 그에 따른 새로운 생각을 도출하여 낼 것이다. 창조적 플레이어가 되자. 창의력이 곧 경쟁력이기 때문이다. 그러기 위해서는 남다른 상상력의 힘을 발휘해야 한다. 새로운 가치를 추구하는 창출의 3요소로 '感(감상력), 想(상상력), 實(실천력)'을 들 수 있다. 이기고 지는 것은 신념과 전략의 문제이다. 더 중요한 것은 전략을 세우기 전에 생각을 바꾸는 것이다.

'열심히' 하지 말고 다르게 해야 한다. 전세계 커피 하루 소비량은 25억 잔에 이른다. 세계에서 제일 비싼 커피는 루왁커피다. 이 커피는 동남아시아 일부 지역에 살고 잇는 사향고양잇과의 동물인 루왁(luwak)에게 얻은 것이다. 루왁이 커피 열매를 먹으면 껍질만 소화가 되고 씨앗은 소화가 안 된 채 배설된다. 배설물만을 채취해 양질의 원두만 골라 깨끗이 한 뒤 햇볕에 말려서 만든 것이다. 원두 kg당 99~1000달러 이상을 호가하며 한잔에 10만 원 정도이다.

스위스는 국내생산이 되지 않는 커피와 코코아를 가공하여 각각 9억 달러 이상의 수출을 올리면서 부(富)와 고용을 창출하고 있다.

일본 주세법은 맥아 비중이 67% 이상인 제품만 맥주로 간주해 높은 세금을 부과하는데, 이러한 점을 이용한 것이 제 3맥주(맥아비중 25% 미만)의 탄생이다. 국내 맥주회사들이 맥아가 아닌 것들로 맥주를 만들었고 소위 제 3 맥주를 앞세워 일본 수출물량을 획기적으로 늘려놓았다. 가격이 보통 맥주보다 저렴하고 맛도 좋은 것이 특징으로 틈새시장을 노린 좋은 창조 상품의 사례이다.

▌길을 찾을 수 없으면 만들어야

인구 5000만 명 규모의 내수시장으로는 성장 한계가 뚜렷하기 때문에 내수산업이 자생력을 가지려면 시장규모가 1억 명은 넘어야 한다. 우리 주변국을 내수시장을 울타리로 끌어들이려는 발상의 전환이 필요하다. 우리나라는 일본·중국을 비롯하여 대만·동남아·인도 등 세계 인구 절반에 가까운 식품 소비시장과 인접한 지리적 이점을 갖추고 있다.

내수시장이 꼭 국내에 한정되어야 한다는 생각을 버리고 시각을 안에서 밖으로 돌려야 한다. 한국 내수시장은 인구 5000만 명 규모로 좁다. 여기에 저출산 고령화로 인구가 줄어들 우려가 많고 성장세는 둔화돼 앞으로 우리 내수시장은 확대되기는커녕 축소될 가능성이 높다. 이른바 'K-Zone'은 내수 시장 확대를 위한 해법이다.

내수시장 범위를 밖으로 넓혀 선진국이 된 네덜란드와 덴마크, 스웨덴 등 많은 국가들이 있다. 우리나라를 중심으로 비행기 2~3시간 이내에 있는 인근 시장과 3억여명을 우리의 내수시장으로 끌어들일 때 본격적인 내수의 활성화가 일어날 수 있다. 내수의 개념을 완전히 바꿔야 된다. FTA 제도를 통해 얻은 해외시장도 내수시장으로 생각하고 접근하는 발상의 전환이 필요하다.

서울 기점 반경 2000km 이내 지역에 15억 인구와 식품시장이 인접해 있으며 이들 시장이 급속도로 성장하고 있다. 3000km 이내로 확장하면 17억 명이 넘는다.

이 중 2000km 범위 안에 있는 100만 명 이상 도시만 꼽아도 중국, 일본, 대만 등 5개국 147개 도시나 된다. 반경 3000km는 비행기로 평균 3시간 반 정도 걸린다. 이 범위가 전략적으로 공략할 新내수 시장, 이런바 'K-Zone'이 라 할 수 있다. 이 147개 도시를 공략한 뒤, 인근 지역으로 시장을 넓히면 결국 17여억명 모두를 우리 내수 범위로 끌어올 수 있다.[68]

일본·중국·미국·러시아·아세안 등 5대 농식품 수출시장의 수입 규모는 약 4000억 달러로 짐작된다. 이 중에서 우리나라의 점유율은 1%에 불과하다. 대부분 우리나라 인근에 위치해 있는 이들 시장의 수입증가율을 고려하면 시장 점유율을 3% 수준만 유지하여도 100억 달러가 넘는 큰 시장이 된다.

근거리의 안방 시장을 꾸준히 공략한다면 한국의 新내수시장이 여러개 생기는 셈이다. 네덜란드의 수출전략도 우선 가까이 있는 EU를 중심, 인근 국가를 근거지로 내수시장을 확대하였다. 마찬가지로 우리나라도 K-Zone의 수출의 명당자리를 차지하고 있다.

현대그룹을 창업한 고 정주영 회장은 "길이 없으면 길을 찾아야 하며, 찾아도 없으면 길을 닦아 나아가야 한다."라고 했다. 우리는 길이 없으면 너

---

68 출처 : 조선일보. 2014. 한국경제, 이젠 내수다.

무 쉽게 포기해 버린다. 돌아가는 것이 방법의 전부는 아니다. 길을 찾고
만들어 보려는 시도가 필요하다.

뿌리가 없으면 열매도 없다

나무는 뿌리가 생명이다. 완성된 열매가 없으면 나무 의미 자체가 허상이기 때문이다.
농부아사침궐종자(農夫餓死枕厥種子), 옛날 농부들은 씨앗을 소중히 했다. 자연재해
로 흉년이 들어 땟거리가 없어도 굶어 죽을지언정 씨앗은 먹지 않았다. 한 번 잃으면
찾을 수 없고, 돈 주고 살 수도 없는 토종 씨앗, 옛 농부들에게는 씨앗을 지켜내는 것
이 자긍심이었고 마지막 자존심이기도 했다. 씨앗이 없으면 식량도 없고, 식량이 없으
면 인류의 내일도 없으니까.

네덜란드는 파프리카, 토마토 종자를 수출할 때는
개수를 세서 포장한다. 종자는 금보다 비싼 것도 많아
서 무게 단위로 포장하면 오류가 있기 때문이다. 그만
큼 종자가 비싸다는 뜻이다.

우리나라는 종자의 대부분을 외국으로부터 수입하
는 품종 취약 국가이다. 종자는 농업의 근본이라는 상
징적 개념이 강하나 아직 산업화는 미흡한 실정이다.
종자 산업은 농업의 반도체에 비유되나 기술과 자본
의 집중적 투자가 필요하다. 국내 종자산업과 로열티
지급 보고서에 따르면 장미, 국화, 난, 거베라 등 화훼
류는 대부분 영양번식 작물로 로열티 분쟁이 많고 지
불액 부담도 가장 많았다.

현재 세계 종자시장 규모는 780억 달러(2011년)에
육박한다. 종자시장을 놓고 이 시간에도 국가 간에 서로 누가 더 우수한 품종,
더 많은 유전자원을 확보하느냐 하는 총성 없는 씨앗 전쟁을 벌이고 있다.

우리나라의 2019년 채소 종자의 총 수출액은 5100만 달러, 총 수입액은 7000만 달러(807억 원)로 2010년 3900만 달러보다 80%나 늘어났다. 고추·단고추 1100만 달러, 토마토 940만 달러, 양파 1300만 달러 등이 수입된다.[69]

전 세계 다국적 종자 기업들이 인수·합병을 통해 시장지배력을 높이고 있다. 세계 종자 산업을 주도하고 있는 글로벌 종자기업 몬산토, 듀폰, 신젠타, 누넴 등은 GM 작물개발, 내재해성 유전자 확보, 고부가가치 기능성 품종개발에 중점 투자하고 있다.

생명공학연구와 육종사업은 다국적 농 기업들이 1회용 종자 생산을 통한 농장 장악에 성공했다. 품종개발은 하루아침에 이루어지지 않는다. 일본에서 사과 '후지' 품종을 개발하는데 29년, 한국에서는 참외 품종 '금싸라기'를 만드는 데 17년을 투자했다.

신선농식품이 안정적인 국제경쟁력을 갖추기 위해서는 종자에서부터 생산·가공·유통·수출에 이르는 전 과정의 R&D가 필요하다. 특히 영양번식 식물은 로열티 지불액 부담이 크기 때문에 종자·종묘비를 절감하기 위해서는 국산품종의 전략적 개발이 시급하다.

종자 산업 규모 및 제반기술 성장을 위한 국가 차원의 투자확대와 육종 후계인력 양성이 필요하며, 종자 업체의 상업적 육종을 뒷받침 할 수 있는 유전자원·원천기술 지원을 위한 시스템도 정비되어야 한다. 특히 종자는 산업 규모는 작지만 국가 차원에서 집중 투자관리 되어야 할 원천산업으로 장기 목표를 가지고 추진되어야 한다.

종자 산업은 재배농가의 활용을 넘어 식품산업, 제약산업 등과 융·복합화하는 농식품 분야 핵심역할을 담당하는 산업으로 부각되고 있다.

채소 종자의 해외시장 진출을 위해서는 수출목적의 우수 품종을 개발하고 종자기업 간의 연계체계 구축을 통한 수출지원이 필요하다. 씨앗은 뿌리이고 원천이다. 한민족을 수천 년 동안 먹이고 살린 먹거리들. 그 삶과 역사를 이어줬던 씨앗은 그래서 더욱 소중하다.

---

[69] 2019년 파프리카 종자 수입가격은 1000립, 7그램(g)이 든 종자 1봉지 가격이 약 55만원에서 65만원(금 2돈, 7g에 약55만원) / 총 수입액 중 해외 채종 수입액(5천만 달러) 포함

뉴노멀 시대, 넘나들기와 어울림을 잘해야

국경을 넘어 온라인을 통한 수출시장 다변화 흐름을 활용해야 한다. 코로나19는 세계 적으로 유통의 변화를 몰고 왔다. 언택트(Untact) 시장에 대한 수출 모색은 온라인 마 켓을 주목해야 한다. 전 세계 소비 매출의 오프라인 비중은 80% 정도이다. 여전히 구 매의 오프라인 비중이 높지만, 주도권은 빠르게 온라인으로 넘어가고 있다. 코로나19 가 이러한 트렌드 변화에 기폭제가 됐다.

국경을 넘나드는 크로스보더 이커머스(Cross-border e-commerce)는 모바 일이나 온라인을 통해 해외 국가에 B2C로 상품을 판매하는 것이다. 바이어 는 생략하고 기업이 해외 소비자에게 직접 수출하는 것을 의미한다.

최근의 크로스보더 전자상거래 플랫폼 중에서 아마존이 신선식품 영역에 발을 들여놓기 시작하면서 크로스보더 이커머스를 통해 글로벌시장에 진출 하고자 하는 식품기업의 움직임을 함께 넘나들고 어울림을 할 필요가 있다.

코로나 사태로 전 세계 경제가 위축되면서 대부분 기업이 심각한 타격을 입고 있음에도 예외적인 기업이 아마존이다. 130개 이상의 국가에서 3억 명 이상의 사용자를 대상으로 서비스를 제공하고 있는 부동의 온라인 커머스 글로벌 1위 기업이다.

미국, 영국, 독일, 일본 등 20개 이상의 국가에서 마켓플레이스를 운영 중 이다. 아마존 글로벌 셀링은 아마존의 글로벌 마켓플레이스를 통해 전세계 아마존 고객들에게 직접 제품을 판매할 수 있다. 아마존의 경우 글로벌 셀 링을 쉽고 간편하게 할 수 있도록 도와주고 있다. 아마존의 브랜드 파워를 통해 나만의 브랜드 인지도를 향상시킬 수 있다. 아마존에서는 다양한 홍보 및 마케팅 툴이 제공된다. 아마존 글로벌셀링 팀이 한국에 진출한 이후 입 점 한국기업들이 지속해서 늘고 있고 매출액도 꾸준한 성장세다. 다국적 입 점 셀러의 매출은 아마존 전체 판매액의 무려 50%를 넘는다.

사례로, 첨단 영농기구에 자리를 내주고 별볼일없던 우리나라 호미가 아 마존에서 '대박'이 나더니 미국에선 더없이 사랑받는 원예 도구로 변신했다. 영주 호미를 아마존에서 판매하면서 500% 이상 매출액이 성장했다. 아무리 주문이 많아도 빠른 배송이 보장되는 아마존의 특장점과 고객들의 후기를 보고 꾸준히 제품을 개선해온 덕분이다.[70]

중국은 전 세계에서 가장 큰 유통 이커머스시장을 지니고 있다. 크로스보더 이커머스 가 중국 전체 수출입 무역의 20%를 차지할 것이란 전망도 있다. 이러한 가운데 중국의 대표 전자상거래 사이트인 '허마센성'에도 K-FOOD가 움직이고 있다. 중국의 수입식품 시장은 최근 10년간 연평균 17% 이상씩 성장하고 있으며, 수입식품을 구매하는 중국 소비자의 58%가 온라인을 통해 거래되고 있다. 또한, 코로나19로 온라인거래가 활성화되면서 2020년 중국의 온라인 시장은 2배 가까이 성장할 것으로 전망된다.

코로나19로 인해 전례 없는 어려움을 겪고 있는 뉴 노멀(New Normal) 시대에 적응하고 어려움을 극복하기 위해 크로스보더 이커머스는 유통에 필수가 되고 있다.

▌ 시장을 읽으려 들지 말고 흐름을 타야

로마에 가면 로마법을 따라야 하듯, 파도를 거스르기보다는 그 흐름에 타는 지혜가 필요하다. 거대한 해외시장에는 품질과 가격을 앞세우는 선진국 브랜드와 값싼 중국 상품들이 이미 진을 치고 있다. 글로벌 시장에서 현지인의 눈높이에 맞추지 못한다면 경쟁이 어려울 수밖에 없다.

---

70 https://www.yna.co.kr/view/MYH20200708010800508

네덜란드 농업의 핵심인 수출의 규모화를 이룬 것은 기술력보다는 자본력의 도움이 컸다. 우리도 농업에 자본을 어떻게 투입할 것인지 해답을 찾아야 한다. 한국의 제조업은 '삼성'이나 '엘지' 같은 자본의 힘이 있었기에 가능하였다.

농업은 기술력도 중요 하지만 그것만으로 충분치 못하다. 대기업 자본이든 소규모 민간 자본이든 새로운 자본이 농산업에 스며들어야 한국농업도 도약의 발판을 마련할 수 있다. 대규모 농업자본이 생산 전후방 단계에 투입되어 경쟁력을 높여야 한다. 네덜란드 라보뱅크는 농업인들의 기술력과 장래성을 깊이 있게 심사하여 특화된 농업 금융시스템이 작동되어 현재의 농업 규모화 진전을 이루게 되었다.

첨단농업을 펼 수 있도록 관련 기업들의 진출 문호를 개방하여 대규모 농업법인을 키워야 한다. 우리나라 2018년 기준 농업법인 총 2만1780개소 중 영농조합법인은 1만163개소(46.7%)이며 농업회사법인은 1만1617개소(53.3%)이다. 법인당 매출액은 18억 1000만 원, 자본대비 부채비율은 178.8%로서 많은 법인이 적자를 면치 못하는 실정이다.

대부분의 농가가 혼자 생산부터 농자재 구매, 유통, 마케팅 등 모든 과정을 스스로 책임져야 하는 구조이다. 농산물을 수출하려고 하여도 당장 어디서부터 첫 단추를 끼워야 할지 막막한 게 현실이다. 농사는 농민들이 농사에만 전념하고 유통망과 브랜드화는 대형화된 농업법인이 책임지는 밸류체인을 혁신하는 방향으로 가야 한다.

네덜란드와 뉴질랜드 등 농업선진국들의 성공 비결은 규모화다. 조합법인이나 농업법인의 대형화였다. 네덜란드의 경우 정부가 농업 구조개선 기금으로 기업화를 촉진한 결과 호당 평균 경지면적이 24ha 이상으로 늘었다. 유리온실의 경우 호당 규모가 훨씬 크다. 이제는 복합영농이 아닌 특정 분야에 전문화된 전문농업이 대세이다. 농민 스스로가 기업가로 무장하여 농식품 수출액은 세계 2위이며 한국보다 15배가 많다.

한국과 네덜란드는 주변에 인구 강대국과 큰 시장에 둘러싸여 있다. 네덜란드 농업은 이러한 환경에서 성공했고 한국은 아직 발전하지 못했다. 대부분의 농업 강국은 제조업 강국이기도 하다. 시장을 읽으려 들지 말고 흐름을 타야 한다. 네덜란드가 처음부터 농식품 강국이 아니었듯이 제조업이 강국인 한국도 하기에 따라서는 제2의 네덜란드가 될 수 있다는 얘기도 된다. 농업도 지식산업이라야 된다. 네덜란드는 농업과 식품산업에 지식이라는 개념을 결합하여 원예와 축산에서 세계 최강국이 되었다.

네덜란드 농민들은 협력하지 않으면 시장에서 살아남을 수 없다고 보고 협력에 대한 문화와 신뢰를 키워왔다. 네덜란드 농민의 강점은 혼자가 아닌 단체의 힘에 있다. 농민은 스스로 조합을 만들어 덩치를 키우고 세계시장을 개척했다.

■ 선진 농업국의 수출 시스템으로

네덜란드 무역 흑자의 많은 부문을 농업부문에서 실현하고 있다. 원예 산업은 튼튼한 수출경쟁력을 가지고 많은 품목에서 세계적으로 많은 수출이 이뤄지고 있다. 세계시장에서 절화와 화훼, 토마토, 감자, 달걀, 마른 커드치즈, 보리맥주, 코코아버터가 세계 1위이다. 세계 2위인 담배, 코코아, 초콜릿 제품의 경우는 자국 내 생산이 전혀 없이 원료를 수입하여 가공제품을 만들어 수출하는 형태이다.

WTO나 세계은행이나 IMF 이런 기구들은 선진국의 개념을 단순히 경제적인 걸로만 본다. 그러나 농업의 선진국 개념은 다르다. 농업의 선진국 중에 우리나라가 본받아야 할 국가는 네덜란드라 할 수 있다.

농업의 경쟁력은 제품의 원재료를 재배하는 데만 있는 것이 아니고 가공하는 데도 있다. 네덜란드의 가장 성공적인 수출품은 단연 농식품이다. 세계시장 점유율 1위는 절화이다. 뒤를 이어 화훼용 구근, 코코넛오일 등이 차지하고 있다.

농업의 성공 여부도 특화한 제품이 아니라 특화하는데 사용된 혁신기술에 의해 결정된다. 이것을 보여주는 예가 유리온실 산업이다. 네덜란드 시설원예의 대표적 특징으로는 우선 생산물의 80%를 수출할 만큼 수출 지향적이라는 점과 전반적인 재배면적이 감소하고 전문화·규모화 되고 있다는 점이다. 네덜란드 시설원예 3대 작목은 토마토, 파프리카, 오이를 꼽을 수 있는데, 이들 생산량 합계가 전체 시설원예 작물 생산량의 약 90%에 달하며, 수출액으로 세계 1위이다.

그중 토마토는 세계 토마토 수출의 약 20%를 점한다. 이런 네덜란드 유리온실에서 생산된 파프리카, 딸기, 오이, 토마토, 화훼 등 원예농산물의 2018년 수출액은 217억 유로로서 세계 최고 수준의 품질과 생산성을 자랑한다. 자본과 기술을 집약시킨 유리온실은 농토가 협소한 네덜란드에 적합한 수출전략이다.

우리나라의 수출 성공 품목으로 자리 잡은 파프리카의 경우 온실 기준으로 농가당 재배 규모가 평균 0.8ha로 네덜란드의 3ha에 비해 1/4수준이다. 또한, 생산성은 3.3㎡(1평)당 한국은 30~50kg 정도로 네덜란드의 90~100kg에 비해 1/3 수준에 불과하다. 네덜란드는 시설농업에서 미사일로 싸우고 있는데 한국은 소총으로 싸우는 격이다.

네덜란드는 버섯 생산 규모 세계 4위이다. 네덜란드 버섯 산업은 국내 소비량보다 훨씬 많은 연간 약 25만 톤의 양송이버섯을 생산하며, 신선 버섯의 80%와 버섯가공품의 90%가 해외로 수출되고 있어, 전체 버섯생산량의 절대량이 수출되고 있다. 가공 버섯은 소스 및 스톡, 수프, 분말, 레토르트, 과자 등으로 다양화되고 있다. 버섯 수출품은 주로 통조림이나 냉동 형태로 이루어진다.

반면 한국의 버섯 산업은 연간 20만 톤 내외가 생산되어 가공으로 이용되는 부분은 1%도 채 되지 않는다. 우리나라 버섯 수출산업이 선진국 모델의 산업구조로 전환되기 위해서는 신선버섯 중심의 수출은 한계가 있다. 따라서 가공품 개발에 의한 버섯 수출 4차 산업화가 병행 진행되어야 한다.

▌수출 필수 조건, 신뢰를 높여야

신뢰를 얻는 것이 가장 효과적인 마케팅이다. 기업들이 자사 제품의 TV CF에 거금을 들여가며 연예인, 스포츠선수 등 유명인을 기용하는 주요 이유 중 하나는 제품에 대한 신뢰성을 제고하기 위해서다. 명성은 타인에게 신뢰를 얻는 지름길이다. 그리고 시장에서 얻은 신뢰는 곧 기회로 이어지기 마련이다.

신뢰는 사회적 자본으로 사용한다고 마모되지 않는다. 사용하지 않을 때 오히려 가치가 줄어든다. 신뢰는 자산인데 신뢰를 들여다볼 수 있는 지수가 존재할 수 있을까? 네덜란드 농민들은 신뢰를 쌓아가면서 농사를 짓는다. 플로라 홀란트 알스에르 경매장에 해답이 있다. 경매장에는 2개의 대형 TV가 걸려있다. 화면에는 꽃과 관련된 온갖 출하 정보가 표시돼 있다. 그 화면 속 한편에 출하 농가의 신뢰 지수 등급이 A, B, C, D로 표시되어 상품의 평판 정도를 알 수 있다.

농가가 품질을 속여 꽃을 출하하면 당연히 등급이 떨어질 게 분명하다. 구매 바이어들은 신뢰 등급이 높은 농가의 제품에 높은 가격을 매길 것이라는 것은 자명하다. 네덜란드에서 한 농민이 농민과 조합을 속인다는 것은 상상할 수 없는 일이다. 이 같은 시스템 덕분에 철저한 품질관리가 이루어진다. 인센티브제와 페널티 체계가 도입되고 조합원은 서로를 모니터하고 있던 셈이다.

키위의 본고장 뉴질랜드 사람들은 1등급 키위를 먹지 못한다. 수퍼마켓에서 아예 구경조차 할 수 없다. 해외 거래처와 약속이 1등급 상품만 수출하기 때문이다. 2·3등급 키위는 버릴지언정 절대 수출하지 않는다. 상품의 고급 이미지에 신뢰를 주기 위함이다.

제주도에서 자란 제스프리 키위도 마찬가지다. 본사와의 협약에 의거 전량을 조합에 출하해야 하고 구체적인 품질기준에 따라 엄격하게 선별·포장·유통된다.

우리의 수출상품도 신뢰가 어떤가에 관한 물음에 자신 있는 답을 내놓아야 한다. 과실류, 채소류, 가공품 등 품목 하나하나를 점검해 볼 필요가 있다. 특히 배추는 잔류농약 안전성 클레임이 꾸준히 제기되는 품목이다. 밭에서 작업 후 예냉 APC와 전용 도크를 거치지 않고 바로 수출이 진행됨으로 안전한 품질, 선적 delivery, 잔류농약 ID 관리, 품질 예냉관리, 중량관리, 품질 클레임 처리 등 수출과정의 돌발 상황 대처 등이 바이어에게 절대적 신뢰를 얻고 있지 못하다. 현지 수입검사를 잘 받기 위해서 컨테이너에 적재된 안쪽의 상품과 바깥쪽의 상품이 균일한지도 스스로 신뢰에 대한 물음표를 던져 볼 필요가 있다.

지상 48m 외줄 위 곡예사에게 목숨을 맡긴 신뢰의 원천은 무엇일까? 1824년 프랑스에서 태어난 줄타기 곡예사 찰스 블론딘이 있었다.

그는 나이아가라 폭포 위에 로프를 설치하고 막대기로 균형을 잡은 채 나이아가라 폭포를 건너는 사람이다. 어느 날 곡예가 끝날 무렵에 블론딘은 관중에게 묻는다.

"당신들은 내가 사람을 등에 업고 이 폭포를 지날 수 있다고 믿습니까?" 그러자 관중들은 "그럼요! 우리는 당신이 사람을 업고도 충분히 건너갈 수 있다고 믿습니다." 그럼 같이 이 폭포를 건널 사람 한 분이 나와 주기를 외쳤지만 관중은 시선을 애써 외면하고 만다.

출처 : blog.naver.com

블로딘은 관중 가운데한 사람에게 묻는다. "당신은 날 믿습니까?" 라고 하자 그 남자는 주저 없이 "기꺼이 당신의 등에 업히겠습니다." 라고 말하고 블론딘의 등에 몸을 맡긴다. 관중들은 몰랐지만 블론딘의 등에 업혀 폭포를 건넌 사람은 바로 브론딘의 매니저였다.

신뢰의 본질은 말이 아니라 행동에 있다. 말로만 블론딘을 믿는다고 소리쳤던 군중들과 48m 높이의 밧줄 위에서 자신의 목숨을 블론딘에게 맡겼던 매니저 콜코드 사이에는 근본적인 믿음에 차이가 있었다.[71]

---

71 https://m.blog.naver.com/PostView.nhn?blogId=businessinsight&logNo

▌ 더 싸고, 더 맛있고, 더 안전해야

뉴노멀 시대의 농식품 산업은 글로벌 시장 공략이 과제이다. 국내 식품산업이 수요 포화상태의 내수를 벗어나 글로벌 시장으로 나아가기 위해서는 안전성을 최우선으로 하면서 가격 경쟁력 제고가 뒷받침돼야 한다.

농식품 수출이 확대되기 위해서는 생산력의 증대와 함께 해외시장의 확대가 필수적이다. 시장이 확대되어야 유효수요를 늘려 생산량을 증대시킬 수 있고, 규모의 경제를 실현해서 경쟁력을 높일 수 있기 때문이다. 따라서 농식품 수출이 총수요를 확대해서 규모의 영세성에 시달리는 우리 농업의 문제를 동시에 해결 할 수 있는 최상의 돌파구이자 성장을 견인할 수 있는 동력이다.

안전이 무너지면 브랜드 이미지 하락은 물론 더 나아가 국가 이미지에도 큰 타격을 미칠 수 있다. 우리 농식품이 세계시장에서 소비자의 마음을 얻기 위해서는 '싸거나 품질이 좋거나'하는 것뿐만 아니라 '싸고 품질도 좋고 세련되기까지 하는 또는 조금 더 싸고 더 맛있고 더 안전한 농식품으로 승부하는 것이 중요하다.

비싸도 없어서 못 파는 상품이 있고, 아무리 싸도 팔리지 않는 상품이 있다. 이유는 소비자는 자신이 원하는 상품을 구매하기 위해 그 상품에 대한 가치를 먼저 생각하기 때문이다. 상품 가치가 고객에게 전달되지 못한다면 가치는 존재하지 않는 것이나 마찬가지다.

따라서 공급(push) 방식을 수요(pull) 방식으로 전환이 필요하다. 농식품의 경우 양자택일식 접근에서 조금 더 싸고 더 맛있고 더 안전한 삼위일체식(三位一體式) 방향으로 나아가는 것이 수출농업을 실현하는 길이다.

해외시장에 진출하는 데는 품질도 중요하지만, 가격이 제일 큰 관심이다. 해외교포나 아시안계만이 아니고 메인스트림을 상대로 수출을 하는데 농식품의 높은 가격이 걸림돌이 된다. 아울러 농산물 수출을 하면서 신경을 써야 하는 부분이 검역·통관 업무이다. 각 나라마다 검역·통관제도가 다를 뿐 아니라 그 나라에서만 특별히 요구하는 것이 있기 때문에 현지 검역·통관 절차를 반드시 확인해야 한다.

세계 어느 나라를 막론하고 완전한 자급자족의 형태로 나라 경제를 이끌어가는 국가
는 지구촌 어디에도 없다. 즉 다른 국가와의 무역을 통해 상품과 서비스를 교환하지
않고서는 나라 살림을 유지할 수 없을뿐더러 국민의 질적 생활 여건도 향상하기 어렵다.

우리나라는 중국, 독일, 일본, 미국에 이어 제조업 중심 생산 국가이다.
제조업 분야가 그랬듯이 농업 분야 역시 적극적이고 공세적으로 수출에 승
부를 걸어야 한다. 네덜란드와 같은 선진농업 국가의 경험에 비추어 볼 때
농업부문의 발전은 농식품 수출과 불가분의 관계에 놓여있다.

신수요, 신시장 창출을 통해 농식품 수출이 늘어나야 농업에 성장 동력이
생길 수 있다. 한계에 도달한 국내의 농식품 시장을 탈피하여 해외로 진출
하는 것이 한국농업의 지속적 성장을 위한 유력한 방안이다.[72]

세계 식품시장은 세계 자동차 시장의 3배, IT시장의 1.8배에 달하는 거대
(巨大) 시장이다. 더욱이 연간 시장규모 1000조 원이 넘는 중국 식품시장이
인접해 있고, 한류(韓流) 열풍 등으로 아시아 시장에서 성장 가능성이 높
다.[73] 이런 좋은 조건에서 한국 식품업계에 기회가 있다.

앞으로 농식품 세계시장은 편의성, 건강, 간편식, 친환경·웰빙 식품이 주
도하면서 성장세가 빠르게 나타날 것으로 내다보고 있다. 시장이 크다는 것
은 결국 큰돈을 벌 수 있는 기회가 더 많이 열려 있다는 뜻이다. 자국의 시
장이 좁아도 경쟁력이 있으면 세계시장을 무대로 생산해서 수출함으로써
유효수요를 확대하고 규모의 경제효과를 얻을 수 있다.

글로벌 식품기업인 네슬레의 경우, 해외 매출 비중이 전체 매출액의 98%
를 차지하며, 무려 2000여 종의 브랜드를 보유하고 전 세계시장에서 매일
10억 개 이상의 제품을 판매하고 있다.

---

72 아그리젠토 코리아, 첨단농업 부국의 길, 매일경제신문사
73 CHOSUN.COM 2015.11.11

세계는 지금 '식품 전쟁' 중이다. 네슬레와 코카콜라, 다농 등 다국적 기업들은 중국과 일본 등 전 세계 현지 기업들과 손을 잡고 시장개척에 나서고 있다. 15조 원으로 추산되는 중국 분유 시장은 현재 미국계 기업인 미드존슨이 13%를 차지하며 1위를 고수하고 있고, 네슬레가 3.2%, 애보트가 2.7%를 차지하고 있다.

세계 식품시장의 빠른 성장에 따라 우리나라 식품기업도 식품 수출을 기회로 활용할 필요가 있다.

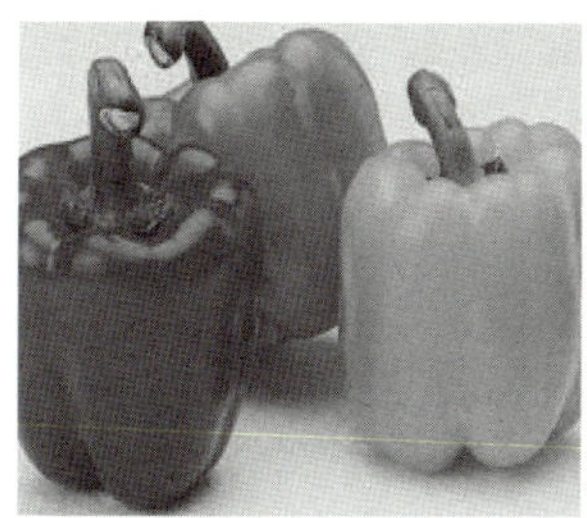

상품수출(수출 1단계)
blog.daum.net

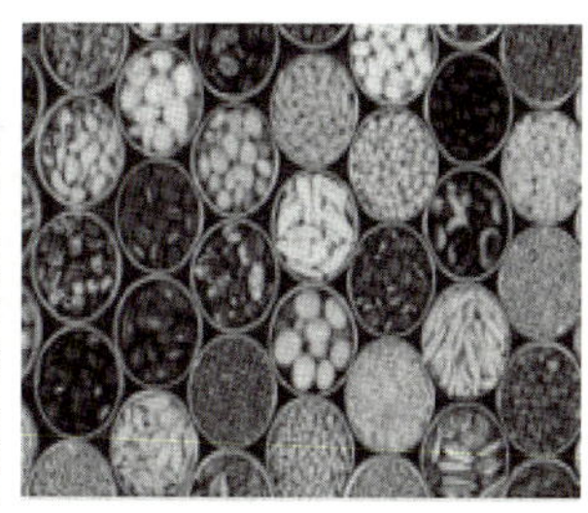

기술수출(수출 2단계)
blog.daum.net

브랜드수출(수출 3단계)
blunch.co.kr

농식품 수출은 상품 수출(1단계), 기술수출(2단계), 브랜드수출(3단계)로 단계별로 세분화할 수 있다. 그러나 우리의 농식품 수출 행태는 1.5단계인 상품 수출단계인 것으로 평가할 수 있다.

따라서 향후 농식품 수출은 원형 농산물을 수출하는 1단계를 넘어서야 한다. 종자·농자재·농기계 등 농산물을 생산할 수 있는 제품과 '스마트팜'과 같은 그런 신기술을 패키지화해서 수출하는 2단계의 기술수출, 3단계의 브랜드 수출로 나갈 수 있도록 상품개발, 기술혁신, 마케팅 활동 등 모든 분야에서 수출농업의 패러다임 전환을 위한 과감한 발상의 전환이 필요하다.

메인스트림(주류) 시장, 대량 수출로 올라타야

일반적으로 기업이 선진시장으로 진출할 때에는 대중시장mass mark을 먼저 공략하는 반면, 신흥시장에 진출할 때는 프리미엄premium 시장을 우선 공략한다.
우리 농식품 방식은 교포 시장을 생각하기 쉽다. 교포 시장은 매출 성장이 한정되어 있기 때문에 결국 내수시장의 연장선이다. 수출을 확 늘리기 위해서 수출을 바라보는 시각 자체를 바꾸어야 한다. 현지 시장을 공략하기 위한 규모화 된 패키지 수출방식으로 패러다임을 변화시켜야 한다. 현지인이 즐겨 찾는 대형유통업체에 입점하는 수출 체계로 전환이 필요하다.

K팝에 이어 K프리미엄이 형성돼 K푸드에 대한 글로벌 관심도 늘고 있다. 미국 월마트부터 아마존까지 글로벌 매장에서 K푸드가 진출하기 시작했다. 서양인들의 식습관이 바뀌고 음식 트렌드가 변하면서 한식에 대한 선호도 또한 높아지고 있다. 많은 품목들이 이러한 흐름을 타야 한다.

해외의 교민 시장만 바라보는 수출은 시장이 한정적이어서 무늬만 수출이지 내수의 확대나 다름없다. 교민 시장이 아닌 메인스트림((Main Stream)이라고 불리는 주류시장으로 진출해야 수출의 규모를 대폭 늘릴 수 있다. 그러기 위해서는 현지인 니즈에 맞는 상품개발이 중요하다. 그러나 메인스트림 시장은 '보이지 않는 벽'처럼 진출이 어렵다.

아시안, 히스패닉 등 소수 집단이 중심이 된 시장을 에스닉(ethnic) 시장이라 부르는데 한인 타운 같은 에스닉 시장은 시장규모가 작아 성과를 내기가 어려운 구조이다. 현지인을 중심으로 한 시장인 메인스트림에 입성하여야 진정한 의미의 글로벌화를 이룬 것이라고 본다.

농심라면은 100개국 수출한다고 알려져 있다. 특히 미국 월마트 전 점포(3900개)에 신라면을 공급한(2017년) 이후, 코스트코, 크로거 등 메인 유통사 판매가 본격적으로 늘어나면서 메인스트림 매출이 아시안마켓의 매출을 훨씬 추월했다. 미국 라면시장 점유율 점유율이 일본 76%에 이어 순식간에 15%를 넘겼다.[74] 이전까진 라면이 '간식'(snack) 개념으로 통용되다 최근 들어선 '식사'(meal) 대용으로 인식이 바뀌면서 구매하는 수요자가 늘어난 것이다.

냉동만두는 전 세계적으로 중국 만두가 선도하지만, CJ의 냉동만두도 미국, 중국, 베트남, 유럽에 진출하여 한식 만두인 비비고가 중국 만두 브랜드를 제치고 글로벌 1등 만두 브랜드가 되었다.

풀무원의 한국산 김치도 미국 메인스트림 시장에 진출(2017년)한 지 1년 만에 메인마켓의 김치 판매 시장 점유율 1위에 올랐다. 1위 비결은 미국 대형 유통매장 입점에 성공한 것이다. 월마트 전 점포는 물론 퍼블릭스(1100개)에 이어 크로거 등 총 1만여 개 미국 대형 유통매장 입점에 성공했다. 월마트 등 대형 유통매장 시장 점유율이 40%를 넘었다. 2, 3위는 미국 현지 생산 김치 브랜드다. 풀무원의 두부도 미국 시장에서 두부 시장 1위로 점유율은 무려 75%이다. 현지화 전략을 통해 매출의 80%가 주류에서 나온다.[75]

일본 음식의 전령사라 불리는 일본을 대표하는 기꼬만 간장은 미국 간장 시장의 65%를 점유하여 한해에 7천억 원어치를 팔며 현지화에 성공한 케이스다. 한국의 고추장, 간장, 된장 등도 주류시장 입점으로 한류의 퓨전형 K푸드와 퓨전 요리 복합재료 용도로 성장 가능성이 매우 높다.

주류시장의 진입 장벽을 뚫기 위해서 상품의 우수성은 말할 것도 없지만 식품 포장도 매우 중요하다. 포장에 투자하는 비용은 그리 크지 않지만 제품의 성공 여부를 좌우하는 요소로 포장 마케팅의 역할과 비중은 매우 크다. 따라서 성공적인 주류시장 공략을 위해서는 포장과 디자인 선택도 중요하다.

또한, 주류시장과 거래를 위해서는 타 경쟁업체의 상품보다 우위에 있다는 점을 제시하고 경쟁력 있는 가격, 회사 재정 안전성, 타깃 고객과 납품 절차 숙지 등이 필요하다. 또한 납품 조건으로 200만 달러 이상의 영업배상 책임보험에 가입해야 하는 것도 챙겨야 한다.

---

74 출처 : https://www.donga.com/news/Economy/article/all/20200818/102542562/1
75 출처 : http://news.pulmuone.co.kr/pulmuone/newsroom/viewNewsroom.do?i

한국 업체가 미국 대형유통업체에 진출시 고려 사항으로는 직수출이 쉽지 않은 유통 구조다. 구매 담당자의 경우 부사장이나 머천다이징(상품화)을 담당하는 직급을 갖고 있으며 모든 상품에 대한 관리를 지휘하고 있다. 대외 구매 총괄이 직접 해외나 자국에서 열리는 박람회나 상담회를 통해 자료를 준비하고 수출할 수 있는 업체인지 확인하는 작업을 하므로 현지 구매자가 직접 수입하는 일은 거의 없다고 할 수 있다.

미국 대형유통업체 진출의 첫 번째 관문은 미국 시장의 환경을 이해하고 정확한 공략목표를 정하는 것이다. 미국은 외형상 다민족 국가지만 속내는 백인 중심 국가이므로 현지인을 고용해 돌파구를 찾는 것이 중요하다.

또한 바로 오프라인 매장으로 진출하려면 마케팅 비용이 엄청나게 소요되고 전문 유통업체들은 매장에 제품을 진열하는 조건으로 진열대비, 광고 등 상당한 옵션을 요구한다.

따라서 우선 온라인 식품판매 업체를 통해 미주 시장 진출을 시도하고 온라인 마켓에서 인지도를 높인 후 오프라인 매장으로 진입하는 것도 한 방법이 될 수 있다. 월마트는 할인점, 복합할인점과 식료품점, 창고형 매장을 가진 세계 최대의 유통업체다. 미국에 55%의 매장이 있고 캐나다, 멕시코 제1의 유통업체이며 아시아, 유럽, 남미에도 운영하고 있다. 월마트는 구매 담당자와 접촉 방법은 바이어와 직접접촉, 현지 자회사를 통한 방법, 지역 매장 책임자를 이용하는 방법, 벤더를 이용하는 방법 등이 있다.

또한 대형유통업체 자사가 필요로 하는 제품 또는 서비스가 있을 때는 매우 적극적으로 미국 내 지역 오피스나 해외 바잉오피스에 정보를 요구해 최적의 저가 상품을 찾아 바이어가 직접 제조업체를 방문, 면담을 통해 공급업체를 선정하기도 한다.

김치주스는 미국산이다.

김치는 미국의 권위있는 건강잡지 '헬스'가 선정한 세계 5대 건강식품 중의 하나다. 해외 레스토랑에서 판매중인 김치 요리는 총 63개에 달한다. 김치가 세계로 퍼져나가면서 창의적인 음식들이 탄생하고 있다. 이러한 가운데 김치주스가 뜨고 있다. 우리나라 사람들이 들었을 때는 "우웩" 할 만한 이 음료가 외국에서는 품절로 인해 없어서 못 사고 있다.

2017년 유기농 미국 식품 제조사 골드마인에서 출시한 김치주스가 아마존을 통해 판매되고 있다. 한국의 전통 발표식품인 김치를 미국인의 입맛에 맞게 변형한 김치주스는 먹는 즉시 입 안을 톡 쏘는 독특한 맛이 매력적인데 벌써 글로벌 식품으로 성장하고 있다. 세계 식품시장은 음료와 식료품이 성장을 주도하고 있는데 이러한 트랜드에 부합한 김치주스는 미국과 호주 그리고 영국에서도 판매되고 있다. 그러나 한국에는 없다. 인터넷 배송도 안 되고 있다.

김치주스엔 김치를 만들 때 사용하는 배추 · 양파 · 마늘 · 고추 · 당근 · 생강 등이 들어갔다. 100% 유기농 제품을 사용해 만든 것 이다. 약간 주황색을 띄는 액체가 담긴 김치주스병 겉면에는 '자연 발효된 배추김치', 유기농, 켈트해 소금' 등의 홍보 문구가 영어로 적혀져 있다. 김치주스를 사용하는 방법은 이렇다. 조금씩 따라 마시거나 좋아하는 채소주스에 섞어 마시는 것 이다. 또는 샐러드에 뿌려먹거나 튀김과 함께 먹는다.

골드마인은 매운맛에 익숙치 않은 미국인들을 위해 적당히 매운맛으로 만들었다고 설명한다. 김치주스는 한 병당 17달러(약 1만8000원)에 판매되고 있다. 맛에 대한 평가는 신들의 꿀물, 맛이 경이롭다 등 아마존에 올라온 리뷰들도 칭찬 일색이다. "적당히 맵고 깔끔하다", "물김치 맛과 같다" "프로바이오틱스(Probiotics) 대신 먹고 있다." "내가 이제까지 먹었던 김치중에 최고다" "이 주스는 중독성 있다." 등 별 5개의 호평이 많다. 이외에도 아마존에선 외국인들의 김치 사랑을 엿볼 수 있는 제품을 많이 볼 수 있다.

호주에서도 김치주스를 만드는 배추, 양파, 소금, 생강, 마늘 등 모든 재료는 100% 호주산이다. 250ml 김치주스 소비자 가격은 7.80 오스트레일리아 달러(약 6400원)에 팔리고 있다. 한국의 전통김치에 젓갈을 포기한 생각의 전환이 김치주스를 탄생하게 한 것이다.

사람과 자본, 기술이 들어와야 희망이 있다

농지가격이 비싸 경쟁력이 취약한 우리나라 농업에서는 어떤 농업형태가 경제적 측면과 사회적 측면을 함께 만족시킬 수 있는지 냉정한 접근이 필요하다. 일반적으로 농업소득을 올리기 위해서는 농업경영체를 규모화해서 규모의 경제효과를 극대화시키고, 고부가가치 농업을 통해서 가치농업을 실현하는 것이 농업소득을 높일 수 있는 가장 좋은 방법이라 할 수 있다.

농업의 소득 = [P(가격) × Q(수요량) - 경영비(생산비)] 공식을 이용하여 농업소득을 올리는 방법은 몇 가지가 있다.

첫째 방법은 농산물 가격을 높이는 방법이다. 이렇게 하려면 돈 되는 새로운 소득원과 신품종을 찾으면서 품질도 고급화해서 소비자가 느끼는 혜택을 크게 해야 한다. 그러자면 소규모 농업법인을 조직화하고 통합해서 대형유통업체를 상대로 가격 교섭력을 높여야 한다.

둘째 방법은 생산비를 절감해서 농가 교역조건을 개선하는 것이다. 그러자면 농기업의 규모를 확대하고 현대적인 경영기법을 도입해서 생산량은 증대시키면서 투입비용은 줄여야 한다.

셋째 방법은 농산물 수요를 확대하는 것이다. 국내 수요뿐만 아니라 농산물 수출을 대폭 확대해서 우리 농산물에 대한 해외 수요를 창출해야 한다. 그리고 농업의 경쟁력을 높이고 수입대체 작물을 발굴해서 외국산 농산물 수입을 줄여 남의 나라에 준 소득을 찾고 무역적자를 줄여야 한다. 한편으로는 신제품을 개발해서 새로운 농산물 수요를 창출하고 국내소비 기반도 확대해 나가야 한다.

그러나 적정한 수준의 규모화를 이루는 것이 당위명제임에도 불구하고, 현실적으로 규모화 정책은 어려움과 한계가 있다. 그러나 규모화는 반드시 이루어져야 한국농업이 살아남을 수 있다. 농가 규모화와 조직화는 수평적 계열화로 인한 이익이 크기 때문이다. 경영 규모의 확대를 통한 규모의 경제를 실현하여 가격 경쟁력을 높일 수 있다. 아울러 규격화, 등급화, 포장화, 브랜드화 등 유통혁신을 통한 상품 차별화를 통해 비가격 경쟁력을 얻을 수 있다.

수직적 계열화로 인한 이익도 중요하다. 개별적인 가족 경영체 수준에서는 어려울 수 있는 농산물의 생산, 가공, 유통과정을 통합하여 가공이익도 얻고 판매단계에서 제값을 받을 수 있다. 수평적 그리고 수직적 계열화는 건실한 경영주와 후계자를 키우기 쉽고 경영의 단절을 막는 이점이 있다. 다수의 가족 경영체가 후계자 없이 노령화되고 있는 현실에서 법인 경영체가 결성되면 후계자를 찾고 키우기가 용이하게 될 것이다. 이러한 이점을 잘 살릴 경우 영농규모의 한계와 유통의 취약성, 후계자 확보와 육성문제 등을 해결할 수 있기 때문에 우리 농업의 맑은 미래를 기대해 볼 수 있다.

통합적 규모화를 촉진하기 위해서는 농업법인을 육성하는 정책이 개별농가가 경영체로 모이고 협력하는 방향의 활로를 정부가 열어줘야 한다.

생산 농가가 모이면 흩어져 있을 때보다 경쟁력이 커진다. 우리나라 농업 구조처럼 영세한 경우에는 농가 간에 수평적으로 통합하고 아울러 연간 산업 분야와 수직적으로 협력하고 통합으로 네트워크를 통해 협력을 가져올 때 규모의 경제효과, 시너지효과, 거래비용 축소, 정보 교류와 원활한 지식 창출 등 많은 집적이익을 얻을 수 있다. 규모화에 의한 사람과 자본, 기술이 들어와야 희망이 있으며 지속 가능한 한국의 농업을 지향할 수 있을 것이라 본다.[76]

▌성공과 실패를 결정한 감성마케팅

제품과 서비스는 연관 기술의 고급화, 차별화 등을 통해 품질과 직접적인 관련이 있는데 품질향상과 고객 만족이라는 마인드의 전환이 필수적이다. 감성마케팅은 일반적으로 '시각, 청각, 촉각, 미각, 후각 등의 감각기관을 자극해 고객의 오감에 호소'하는 마케팅 전략을 의미한다.

아주 오랜 옛날에 저잣거리에서 짚신을 파는 나이 많은 아버지와 장성한 아들이 있었다. 그런데 이상한 것은 아버지와 아들이 만든 짚신 중에서 언

---

[76] 지식과 혁신. 민연태. 2019. 녹색시민

제나 아버지가 만든 짚신은 잘 팔리는데, 아들이 만든 짚신은 잘 안 팔렸다.

아들은 아무리 노력해도 도무지 그 이유를 알 수가 없었고, 늙은 아버지에게 물어봐도 확실한 대답을 듣지를 못했다. 아들은, '꼭 그 이유를 알아내야겠다'라며 며칠 밤을 새워가며 아버지가 만든 짚신과 자신이 만든 짚신을 심층 분석을 하였지만 결국 그 차이를 알 수가 없었다.

출처 : igoodnews.or.kr

오랜 세월이 흘러 아버지는 병들어 자리에 누웠고, 죽기 전에야 아들에게 그 이유를 털어놓았는데, 비결은 다름 아닌 '잔털 제거'였다. 아버지가 마지막으로 하신 말씀인 '털'이 무엇을 뜻하는지 두 짚신을 꼼꼼히 비교해 보았다.

한참을 들여다보던 아들의 입에서 "아!" 하고 나지막한 탄성이 새어 나왔다. 비로소 두 짚신의 차이점을 발견했던 것이다. 아버지가 삼은 짚신에는 잔털들이 없었다. 아버지는 짚신을 삼은 후, 짚신에 일어나 있는 잔털들을 일일이 잘라냈던 것이다. 그러니 아버지가 삼은 짚신은 맨발로 신어도 깔끄럽지 않고 부드럽고 편해서 사람들이 아버지가 삼은 짚신을 찾았던 것이다. 아버지는 짚신 신는 사람들의 입장을 깊이 생각했던 것이다.

그 후 아들도 짚신을 만들 때 마지막으로 잔털들을 하나하나 잘라냈고, 그가 삼은 짚신이 장에서 제일 잘 팔리는 짚신이 된 것은 말할 나위가 없었다. 짚신 신을 사람의 입장을 헤아린 아버지의 감성을 아들은 갖지 못했다.

어떤 일이든 마음으로 하지 않으면 잘된 것 같아도 허점이 있게 마련이다. 최선을 다해도 마음이 담긴 것만은 못하다.[77] 감성마케팅이란 사람의 감각으로 받아들일 수 있는 요소를 강화하여 고객의 감성을 자극하는 마케팅

---

77 짚신장수 아버지와 아들, 네이버

기법이라 할 수 있다.

감성마케팅 사례로는 오리온 초코파이를 내세울 수 있다. 오리온 초코파이 情 CF는 잊고 있었던 우리네 정을 깨닫게 해줌으로써 감성을 자극했고, 이 덕분에 고마움과 감사의 의미로 초코파이를 선물하는 경우도 종종 있었다.

▌ 수출하는 사람들의 성공습관 KATI

막상 처음으로 수출을 시작하려면 녹록하지 않다. 우선 수출품목의 수출 가능 국가 파악에서부터 수출국의 수입 검역 정보, 비관세장벽, 식품첨가물, 라벨링 규정 등 파악할 정보가 너무 많다. 이럴 때 활용하는 정보가 KATI(농식품수출정보/www.kati.net)이다.

KATI를 활용하여 고구마 수출에 관한 정보를 알아본다. KATI 홈페이지에서 품목을 클릭 후 검색창에 고구마를 입력하면 고구마 수출 관련 뉴스 수백 건의 검색 결과를 찾을 수 있다. '지침정보'의 식물검역 정보를 클릭한 후 품목 칸에 고구마를 입력하여 수출 가능함을 클릭 후 검색해보면 고구마 수출 가능 국가인 싱가포르, 일본, 캐나다, 파키스탄, 유럽연합 등의 국가가 표시된다. 수출 불가능 국가도 파악할 수 있는데 대만, 미국, 베트남, 뉴질랜드, 호주는 수출 불가능 국가임을 알 수 있다. 또한 농식품의 통관거부 및 식품안전사례 동향분석도 매월 업데이트 제공되고 있다.

모든 국가가 고구마의 수출요건이 동일한 것은 아니다. 예를 들어 싱가포르의 경우에는 특별한 수출요건이 필요하지 않지만, 캐나다의 경우에는 복잡한 수출요건이 충족되어야 한다. 국가마다 수출요건이 다 다르다는 것이다. 캐나다 수입의 경우는 수입자가 수입 전에 캐나다 정부로부터 '수입허가(Plant Protection Import Permit) 및 상업용 판매확인서(Confirmation of sale)를 받아야 하며, 흙 등 재배물질이 부착되지 않은 깨끗한 상태로 병해충이 없어야 한다는 조건도 있다.

Innova Market Insights의 조사에 따르면 2015년부터 2018년 사이 전 세계 식음료업계에 고구마를 활용한 식음료 제품이 21% 증가하였다.

인기 요인은 건강에 대한 높은 관심에 따른 것이다. 미국의 경우 몇 년 사이 고구마 재배면적이 급증했다. 아마존닷컴(www.amazon.com)에 고구마를 활용한 스낵류와 유아용 식품이 인기리에 판매된다.

스낵과 빵 등 제과류 뿐 아니라 천연 단맛을 내는 캔디, 젤리, 유아용 식품까지 고구마의 활용영역은 점점 더 넓어지고 있다. 미국 내에서 판매되고 있는 고구마 활용 제품도 종류가 다양해지고 있다.

KATI에서는 농식품 수출에 필요한 수출 큐레이터로서 모든 최신정보를 한눈에 찾아볼 수 있어 수출 초보자의 경우 매우 유익하고 편리하다. KATI에서 얻을 수 있는 정보는 품목별 수출 시장정보, 수출 국가, 수입제도, 유통체인, 수출입통계 등 다양하다.

수출자는 수출품에 대한 수출 통계를 확인하는 것이 필수인데 KATI에서 매월 업데이트(update)된 정보를 확인할 수 있다. 특히 해외 수출 시 현지 시장정보나 현지 상황에 대한 정보를 얻기가 어려운데 이럴 때 KATI를 이용하면 생생한 수출정보를 손쉽게 얻을 수 있다.

도토리 먹은 이베리코 돼지, 한국 삼겹살보다 2배 가격

죽기 전에 먹어야 할 음식 같은 수식어가 따라 다니는 이베리코 돼지는 흑돼지다. 이베리아 반도에서 참나무 숲에 방목해 키운다. 한국에도 수입된 지 3년이 되었다. 순종 흑돼지에 오직 도토리와 허브만 먹여 방목해 키운 흑돼지. 도토리에 함유된 성분 때문에 특유의 풍미를 내며, 지방이 많고 농축된 감칠맛이 배어 있는 것이 특징이다.

스페인에서는 이베리코 흑돼지의 뒷다리로 '하몬(Jamon)'을 만든다. 한국에서 잘 팔리지 않는 돼지 뒷다리가 생햄(Dty Cured Ha)으로 변신, 스페인에선 술안주로 최고로 선호한다. 이베리코 흑돼지는 국내산 삼겹살 평균 가격보다 2배 가까운 가격으로 팔린다.

스페인 이베리코 돼지들

이베리코 돼지 '하몬'

고양이 똥으로 나온 루왁커피, 1잔에 10만원

커피는 원유에 이어 세계 물동량 2위이다. 하루 소비량은 25억 잔에 이른다. 말 그대로 전 지구적 기호식품이다. 한국의 시장 규모는 약 2조원. 세계에서 제일 비싼 커피는 루왁커피(luwak)다. 이 커피는 인도네시아 등 동남아시아 일부 지역에 살고 잇는 사향고양잇과의 야생동물인 루왁에게 얻은 것이다.

루왁이 커피 열매를 먹으면 껍질만 소화가 되고 씨앗은 소화가 안 된 채 배설된다. 이 커피 씨앗이 뭉쳐진 배설물만을 채취해 양질의 원두만 골라 깨끗이 한 뒤 햇볕에 말려서 만든 것이다. 부드러운 맛으로 유명하다. 1년에 1톤 미만의 원두만 생산된다고 하며 원두 kg당 99~1000달러 이상을 호가한다. 한잔에 10만원 정도한다.

13

21세기를 살았던 미래형 CEO 리더쉽

몽골 제국을 이끌었던 칭기즈칸. 그는 800년 전에 21세기를 살았다. 세계화, 정보화, 첨단기술, 무한 경쟁이라는 단어들로 요약되는 환경 속에 놓여있는 우리에게 필요한 삶의 방식들을 칭기즈칸과 그가 이끈 유목민들은 이미 800년 전에 터득해 실천했다. 칭기즈칸과 그가 이끈 유목민들이 세상을 지배할 수 있었던 힘의 원천은 한마디로 '꿈' 이었다.

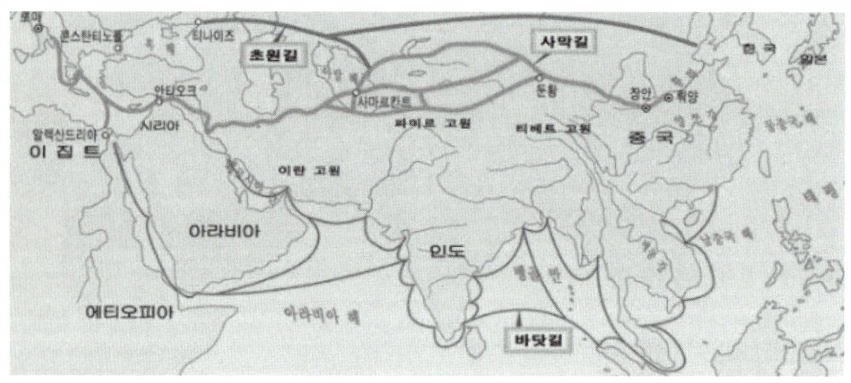

출처 : 실크로드/ https://m.blog.naver.com/PostView.nhn?blogId

그들은 함께 꿈을 꾸면 얼마든지 현실로 일궈낼 수 있다는 믿음을 갖고 '열린 사고'로 꿈의 공유를 일궈냈다. 칭기즈칸이 넓은 초원을 달리며 정복한 땅은 무려 777만㎢, 엄청나게 넓은 영토를 노마디즘(유목주의)의 힘으로 단시일에 정복했듯이 우리나라의 농업방식도 세방화(世方化)의 수출농업 방식으로 에너지를 높여 나갈 때 글로벌 시장의 규모를 키울 수 있을 것이다.

한국의 국토면적(10만㎢)은 전 세계 224개 국가 중 109위로 전 세계의 0.1%, 인구 규모는 25위로 규모 면에서만 보면 조그마한 국가라 할 수 있다. 하지만 2018년 기준 우리나라의 GDP는 1조 6,194억 달러로 세계 12위, 교역

규모는 9위를 차지하며 경제 대국의 면모를 보이고 있다. GDP에서 무역이 차지하는 비중이 수출입을 포함해 얼추 70% 정도인 것으로 볼 때 우리나라 경제에 있어 무역이 얼마나 중요한지 알 수 있다.

세계 어느 나라를 막론하고 완전한 자급자족의 형태로 나라 경제를 이끌어 가는 국가는 지구촌 어디에도 없다. 즉 다른 국가와의 무역을 통해 상품과 서비스를 교환하지 않고서는 나라 살림을 유지할 수 없을뿐더러 국민의 질적 생활 여건도 향상하기 어렵다. 제조업 분야가 그랬듯이 농업 역시 적극적이고 공세적으로 수출에 승부를 걸어야 한다.

네덜란드와 같은 선진농업 국가의 경험에 비추어 볼 때 농업부문의 발전은 농식품 수출과 불가분의 관계에 놓여있다. 신수요, 신시장 창출을 통해 농식품 수출이 늘어야 농업에 성장 동력이 생길 수 있다. 한계에 도달한 국내의 농식품 시장을 탈피하여 해외로 적극 진출하는 것이 국내농업의 지속적 성장을 위한 유력한 방안이다.[78]

바야흐로 세계는 다자간 무역협상의 진행과 국가 간 무역협정 체결의 확대로 무역관세 장벽이 약화하여 글로벌화 되고 있다. 세계 식품시장 규모는 2018년에 6.4조 달러에서 2020년에는 7조 달러(약 7813조 원)를 넘을 것이란 전망이 나왔다. 2050년이면 세계 인구는 90억 명에 이를 것으로 전망되어 식품시장은 지속해서 커질 것으로 예측된다.

이렇게 농업이 주목받고 있는 중요한 이유는 농식품 시장이 거대하기 때문이다. 미래 농업, 수출농업의 발전을 위해서는 가공식품 산업을 확대하는 노력도 필요하다. 이는 후방산업의 확대를 통해서 1차 농산물인 전방산업이 발전할 수 있는 전략이기도 하다.

특히 앞으로는 농식품 세계시장은 편의성, 건강, 간편식, 친환경·웰빙 식품이 주도하면서 성장세가 빠르게 나타날 것으로 내다보고 있다. 시장이 크다는 것은 결국 큰돈을 벌 기회가 더 많이 열려 있다는 뜻이다. 자국 시장이 좁아도 경쟁력이 있으면 세계시장을 무대로 생산해서 수출함으로써 유효수요를 확대하고 규모의 경제효과를 얻을 수 있다.

---

[78] 매일경제신문사, 2010, 아그리젠토 코리아, 첨단농업 부국의 길

미래형 농업은 가치 창출을 해야 한다. 단순히 1차 상품을 생산 공급하는데 머무르지 말고 가치융합 상품이 공급되어야 한다. 세계 토마토 교역의 경우 약 200억 달러 규모 속에 신선농산물도 있지만, 대부분이 1차 가공을 통한 페이스트(paste)의 수출이거나, 수입 페이스트를 2차 가공을 통해 주스, 소스 등의 형태로 수출하는 가공무역 형태이다.

글로벌 식품기업인 네슬레의 경우, 해외 매출 비중이 전체 매출액의 98%를 차지하며, 무려 2000여 종의 브랜드를 보유하고 전 세계시장에서 매일 10억 개 이상의 제품을 판매하고 있다. 농식품 수출은 상품 수출단계를 넘어, 기술수출(2단계), 브랜드 수출(3단계)로 고도화되어가는 추세이다.

농식품 수출 대국으로 외연을 넓히려면 부족한 원물은 교역에 의한 재가공 가치 창출 방식의 수출방식도 고민이 필요하다. 네덜란드의 경우 치즈 24억 달러(60만 톤)를 수출하기 위해서 치즈 수입 19만 톤, 원료 우유 66만 톤을 역외에서 들여와서 가공을 통해 무역 흑자를 챙기는 것은 전형적인 수출농업 강소국의 전략이다.

세계 최대 인삼 수출국은 인삼 한 뿌리 나지 않는 스위스다. 강장제 브랜드 '진사나'를 수출해 30억 달러를 쓸어가고 있다. 인삼 종주국 한국이 인삼 생뿌리 자체에 집착할 때 인삼의 주요 성분인 사포닌을 표준화해 캡슐 약으로 만든 결과다. 스위스 네슬레는 자국에서 생산되지 않는 카카오와 자국산 원유·오렌지 등을 결합하여 프리미엄 초콜릿을 생산하여 전 세계에 수출하여 농가소득 증대로 이어지고 있다.

몽골 초원에는 지독한 가뭄과 때 이른 강추위라는 무서운 재앙을 대대로 겪었다. 결국, 살아남기 위해서는 동족을 죽이는 전쟁이나 약탈도 마다하지 않았던 그들이었지만, 점차 바깥세상을 정복할 포부를 갖게 되었다. 한마디로 파이를 키우겠다는 생각이었다.

마찬가지로, 글로벌 시장에서 농식품 수출의 파이를 키우려면 생산의 규모화와 가공식품 개발을 활용, 융복합 기술 등 R&D의 시대적 요구와 환경의 변화에 적응해야 한다.

농식품을 고부가가치 산업으로 집약화·고도화 발전시키기 위해서는 클러스터화 및 지식 기반구축에 장기 투자가 필요하다. 산업단지와 연계를 통해서 연구, 기술, 응용이 원활하게 이루어질 수 있는 시스템 투자에 선택과 집중이 필요하다. 칭기즈칸의 통치철학과 전략, 전술을 살펴본다는 것은 오늘날 우리에게 필요한 덕목들을 벤치마킹하는 작업이다.

▎ 21세기를 살았던 미래형 CEO 리더십

칭기즈칸과 그가 이끈 유목민들이 세상을 지배할 수 있었던 힘의 원천은 한마디로 '꿈'이었다. 그들은 함께 꿈을 꾸면 얼마든지 현실로 일궈낼 수 있다는 믿음을 갖고 '열린 사고'로 꿈의 공유를 일궈냈다. 칭기즈칸이 넓은 초원을 달리며 정복한 땅은 무려 777만㎢. 이는 알렉산더대왕, 나폴레옹, 히틀러가 차지한 땅을 모두 합친 것보다 넓은 규모이다. 엄청나게 넓은 영토를 노마디즘[79]의 힘으로 단시일에 정복했다.

칭기즈칸 리더십의 면면에는 한 가지 공동목표가 달성되기가 무섭게 곧 다음의 새로운 공동목표를 만들어 쉬지 않고 달리는 자전거만이 서 있을 수 있다는 듯이 그의 부족을 이끌어 갔다. 그리고 그 비전은 나라를 만드는 것, 주변 국가로부터의 위협을 없애는 것, 아예 중원을 경영하는 것, 나아가 천하를 통일하는 것, 그리고 그 천하는 사람이 사는 모든 땅으로 계속 커져만 갔고 그 꿈들은 하나씩 하나씩 실현되었다.

시대가 다르지만 우리는 지금 디지털의 사막과 인터넷의 초원을 달리고 있다. 그래서 우리의 현재는 미래형 아이콘이라고 불린다. 칭기즈칸이 800년 전에 정보화, 세계화, 첨단기술, 무한경쟁으로 엄청난 스피드의 힘으로 초원 대륙을 정복했듯이, 우리나라는 지리적으로 수출의 명당자리에 있고 노력하기에 따라서 좋은 상품을 만들 수 있는 인적 자원과 기술력이 우수하다. 우리나라는 IT 인프라 강국이다. 디지털 강국의 힘을 바탕으로 경이롭게 세계 1위의 인터넷 속도를 누비고 있다.

---

79 노마디즘 : 살 곳을 찾아 끊임없이 이동하는 유목민(노마드, Nomad)에서 나온 말. 유목주의

몽골 제국을 이끌었던 칭기즈칸. 그는 당시를 요즘의 사고방식으로 살다 간 사람처럼 보인다. 몇 시간 후, 몇 개월 후도 예측하기 어려운 일이기에 800년 전에 21세기를 살았다는 사실이 놀랍다. 세계화, 정보화, 첨단기술, 무한 경쟁이라는 단어들로 요약되는 환경 속에 놓여있는 우리에게 필요한 삶의 방식들을 칭기즈칸과 그가 이끈 유목민들은 이미 800년 전에 터득해서 실천했던 것이다.

칭기즈칸의 통치철학과 전략, 전술을 살펴본다는 것은 단순히 그의 옛 발자취들을 따라가는 게 아니라 오늘날 우리에게 필요한 덕목들을 벤치마킹 하는 작업이다. '자연에 맞서는 생존본능'에서 비롯된 강인함으로 불과 100만 명으로 중국, 이슬람, 유럽인을 정복하고 150년 동안 거느렸다. 일정한 지역에서 농사를 짓고 살아가는 이들과 유목민들의 생활양식을 비교하면 그들이 가졌던 경쟁력을 실감할 수 있다.

칭기즈칸의 경쟁력 중에는 '정보 마인드'도 있다. 초원지대는 사방이 평평하여 언제 갑자기 적들이 들이닥칠지 알 수 없고, 숨거나 피할 곳도 마땅치 않다. 그러니 보이지 않는 저편에서 무슨 일이 벌어지고 있는지, 그곳에 사는 있는 사람들은 무슨 생각을 하고 있는지를 알아내야 한다. 그래서 몽골 사람의 인사말은 "안녕하십니까?"가 아니라 "당신이 온 쪽에서 무슨 일이 있었습니까?"였다.

이처럼 정보가 생존의 수단이었던 그들은 정보를 가져다주는 외지인, 다시 말해 나그네를 환대했다. 그런가 하면 기술자를 우대한 리더였다. 적은 병력으로도 원정에 나서야 했던 불리한 조건이지만, 기술력이 바탕이 되어 전투를 유리하게 이끈 것이 승리의 원동력이 됐다. 기술을 가진 자만이 세계를 제패할 수 있다는 것을 그는 잘 알고 있었다.

CEO의 자질을 제대로 갖추었던 칭기즈칸이었기에 유목민이었던 몽골인은 세계의 주인공이 될 수 있었다. 다음은 김종래의 '밀레니엄 칭기즈칸' 중에서 따온 것인데 나태한 현대인의 신념을 돋우는 데 교훈적인 내용이다.

집안이 나쁘다고 탓하지 말라. 나는 어려서 아버지를 잃고 고향에서 쫓겨났다. 어려서는 이복형제와 싸우면서 자랐고, 커서는 사촌과 육촌의 배신 속에서 두려워했다. 가난하다고 말하지 말라. 나는 들쥐를 잡아먹으며 연명했고, 내가 살던 땅에서는 시든 나무마다 비린내, 마른 나무마다 누린내만 났다. 천신만고 끝에 부족장이 된 뒤에도 가난한 백성들을 위해 적진을 누리면서 먹을 것을 찾아다녔다. 나는 먹을 것을 훔치고 빼앗기 위해 수많은 전쟁을 벌였다. 목숨을 건 전쟁이 내 직업이고, 유일한 일이었다.

작은 나라에서 태어났다고 말하지 말라. 나는 그림자 말고는 친구도 없고, 꼬리 말고는 채찍도 없는 데서 자랐다. 내가 세계를 정복하는 데 동원한 몽골인은 병사로는 고작 10만, 백성으로는 어린아이와 노인까지 합쳐 2백만도 되지 않았다. 내가 말을 타고 달리기에 세상이 너무 좁았다고 말할 수는 있어도 결코 내가 큰 것은 아니었다.

너무 막막하다고, 그래서 포기해야 하겠다고 말하지 말라. 나는 목에 칼을 쓰고도 탈출했고, 땡볕이 내리쬐는 더운 여름날 양털 속에 하루종일 숨어 땀을 비 오듯이 흘렸다. 뺨에 화살을 맞고 죽었다 살아나기도 했고, 가슴에 화살을 맞고 꼬리가 빠져라 도망친 적도 있었다. 나는 전쟁을 할 때면 언제나 죽음을 무릅쓰고 싸웠고, 그래서 마지막에는 반드시 이겼다. 무슨 말이 더 필요한가.

극도의 절망감 죽음의 공포가 얼마나 큰 힘을 발휘하는지 아는가? 나는 사랑하는 아내가 납치됐을 때도, 아내가 남의 자식을 낳았을 때도 눈을 감지 않았다. 숨죽이는 분노가 더 무섭다는 것을 적들은 알지 못했다.

나는 참담한 현실 속에서도 절망하지 않고 더 큰 복수를 결심했다. 군사 1백 명으로 적군 1만 명과 마주쳤을 때에도 바위처럼 꿈쩍하지 않았다. 숨이 끊어지기 전에는 어떤 악조건 속에서도 포기하지 않았다. 숨을 쉴 수 있는 한 희망을 버리지 않았다. 나는 흘러가 버린 과거에 매달리지 않고 아직 결정되지 않은 미래를 개척해 나갔다.

알고 보니 적은 밖에 있는 것이 아니라 내 안에 있었다. 그래서 나는 그 거추장스러운 것들을 깡그리 쓸어버렸다. 나 자신을 극복하자 나는 칭기스칸이 되었다.

농식품 수출지원 사다리를 타야

농식품 수출은 내수시장과 다른 비즈니스 관행이나 비교역적 무역장벽 등이 케이스별로 다양하게 도사리고 있어서 글로벌 시장의 진출을 주저하는 것이 일반적이다. 여기에 수출업체의 수출 애로 사항에 대해 기업의 Needs에 맞는 전략적 지원정책을 집중적으로 제공함으로써, 기업의 수출을 통한 대외성장을 선도하고 궁극적으로 경쟁력 있는 글로벌 전문기업으로 육성하고자 하는 것이 수출지원 사다리이다.

1995년 세계무역기구(WTO)의 출범으로 다자간·양자 간 자유무역협정 체결에 따른 농식품 시장개방, 기후변화 및 기상이변으로 인한 국제 식량 공급의 불안정성 등 농식품 산업을 둘러싼 대외적인 여건이 크게 변화하고 있다.

세계시장에서 변화와 경쟁은 더욱 치열해지고 개방 가속화로 관세철폐가 중첩되어 시장개방 파괴력도 본격화되고 있다. 거래장벽이 낮아짐에 따라 우리 농식품의 입지 또한 갈수록 좁아지고 있다.

이런 상황 속에 우리나라 농식품 수출 경영체가 글로벌 플레이어로서 성장할 수 있도록 다양한 수출지원 사다리가 운영되고 있다. 수출을 시작하기 전에 충분히 수출지원 플랫폼을 숙지하고 활용하는 것이 수출의 시작이며 첫걸음이라 할 수 있다.

우리나라 무역진흥과 국내외 기업 간 투자와 산업기술 협력 지원 등의 업무를 수행하는 코트라(KOTRA)가 있다면, 농식품 수출을 종합적으로 지원하는 프로그램을 운영하는 기관은 aT한국농수산식품유통공사이다. aT는 농림축산수산물의 가격안정, 수출증대, 유통개선 및 식품산업 육성을 위한 농림축산식품부 산하 위탁집행형 준정부기관이다.

우리나라 농식품수출지원사업은 농림축산식품부가 정책을 수립하고, aT와 지방자치단체 등이 직·간접적으로 실행하는 방식으로 추진되고 있다. 농림축산식품부는 농식품 수출확대를 위해 농축산물판매촉진사업 및 해외

시장개척사업 등의 사업을 보조금 사업으로 추진하고 있다.[80]

aT 한국농수산식품유통공사는 생산조직, 안전관리, 시장개척, 물류지원, 금융보험 등 파트별로 사업을 추진하고 있다. 생산조직 지원사업에는 수출 확대 지원 컨설팅, 선도유지제지원, 원예전문생산단지지원, 수출 유망품목 육성, 수출선도조직육성, 수출협의회 지원 등의 사업이 있다.

안전관리에는 잔류농약 검사비지원, 식품위생 검사비지원, 대일수출 가공식품 사전등록지원 등의 사업이 있다. 시장개척은 현지화 지원, 수출 활성화지원, 글로벌 브랜드육성지원, 수출 바우처지원, 국제박람회 참가지원, 해외 판촉행사지원, 해외 홍보마케팅지원 등이 있다.

물류지원사업은 항공공동 물류활성화지원, 해외공동 물류센터지원, 샘플 통관 운송비지원, 중국 콜드체인구축지원 등이 있다. 금융보험은 FTA 특혜관세 활용지원, 수출보험지원(환변동보험, 단기수출보험), 농식품 글로벌육성지원자금 등이 있으며, 수출 전문 분야별로 약 29개의 수출지원 프로그램이 운영되고 있다.

또한, 해외 12개 지사, 국내 11개 지역 거점에서 현지 시장정보를 신속히 조사·분석하여 우리 농수산식품의 세계시장 진출을 위한 수출정보(KATI)를 제공하고 있으며, 수출 애로상담 수출정보 119콜센터(02-6300-1119)를 운영하고 있다. aT는 우리 농수산식품의 해외시장개척 수출확대를 위한 농식품 수출 닥터이다.

우리나라 농림수산식품 수출지원 정책은 수출지원 사업별로 「농어업·농어촌 및 식품산업 기본법」, 「식품산업진흥법」, 「농수산물 유통 및 가격안정에 관한 법률」, 「세계무역기구협정의 이행을 위한 특별법」 및 「WTO 농업에 관한 협정」 등에 법적 근거를 두고 있다.

해외시장개척사업은 농식품 수출경영체, 수출농가 및 관련 협회·단체 등을 지원 대상으로 한다. 정책 추진방식은 농림축산식품부에서 정책을 수립하여 aT와 지방자치단체, 관련기관 등에서 직·간접적으로 업무를 지원한다.

---

80 국회예산정책처, 농식품 수출지원사업의 문제점 및 개선과제, 조윤희, 2013. 5

동 사업은 농식품 수출업체의 경쟁력 제고와 해외 진출지원 및 해외 홍보사업을 내용으로 농식품 수출확대와 식품산업 발전을 도모하는 사업이다.

농축산물판매촉진사업은 국내 농식품 업체에 수출물류비(선별포장비, 포장 재료비, 집하 운송비, 국내운송비, 국제운송비)를 일부 지원하고, 수출농산물 안전성·검역 관리 등 인프라를 강화하여 농식품 수출확대와 농가소득 증대를 도모하는 사업이다.

동 사업은 100% 보조금 사업으로 aT가 수출업체 및 농가에 자금을 지원하는 방식으로 추진된다. 물류비 지원 품목은 13개 부류, 102개 품목이 대상이다. 가공품은 국산원료 혼입 비율이 100% 이상을 대상으로 한다.

국내운송비의 경우 산지에서 선적항(공항)까지의 운송비용이며, 국제운송비는 선적항(공항)에서 도착항(공항)까지의 운송비가 대상이다. 수출물류비의 첫 적용은 1989년 대만 사과 수출에 대한 신시장개척 보조금 지원이 시초였다.

▌농식품 수출 바우처(Voucher) 활용, 수출비용 보조

농식품 수출 바우처사업은 정부의 수출지원 프로그램에서 만족도가 높은 사업이다. aT에서 실시하는 농식품 수출 바우처사업은 농식품 수출에 있어서 중소·중견기업의 역량별 필요한 서비스에 대한 패키지 지원을 통해 경쟁력 있는 수출기업을 육성 하는 데 그 목적이 있다. 수출기업이 농식품 수출바우처 사업 메뉴에 대해 바우처 총액에서 자율적으로 필요한 사업을 선택하여 추진 후 정산받는 사업이다.

한해에 보통 40여 업체가 선정되며, 업체에 따라서 수출준비 바우처(내수기업용)와 수출 고도화 바우처(글로벌 수출기업용)로 구분되는데 지원 한도가 상이하다. 업체당 총사업비의 70~80%(자부담 20~30%) 범위에서 지원 한도는 연간 1억 원에서 최대 2억7천만 원까지 차등 지원되며, 참가기업의 선정심사 결과에 따라 국고보조금이 차등 배정된다. 수출준비 바우처의 수혜 자격은 최근 3년간 평균 수출실적이 1만~10만 달러 미만 및 국내 매출 10억 원 이상이 대상자다. 수출 고도화 바우처의 경우 최근 3년간 평균 수출실적 이 10만 불 이상이어야 한다.

신청자격은 「중소기업기본법」 제2조 및 「중소기업 성장촉진 및 경쟁력 강화에 관한 특별법」 제2조에 따른 농식품 수출 중소·중견기업이 대상이며, 최근 3년간 농식품 수출실적 보유가 필수이다.

지원내용(사업 메뉴)은 업체의 규모에 따라 지원메뉴가 차등화된다. 컨설 팅, 상품개발, 해외인증, 해외 전시회 참가, 바이어 초청, 해외 판촉·홍보 등 수출과정 전반에 요청되는 필요자금이다.

메뉴 사업을 참가기업이 자율적으로 선택하여 사용이 가능하다. 본 사업 의 신청 및 접수는 연초에 이뤄지며 지원 절차는 global.at.or.kr에서 확인할 수 있다.

코트라(KOTRA)에서도 수출 바우처사업을 운영하고 있다. 내수·수출 중 소기업 규모별·역량별 맞춤형 해외마케팅지원(수출 바우처)을 통해 수출액 확대 및 수출 선도기업 육성을 도모하는 사업이다. 내수기업, 수출 초보기 업, 수출 유망기업, 글로벌 강소기업 등을 대상으로 하는데, 디자인 개발, 홍 보 동영상, 브랜드개발, 해외규격인증, 조사 및 컨설팅 등 해외 진출 시 필 요한 마케팅 서비스를 패키지 式(수출 바우처)으로 지원하고 있다. 수출 10 만 달러 미만 초보 기업은 3천만 원, 10만 달러에서 100만 달러 수출실적이 있는 수출 유망기업은 5천만 원, 수출 100만 달러 이상 수출 성장기업은 8천 만 원의 사업비가 지원되는데, 신청 방법은 온라인 접수[81]이다.

중소벤처기업부에서도 성장 가능성이 높은 중소기업을 수출유망 중소기 업으로 지정하여 수출지원기관의 해외 마케팅, 수출금융·보증, 해외규격인 증 획득에 소요되는 시험·인증비, 컨설팅비 등 다양한 사업을 지원한다.

중소기업 수출지원센터는 내수 및 수출실적 100만 달러 미만 기업에 대해 수출준비 활동 및 해외시장 진출 마케팅을 지원하여 수출액 확대 및 글로벌

---

[81] www.exportvoucher.com

역량 강화를 지원한다. 중소기업지원센터의 수출 성공 패키지 사업의 경우 무역교육, 현지 시장조사, 디자인 개발 등 해외 진출 준비 활동 및 온·오프라인 해외 진출 마케팅 활동을 패키지로 지원하고 있다. 수출 바우처를 발급하여 수출기업이 자사의 수출역량에 맞게 바우처 한도 내에서 지원 서비스를 자유롭게 선택하여 수행하는 제도이다. 이외에 FTA 수출 컨설팅 지원 사업, 해외수입자 신용조사, 해외 전시회 참가 지원을 통한 수출 저변확대 및 수출촉진 등 다양한 사업이 지원되고 있다.

▌aT의 농식품 수출바우처 사업 ▌

단 계	사업메뉴	주 요 지 원 내 용
수출 준비 (1단계)	수출컨설팅	수출역량 제고 및 수출 확대를 위한 외부기관 컨설팅
	수출전문인력양성	무역실무, 제품개발, 상품화, 인허가 등 외부교육 수강
	기술도입	신제품개발 또는 기존제품 개선 위한 외부 연구용역
	상품분석	제품의 효능, 안전성 등 분석 위한 외부기관 용역
	해외정보조사	해외시장 특성, 바이어 등 정보습득 위한 위탁조사 등
	해외전문가 초청	해외 선진기술 습득 위한 전문가 초청
	포장디자인 개발	제품의 포장, 용기, 디자인 개선
	지적재산권 출원	특허, 실용신안, 디자인, 상표의 해외 출원
	해외인증 등록	주요 농식품 수출관련 해외인증 취득 및 갱신
해외 진출 (2단계)	현지시장조사	현지시장 유통소비실태 조사 및 바이어 발굴 출장
	샘플 운송통관	신규바이어 또는 신제품의 샘플 운송, 통관, 검사
	개별박람회 참가	국제식품박람회 참가를 통한 해외 진출 지원
	개별바이어 초청	신규 거래선확보 위한 유력 해외 농식품 바이어 초청
	유통업체 판촉	해외 대형유통매장과 연계한 판촉홍보
	온라인 판촉	해외 온라인몰과 연계한 판촉홍보
경쟁력 강화 (3단계)	FTA특혜관세 활용	원산지 관리 능력 배양을 위한 교육 및 발급 대행
	미디어 홍보	애외 매스미디어, 온라인매체 등 활용 홍보
	소비자 체험 홍보	해외 오프라인 소비자 대상 체험(시음시식) 홍보
	바이어 상담 홍보	해외 오프라인 바이어 대상 홍보 및 상담회
	홍보물 개발	해외 제품 및 브랜드 홍보 위한 홍보물 디자인 개발

출처 : KATI

이외에도 정부 및 다수의 유관기관이 다양한 수출지원시책을 운영하고 있으며, 16개 지자체에서도 지역특화산업으로 수출 저변 확산을 위해 다양한 프로그램을 운영하고 있다. 이러한 수출지원 사다리를 적극적으로 잘만 활용한다면 수출의 좋은 마중물이 될 수 있다.

▌온라인 수출관에서 24시간 전시회 개최

온라인 수출지원은 온라인수출 참여기업 모집을 통해 지원되는 사업이다. 그동안 온라인 쇼핑몰 판매 대행을 통해 중소기업의 간접수출 지원에서 코로나19 이후는 중소기업이 온라인 B2C 시장에 직접 진출할 수 있는 체계 구축을 지원하고 있다.

온라인수출 쇼핑몰을 통해 글로벌 B2C 전자상거래 시장 진출이 효과적인 수출의 한 수단으로 활성화를 위해 전자상거래를 활용한 수출의 기회를 중소벤처기업부 및 중소벤처기업진흥공단 등에서 지원하고 있다.

중소기업의 온라인 입점 지원은 참여기업별 글로벌 플랫폼 입점을 위한 온·오프라인 활동비 지원이 중심이다. 주력시장과 신남방시장 등에 따라 국내외 온라인 플랫폼과 협력하여 글로벌 온라인 쇼핑몰 입점과 판매를 통해 직접 수출기업으로 전환할 수 있도록 지원하는 '온라인 수출기업화 사업'이다. 즉 IT 기반 콘텐츠를 활용한 품목과 주제별 온라인 전시회를 개최하여 해외 진출의 기회를 제공하는 것이다.

판매계정 개설은 판매계정개설 수수료, 유료회원 가입비(알리바바 GGS 등) 지원이다. 온라인마케팅은 플랫폼 내부 유료광고, 페이스북·인스타그램 등 SNS 마케팅, 검색엔진 마케팅·최적화(SEO), 키워드광고, 인플루언서 마케팅, 입점상품 외국어 홍보 동영상 제작 등의 플랫폼 입점을 위한 글로벌 e-마케팅 활동비용 등을 지원한다.

▌수출지원 대상 플랫폼▐

구　분		플랫폼
주력시장	미국, 유럽 등	아마존, 이베이, 지마켓글로벌
	중국	알리바바, 타오바오
	일본	라쿠텐, 규텐재팬
신남방시장	동남아	쇼피, 큐텐, 라자다
	인도	플립카드
	중남미	n11
	중동	수크(Souk)
	중남미	메르카도 리브레(Mercado Libre)
	러시아	와일드베리(Wldberries)
소셜커머스 플랫폼		위챗(중국), 라인(대만) 등 자체 결제기능을 보유한 플랫폼에 한함

출처 : 고비즈코리아(kr.gobizkorea.com)

▌수출 운전자금, 1%의 경쟁력을 활용

농식품 수출업체가 수출을 진행하려면 운영자금의 어려움에 당면하게 된다. 이때 수출에 필요한 자금을 적기에 지원받을 수 있는 정책 프로그램이 있다. aT 한국농수산식품유통공사는 은행법상의 금융기관은 아니지만 특별법인 농수산물유통공사법에 따라 농수산물유통산업(농수산물의 저장·처리·가공·판매 및 유통개선에 관한 사업)에 대한 투자와 자금의 대여 및 그 알선을 수행하는 기관이다.

우리나라 농식품의 수출경쟁력을 강화하고 농식품 수출확대를 통해 농업인들의 소득을 증대하기 위한 수출촉진정책 지원 자금에는 농식품 글로벌육성지원자금으로 '운영자금'과 '시설자금'이 있다.

농식품 글로벌육성지원 운영자금의 지원 대상은 농식품 수출업체(농식품 수출실적이 있거나 계획이 있는 업체)이다. 단, 수출계획의 경우 수출신용장이나 수출계약서에 의해 구체적으로 증명이 되어야 한다. 자금 용도는 농식품 수출을 위한 원료 및 부자재 구입·저장·가공 등의 소요자금이다. 사업

의무는 대출액의 50% 이상 수출, 30% 이상 국산원료 수매를 이행하는 조건이다. 단, 기업 규모 및 수출품목에 따라 수출 및 구매의무 차등 부여된다.

업체당 지원 한도는 200억 원 이내이며, 지원금리(2020년)는 고정금리와 변동금리를 선택할 수 있고, 고정금리인 경우 농업경영체 2.5%, 일반업체 3.0%이나 지원업체 평가 결과에 따라 0.5~3.0%p 금리 우대를 받을 수 있다.

농식품 글로벌육성지원 시설자금의 경우 지원 대상은 농식품 수출을 위해 기존 시설의 현대화를 계획하고 있거나 신규로 수출 관련 시설에 투자하려는 수출업체로 최근 2개년간 수출실적이 25만 불 이상(누계)이거나 수출계획이 15만 불 이상이어야 신청할 수 있다. 자금 용도는 농식품 수출업체의 저장·가공·부대시설의 건축·확보·증설·개보수 및 물류 정비 등의 구입비(단, 부지 매입비는 제외)에 한한다. 사업 의무는 시설 완료 후 매년 1회 이상 지원업체 점검 또는 2년 이내 해외인증(수출국이 요구하는)을 취득해야 한다. 업체당 지원 한도는 30억 원 이내이며, 지원금리(2020년)는 고정금리와 변동금리를 선택할 수 있고, 고정금리인 경우 농업경영체 2.0%, 일반업체 3.0%로 3년 거치, 7년 균분 상환 조건이다.

자금지원 절차는 정기자금의 경우 당해연도 1월까지 사업지원신청서를 해당지역 지역본부에 신청 후 당해연도 3월경 지원 대상자 선정 및 자금 배정 절차를 거쳐서 업체 희망 시기에 지원되고 있다. 단, 추가자금 및 운영활성화자금(수시)의 경우는 연중 수시 지원하고 있다.

aT 지원자금의 특징은 정부 정책자금의 지원목적에 따라 수출실적 또는 수매 의무 등에 대한 사업 의무가 부과된다는 점이다. 즉 지원업체는 대출액 대비 일정 비율의 수출실적을 달성해야 한다. 사업 정산 후 실적 미달 시에는 일정 비율의 위약금이 부과된다. 따라서 aT의 자금지원사업은 정부 시책사업과의 연계를 통해 정책목표 달성과 효율성을 제고하는 역할을 수행하고 있다.

업체별로 배정된 자금의 대출실행을 위해서는 담보 제공이 필요하다. 담보는 크게 물적담보(부동산, 예금질권)와 인적담보(지급보증서, 신용보증서)로 나눌 수 있다.

지급보증서는 제1금융권(은행, 농·수협)이 지급을 보증하는 담보로 담보 취득 절차는 지원 대상자가 은행에서 지급 보증서를 발급받아 aT에 제출하면 된다.

(부분)신용보증서는 물적담보 제공능력이 떨어지는 업체에서 가장 많이 이용하는 담보로 신용보증기금법에 의한 '신용보증기금', 신기술사업금융지원에 관한 법률에 의한 '기술신용보증기금', 수출보험법에 의한 '한국수출보험공사', 지역 신용보증재단법에 의한 '신용보증재단', '농림수산업자신용보증기금' 등이 있다.

신용보증서를 발급받기 위해서는 무엇보다 신용평점 관리가 중요하다. 높은 신용평점을 받기 위해서는 건실한 자산 상태, 탁월한 경영능력, 성장 가능성, 채무상환능력 등 안정적인 경영환경이 요구된다.

- 신용은 스스로 관리해야 한다.
- 재산권 침해 시 신속하게 해결해야 한다.
- 견실한 재무구조를 유지해야 한다.
- 매출을 인위적으로 낮추어서는 안 된다.
- 자금의 차입 규모, 용도가 명확해야 한다.

정책자금을 이용할 경우 시중금리 대비 낮게 금리가 운용되므로 많은 금융비용을 절감할 수 있다. 우대금리를 적용받기 위해서는 지원자금의 목적에 부합되게 사업실적(수출의무)을 달성해야 하고, 수출사업성과(수출 의무액 달성도, 2개년 평균 수출실적, 수출 신장률, 수출 비중), 자금운영 효율성(배정자금 포기 여부, 제재조치 실적) 등이 선행돼야 한다.

aT가 국산 수산물 원료 구매 및 수출을 위한 우수수산물지원자금(업체당 50억 원 이내)을 운영하고 있다. 이밖에도, 무역협회, 무역보험공사, 중진공 등이 안정적인 원부자재 조달과 신규 거래처 발굴을 위해 다양한 무역금융을 지원하고 있다. 이들 기관을 잘만 활용한다면 여기에 1%의 운영자금 경쟁력을 찾을 수 있다.

수출 농산물의 안전성 관리

과즉물탄개(過則勿憚改), 허물이 있으면 고치기를 꺼리지 말라는 뜻으로, 어떤 잘못을 범했을 때는 그 즉시 바르게 고치는 일을 꺼리지 말라는 의미이다. 인간은 누구든지 과실의 연속 속에서 살아간다고 해도 과언이 아니다. 그것이 생활공간이든 또는 비즈니스의 영역에서든 그 과실을 알고 고치느냐 아니면 그 과실을 반복하느냐에 따라 그 사람의 성패가 결정되기도 한다.

농산물 수출은 수출 대상국의 식품 기준에 맞는 농산물 생산이 최대 관건이다. 우리 농산물의 수출 확대를 위해서는 안전성 확보가 필수인 만큼 농약 안전사용에 각별한 주의가 요구된다. 해외 소비자는 농산물을 구입할 때 가격도 중요시 여기지만, 안전성을 최우선으로 고려한다. 그만큼 안전성 확보는 수출 농산물의 기본적인 경쟁력이 된 셈이다. 각 국가들은 수입농산물에 대한 안전성 관리라는 명목을 비관세장벽의 주요 수단으로 활용하고 있다.

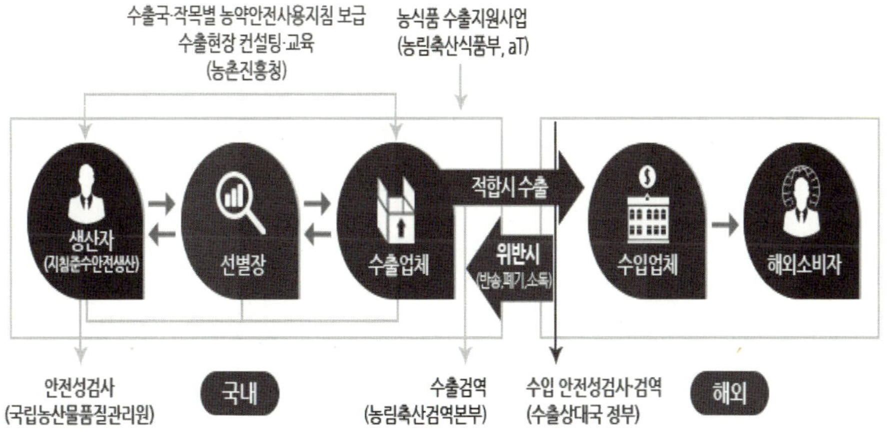

출처 : https://www.nongsaro.go.kr

바꾸어 말하면, 수입국의 잔류농약 안전성 검사 강화가 우리나라 원예농산물 수출에 있어 최대의 걸림돌이다. 특히, 대만 수출용 사과, 배, 딸기, 배추 등 14개 작물과 일본 수출용 파프리카, 고추, 토마토, 들깻잎 등 6개 작물이 주 대상이다. 수출작물은 적용 병해충별로 사용 가능한 농약 목록과 함께 최종 살포 일, 살포 횟수, 희석배수, 잔류허용기준 등을 농업경영체가 필수적으로 확인한 후 영농이 계획되어야 한다.

수출 농산물은 생산 초기 단계부터 농약 안전사용지침을 준수하여 수출 상대국의 '식품안전기준'에 적합해야 수출할 수 있다. 어렵사리 수출 길에 올랐던 채소류가 검역의 벽을 통과하지 못하여 리콜되거나 클레임 처리되는 사례가 종종 있어왔다. 개인이 한번 저지른 안전성 위반의 실수로 본인이 받게 되는 불이익이야 어찌할 수 없지만, 이로 인해 수출경쟁력이 저하되어 동일 작목 수출 농가에 큰 피해가 확산될 뿐 아니라 그 불똥이 국내 전체 수출에도 영향을 미쳐 큰 손실을 초래한다는 점에서 불안전한 수출은 금물이다.

따라서 우리나라도 2019년부터 국내에 유통되는 농산물의 안전성을 강화하기 위해 모든 농산물을 대상으로 농약 PLS(허용물질목록관리제도/Positive List System)가 시행되고 있다. PLS는 '사용 가능한 농약의 목록'이라는 뜻이다. 등록된 농약만 사용하고 등록 농약 이외에는 원칙적으로 사용이 금지되는 제도로서 합법적인 등록 농약은 잔류허용기준을 설정해 적용하고, 기준 미설정 농약에는 불검출 수준의 일률기준인 0.01ppm(0.01mg/kg 이하)을 적용하는 제도를 말한다.

농약 잔류허용기준을 강화하는 것은 안전성이 입증되지 않은 수입농산물을 차단하는 데 그 목적이 있으며, 건강하고 안전한 먹거리를 제공하기 위한 세계적인 추세에 맞춰 PLS 제도의 도입이 결정된 것이다. 당장은 어렵고 귀찮을 수 있지만 등록된 농약을 허용된 기준치만 사용하는 것이 일반화되면 소비자의 신뢰를 얻는 것은 물론 수출도 어렵지 않게 적용기준을 통과하는 등 장점이 더 많다.

PLS는 일본은 2006년, 대만과 EU는 2008년부터 시행하고 있고, 미국, 캐나다, 호주 등은 그보다 훨씬 전인 1960년에 도입하여 시행 중인데, 자국 기준이 설정되어 있지 않은 농약에 대해서는 불검출 원칙인 "Zero Tolerance를 적용하고 있다.

국외에서 일률기준으로 이미 통용되고 있고, 독성학적으로 인체에 위해성이 없는 0.01ppm은 대체 어느 정도의 양일까? 실제 0.01ppm은 농산물 100kg당 농약이 1mg 들어 있다는 뜻이다. 쌀을 기준으로 하면 80kg 25가마니 중에 쌀알 1개, 무게로 환산하면 1톤 트럭 100대에 실은 화물 중 1g, 돈으로 환산하면 1억 원 중 1원에 해당하는 양이다.

농약을 구입할 때는 농약 판매상에게 해당 작물과 병해충에 등록된 농약인지 꼭 확인하고 구입하여야 한다. 만약 농약 판매상이 추천하는 농약이더라도 사용 전 포장지 라벨을 재차 확인하여 해당 농작물에 사용 가능한 것인지를 한 번 더 확인해야 한다. 또한 농약에 표기되어 있는 사용 시기와 횟수에 대한 기준을 정확히 숙지하고 농산물 출하 전 마지막 살포일도 준수해야 하며, 불법으로 유통되는 밀수입 농약이나 출처가 불분명한 농약은 절대 사용하여서는 안 된다. 농약 잔류허용기준 PLS는 개개의 농업인 혼자만 잘 지킨다고 되는 것은 아니다. 생산자 모두에게 PLS 정보를 공유하고 제도를 이해하고 실천하는 노력이 필요하다.[82]

수출 농산물의 안전성 확보대책으로 첫째, 파프리카. 배추, 사과, 배, 감귤, 채소 등 수출재배단지에서 생산되는 농산물에 대하여 병해충 방제기술의 보급이 맞춤식으로 이루어져야 하며, 수출 대상 국가에서 사용이 허용된 농약을 맞춤식으로 사용토록 관리하는 시스템이 작동되어야 한다.

둘째, 수출품 출하 이전에 수출 전 사전검사가 수출항이 아닌 생산수출단지에서 엄격히 관리되어 수출이 진행되어야 한다.

셋째, 수출 농산물 재배단지에 ID를 부여히여 종합적으로 관리하고, 수출 대상국에 적합한 농약사용을 지도하여 농산물의 안전성에 대한 국제경쟁력을 갖게 하는 노력이 필요하다.

---

[82] 농진청, 농업인이 꼭 알아야 하는 PLS/농약 허용기준 강화제도

수출 농산물의 수입국 통관 중 안전성 위반사례

농산물의 수출이 활발한 일본과 대만에서 PLS 제도 시행 후 잔류농약이 초과 검출되어 통관이 금지된 사례는 일본 80여 회, 대만 140여 회로 그동안 우리나라 농산물 수출확대에 많은 걸림돌이 돼 왔다. 수입농산물에 대해 국가별로 자국의 농업보호와 안전농산물 확보를 위하여 농약의 잔류허용기준 설정을 확대하고, 수출입 농산물의 검사를 강화하고 있다.

수입국의 작목별 잔류허용기준에 맞는 잔류기준을 설정하는 것이 급선무이나 단기간에 해결하기 어려운 문제이다. 국가마다 잔류기준 약제가 매우 다양하고 허용기준이 많이 다르기 때문이다.

우리나라는 2018년 이후 5년 동안 대만, 미국, 일본, 홍콩 등을 대상으로 배추와 인삼 등 10여 작물에 대한 잔류 시험이 진행 중이며, 시험을 마친 약제는 수입국 잔류기준을 신청하고 케이스별로 협의를 진행하고 있다.

최근에는 배, 사과, 파프리카, 딸기, 단감, 배추 등 수출 농산물 중에서 수출 상대국 통관과정 중 해외검사 위반사례 추이는 매년 감소세를 보이고 있다. 국내 수출 전 검사에서 국립농산물품질관리원의 수출농산물 안전성 검사 부적합 비율은 일본, 대만, 미국, 홍콩, 인도네시아, 말레이시아 등에서 많이 나타나고 있으며, 품목별로 딸기, 단감, 배, 사과 등에서 빈도가 높게 나타나고 있다.

수출국 통관 잔류농약 초과검출 위반은 수출 상대국 전수검사 명령 시 통관이 지연됨에 따라 수출 농산물의 품질 저하, 안전성 검사 및 수출품 보관비용 추가부담 등으로 인한 피해가 발생된다.

ID제도는 수출하는 채소류 중 일정 수준 이상의 안전관리체계를 갖춘 수출업체와 농가에게 부여하는 고유번호로 일본에서 '선 통관·후 샘플검사' 실시로 통관지연 애로를 해결하고 있다. 우리나라는 일본 수출채소류 및 대만의 배추·양배추 통관을 지원하기 위해 수출 ID 관리 제도를 도입·운영 중이다.

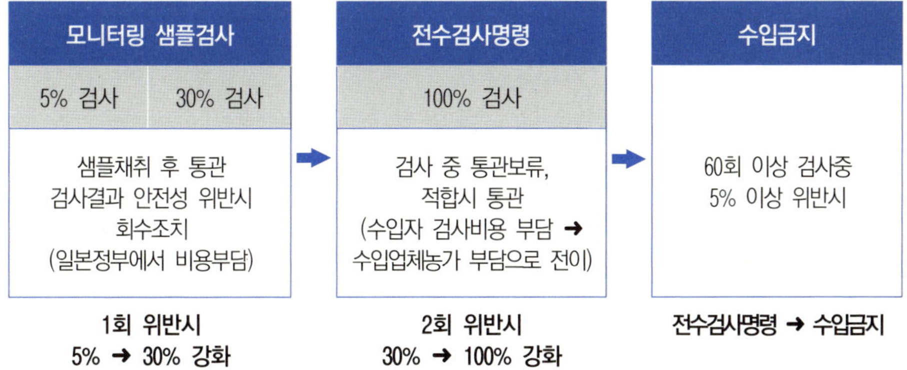

출처 : 농진청

수출 상대국의 전수검사 명령이 농산물 수출에 미치는 영향은 매우 크다. 안전성 위반 발생원인은 국가마다 작목별 등록 농약과 최대잔류허용량(MRL)이 다르기 때문이다. 예컨대 일본 수출용 파프리카 재배 시 사용할 수 있는 국내 농약 중에서 무려 23가지 성분이 대만 수입식품 잔류농약허용기준(IT)에는 리스트에 포함되어 있지 않다. 그 때문에 대만 수출용 파프리카의 생산에는 사용이 불가하여 대만 수출을 근본적으로 어렵게 하는 요인이다.

수출 농산물에 사용 가능한 농약은 우리나라 등록 농약 중 수출 상대국의 잔류기준을 초과하지 않는 농약으로 제한된다. 만약 수출 상대국 기준이 국내 기준보다 낮은 경우는 우리나라 안전사용 기준의 재설정 또는 국내 등록 농약 중 수출 상대국의 농약잔류허용기준에 적합한 농약을 선별하고, 안전사용기준을 제시하여 수출농업인·업체의 농약사용 편의를 제공해야 한다.

정부 자료에 의하면 2000년부터 2019년 09월까지 총 266회의 위반사례가 발생되었다.[83] 세부적으로 일본 106회(고추류 38, 파프리카 11, 방울토마토 10, 깻잎 8, 토마토 7, 파 5, 상추 4, 딸기 3, 부추 3, 미나리 2, 피망 2, 버섯 2, 참외 2, 오이, 멜론, 마늘종, 금귤, 쌀, 무청, 비름나물, 대추, 벌꿀 각 1회). 대만 160회(배추 81, 사과 26, 딸기 16, 멜론 6, 배 5, 파프리카 4, 상추 4, 김치 3,

---

[83] 안전성위반 ('15) 47회 ⇒ ('16) 20 ⇒ ('17) 27 ⇒ ('18) 18 ⇒ ('19.9.3.) 19회 위반

건 대추 3, 들깻잎 3, 양배추 2, 양파 2, 고춧가루, 당근, 감귤, 양상추 각 1회)
였다.

수출 농산물의 안전성 위반 시 제재조치는 수출국의 수출채소류 ID 추가
등록 제한 및 삭제, 통관 전수검사 명령 시 통관 기간에 따른 품질 저하 등
의 애로가 증가한다. 그리고 수출 농산물 물류비 지원 중단에 따른 경제적
비용 부담이 발생한다.

▌ 농산물 트렌드는 글로벌 갭(GLOBAL GAP)

GAP는 유럽에서 먼저 도입한 제도로 농산물의 생산에
서 유통단계까지 안전성과 위생을 지키도록 하는 제도
이다. 우수농산물관리제도(GAP)의 필요성은 농약잔류,
중금속오염, 단체급식 식중독 사고 등 최근 농산물 안
전사고 발생 증가로 안전에 대한 소비자의 인식이 증대됨에 따라 FAO, Codex 등 국제
기구와 EU(유럽연합), 미국, 중국, 아세안 국가 등 전 세계 각국에서 자국민을 보호하
기 위해 식품안전 확보제도로 GAP 인증제를 시행하고 있다.

EU는 민간 유통업체 중심의 Global GAP 인증시스템을 구축(1997년)하여
운영하고 있다. Global GAP은 현재 130개 국가(2015년)에서 인증에 참여하
고 있으며, 전 세계의 소비자를 위하여 안전하고 지속 가능한 식량을 생산
하는데 비전을 두고 있다.

유럽에서는 슈퍼마켓 연합회가 자신들의 슈퍼에 납품하는 농산물의 안전
성을 입증하기 위해 농약이나 화학비료 사용에 대해 엄격한 기준을 설정하
고 있다.

수확한 후 선별 과정에서도 오염물질이 혼합되지 않게 철저한 위생 지침
을 만들어 농가들이 이를 지키지 않으면 납품을 하지 못한다. 이 제도를 통
해 안전한 농산물만을 판매하도록 하고 있다. 유럽에서 먼저 시작한 GAP는

Global GAP으로 불리고 있다.

유기농산물은 안전성이 높지만 생산하는데 고생을 많이 한다. 그래서 좋은 줄 알면서도 선뜻 시도하기 어렵다. 반면에 화학비료와 농약을 사용하면서도 안전성을 보장받는 제도가 있다. 바로 '우수농산물관리제도(GAP)'이다. GAP는 농산물의 안전성 확보를 위해 도입된 제도로 농산물 생산단계부터 수확 후 포장단계까지 물과 토양관리에서부터 농약·비료·중금속·미생물 등 신선농산물의 위해요소를 일정 허용수준 이하로 관리하는 제도다.

쉽게 말하면 필요한 만큼만 화학비료를 사용하고 독성이 낮고 잔류기간도 짧은 농약만을 사용할 수 있다. 그래서 GAP 농산물은 반드시 생산 이력이 따라 다닌다. 어떤 농약과 화학비료를 언제 얼마만큼 사용했는지 알 수 있어야 하기 때문이다.

우리나라에서 GAP 제도는 농식품 안전성 강화로 농업의 경쟁력과 소비자 신뢰를 제고하고 또한 수출 농산물의 안전성을 높이기 위해 2006년부터 본격적으로 시행해 왔다.

안전농산물 관리를 위한 한국의 GAP 관리기준이 71개 세부항목인 반면, Global GAP은 토양·수질·농약·비료사용 등 무려 233개 세부항목에 이르는 관리기준을 설정하여 운영해 오고 있다.

┃ 국내 Global GAP 인증현황 ┃

	2009	2010	2011	2012	2013	2014	2015
농가수	11	170	292	381	305	319	231
인증면적(ha)	10	206	233	609	421	323	208

출처 : 스마트 수출연구사업단 제3차년도 동향보고서

국내 Global GAP 인증기관은 3개 업체가 있다. CU-KOREA(네덜란드)가16개 품목, ICG사가 1개 품목(인삼), BCS(독일)가 버섯인증을 한 바 있다. 인증수수료는 품목과 규모, 재배방법(노지, 시설 등)으로 수수료가 달라지지만 개별농가 250만 원, 단체(10농가 정도) 400~500만원이 소요된다. 현재까지 Global GAP 인증품목은 배, 감귤, 사과, 포도, 버섯, 토마토, 파프리카, 인삼, 밤, 엽채류 등 10개 품목이 있으며 과실의 경우 현재까지 700여 농가가 인증을 받은바 있다. Global GAP 유효인증 기간은 1년인데 한국의 GAP는 2년간 유효하다.

농산물의 안전성을 확보하기 위한 세계규범으로 오염원별로 다양한 규범이 있으나, 잔류농약의 허용량 등을 정하는 식품규격위원회가 가장 대표적인 것이라 할 수 있다.

농약잔류에 관한 Codex 위원회의 역할은 식품 소비자를 보호하고 국가간 식품 이동을 손쉽게 하기 위하여 식품에 잔류하는 농약에 대하여 최대잔류허용량(Maximum Residue Limits ; MRL)을 설정하고 있다.

이러한 MRL의 설정 및 농약잔류평가는 발암성이 문제 되는 농약의 경우 발암성 관련자료, 국가의 국민 총 식이 섭취량 등 안전성 검토가 가능한 자료와 농업 경제적인 측면 등이 고려된 유익성 자료 등이다.

안전성 평가에 의한 농약잔류평가는 최종적으로 잔류허용기준을 설정하여 소비자에게 안전한 농산물 또는 식품을 공급하는데 큰 목적이 있다. 즉 MRL의 설정, 농약잔류평가는 모두 소비자에게 안전한 농산물을 공급하려는 노력이라고 할 수 있다.

MRL을 상회하는 농산물이 적발되는 경우 즉각 수입금지 조치 되도록 하고 있다. 또한 Zero-Tolerance 개념을 적용하여 수출국에서 안전사용기준이 설정된 농약이라 할지라도 자국 내 잔류허용기준이 없는 농약에 대하여는 검출 자체만으로도 수입을 금지조치 시키는 엄격한 검사체제를 유지하고 있다.[84]

---

[84] 충남대학교. 이규승. 수출용 파프리카의 품질향상을 위한 농약 선정 연구. 2006

원예농산물 품격을 입혀 수출에 나서야

네덜란드는 온실에 의한 화훼류와 채소류의 약 80%가 전 세계로 수출된다. 온실 원예는 다른 농업보다 혁신적이다. 반면 한국의 경우 파프리카, 딸기, 토마토, 오이, 배추, 양배추, 깻잎, 아스파라거스 등 수출품목은 다양하나 지속성이 약하며, 수출시장이 특정 지역에 편중되어 특정 국가의 수입정책이나 수급 사정에 크게 영향을 받고 있어 수출시장이 불안정하고 수출교섭력이 상대적으로 열세에 있다.

우리나라 원예농산물은 국제시장의 유통환경 변화에 신속하게 대응하지 못하여 수출경쟁력이 상대적으로 열세이다. 고부가가치 농산물의 수출이 이루어지지 못하고 있다. 수출단지의 수출 상품화시설 및 물류시설의 미비와 수입국의 요구사항이나 소비자의 수요변화에 신속하게 대응하는 상품화가 이루어지지 못하는 실정이다.

수출업체나 농산물 단지의 상품화시설이나 장비가 열악하여 수출상품화 고도화가 부진하다. 또한 바이어 중심의 상품화로 수출업체 또는 농산물 단지의 수출상품에 대한 브랜드화, 품질 규격화와 포장 규격화 등이 떨어지고 있다.

영세수출업체나 소규모 생산자단체 중심으로 이루어지는 경향이 높아 수출시장에서 시장개척이나 인지도·신뢰성 제고에 한계를 나타내고 있다.

특히 중국산은 값싼 상품자원을 배경으로 해외시장에서 한국산과의 신선 농산물 판매 경쟁은 더욱 치열해지고 있다.

따라서 중국산 농산물과 차별화를 위한 고부가가치, 고품질, 국제적 브랜드화 중심의 효율적인 수출상품화 전략이 이루어지지 않으면 상대적으로 가격 경쟁력에서 열세인 한국농산물의 수출은 위축이 불가피하다.

우리나라 신선농산물 수출이 가장 큰 일본시장 뿐만 아니라 세계 곳곳의 시장에서 한국농산물 수출시장 개척과 유지에 가장 큰 장애 요인이 중국산이다.

우리나라 농식품은 '생산의 안정, 위해요소의 안심, 공급의 안정' 3安 시스템으로 고부가가치 중심으로 차별화가 이루어져야 한다.

파프리카, 파프리카는 2019년 원예농산물 중 수출 랭킹 1위로서 국내 생산량의 44%인 91,515천 달러를 해외에 수출하고 있다. 겨울작형과 여름작형으로 구분되며, 겨울작형의 면적이 조금 많다. 우리나라 파프리카 생산량은 7만5천 톤(700ha)으로 매년 늘어나고 있다. 파프리카 수출액의 99.7%가 일본에 집중되어 있으며 대만과 홍콩으로 소량이 수출된다. 따라서 일본 이외의 지리적으로 가까우면서 틈새시장이 존재하는 중국 및 신 남방국가로의 수출확대가 필요하다. 파프리카 수출을 위해서는 국가 간 검역협정 타결이 선행되어야 한다. 30여 국가와 수출시장이 열려 있으나 파프리카의 신선도 유지상 원거리 수출은 어렵다.

현재 검역 협정국은 일본, 홍콩, 대만, 말레이시아, 필리핀, 중국, 호주, 캐나다, 미국, 러시아, 싱가포르, 몽골, 방글라데시 등이며, 검역 미 타결국(요청국)은 태국, 베트남, 인도, 인도네시아 등이 있다.

파프리카의 2018년 전 세계 생산량[85]은 54,958천 톤으로 중국이 18,185천 톤, 멕시코가 3,379천 톤, 터키가 2,555천 톤, 인도네시아가 2,542천 톤, 스페인 1,275천 톤으로 5개국이 전 세계 생산량의 52%를 차지하고 있다. 세계 파프리카 수입액은 5,539백만 달러(한화 약 6조 원) 수준이며, 파프리카 최대수입국은 미국(28.7%), 독일(15.1%), 영국(7.9%), 프랑스(5.2%), 캐나다(4.8%), 네덜란드(3.5%), 러시아(3.5%) 등 7개국이 전 세계 수출액의 68.7%를 차지하고 있다. 아시아 지역에서는 일본(2.4%), 중국(1.4%), 태국(0.5%), 싱가포르(0.5%),베트남(0.07%), 대만(0.027%) 순이다.

파프리카 산업의 문제점으로는 연중 공급체계는 구축되어 있으나, 일부 시즌(동계작, 하계작)은 수출물량이 안정적이지 못하다. 안정적인 연중공급이 가능한 생산환경(온실) 및 재배환경 최적화가 이루어져야 한다.

대만의 경우는 수출 파프리카에서 잔류농약 검출로 식품검역 및 통관에 어려움이 있다. 대만의 파프리카 수출확대를 위해서는 대만 사용금지 농약(22개)에 대한 잔류허용기준(MRLs)을 충족시키는 노력도 필요하다.

일본 파프리카 소비자 니즈(needs)는 M(medium) 사이즈 내지 S(small) 사이즈 크기이다. 따라서 소비자의 기호에 맞춘 크기와 색깔의 다양화 공급이 필요하다.

---

85 Product : 070960 Fresh or chilled fruits of the genus Capsicum or Pimenta

딸기. 딸기의 2019년 수출액은 54,448천 달러(5,740톤)로 꾸준한 성장세이다. 한국산 딸기의 약 92%가 동남아시아로 수출되며, 수출품종은 국산품종인 매향과 설향이 대부분이다. 생산량은 2019년 약 210천 톤(6100ha)에 머물러 있으며, 총생산액은 1조 3000억 원으로 수출형 산업으로 확장성이 크다. 전 세계 생산량은 922만 톤(2017년)으로, 중국이 372만 톤, 미국이 145만 톤으로 전 세계 생산량의 절반을 차지하고 있다.(FAO STAT)

한국(21만톤), 중국, 일본 3개국의 딸기 총 생산량은 408만 톤 이상으로 세계 딸기 생산량의 44%를 차지한다. 세계 신선 딸기 총 수출액은 2,158백만 달러, 냉동 딸기 수출액은 1,044백만 달러로 냉동 딸기가 딸기 전체 수출액 중에서 1/3을 차지한다.

딸기 수출의 애로 사항은 생산과정에서 잔류농약과 해충에 취약하며, 유통 과정상 저장성이 약하다. 주력 수출품종 매향은 병 저항성과 수량성이 낮고 기형과 발생이 많아 경쟁력이 지적된다. 품질관리 고도화를 위한 수확 후 관리기술 및 품질관리가 부족하다.

수출국의 검역규정도 매우 까다로워 농약 사용 또한 엄격히 제한된다. 항공기를 이용할 경우 2~3일이 소요되지만, 항공기 내 냉장 시설이 없어 신선도 유지에 어려움이 있다. 특히 주 수출시장이 동남아 지역에 한정되어 있고 타 수출국과의 경쟁이 심하다. 특히 포장, 수확 후 기술 미흡이 딸기 수출확대의 제약 요인으로 작용하고 있다.

딸기 수출을 대폭적 늘리기 위해서는 수입국 잔류허용기준(MRLs)에 알맞은 맞춤식 약제만을 철저히 사용하고 수입국 수입식품 잔류허용기준(IT)을 충족하여야 한다. 매향은 경도가 단단하고 당도가 높아 홍콩, 싱가포르, 태국, 말레이시아, 베트남 등으로 수출이 유망하다. 그러나 매향 이외 최신성이 좋은 설향, 산타, 죽향, 금실, 아리향 등의 재배기술 고도화를 통해 경도와 당도의 업그레이드로 수출품종 다변화가 필요하다.

수출 딸기는 수확 후 처리 기술 확립으로 선도유지 유통기간 연장 및 신선도 유지 포장기술의 고도화가 이루어져야 한다. 수확 후 품질위협 요인 제어 기술과 그리고 장거리 운송에 따른 포장, 팔레타이징, 선도유지 등 기술의 확보가 필요하다.

예냉이란 수확한 즉시 작물의 품온을 낮춤으로써 수확할 때의 품질을 오랫동안 유지하기 위한 급속냉각 작업을 말한다. 적정한 온도까지 냉각시키는데 소요되는 시간이 길수록 신선도는 떨어진다. 또 한 번 품질이 나빠지면 회복이나 유지가 불가능하다. 따라서 가능한 한 빨리 목표 온도까지 냉각하는 것이 품질 유지에 유리하다.

농산물 수출시장에서 중국의 국제시장 점유율이 증가하고 있는 가운데 우리나라 농식품의 수출시장이 일반적으로 중국과 겹치고 있다. 따라서 한국산 농식품의 시장개척과 유지에 가장 큰 장애 요인은 중국산과의 차별화 문제이다. 신선농산물의 경우 해외시장 경쟁력 제고를 위해서 수출 전에 효과적인 상품의 품격을 올리는 작업이 중요하다.

수확 후 관련 시설의 부족과 수확 후 관리에 대한 인식이 미흡하다. 상품화 기술, 수출상품화 관련 시설보급에 대한 농가나 수출업체의 인식도 낮은 편이다. 또한 낙후된 수확 후 관리기술(수확방법, 큐어링, 예냉, 예건 및 예조, 선별, 포장, 저장, 수송 등)은 품질저하 및 상품 저하의 요인이 된다. 수출상품의 고품질유지 즉, 결로 발생 방지, 시들음 방지, 조직이완 현상 방지, 부패 냄새 제거, 변색 및 과피 경화 현상 억제 등을 위한 훈증시설, 예냉고, 저온저장시설 등 관련 시설이 수출단지에 충분치 못하다.

선별의 신뢰성 및 전문성이 부족하다. 선별작업은 공동작업이 아니고 농가별로 이루어지고 있는 것이 일반적이기 때문에 규격 차이가 발생 되는데, 농가별 선별규격이 다르고 기계선별과 인력선별의 등급 구분 기준이 달라 규격 표준화가 미흡하다. 일반적으로 신선 채소류의 경우 과일류와는 달리 대부분 농가나 수확 현장에서 선별·포장되고 있다. 수출 선별장 조건에 맞는 합리적 관리기술의 적용으로 물류에서 발생하는 클레임 발생률을 최소화하여야 한다.

포장기술 수준 및 포장디자인의 낙후하다. 우리나라의 수출 신선농산물의 포장화는 전적으로 수입자의 요구에 의해 이루어져 수출농가나 수출업체의 포장전략이 거의 반영되지 못하고 있을 뿐만 아니라 수출상품의 포장

화에 대한 인식이 매우 부족하다. 수출 농산물의 포장전략은 상품의 고부가
가치화 및 구매동기를 유발시키는데 있어서 핵심적인 유통전략 중 하나이
다. 동일 수출지역에서도 개별농가 중심의 포장과 공동포장 간에 포장형태
나 규격에서 차이가 발생한다. 신선농산물의 경우 인력 위주의 수작업으로
이루어지고 있다. 또한, 포장기계화율 수준이 매우 낮다. 포장재의 파열 및
압축강도가 상대적으로 낮아 수출과정에서 품질유지 및 보호 기능이 저하
되고 있다. 수출 농산물의 포장전략은 상품의 보호 및 보존성, 사용 및 취급
의 편의성, 유통조건의 충족성, 소비자의 구매동기 유발성(브랜드명, 문자
배치 등)의 고려가 필요하다.

수출 농산물의 브랜드화가 약하다. 수출 농산물의 지역별 품목별 브랜드
화가 이루어지지 않아 현지 소비자의 인지도 부족으로 수출물량 변동의 요
인으로 작용하고 있다. 국제시장에서 경쟁국인 중국 수출 농산물과의 차별
화 부재로 수출경쟁력 약화 요인으로 작용할 수 있다.

수출 농산물의 브랜드화는 수출시장에서 다른 경쟁국 또는 경쟁자 상품
과 차별화하는 수단으로 활용된다. 차별화에는 품질 차별화와 가격 차별화
가 있다. 이러한 차별화를 통하여 해당 상품에 대한 현지 소비자들의 인지
도와 품질에 대한 신뢰성을 제고시키게 된다. 반복되는 구매 신뢰성의 축적
으로부터 브랜드 충성도가 발생하게 되며, 브랜드 충성도가 형성되면 수출
상품의 시장개척이 완성되는 것이다. 신선농산물이 비록 수출되어도 수출국
현지 소비자들이 한국산이라는 사실을 인식하지 못하는 경우가 대부분이다.

수확 후 관리가 미흡하다. 채소류 수출에 있어 관건은 예냉이다. 예냉에
따라 품질 차이가 크다. 거리가 짧은 국내 유통에서는 큰 문제가 안 되지만
수출은 큰 문제가 된다. 예냉 단계의 경우 신선 채소류는 수확 직후부터 호
흡, 수분, 에틸렌 발생으로 성분분해 및 노화, 부패가 계속되어 선도가 저하
된다. 그러므로 수확 후 빠른 시간 내에 품온을 저하시켜 호흡작용 및 신진
대사를 최소화하는 예냉이 필요하다.

수출 신선농산물의 수확 후 관리는 상품화와 수출과정에서 습도, 온도 등
의 환경요인의 조절이나 공기조성 등을 조절함으로써 상품의 신선도와 품

질 유지를 가능케 하는 기술이다.

수확 후 신선도 유지를 위해서는 상품화 단계부터 수입항까지 일관 저온 냉장 유통체계가 이루어져야 한다. 일관 저온유통체계는 수확 후 운송뿐만 아니라 선별, 포장 등이 모두 저온시설에서 이루어지는 것을 의미하며 이를 위한 유지적인 시스템의 관리가 필요하다.

수출 농산물에 대한 확실한 안전성 대책을 마련하지 못하면 농산물 수출의 미래는 밝지 않다. 특히 영세 재배 농민들의 경우 무분별한 농약사용으로 잔류농약 검출사례가 발생, 우리 농산물의 수입제한 조치에 대한 우려가 상존하고 있다.

이유야 어떻든 수출 농산물에서 농약이 검출된 것은 농산물 수출중단뿐만 아니라 국가적인 수치가 아닐 수 없다. 수출 농산물에 대한 안전성 확보가 중요하다는 것을 다시한번 인식해야 한다. 우리 농산물이 안전성을 인정받게 된다면 획기적인 수출촉진의 기회가 될 수도 있다. 농약의 안전 사용기준을 철저히 지켜 안전농산물 생산에 주력해야 한다.

21세기 식재료 정치학 '배추'

우리가 매일 먹는 음식은 생각보다 힘이 세다. 수년 전 미국 시사지 포린폴리시(Foreign Policy)는 '21세기 식재료의 정치학'을 소개하면서 우리나라 배추의 예를 들며 일부 식재료는 수급에 문제가 생길 경우에 서민사회의 기반을 흔들 정도로 정치적 의미가 커진다고 분석한 적이 있다. 한국 배추 생산량은 세계 4위이며, 농업 총생산량은 약 1조 원이다. 안정적인 수급이 중요한 작물로서 수출경쟁력이 높은 작물로 전환이 가능하다.

배추 농사를 좌우하는 작전 세력은 잦은 비와 태풍, 고온 현상, 냉해, 폭설 등 기후변화다. 봄배추, 고랭지배추, 가을배추, 월동배추 작기로 이어지는 특성과 하늘에 의존하는 농사를 짓다보니 수급균형 자체가 매우 어렵다. 어느 해에 정부는 수급안정 대책으로 '배추 구제금융'을 실시하고 손해를 보면서까지 배추를 사들여 수급을 맞춰야 했다. 또한 산지 자율감축, 정부수매·저장(APC) 후 출하유도, 배추와 김치의 수출확대, 농협 계약물량의 탄력적 출하조절 등 여러 가지 대책이 적용되고 있다.

배추 가격이 하락하거나 수출국의 이상기후(태풍·고온피해) 발생 시 간헐적인 수출 패턴에서 근년에 들면서 한국산 배추·양배추는 대만 소비자 기호에 절대적인 식감으로 새로운 수출 아이콘 품목으로 자리 잡고 있다. 최근의 수출 통계에 의하면 채소류 중에서 배추는 파프리카, 딸기, 버섯 다음으로 수출액이 많은 품목으로 성장하였다. 한국은 지리적으로 가까운 대만의 공급 산지로서 5일 이내 대만에 도착 가능한 점이 매력적이다.

대만은 한국산 배추·양배추의 가장 큰 수출시장이다. 대만은 최근 이상기후와 외식시장의 성장으로 수입 야채에 대한 수요가 꾸준히 증가하고 있다. 2018년 국내산 배추·양배추 수출 총금액은 2100만 달러(배추 1천5백만 달러/ 양배추 580만 달러)를 기록하여 전년보다 31%나 증가했다.

이제는 대만 배추 수입량의 절반 이상이 한국산이며, 한국산 배추는 대만 식탁에서 필수 식재료로 자리 잡았다. 이렇게 수출되는 배추는 농가별 이름표(ID)가 사전에 등록(약 4100개 농가)되어 생산관리가 이루어지고 있다.

배추는 외형적인 수출성장에도 불구하고 질적인 수출성장은 아직 요원한 실정이다. 수출의 최적 품종 선발에서부터 병해충방제, 잔류농약 관리(대만 MRLs) 등의 안전성 취약, 수확 후 관리(post harvest)에 의한 품질관리가 철저하지 못하다.

특히 국내 수출업체끼리 과당경쟁에 의한 덤핑 수출의 문제점이 심각하다. 또한, 배추밭 수확 작업 시 외국 인력 쿼터확보의 어려움도 수출 시 큰 애로 요인이다. 단기간 많은 물량의 수입 오더의 경우 배추 수확 현장의 외국 인력 수급이 뒷받침되지 못하면 수출 시기를 놓치는 결과를 초래한다.

2015년 대만 잔류농약 안전성 위반이 41건이나 발생함에 따른 수출 제한으로 많은 경제적 손실이 발생하였다. 그동안 대만의 안전성 통관규제가 강화되었으나, 현재에도 잔류농약 위반이 빈번하게 발생되고 있다. 우리 정부에서도 수출 농가 재배지에 생산 이력 ID를 부여하여 농약 관리를 하고 있으나, 배추의 경우 정부의 수출 전문단지에서 제외되어 있어서 책임 있는 ID 관리의 실효성이 부족한 실정이다.

수출업체의 수출방식도 포전(밭)에서 포장 후 예냉의 처리 과정 없이 컨테이너 적재로 수출하는 소위 밀어내기 수출 패턴의 고착화로 양적 증가에 비해서 수출단가의 하방화가 심각하다. 수출단가의 하향화 원인의 하나는 중앙물류비 지원으로 정상가격으로 수출하는 것 보다 지자체의 수출물류비를 지원받는 것이 저가 수출하더라도 이득이 더 생기기 때문이다.

앞으로 배추 수출방식이 배추밭에서 수확·포장 후 컨테이너 적재의 밀어내기 구조에서 개선되어야 한다. 배추 산지유통센터(APC)와 연계된 소속 농가 단위 중심으로 병해충 및 잔류농약 등 안전성 생산관리가 철저히 이루어져야 한다. 수확된 배추는 APC에 집하되어 예냉·선별·포장 등 출하관리가 이루어지면서 프리미엄 배추 수출구조로 전환될 때 배추도 수출전략 품목으로 자리매김 할 수 있다.

배추가 수출이 잘되면 김치의 수출이 부진하다는 속설이 있다. 우리나라가 해외로 배추를 수출하는 물량은 대략 2만 5000톤이다. 반면, 한 해 평균 중국으로부터 김치 수입은 약 29만 톤(2018년) 정도인데, 이를 배추로 환산할 경우 약 40만 톤이 웃도는 물량이 수입된다. 반면 김치 수출액은 약 1억 달러로서 물량대비 수입이 수출보다 약 10배 이상 많다. 중국산 김치의 수입단가는 국내산의 14% 수준으로 싼값을 무기로 국내시장을 잠식하여 외식업체 소비량의 절반가량이 중국산 김치라고 보면 된다. 국내산 김치는 HACCP(식품안전관리기준)이 적용되지만, 중국산 김치는 HACCP가 적용되지 않아 방부제, 세균 등의 잇단 검출로 안전성이 의문시되고 있다.

배추 산업의 활성화를 위해서는 수출국을 다변화하고 안전 배추, 안정된 품질, 안정적인 공급 등 3 安 체계의 식재료를 건강하게 잘 키우고 가꾸는 노력이 그 출발점이다.

　김치의 기원은 삼국시대로 거슬러 올라간다. 정착 농경 생활이 보편화 되면서다. 사계절의 변화가 뚜렷한 환경에서 채소류의 저장성을 높이기 위한 소금 절임이 성행하기 시작했다. 지금과 같은 형태의 김치가 등장한 것은 외래 채소들, 특히 결구 배추가 도입돼 재배되기 시작한 1700년대이다. 고추가 김치에 사용된 것은 그보다 훨씬 뒤인 조선 후기 이후다. 김치는 각 지역의 기후와 풍토, 각 가정의 생활환경 및 식습관에 따라 다양하게 발달했다. 중국과 일본에도 여러 가지 야채 절임이 있지만, 맵고, 쓰고, 달고, 짜고, 신 다섯 가지 기본 맛에 담백한 맛과 발효의 향을 더한 일곱 가지 독특한 풍미를 갖춘 야채 발효식품은 오로지 김치뿐이다. "귀한 손님 오셨으니, 잡수실 상 차려오라. 향단이 나가더니 맛 좋은 나박침채 화보 안에 담아 놓고, 송순주 앵무배와 은수저 씻어 놓아 술상을 들여놓고, 한 잔 먼저 가득 부어 도령님께 올리오니 도령님 잔 받아서 반 배를 잡수신 후, 이것이 합환주니 춘향하고 분배하자.... 옥 같은 저 미인을 벌거벗겨 안고 앉아, 짜긋짜긋 내 사랑, 자질자질 내 사랑.」 입을 쪽쪽 맞추면서, 애겨, 내 꿀 항아리. 하문을 따독따독, 애겨, 내 반찬 찬합, 무슨 양념 그리하여 온갖 맛이 다 들었노. 사랑에 못 견디어 아기같이 어르겠다. 풋고추 절이 김치 탁주 푸대 상안주지, 도령님 귀한 입에 드리럴리가 있나." 위의 글은 한국 고대소설의 대표작인 '춘향전'에 나오는 김치에 관한 기록이다.

가을배추 수출단지 전경(수출품 ID 농가)

수출 강소국(强小國), 변화와 진화

▌이동하는 자 흥하고, 성을 쌓는 자 망한다.

기원전 3세기경 지구 동쪽과 서쪽 양쪽에서 역사적인 건설이 이뤄졌다. 동쪽에서는 중국의 진시황이 천하를 통일하고, 만리장성을 쌓았다. 서쪽에서는 로마가 무려 15만 km에 이르는 도로를 냈다. 중국은 방벽을 쌓아 외부 길을 차단한 반면에 로마는 외부로 뻗어 나갈 도로를 만든 것이다. 한쪽은 폐쇄와 현상 유지요, 한쪽은 개방과 확장이다. 그러면 한국의 농업 확장모델은 어디에서 방향성을 찾을 수 있을까?

농식품 수출이 확대되기 위해서는 생산력의 증대와 함께 해외시장의 확대가 필수적이다. 시장이 확대되어야 유효수요를 늘려 생산량을 증대시킬 수 있고, 규모의 경제를 실현해서 경쟁력을 높일 수 있기 때문이다. 따라서 농식품 수출이 총수요를 확대해서 규모의 영세성에 시달리는 우리 농업의 문제를 동시에 해결 할 수 있는 최상의 돌파구이자 성장을 견인할 수 있는 동력이라고 생각한다.

농업선진국은 다국적 기업화, 인프라의 투자, 클러스터 규모화, 품목보드 전문화를 통해서 속도에다 방향성까지 정확히 내다보며 선진농업을 일구었다. 네덜란드와 같은 유럽의 강소국들은 해외수출과 해외농장 진출이라는 방향성을 확실히 세우면서 협소한 국내시장을 넘어 성장하는 계기를 마련하였다.

특히 이웃 국가를 최대한 활용하는 전략을 우선으로 삼았다. 여기에다 기술과 자본이 집적된 최첨단 농업시스템을 구축하고, 수출로 새로운 수요와 기회를 창출하면서 농업 체인의 협력과 통합을 강화하였다.

한국과 네덜란드의 여건은 닮은 점이 많다. 강대국에 둘러싸였으며, 내수시장만으로는 어렵기 때문에 수출에 대한 의존도가 매우 높다. 네덜란드는 한국 면적의 42%에 불과하나, 미국에 이어 세계 2위의 농업 수출국이며 세계에서 가장 부강한 농업, 수출농업 선진국이다. 농산물 수출액은 한국보다 15배가 많다.

▌ 네덜란드 농업의 밸류체인 체계 ▌

출처 : 저자작성

소국대업(小國大業), 네덜란드

세상은 신이 만들었으나 네덜란드는 네덜란드인이 만들었다는 말이 있다. 네덜란드의 시설원예 3대 작목은 토마토, 파프리카, 오이를 꼽을 수 있는데, 이들 생산량 합계가 전체 시설 원예작물 생산량의 약 90%에 달하며. 수출액으로 세계 1위이다. 그중 토마토는 세계 토마토 수출의 약 20%를 점한다. 네덜란드 수출에서 농식품이 차지하는 비중(2018년)은 17.8%로 호주(15%), 프랑스(13%), 미국(11%) 와 비교하여 최대이다.

네덜란드는 바람이 많이 불고 땅은 척박하며 국토면적은 작다. 농업 환경이 열악하여 우리나라가 네덜란드를 본보기로 삼는 이유로 종종 거론된다. 국토면적과 인구수에서는 세계에서 135번째와 60번째로 EU에서 가장 작은 나라 중 하나이지만, 경제적인 성과 측면에서는 훨씬 높은 위치를 차지한다. 국가 전체 상품 수출에서 한국보다 한 단계 위인 세계 6위이며, 네덜란드 전체 수출액 중 20%가량을 농산물이 차지한다.

세계에서 수입하는 농산물의 7%가 네덜란드산이다. 채소 및 과일 품목에 있어 네덜란드는 미국, 프랑스와 함께 세계 3대 수출국가 이다. 뿐만 아니라 네덜란드 농업은 유제품, 온실재배, 묘목, 가축 등 다양한 분야에서 고루 발달했다.

네덜란드 주재 한국대사관 자료에 의하면 2019년 기준으로 농산물 수출 총액은 1030억 유로로서 미국 다음으로 세계 농산물 수출국 2위를 차지했다. 1위가 미국, 2위 네덜란드, 3위 독일, 4위 브라질, 5위 중국 등의 순이다. 주요 수출품은 화훼와 튤립 구근이 세계 최고로 원예품(92억 유로), 유제품(85억 유로), 육류(81억 유로), 채소(65억 유로), 과일(60억 유로) 순이다. 과일의 경우 75%는 재 수출인 반면, 그 외 대부분의 농산품의 경우 수출량의 75%가 네덜란드산이다.

2018년도 농업 분야의 수입금액은 614억 유로를 기록, 농업 분야의 무역수지가 흑자추세로 지속되어 흑자 금액 규모가 288억 유로에 달했다. 이는 2018년 네덜란드 전체 무역수지 흑자액의 58%를 차지하는 수치이다. 농업 분야 수출액은 2018년 네덜란드 전체 수출액의 18.2%를 차지하였다.

▌네덜란드 연도별 농업분야 수출입 실적 ▌

단위 : 억 유로

구분	2008	2009	2010	2011	2012	2013	2014	2015	2016	2017	2018
수출액	652	615	674	737	769	810	817	814	848	901	903
수입액	416	379	420	491	520	536	529	559	566	611	614
무역수지	236	236	253	246	249	273	288	254	282	289	288

출처 : 네덜란드 중앙통계청(CBS)

　　네덜란드 농업은 다국적 기업화, 인프라의 투자, 클러스터 규모화, 품목 보드 전문화를 통해서 속도에다 방향성까지 내다보며 선진농업을 일군 대표적인 사례다. 네덜란드와 같은 유럽의 강소국들은 협소한 국내시장을 넘어 해외를 통해 성장하는 계기를 마련하였다. 특히 독일, 프랑스, 영국 등 이웃 국가를 최대한 활용하는 전략을 우선으로 삼았다. 여기에다 기술과 자본이 집적된 최첨단 농업시스템을 구축하고, 수출로 새로운 수요와 기회를 창출하면서 농업 체인의 협력과 통합을 강화하였다.

네덜란드의 화훼 시설원예 농장 전경(스마트 팜)

▌우물 밖 개구리, 네덜란드 시설원예산업

미래학자 제르미 리프킨은 앞으로 "공장형 농업생산이 농업에 변화를 주도할 것"이라고
했다. 시설원예 스마트 팜은 기존의 노지 농업에 비하여 생산에 소요되는 에너지는 많지
만, 연중 생산이 가능하고 외부 기상 조건의 영향을 적게 받으며 생산성을 높일 수 있다.
따라서 시설원예 산업은 기술집약적 농업이 가능하여 수출기반 조성에 필수적이다.

특히 최적화된 생육환경을 통해 생산성을 높일 수 있고, 통제된 첨단시설
에서 연중 공급과 안전성·균일성과 같은 바이어 수요에 부합한 상품을 제
공할 수 있는 장점이 있다. 실제로 빅데이터, IoT, 인공지능(AI) 등 ICT 기술
을 접목한 시설농업 및 원예 분야는 안전농산물 생산, 집약적 노동력 투입
문제해결을 위한 대안으로 급부상하며 많은 나라에서 일부는 이미 실용화
가 진행되고 있다.

네덜란드 Paprikkwekerij P.N.M v/d Bosch B.V 농장주

네덜란드의 원예산업은 첨단기술을 기반으로 기술과 물류가 집적된 구조
로, 강력한 경쟁력을 가지고 있다. 지리적으로 영국, 독일, 프랑스의 중앙에
위치하여 대량 소비지를 자연적으로 확보할 수 있었을 뿐만 아니라 유럽의
지리적 특성과 기후 등을 기반으로 시설원예가 발달할 기본 틀이 갖추어져
있다. 또한 품질관리, 교육, 기술지도, 연구개발을 강화한 것이 네덜란드 시
설원예의 경쟁력이 강화된 계기가 되었다.

네덜란드 시설원예의 대표적 특징으로는 우선 생산물의 80%를 수출할 만큼 수출 지향적이라는 점과 전반적으로 재배면적이 감소하고 전문화·규모화되고 있다는 사실이다. 이는 앞서 농업경영체가 보다 전문화·규모화 되고 있다는 사실과 상통한다.

네덜란드는 소규모 국가임에도 불구하고 미국에 이어 세계 2위의 농산품 수출국으로 자리매김하고 있다. 특히 네덜란드는 미국, 프랑스와 함께 세계 3대 채소 및 과일 생산국으로 유럽 전체 채소 수출의 1/4을 차지하고 있다.

채소 중 토마토는 세계 1위 수출국으로 세계 토마토 수출의 약 20%를 차지하고 있다. 그 비결중 하나가 시설원예산업의 하드웨어와 소프트웨어가 잘 조직된 시스템이 만들어 낸 결과이다.

네덜란드가 세계 식품시장에서 경쟁력을 갖춘 농업선진국이 된 까닭은 농업 분야에 대한 지속적인 R&D 투자를 바탕으로 효율적인 기술개발을 통해 높은 생산성을 갖추고 있기 때문이다. 네덜란드는 북위 48도 부근에 위치하여 춥고도 긴 겨울 때문에 농작물 생산에 어려움이 있었다. 이를 극복하고자 온실산업을 육성하여 시설원예 기술 강국으로 도약했다. 네덜란드 온실의 외피복 재료는 기온이 낮고 일조량이 부족한 겨울철의 기후적 제한 요인을 극복하기 위하여 햇빛의 투과가 좋은 유리를 주로 사용하고 있다. 따라서 겨울철의 보온이나 기온, 보광(補光) 등의 기술을 중시하는 북방형 온실이라고 할 수 있다.

네덜란드의 원예산업은 클러스터를 중심으로 기술과 물류가 집적된 시설원예와 종자 산업이 핵심적인 두 축이다. 특히 축산물과 화훼가 농업 총생산의 74%를 차지하며, 화훼부문은 생산량의 대부분을 수출하고 있다. 또한 세계 제1의 종자 수출국으로서 총 수출금액이 약 15억 유로에 달한다. 이 시설원예는 1990년대 이전까지는 생산성에 중심을 두고 발전하여왔으나, 그 이후는 지속가능성에 초점을 두고 기술 개발이 이루어지고 있다. 네덜란드 시설원예에서 지속가능성은 에너지와 노동력의 투입을 줄이는 것이 중요한 목표다.

네덜란드 시설원예 면적은 2000년대까지 지속적으로 증가하다가 이후 1만ha 정도 선에서 안정적으로 유지되고 있다. 또한 신설되는 유리온실은 영세농가의 현상 유지가 아닌 규모화를 유도하는데, 신설 유리온실의 경우 대형화에 맞추어 보조금을 지원하고 있다.

작목별로 채소가 전체 시설면적의 48%를 차지하며, 화훼류가 46%, 수목류 및 과수류가 나머지 6%를 차지하고, 화훼류 시설재배는 절화류가 60%, 분화류가 40% 정도로 나뉜다.

네덜란드 시설원예의 또 하나의 특징은 유리온실 및 가온 재배시설의 비중이 각각 전체 시설원예의 99%, 92%로 매우 높다는 점이다. 특히 채소 시설재배에서는 가온 재배면적이 94.5%로 더 높다. 유리온실 면적 비중은 독일 77%, 프랑스 25% 등과 비교해도 매우 높은 편이다.

유리온실 및 가온 재배면적 비율이 높다는 것은 작물에 맞는 환경을 정밀하게 적극적으로 조성할 수 있는 첨단의 생산기반을 갖추고 있다는 것으로 네덜란드가 다른 나라와 비교하여 크게 앞서있는 부분이다.

네덜란드 시설원예의 또 다른 특징은 대부분 정밀 환경조절이 가능하여 규격화된 고품질 상품 생산이 가능한 수경재배 방식의 비중이 높다는 것이다. 2009년을 기준으로 네덜란드의 시설채소 중 약 80%가 수경 방식으로 재배되고 있으며, 이중 토마토는 90%가 수경 방식으로 재배되고 있다. 분화류는 100%, 절화류는 약 40%가 수경 방식으로 재배되고 있다.[86]

네덜란드 바헤닝언 대학 PTC+ 방문. 강의자는 van Mil 교수

86 농림수산식품기술기획평가원, 2015-10호, 네덜란드 시설원예산업과 기술 동향

우물 안 개구리, 한국의 시설원예산업

15세기 조선의 선인들은 유럽보다 200년 앞선 기술로 지온과 기온 그리고 보습을 고려한 한지와 온돌로 만든 한국식 온실을 지었다. 1450년경 제작된 산가요록(山家要錄」에 의하면 겨울철 채소 가꾸기가 적혀있다. 이것이 우리나라 시설원예의 초시이다. 조선시대 왕실에서는 이런 온실을 통해 겨울철에도 신선채소와 화훼를 즐길 수 있었다. 1940년대까지 우리나라 시설채소산업은 목재와 기름종이를 이용하는 매우 조잡한 단계에 머물고 있었다. 1950년대 들어 플라스틱 필름이 도입되면서 시설채소 재배가 본격화 되었다.

산가요록에서 온실 설계법은 다음과 같이 서술하고 있다. 「집을 짓되 크고 작기는 임의대로 할 것이며 삼면을 벽을 쌓고 기름종이를 바르고 남쪽면은 살창을 달아 역시 기름종이를 바른다. 구들을 놓되 연기가 나지 않게 잘 처리하고 그 온돌 위에 한자 반 높이의 흙을 쌓고 봄채소를 심어 가꾼다. 바람이 들어오지 않게 하고 날씨가 아주 추우면 반드시 두껍게 거적을 덮어주고 날씨가 풀리면 즉시 철거한다. 날마다 물을 뿌려주어 방안에 항상 이슬이 맺히도록 하고 온화한 기운이 항상 감돌게 하고 흙이 마르지 않도록 하여야 하고, 솥을 벽내에 걸어 아침저녁으로 불을 때서 솥의 수증기로 방을 훈훈하게 해줘야 한다.」

FTA로 농업부문에서 경쟁력 있는 분야 중 하나가 시설농업이라고 할 수 있다. 시설농업은 결국 기술집약적으로 가게 돼 있다. 농업을 한다면서 시설농업을 외면하는 것은 모순이다. 한국이 선진 농업국을 지향한다면 방법과 방향은 뻔하다. 과거에 노동력이 바탕이 되었다면 이제는 기술농업으로 승부해야 한다.

1990년대 한국의 시설채소 산업 시범단지 조성사업(1992~1993년)이 1990년 UR 협상이 본격화되면서 농산물 시장개방 압력, 농촌노동력 부족 등에 대응하여 우리나라 농업을 기술·자본 집약적 첨단농업으로 전환하기 위한 방안의 일환으로 시설현대화 사업이 추진되었다. '작목종합시범 단지 조성사업'은 기술자본 집약적인 시설농업종합시범 단지를 조성하는 것을 내용으로 하였다. 개소당 사업비는 50억 원으로 하고 보조 60%, 융자 40%로 당시 기준으로는 획기적인 사업이었다. 주산단지 생산자조직이 재배작목의 선택과 단지에 적합한 유리온실을 조성하게 되었다.

'시설채소 시범단지 조성사업'은 1992년에 시설채소 주산단지를 중심으로 철골온실, 파이프 비닐온실, 공정 육묘장, 산지유통시설 현대화를 지원하는 시설채소 시범단지 조성사업을 추진하였다. 동 사업의 개소당 사업비는 14억 원으로 지원기준은 보조 60%, 융자 30%, 자부담 10%이었다.

'시설채소 시범단지 조성사업'과 '작목종합 시범단지 조성사업'은 시범사업 성격은 같았으나 사업 추진 내용에서는 유리온실과 비닐온실의 차이와 보조금의 차이가 있었다.

시설채소 현대화사업은 성공사례로 조명을 받기도 하고 부실 지원사업의 대명사로 여론의 질책을 받기도 했다. 그러나 성과도 있었다. 우선 자동화 온실의 생산 및 산지유통시설 현대화로 선진농업과의 격차를 줄이는 계기가 되었다. 일본보다 현대화된 온실을 갖추게 됨에 따라 오이, 토마토, 등 신선채소류 수출의 본격적인 시동을 걸 수 있었다.

신선 채소 수출이 1992년에서 1998년 사이 수출액이 7.7백만 달러에서 48.7백만 달러로 6.3배나 증가하였다. 특히 파프리카는 1996년에 일본으로 처음 수출되면서 수출 유망품목으로, 한국 신선농산물 수출을 대표하는 품목으로 자리 잡게 되었다. 또한, 온실 표준화와 전후방 연관 산업의 발전에 기여한 면도 있었다. 시설원예 기자재가 네덜란드, 일본으로 역수출되며 시설원예 관련 산업이 성장 촉진되었다. 산지유통과 관련해서는 예냉시설, 선별포장기, 저온수송 차량 등에 대한 수요 확대로 관련 산업의 성장도 촉진되었다.

그러나 단기간에 사업이 진행되면서 첨단기술의 수용 능력에 문제를 드러내기도 하였으며 종합적인 사후관리도 미흡한 문제가 발생되었고 1997년에 불어닥친 IMF 경제 위기는 환율과 고유가 등으로 고비용·고효율 구조인 첨단시설농업을 크게 위축시켰다. 이에 따라 미래의 경제적 상황에 대비한 생산방식과 생산기술의 정립이 21세기 시설원예농업 발전을 위한 추진과제로 제시된 바 있다.

　현대화된 시설원예 스마트 팜(Smart Farm)은 연중 생산이 가능하고 외부 기상 조건의 영향을 적게 받으며 생산성을 향상할 수 있다. 따라서 시설원예 산업은 기술집약적 농업이 가능하여 수출기반 조성에 필수적이다. 특히 최적화된 생육환경을 통해 생산성을 높일 수 있고, 통제된 첨단시설에서 연중공급과 안전성·균일성과 같은 바이어 수요에 부합하는 상품을 제공할 수 있는 장점이 있다. 이러한 선진자원을 활용하여 온실 스마트 팜에서는 비료, 농약, 물 등을 필요한 때, 필요한 포인트에 요구량만큼만 투입되도록 하는 정밀농업 기술의 보편화를 진행 시키고 있다.

　기술농업의 사례는 이스라엘 및 네덜란드 등을 꼽을 수 있다. 네덜란드 시설원예의 경우 유리온실이 점차 대형농장으로 발전해가고 있다. 반면 한국의 시설채소 온실 면적은 외형상 약 5만 5000ha에 달하지만, 그중 99% 이상이 비닐하우스이며 유리온실은 고작 350ha 정도에 불과하여 네덜란드 시설원예의 규모와 질적인 면에서 비교도 할 수 없다. 그러나 한국의 농업생산액 중 약 11%가 온실에서 생산되는 등 농업의 핵심 분야도 온실이라 할 수 있다.

　예로서 한국과 네덜란드의 파프리카 부가가치 밸류체인을 살펴보면 농가 수는 한국이 네덜란드보다 약 2배 이상 많다.[87] 그러나 생산량은 4.6배가 차이를 보인다. 최종적으로 수출량은 네덜란드 자국산 기준으로 10배 차이가 나며 네덜란드가 연간 9.5만 톤을 수입하여 역 수출하는데 이것까지 합치면 13배의 수출량 차이를 보인다.

　Agriport A7은 대규모 유리온실 시설재배단지와 농업 비즈니스, 물류산업을 겸비한 현대적인 사업지구이다. 이 사업지구 Agriport A7은 대규모 시설재배, 농업지즈니스 그리고 물류산업을 위한 사업지구이다. 현재 시설재배 시설을 위한 총 필지의 규모는 약 450ha(여의도 면적의 1.5배)이며 유리온실의 규모는 최소 15ha 최대 100ha이다.

　고품질 시설원예 규모화는 현실적으로 자금력의 부족 때문에 어려움이

---

87 노지 파프리카까지 포함 시 3배 이상임(Agrix 통계의 경우 2019년, 1,246호)

많이 따른다. 이를 해결하기 위해서 네덜란드는 생산자가 건설한 유리온실을 은행에 매각하고, 은행은 이를 다시 생산자에게 임대하는 식의 재대여(Lease-back)방식을 통해 생산자의 경제적 부담을 덜어주려고 노력을 한다. 정부의 지원정책도 영세농가의 현상 유지가 아닌 규모화 된 수익형 수출농업의 비전 제시에 맞추어져 있어 정부 보조금도 대규모 생산시설 지원 위주이다.

▌파프리카 생산 수출규모 비교(2019년) ▌

구 분	한 국	네덜란드	비 고
농가수	419호	240호	한국, 수출 농가
농가당 재배규모	1.07ha	6.25ha	한국, 수출 농가
시설규모	449ha	1500ha	한국, 수출 농가
단수(3.3㎡/평)	36.7kg	78.9kg	단수 2.2배
생산량	7.8만 톤	35.5만 톤	생산량 4.6배
수출규모	3.5만 톤	43.7만 톤	수출량 13배
수출금액	9.2천만 달러	10억 달러	수출금액 11배

통계 출처 : GTA(Global Trade Atlas) HScode : 07096010 Fresh Or Chilled Sweet Peppers
자료 출처 : 저자작성/ 한국, 생산량 통계는 2017 농진청, 농가수 수출 ID 농가기준

한국도 그동안 시설원예 농가의 규모화·전문화에 대한 노력은 이루어져 왔으나, 10년 이상 된 노후 온실이 대부분이다. 한국의 정보통신기술은 세계적 수준이지만, 시설원예 농업 분야의 ICT 적용은 뒤처져 있다고 할 수 있다.

시설농업의 기술은 온실 외형시설, 수경 재배시스템, 작물관리 기술, 관수자재, 환경조절기술 등 5가지로 나눌 수 있는데, 한국은 관수자재산업과 환경조절기술에서 상대적으로 성과가 미미하였다.

시설농업에서 가장 중요한 것이 농자재인데 전자산업으로 보면 농자재는 반도체와 마찬가지다. 그런데 우리나라는 농자재를 독자적으로 생산하기 위한 인프라가 부족하다. 농자재의 대부분이 수입품이다. 정책이 기술농업을 지향하고 있으나, 정작 자재 쪽은 등한시한 결과이다. 온실 외형과 같은 경우는 국산품이 사용되지만, 온실 내부의 환경조절 시스템이나 조절 장치

등은 모두 이스라엘 또는 네덜란드산 시설을 도입하고 있다. 시설농업의 브레인이라고 할 수 있는 부분은 모두 수입하고 있다. 농자재는 기술집약적 체계와 시스템 등 경험적 지식을 바탕으로 성장한다.

시설농업의 역량은 물과 양분을 소비하지 않고 적절하게 에너지도 절약하면서 효율성을 높이는 농업이다. 이를 위해서는 농자재가 활성화돼야 한다. 이 부분이 이스라엘과 네덜란드가 갖고 있는 능력이다. 한국도 시설농업에 대한 집중과 투자가 필요하며 특히 자재산업 활성화를 위한 R&D와 산업체 부흥에 노력이 필요하다.

네덜란드 시설원예의 대표적 특징 규모화의 진전이다. 생산품의 80%를 수출할 만큼 수출 지향적이라는 점과 시설원예 규모화의 진전이다. 네덜란드 농가의 농지 규모는 작으나 지식과 기술로 경쟁력을 커버하고 있다. 일정 수준의 농지 규모는 반드시 필요하지만, 첨단시설과 기술농업을 더욱 강화해서 세계 최강의 농업경쟁력을 확보했다. 원예농산물은 기술집약적인 첨단 생산기반을 구축하는 한편, 가공식품은 부족 원료를 수입해서 철저히 부가가치를 높이는 방식으로 추진함으로써 네덜란드는 농식품 수출에 있어 미국 다음으로 세계 제2위의 수출국이 되었다.

정부의 지원정책도 영세농가의 현상 유지가 아닌 규모화 된 대규모 생산시설 지원 위주이다. 농가의 노동력과 경험만으로는 수출농업을 지속적으로 발전시키기 어렵다. 집중적인 시설투자와 우수한 기술력, 그리고 기업가 정신을 갖춘 농업인의 육성이 미래의 수출농업에 필수적인 요소들이다.

네덜란드는 체계적인 교육시스템을 통해 우수한 기술력과 기업가 정신을 갖춘 농가들로 하여금 유리온실을 경영하도록 하고, 농업은행은 이들의 사업계획을 철저히 분석하고 역량을 발휘하는 농가에는 투자 자금을 대출해 주고 있다. 네덜란드는 수출농업을 위해서 유리온실을 활용한 시설원예 부문을 선도산업으로 육성해왔다. 이러한 네덜란드 유리온실에서 생산된 파프리카, 딸기, 오이, 토마토, 화훼 등 원예농산물의 2018년 수출액은 217억 유로로 세계 최고 수준의 품질과 생산성을 자랑한다. 자본과 기술을 집약시킨 유리온실은 농토가 협소한 네덜란드에 적합한 수출전략이었다.

▌네덜란드 파프리카 생산규모 및 농가 통계 변화▌

		2000	2005	2010	2015	2016	2017	2018	2019
Horticulture under glass									
Surface									
Greenhouse vegetables									
Peppers									
Peppers, total	ha	1 150	1 240	1 400	1 160	1 320	1 320	1 310	1 500
Yellow bell pepper	ha	.	300	310	260	320	300	300	290
Green pepper	ha	.	220	200	130	130	130	140	160
Red pepper	ha	.	630	740	630	720	740	700	830
Other peppers	ha	.	90	140	140	150	150	180	220
Number of companies									
Greenhouse vegetables									
Peppers									
Peppers, total	number	720	540	320	250	250	230	230	240
Yellow bell pepper	number	.	120	70	70	70	60	60	60
Green pepper	number	.	150	80	40	40	40	40	40
Red pepper	number	.	270	180	150	150	140	120	130
Other peppers	number	.	70	50	60	60	70	80	90

Source: Statistics Netherlands

출처 : 네덜란드 통계청

　농가의 열성적인 노동력과 경험만으로는 수출농업을 지속적으로 발전시키기 어렵다. 집중적인 시설투자와 우수한 기술력, 그리고 기업가 정신을 갖춘 농업인의 육성이 미래의 수출농업에 필수적인 요소들이다. 우리나라도 우수한 기술력과 자본의 규모화에 기반을 둔 생산성과 품질경쟁력을 키우는 일이 중요하다. 농업의 수출경쟁력을 높이기 위한 비결은 비옥한 토지와 같은 부존자원이 아니라 사람들의 지혜와 노력이 만들어낸 전략과 시스템, 그리고 우수한 인력과 기업가 정신이다.[88]

　아래의 표에서 네덜란드의 재배면적은 2000년도에 비해 30.4%가 증가하였고 반면에, 재배 농가는 동 기간에 비해 3배가 줄어들었다. 규모화를 이루고 있는 사례이다. 특이한 점은 농가별로 빨강, 노란, 그린 등 색깔별로 재배 농가를 전문화·특화한 것이다. 즉 노란색 파프리카 농가는 대를 이어서 노란 파프리카만 재배하고 있다. 이것이 품종별 전문화를 이루는 기술력의 원동력이 되었다.

---

[88] 자료참조 : 지식과 혁신/민연태

네덜란드 스마트 팜 토마토월드

저자가 방문한 Tomato world는 시설 하우스 내에서 약 50여 종의 토마토가 재배되고 있으며 재배된 토마토를 방문자에게 보여주고 맛과 향, 느낌, 비주얼을 비교할 수 있게 해놓았다. 토마토 월드는 2008년 9월 26일 개장했다. 이곳은 네덜란드 그린하우스 체험관이라 볼 수 있는데 이것은 네덜란드 시설재배와 관련한 최고의 형태와 시설을 갖추고 있다.

네덜란드의 토마토월드 전경

초기 네덜란드의 토마토는 당도가 낮고 물이 많아 물 토마토로 인기가 없었다. 그러나 흐린 날씨, 부족한 일조량, 낮은 온도, 소금을 머금은 토지 등 토마토 재배에 최악인 조건을 극복하고 스마트 팜 생산을 통해 토마토 최대 생산국으로 우뚝 섰다. 네덜란드가 토마토 수출 1위국이 된 또 다른 비결은 농가의 대규모화·시설 첨단화와 병행 진행한 개별 기능 전문화에서 찾을 수 있다.

스마트 팜은 농업에 정보통신기술(ICT)을 접목, 농작물 재배시설의 재배 환경을 자동으로 조절해 작물별로 최적의 조건을 맞춰 생산성과 품질을 향상시키는 최첨단 농법이다. 스마트 팜을 이용하면 식량을 대량 생산할 수 있고, 농촌 인력문제를 해결할 수 있어 네덜란드 등 선진국에서 각광받고 있다.

네덜란드 자위트홀란트州 혼셀러스디즈크市에 위치한 토마토월드(Tomato world). 이곳 토마토월드는 6개 토마토 농가가 모여 35ha(105,000평) 규모의 유리온실에서 모양과 색, 맛이 다른 80여 종의 토마토를 생산한다. 연간 생산량이 일반 토마토 기준 70kg/㎡(미니토마토는 35kg/㎡) 정도로 생산성이 매우 높다.

첨단 스마트 팜 기술로 토마토 재배에 최적화된 환경을 만들면서 생산량이 점차 증가했다. 생산이 안정되면서 시장이 커졌고 수요가 많아졌다. 더 맛있고 병충해에도 강한 토마토 품종을 계속 개발하면서 지금처럼 수십 종의 토마토를 보유하게 됐고 유럽 전역으로 수출한다.

토마토 월드 토마토는 'TOMMIES'이라는 브랜드로 생산량의 80%를 독일, 프랑스, 영국에 수출한다. 토마토 판매는 'Greenery(그리너리)'라는 별도 법인에서 맡는다. 그리너리는 생산자와 판매자가 공동 설립한 협동조합으로 거래 규모가 네덜란드 전체 채소, 과일 매출의 절반에 이르고 있다.

마케팅·유통 전문법인이 농작물을 브랜드화하고 적극적으로 마케팅해 브랜드 신뢰도와 제품의 가치를 높이는 일을 전담한다. 동시에 생산에서 소매까지 체계적인 판매망을 갖추고 품질관리, 마케팅·판매전략을 일괄적으로 수립하는 시스템을 확립했다.

토마토 월드는 단순히 친환경으로 만든 토마토를 생산해 돈을 벌고자 하는 것이 아닌, 가장 자연 친화적인 방법으로 작물을 키우고 자연의 순환법칙에 따르며 함께 살아가는 미래의 농업을 준비하고 있다.

2018년 기준 토마토 씨앗 가격이 1kg당 80,000유로(약 1억 원)이다. 허니 토마토 같은 특별한 토마토는 1kg당 200,000유로에 달하기도 했다. 토마토는 12월경 배지에 옮겨 심은 토마토를 종묘회사로부터 전달받아 유리온실에서 토마토를 재배하기 시작하는데 보통 3월부터 10월까지 수확한다.

토마토 재배에서 가장 중요한 건 기본 배지다. 대부분의 농가가 암면 배지를 사용하는데 사용 후에는 벽돌로 재활용한다. 항구도시인 로테르담은 산업시설에서 배출하는 이산화탄소가 많다. 여기에서 발생하는 이산화탄소를 파이프를 통해 유리온실로 운반해 사용한다.

토마토 월드는 온수 파이프를 심어 순환시키는 지열 에너지 난방을 한다. 깊이가 2km에서 4km에 이른다. 2004년부터는 재활용 장치를 도입해 농사에 사용했던 물을 정수해 재사용함으로써 하천 오염 예방뿐만 아니라 자원 효율성도 높이고 있다. 일반 토마토 농가에서 60리터의 물을 사용한다면 토마토월드의 온실에서는 단 4리터의 물만 쓴다. 자원의 효율적 활용과 환경보호를 위한 네덜란드 농가의 오랜 고민과 노력의 흔적이다.

토마토월드 내 유리온실은 전 재배과정이 컴퓨터로 제어되는 스마트 팜이지만, 바이러스 침투에 대비해 각별한 주의를 하고 있다. 만약 감염된 작물이 생기면 1년 농사가 헛수고가 될 수 있다. 토마토월드의 토마토 재배는 병충해 방지를 위해 농약을 사용하지 않고 천적을 이용해 친환경 무농약으로 재배한다. 온실 바닥에는 온실 파이프로 레일을 설치해 작물 운반 및 난방에 활용한다. 노동력을 최소화하기 위해 작업의 효율성을 높이려는 노력을 유지하고 있다.

또한 1%의 햇빛이 1%의 수확량을 늘려준다는 광량과 수확량의 비례 법칙에 근거해 바닥을 하얀색으로 덮어 토마토의 착색을 진하게 하고 생산성을 높이고 있으며, 어느 것 하나 그냥 만들어진 것이 없다.[89]

벨기에 토마토 스마트 팜(양액 복합시설)

---

89 참조 : 노컷뉴스 토마토 강국 스페인 울린 네덜란드의 신의 한수

17
 블루오션 창출

블루오션 전략은 경쟁자가 없는 시장을 만드는 일이다. 블루오션 전략의 목표는 기존 산업에서 경쟁자를 이기는 것이 아니라 경쟁 자체를 무의미하게 만드는 데 있으며, 블루오션 전략은 경영자의 초점을 경쟁사에서 고객으로 고객 중에서도 비 고객으로 바꾸는 것이다. 포화상태의 시장에서 경쟁은 줄어드는 수익과 싸우는 업체들로 가득한 '레드오션'이다. 지속성 있는 성공을 좌우하는 열쇠는 경쟁자들과의 싸움이 아닌 성장 가능성이 높은 새로운 경쟁이 없는 시장인 '블루오션'을 창출하는 것이다.

레드오션 (Red Ocean) 전략	블루오션(Blue Ocean) 전략
기존 시장 공간 안에서 경쟁	경쟁자 없는 새 시장 공간 창출
경쟁자를 이기기	경쟁을 무의미하게
기존 수요시장 공략	새 수요 창출 및 장악
가치와 비용 가운데 양자택일	가치, 비용 둘 다 선택

출처 : 블루오션 전략, 김위찬

기술적 진보가 가속화됨에 따라 산업 생산성이 실질적으로 향상됐으며, 공급자들은 전례 없는 제품과 서비스 상품을 생산할 수 있게 되었고, 그 결과 수많은 산업 분야에서 공급이 수요를 초과한다. 세계화 추세는 이 같은 상황을 복합적으로 보여준다. 국가와 지역 간 무역장벽이 무너지고, 틈새시장과 독점시장이 설 자리가 점점 좁아지고 있다. 글로벌 경쟁이 강화되면서 공급은 늘어나고 있다. 그러나 수요가 크게 늘어난다는 명확한 증거는 없다.

포화상태에 이른 산업에서 레드오션이 점점 핏빛으로 물들어감에 따라 블루오션 창출을 위해 더 많은 노력을 기울여야 한다. 기업은 어떻게 유혈 경쟁의 레드오션에서 벗어날 수 있을까? 어떤 방법으로 블루오션을 창출할 것인가? 블루오션을 창출하여 지속적으로 높은 성과를 얻을 수 있는 체계적인 접근법은 있는가?

영원히 우수한 성과를 내는 기업이 없고, 동일한 회사가 어느 때는 뛰어날 수도 있고 쇠퇴할 수도 있다. 산업은 끊임없이 창조되고 시간이 흐르면서 확장된다. 산업의 조건과 경계선은 주어진 것이 아니라 개별 산업 주체들이 그 형태를 만들어 간다는 것을 역사는 보여준다.[90]

▌블루오션 전략의 초석

전략에 대한 기업들의 접근방식이 블루오션 창출의 승자와 패자를 구분하는 일관성 있는 기준이다. 경쟁자를 이기는 데 집중하는 대신 구매자와 회사를 위한 가치 도약을 이뤄 새로운 비경쟁 시장 공간을 창출함으로써 경쟁 자체에서 벗어나는데 이것을 '가치혁신'이라고 부른다.

가치혁신은 가치와 혁신에 중점을 둔다. 가치 없는 혁신은 기술 위주이거나 시장개척, 혹은 미래 지향적이어서 구매자들이 그 상품을 받아들이고 가격을 지불할 수 있는 수준을 넘어서는 경우가 많다.

블루오션 창출에서 승자와 패자를 구별 짓는 것은 최첨단 기술도 아니고 시장진입이 가장 빨라야 하는 것도 아니다. 가치혁신은 기업이 혁신을 유용성과 가격, 비용의 포지션으로 잘 배열할 때 생겨난다.

블루오션 창출을 추구하는 기업들은 차별화와 비용 우위를 동시에 모색한다. 블루오션을 창출하면 구매자가 얻는 가치는 높아지고 동시에 비용은 낮아진다. 이로써 기업과 구매자가 동시에 가치 도약을 이룰 수 있다. 구매자를 위한 가치는 기업이 구매자에게 제공하는 효용성과 가격에서 온다.

이 같은 전체적 시스템 접근법은 블루오션 창출을 지속적 전략으로 만들어 준다. 블루오션 전략은 기업의 기능적, 운영적, 활동의 범위 등 전체적 시스템을 통합하는 전략이다.

---

90 블루오션전략, 김위찬 르네 마보안, 강혜구 역 2005. 교보문구

시장 경계선을 재구축하라. 블루오션 전략의 첫 번째 원칙은 경쟁의 틀을 깨고 시장 경계선을 재구축해 블루오션을 창출하는 것이다. 블루오션 창출을 위해서 경영자들은 경계선 내에서가 아니라 그 경계선 전체를 바라볼 필요가 있다. 대안 산업, 전략적 그룹, 구매자 그룹, 보완적 제품이나 서비스, 산업의 기능적 감성적 성향, 그리고 시간의 흐름을 살펴봐야 한다.

대안 산업을 관찰하라. 가장 폭넓은 관점에서 보면, 기업은 소속 산업군의 기업들과 경쟁할 뿐만 아니라 대안 제품이나 서비스를 공급하는 다른 산업의 기업들과도 경쟁을 한다. 대안 품은 대체품보다 훨씬 더 광범위하다. 형태는 달라도 동일한 기능이나 핵심적인 효용성을 제공하는 제품 및 서비스는 각각 서로의 대체재가 될 수 있다.

산업 내 전략적 그룹들을 관찰하라. 종종 블루오션이 대안 산업 전체를 관찰한 결과로 창출되듯이 전략적 그룹들을 살펴봄으로써 블루오션이 열릴 수도 있다. 일반적으로 전략적 집단들은 가격과 성과라는 두 측면을 토대로 대략적인 계층이 만들어진다. 모든 가격 상승은 성과 측면에서 이에 상응하는 상승으로 이어지는 경향이 있다. 대부분의 기업은 전략적 그룹 내에서 자신들의 경쟁적인 입지 향상에 중점을 둔다.

구매자 체인을 관찰하라. 대부분의 산업에서 경쟁자들은 '누가 타깃 구매자인가'라는 공통적인 질문에 집중하는 경향이 있다. 그러나 실제로는 구매결정에 직간접으로 관여하는 구매자 체인이 있다. 제품이나 서비스 가격을 지불하는 구매자는 실제 사용자와 다를 수 있으며, 어떤 경우에는 중요한 영향력자가 있다. 이 세 집단이 일치할 수도 있으나 그렇지 않은 경우도 많다.

보완적 제품과 서비스 상품을 관찰하라. 극소수의 제품과 서비스들만이 아무런 외부 영향이 없는 진공상태에서 사용되고 있다. 대부분의 상품 가치는 다른 제품과 서비스의 영향을 받는다. 그러나 많은 산업에서 경쟁자들은 해당 업계가 제공하는 제품과 서비스 범위 내로 집중하는 경향이 있다.

비 고객을 찾아라. 이를 성취하기 위해서 기업은 다음과 같은 두 가지 기존의 전략적 관행에 도전해야 한다. 하나는 기존 고객에 포커스를 두며, 다른 하나는 고객층을 더욱 세분화하는 것이다.

블루오션 규모를 극대화하기 위해서는 그 반대의 과정을 취해야 한다. 고객을 포커스 하는 대신 비 고객을 찾을 필요가 있다. 그리고 고객들의 차이점에 초점을 맞추기보다는 구매자들이 가치를 두는 강력한 공통점에 기초를 둘 필요가 있다. 이것은 기업이 기존 고객을 뛰어넘어 그 전에 없던 새로운 대다수 고객층을 발견할 수 있게 한다.[91]

▮ 세계 1위 식품기업 네슬레의 성공전략

네슬레(NestléS)는 스위스에 본사를 두고 있는 150년 역사의 세계 최대 식품회사다. 철저한 현지화를 실행하는 업체이다. 네슬레는 직원 34만 명, 스위스 국적을 가지고 있는 인력은 불과 3%에 불과하다. 연 매출 약 110조 원에 달하는 세계 최대의 식음료 회사이다. 네슬레는 영양, 건강, 그리고 웰니스(Wellness) 전략을 기반으로 하고 있다. 네슬레의 매출액을 지역별로 나누면 선진국이 58%, 신흥국이 42%다. 틈새시장과 시장개척 전략이 치밀한 결과이다. 네슬레가 직면한 최대 과제는 소비자 기호 변화에 적절히 대응하는 것이다.

네슬레는 197개국에 진출해 436개의 생산시설을 두고 매출의 98%를 해외에서 올린다. 브랜드가 2000개가 넘지만 공통으로 사용하는 브랜드는 겨우 10여 개에 불과하다. 네슬레의 마케팅 전략은 철저한 현지화를 실행하는 것이다. 네슬레는 영양, 건강, 웰니스를 주요 기업 윤리로 삼아 이를 바탕으로 기업 비전을 제시하고 있다.

---

91 블루오션전략, 김위찬 르네 마보안, 강혜구 역 2005. 교보문구

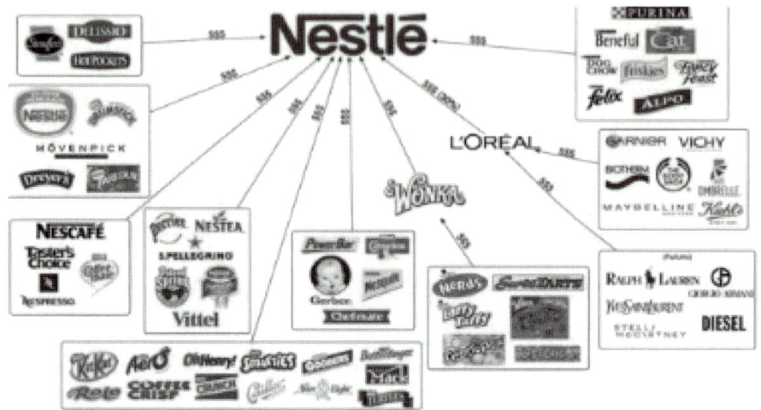

출처 : blog.naver.com

네슬레는 유아 식품을 개발해 판매한 것을 시작으로, 주력 상품은 인스턴트커피, 커피용 크림, 생수, 초콜릿, 반려동물 사료, 냉동식품 등이다. 인스턴트커피를 세계 최초로 상용화한 회사이며 현재 건강과 식품, 애견에 이르기까지 다양한 사업 분야에 진출해 있는 글로벌 식품기업이다. 특히 사업 초기부터 유지하고 있는 분유, 초콜릿, 커피 사업은 네슬레를 세계 일류 기업이 될 수 있도록 한 원동력이라고 할 수 있다.[92]

네슬레의 인스턴트 커피 브랜드 '네스카페'는 세계에서 가장 유명한 식품 브랜드다. 전 세계에서 1초에 3만 잔의 커피를 마시고 있는데, 그중 5분의 1에 해당하는 5500잔이 네슬레가 만든 커피이다. 또 네슬레는 유아용 분유를 세계에 확산시켜 많은 아기의 생명을 구했다.

네슬레의 2016년 매출액을 지역별로 나누면 선진국이 58%, 신흥국이 42%다. 지난 5년간 신흥국의 매출액은 연평균 8.3%씩 늘어 선진국의 1.6%보다 크게 증가했다. 국가별로는 미국이 네슬레 전체 매출액 895억 달러 중 270달러를 차지해 가장 크고, 중국이 70억 달러로 두 번째로 많다. 네슬레는 시장 점유율을 중시해 이익률을 비교적 낮게 유지하는 것으로 알려져 있다.

---

92 www.nestle.co.kr

네슬레는 건강과학 부문을 강화하고 있다. 네슬레 연구소는 식품과 의약품이 겹치는 분야에서 제품군을 강화하기 위해 헬스케어 기업에 대한 M&A를 추진하고 있다. 또 현재 판매되는 주요 제품을 건강에 좋도록 바꾸고 있다. 네슬레는 지난 몇 년간 판매 식품에서 염분, 당분, 지방 함량을 10%씩 줄였다.[93]

네슬레는 해외 진출 전략을 크게 3단계로 추진한다. 1단계로 해외시장에서 로컬 브랜드를 구축하고, 이를 현지에서 직접 생산하는 방식을 통해 가장 현지화된 기업을 만든다. 2단계로 세계 각지의 해외 자회사들을 연결하는 글로벌 네트워크를 구축한다. 3단계로 글로벌 네트워크가 가지는 규모의 경제, 브랜드와 정보력을 글로벌 차원에서 통합하고 활용하여 세계 어느 기업과도 경쟁할 수 있는 글로벌 경쟁력을 창출한다.

네슬레의 해외 진출 전략을 살펴보면 해외시장에서 국내 제품을 어떻게 판매할 것인지를 생각하기 전에, 어느 나라 누가 만든 제품이든 현지 시장에서 가장 잘 팔릴 상품을 기획해내는 발상의 전환이 필요하다. 즉 미국 시장에서 한국 제품을 판매하기 위해 노력하는 것이 아니라, 글로벌 소싱을 통해 미국 소비자가 가장 선호하는 제품을 만들어 미국적 브랜드를 붙여서 판매하는 전략을 사용하는 것이다.[94]

세계 인삼 선도하는 스위스 진사나

한국의 인삼 보다 스위스의 인삼이 더 인기가 많다. 식품 소비자들의 입맛이 세계화됐기 때문이다. 한국은 인삼 수출이 2억 달러가 못 되는 반면, 스위스는 인삼 재배가 전혀 없지만, 연간 30억 달러 규모의 인삼 제품 매출을 올리고 있다. 스위스는 인삼 한 뿌리 나지 않는 나라이나 세계 인삼 의약품 시장의 40%를 점유하는 인삼 제품의 상용화 국가로서 인삼 제품 '진사나(Ginsana)'를 만들었다.

---

93 EconomyChosun
94 조선일보, 박남규 서울대 경영대 교수

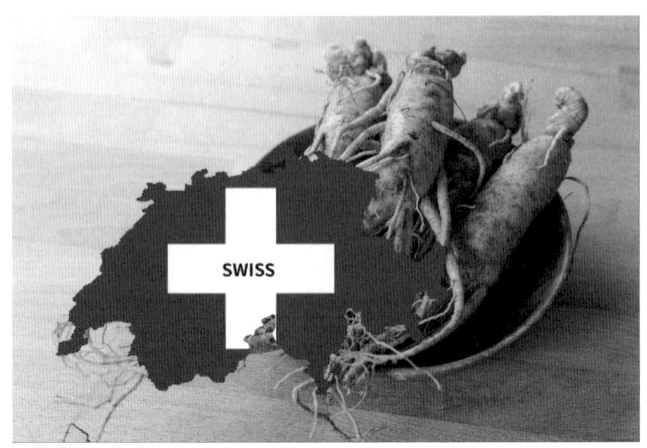

　고려인삼이라 하면 한국을 생각해야 하지만, 실제로 고려인삼을 주원료로 건강식품을 만들어, 세계시장에서 가장 큰 성공을 거두고 있는 나라는 스위스이다. 한국은 인삼 종주국이지만 표준화를 제대로 이루지 못해 관련 시장에 제대로 대응하지 못한 결과이다.

　1942년 파마톤社를 창립하여 에너지, 면역력, 지구력, 원기회복 효과를 주는 표준정제 인삼추출(G115) 특허출원(1969년)으로 유럽, 중동, 호주 등 세계 40여 개국에 수출한다. 진사나는 진사나社의 표준화된 인삼 추출물로 구성된 단일성분 영양제이다. 백삼에서 추출한 사포닌으로 캡슐 제품인 '진사나'를 생산하고 있다.

- 1991년 제약회사 베링거인겔하임 그룹에 인수
- 2009년 '진사나' 독립법인 출범
- 2013년 호주 천연의약품제조회사 SFI에 인수

　진사나의 성공 요인은 장기적·공격적 R&D 투자를 통해 표준화에 성공하여 건강식품으로 파는 한국·중국 등과는 달리 천연의약품으로 고부가가치화하여 세계 진출에 성공하였다. 진사나社는 35년간 기술개발 및 임상실험을 실시해 인삼의 진세노이드(Ginsenosides) 성분을 표준화하는 특허를 출원,

천연의약품으로써 인삼 제품 생산·판매 가능하였다. 진세노이드(Ginsenosides, 인삼사포닌)는 약리적 효과가 확인된 유일한 종인 파낙스 인삼의 200가지가 넘는 성분 중 효과를 나타내는 가장 중요한 성분이다.

한국은 세계 인삼 시장을 주도하는 인삼 종주국임에도 불구하고, 국내가 아닌 해외에서 중국, 캐나다, 미국 등에 비해 인지도가 떨어지고 있다. 인삼 생산은 중국이 1위이며 수출은 캐나다가 1위이다. 세계 인삼의 절반을 수입하는 홍콩 시장에서 미국과 캐나다가 1, 2위를 차지하고 있다.

국내 문제점은 4·5·6년근 천삼, 지삼, 양삼, 별대 등등 복잡한 분류·표기체계이다. 또한 뿌리삼은 인삼 산업법, 가공제품은 식품위생법·건강기능식품법·약사법, 산양삼은 임업 및 산촌진흥촉진에 관한 법률, 산삼 배양근은 농림부·식약처·산림청 등 3개 부처가 나눠 관리하고 있다.[95]

한국이 인삼 종주국이라고 하지만 인삼 수출액은 1억 달러가 조금 넘을 뿐이다. 외국인들은 인삼을 다려먹지 않고 캡슐을 선호하는데, 이런 세계의 흐름을 읽지 못한 결과다. 우리가 갖고 있는 장점을 살리지 못하고 오히려 빼앗기고 있다. 국내뿐 아니라 해외시장을 향해, 세계인들이 좋아하는 기호식품을 만들어 내야 한다.

▌작은버섯, 큰 산업으로 성장

세계 버섯생산량은 매년 10~20%씩 증가해왔으며 다 품종화 되어가는 추세이다. 우리나라 연간 버섯생산량은 20만 톤 내외로 세계에서 15위 정도를 차지할 것으로 추정되며, 근래에 들어 수출과 수입이 모두 증가하고 있다. 글로벌 시장에서 신선버섯(HS CODE 0709.59) 기준으로는 세계에서 5번째 수출국 반열에 올라와 있다.

우리나라 초기의 버섯 산업기(1961~1980년)는 양송이 수출에 맞추어져 시작되었다. 1960년 시작된 양송이버섯 수출은 1968년 농어촌개발공사(현, aT

---

95 참고 : 전국경제인 연합회, **FIP−2015.**식품산업 선진국 사례를 통해 본7가지 성공 키워드

K-MUSH 버섯 수출품

한국농수산식품유통공사)가 개별 수출하는 방식을 통합하여 버섯 수출창구를 관장하면서 버섯 발전의 전환기를 맞게 되었다. 1971~1972년에 '농수산물수출진흥법[96]'에 의하여 수출품목으로 지정받아 재배기술과 수출이 크게 신장되었다. 1976~1978년까지는 양송이 산업이 최고조에 달한 중흥 발전기로서 농산물 중에서 잠업(蠶業) 다음으로 제2위를 차지할 정도로 우리나라 수출농산물의 주역을 담당하였다.[97]

이 시기의 양송이 산업 규모는 연간 생산량 4만 8000톤으로 양송이 수출은 모두 통조림으로 가공되어 이루어졌다. 40년 전인 1978년 양송이 수출액은 51.3백만 달러로 2019년도 버섯 수출 규모(약 5000만 달러)를 상회하였다.

이후 중동의 에너지 파동 및 중국산 양송이 덤핑 수출에 의한 세계시장 혼란과 국내의 공업화 우선 정책에 따른 농업 비중의 약화로 인해 버섯재배는 인건비 상승, 에너지 가격 상승, 인력수급 등 어려운 상황에 놓이면서 양송이 통조림 수출산업은 국내 소비로 전환되는 큰 변화를 겪는 전환기를 맞았다.

1980년에 들어서 차츰 버섯의 다양화가 요구됨에 따라 국내 소비용으로 병 재배 시스템이 도입 발전되면서 느타리버섯, 팽이버섯, 만가닥버섯 등 품목 수가 증가하고 다양화되었다. 1992년 사상 초유의 1억 달러 수출을 기점으로 수출용 양송이 생산은 감소하고, 해외에서 버섯이 처음 수입(11백만 달러)되기 시작하였다. 버섯 수출은 양송이(통조림) 수출 초기에는 흑자구조였으나, 차츰 수입이 증가하여 2004년 이후는 적자로 돌아섰다.

1997년의 액체종균 기술보급과 시설공조형 병 재배 시스템 도입은 팽이

---

96 농수산물의 안정된 수출기반을 조성함으로써 농수산물의 수출진흥과 농어민소득증대에 기여하게 함을 목적으로 함. 1971. 1. 19 제정, WTO의 출범으로 2018년 폐기
97 한국의 버섯산업 발달사, 공원식 장갑열 등, 2016

버섯과 새송이버섯의 생산에 새로운 장을 열리게 하는 계기가 되어 버섯 전체 생산량이 급격히 증가하면서 2000년에는 15만 톤이 되었다.

병 재배가 가능한 팽이버섯, 새송이버섯, 느타리버섯 등은 규모화로 경쟁력을 갖추게 되었으며, 액체종균 접종과 병 재배기술이 일반화되면서 생산시설 자동화 및 대량생산 시스템 구축 등으로 인한 생산성 향상을 이루게 되었다. 반면에 자동화가 어려운 양송이, 표고버섯 등은 비교적 가격 안정화가 이루어졌다.

▌버섯 수출량 및 수출액▐

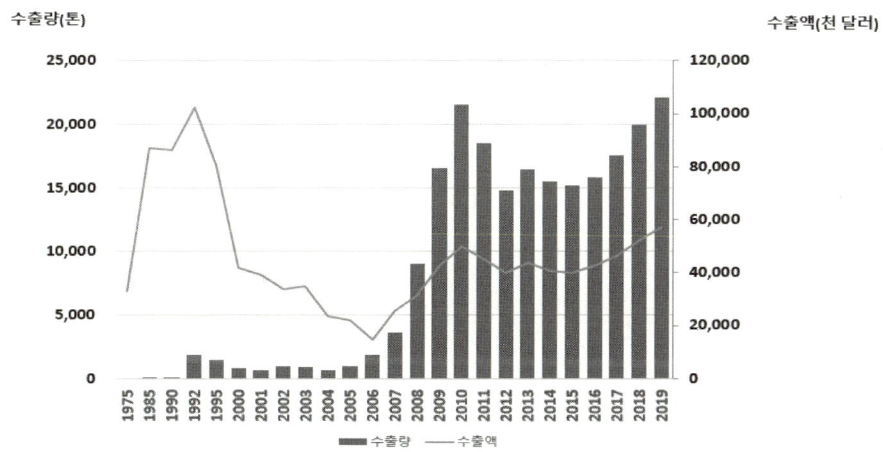

출처 : 저자작성

2006년에 버섯품목이 수출물류비 지원 품목에 포함되면서 수출의 성장 동력을 갖추게 되었고, 2017년에는 농산물전문단지에 진입되면서 수출이 비약적으로 늘기 시작하였다. 수출국은 미국, 네덜란드, 캐나다, 호주, 베트남 등 20여개 국가에 이른다. 팽이버섯, 새송이버섯, 만가닥버섯 등 신선버섯류와 표고버섯, 영지버섯 등이 수출의 주류를 이루면서 2018년 약 5000만 달러의 수출실적을 달성하였으나, 지금의 수출 규모는 1992년의 절반 수준에 불과하다.

반면, 중국의 2016년 버섯 생산은 우리나라(20만 톤) 보다 약 170배가 많은 3,480만 톤, 수출은 약 8만 톤(1억 8000만 달러) 규모이며, 세계 버섯 총 생산량의 약 70% 이상을 차지하는 큰 산업으로 성장하여 해외시장에서 한 국산 신선 버섯과 치열한 경합 관계를 형성하고 있다.

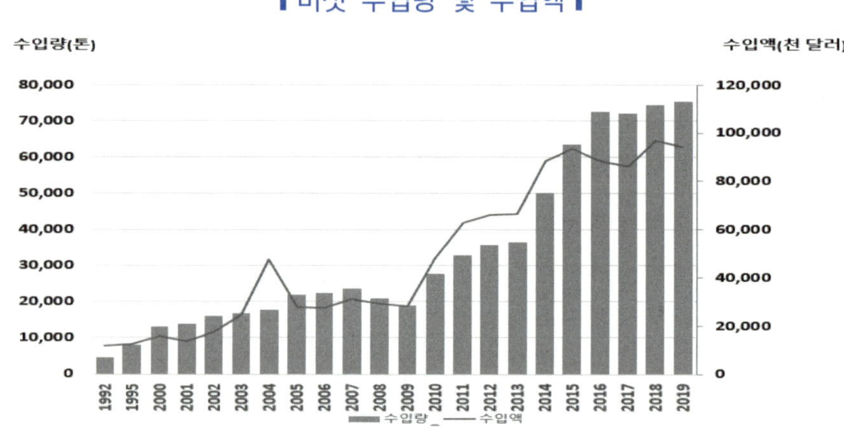

출처 : 저자작성

한국 버섯 수출경쟁력, 가공제품 수출에 연구가 따라야 한다. 글로벌 버섯 시장규모는 약 40조 원(350억 달러) 정도다. 매년 9% 이상씩 성장하여 2025년에는 70조 원이 될 것으로 예상되고 있다.

통계상 우리나라 신선기타버섯(HS code 0709.59/팽이, 새송이, 느타리 등) 경쟁력은 세계에서 5번째 정도로 랭크되어, 버섯 수출을 비교적 많이 하는 국가로 나타나고 있다. 한국산 버섯 관련 수출은 팽이, 새송이, 만가닥 등 신선 버섯이 주종을 이루고 있다.

주요 수출 대상 국가는 미국, 네덜란드, 호주, 캐나다, 베트남 등의 국가로 서 수출 상위 10개국의 수출액이 전체 수출액의 약 90%에 달하고 있다. 하 지만, 수확 후 선도유지 관리 문제가 원거리 국가로의 수출 확대에 가장 큰 애로 요인으로 지적되고 있다.

우리나라의 버섯은 연간 20만 톤 내외가 생산되어 총 버섯시장 규모는 약

1조 3000억 원 정도이다. 그중에서 가공용으로 사용되는 부분은 채 1%도 되지 않는다. 국내 버섯가공품으로는 양송이 통조림과 저장식품 형태의 염장버섯, 버섯 장아찌류와 버섯 과자 등이 있으나, 종류가 다양하지 않고 완성도가 낮아 실제 수출상품화는 미미한 수준이다.

반면에 버섯산업 선진국인 네덜란드의 버섯 생산규모는 세계 4위이며, 버섯가공품 시장규모는 약 20만 톤이다. 네덜란드 버섯산업은 전체 생산량의 약 90%를 수출하고 있다. 양송이는 네덜란드 내 소비량보다 훨씬 많은 연간 약 25만 톤이 생산되며, 이중 36%가 신선 버섯으로, 나머지 64%가 버섯 잼, 통조림 등 가공품으로 소비되어 신선 버섯의 80%, 가공품의 90%가 수출된다. 전체 버섯생산량의 절대량이 수출되고 있는 셈이다. 가공 버섯은 소스 및 스톡, 수프, 분말, 레토르트, 과자 등으로 다양화되고 있다. 버섯 수출품은 주로 통조림이나 냉동 형태로 이루어지며, 특히 통조림의 경우 주요 수출국은 미국이다.

한국의 버섯산업의 총량을 늘리기 위해서는 선진국형 수출구조로 전환되어야 한다. 우리나라 버섯 수출산업이 선진국 모델의 산업구조로 전환되기 위해서는 신선버섯 중심의 수출은 한계가 있다. 버섯가공품의 적극인 개발에 의한 유효수요 창출을 최대로 이끌어내야만 국가 버섯산업이 성장산업으로 견인될 수 있다.

호치민 2017 K-FOOD 수출상담회. 부스를 방문한 농림축산식품부 김재수 장관

한국 수출농업, 변화와 진화

▌조직화·규모화로 농식품 수출 늘여야[98]

　농식품 관련기관 역할분담·네트워크 형성이 필요하다. 우리나라는 일본, 중국을 비롯해 대만, 동남아, 인도 등 세계인구 절반에 가까운 식품 소비시장과 인접한 지리적 이점을 갖추고도 농식품 수출액은 세계 식품 교역규모의 0.3%에도 미치지 못하고 있다.

　이러한 문제를 해결하기 위해서는 수출규모가 큰 수출선도조직이 생산 농가와 상호 구속력 있는 계약을 체결하고 수출물품을 안정적으로 공급받을 수 있는 체계를 구축해야 한다.

　또한, 품목별 수출협의회를 구성해 수출을 조직화·규모화해 국내 업체 간 과당경쟁을 해소하고, 해외에서 거래교섭력을 강화해 나가야 한다.

　고품질·안전 수출농산물 생산기반을 구축하는 것도 중요하며, 식품의 안전성관리도 수출에 있어 필수조건이다. 연구개발(R&D) 지원을 통한 해외시장 확대도 필요하다.

　신선농식품이 안정적이 국제경쟁력을 갖추기 위해서는 종자에서부터 생산·가공·유통·수출에 이르는 전 과정의 R&D가 필요하다. 가공식품은 가공기술, 핵심원료 및 소재 개발, 포장용기 및 디자인 개발이 필요하다.

　식재료 수출을 위해서는 우선 국내 수출기반이 구축돼야 하며, 이를 위해

---

98 농업전망 2009, 100억 달러 농식품 수출을 위한 과제 주제발표 저자/ 농촌여성신문 요약

서는 식재료 수요처·바이어 등의 정보를 데이터베이스로 구축하고, 연구개발을 통해 해외시장에 부합하는 맞춤형 식재료를 개발해야 한다. 아울러 해외 관련 박람회 참가, 해외 유명 요리전문지 광고, 해외동포 등 한민족 네트워크를 활용하는 것도 방법이다.

특히 해외시장의 특성과 선호도 등을 면밀히 분석해 전략수출품목을 집중 육성하고 고부가가치 상품을 수출해야 한다. 여기에는 해외시장별 특성에 맞춘 차별화된 마케팅이 뒷받침돼야 한다.

중앙정부와 지자체는 지역별 특성에 맞는 생산품을 집중 지원해 지역별로 특성화하고, 장기적 관점에서 수출경쟁력 확보를 위한 인프라 구축에 힘써야 한다.

아울러 농림축산식품부를 중심으로 농촌진흥청, 국립농산물품질관리원, 농협 등 유관기관들이 역할분담과 네트워크 형성을 통해 수출지원정책의 효율성을 높일 필요가 있다.

농식품 수출 100억 달러를 넘고 200억 달러 달성을 위해서는 수출 주체인 생산자와 수출업체가 정부의 지원에 너무 의존하지 말고 조직화·규모화, 연구개발 등을 통해 자생력을 확보하고, 해외시장개척을 위한 공격적인 마케팅을 추진해야 한다.

▌기존의 틀에서 타파되어야

1980년대 말 국제화 태동기가 시작되고 UR 타결로 수입개방이 급속이 진행되어 농업의 무한경쟁 시대가 도래한 이후 농가 인구는 감소하고 농업 생산은 위축되고 있다. 농가의 소득은 도시가계 소득에 비해 감소하고 있으며, 농업소득은 정체와 함께 고령화로 인한 침체상태를 벗어나지 못하고 있다.

지난 30년간 한국농업은 시지프스(Sisyphus)[99]와 같은 처지였다, 보릿고개

---

[99] 시지프스가 정상에 올린 바위는 다시 밑으로 떨어져 반복해 올리는 노역은 끝이 나지 않음

를 넘어 통일벼를 통해 획기적인 증산은 '농업은 쌀'이라는 등식이 통했다. 농식품 생산·유통정책에서 많은 변화가 있었지만 답보상태에 머물렀다. 제조업은 글로벌 시장으로 방향을 틀면서 성장의 큰 성과를 거두었지만, 농업은 산업화의 그늘에 가려 쇠락을 거듭했다.

선진국들이 대형 농기업을 앞세워 거대 시장을 선점하는 동안 한국은 쌀 자급률 높이기에 급급했다. 한국의 무역수지는 흑자이지만 농식품 무역수지가 21조 원(2019년) 적자이다. 2019년 기준 농림축수산식품 총 수출액은 95억 달러로 한국 총 수출액의 1.5%에 불과하며, 농림축수산식품 수출액 중 농가 소득과 연결된 신선농산물 수출은 11.5%에 불과하다.

고령화 100만 명 시대에 살고 있다. 농촌인구가 줄어드는 것보다 더 큰 문제는 농촌의 고령화다. 2018년 농촌에서 일하는 10명 중 6명은 60세 이상이다. 최근 1년간 농촌인구는 70세 이상만 증가했을 뿐 고령화가 더욱 가속하고 있다. 초 고령 사회로 진입이 멀지 않았는데 일본, 독일 다음 순이다. 농가소득은 증가했지만 농업소득은 감소하였다. 농업으로는 돈을 못 버는 농촌인 셈이다.

농림업 총생산은 52.5조 원으로 정체 상태에 있고 농업의 부가가치도 31.2조 원으로 낮다. 품목별 생산액도 쌀(8.4조 원), 돼지(7.1조 원), 한육우(5.1조 원), 닭(2.2조 원). 우유(2.1조 원) 등 5개 품목이 생산액의 절반을 차지한다.

호당 경지면적이 영세하고 농지가격이 비싸 생산성 향상에 애로가 있다. 농가소득이 도시근로자 가구보다 낮아 농촌의 인구가 감소되고 있다. 농가소득은 도시근로자의 70% 선인데 농업소득 비중은 27%에 불과하다.

우리농업은 '쌀 맹신주의'보호 논리를 중요하게 여겼다.[100] 쌀에 과도하게 편중된 생산구조, 정치적으로 운영돼 온 보조금제도, 경자유전 원칙, 의존적 농민의식 등이 맞물려 농업 발전의 발목을 잡고 있다. 전체 농가의 약 70%

---

[100] 첨단부국 농업의 길, 2010. 매경출판

정도가 벼농사를 짓는다. 이는 전체 경지면적 중 50%가량이 쌀 생산에 쓰이는 것이다. 하지만 전체 2018년 농림업생산액 중 쌀이 차지하는 비중은 약 16%(8조 4000억 원)에 불과하다.

쌀은 공급초과 상태에 있다. 정부가 쌀 공급과잉 문제를 해결하기 위해 벼농사를 쉬는 농민에게도 지원금을 준다. 정부로선 쌀 재고량 증가로 관리 비용 절감과 휴경을 유도하는 것이 과잉 생산된 쌀을 사들이는 것보다 비용을 줄일 수 있다고 보는 것이다. 한편 정부는 쌀값이 떨어지지 않도록 쌀을 대량으로 매입해 시장과 격리하는 정책을 쓰고 있다.

쌀 소비량은 1970년 136kg에서 지금은 60kg이 무너졌다. 쌀 생산량도 줄었지만, 수요 감소폭보다 덜하다. 경지면적은 줄었지만 생산기술의 증가로 면적당 생산량은 증가했다. 2004년 12월 쌀 관세화 유예의 대가로 의무적으로 수입하는 의무수입물량(MMA)으로 쌀은 공급과잉이다.

농민들이 쌀만 생산하는 것은 큰 손해를 보지 않는다는 생각이 있다. 벼농사는 노동 시간도 적은 편이지만 10아르(1000㎡) 기준으로 시간당 소득도 배추, 양배추, 장미보다 낮다. 10아르당(a) 벼농사는 평균 16.15시간을 투입한다. 배추는 96시간, 딸기는 600시간 안팎이다. 실제 벼농사는 강도 높은 노동을 하는 시간이 그리 많지 않다. 현장에서는 적게 일해도 수입이 보장되는 것은 벼농사이다. 쌀 변동직불제가 농가가 벼 재배를 포기하지 못하는 원인 중 하나로 꼽힌다. 쌀 변동직불제는 수확기 산지 가격이 목표 가격을 밑 돌 경우 둘 사이 차액을 보전해 주는 제도다.

대한민국 헌법 제121조에는 경자유전(耕者有田)의 원칙과 농지의 소작제도는 금지된다. 그러나 현실의 경자유전 원칙은 이미 깨진 지 오래다. 농지는 원칙적으로 농지은행을 제외하곤 임차를 할 수 없지만, 우리나라 농지 중 50% 정도는 소유자와 경작자가 다르다. 선진국 수준의 대형 농은 아예 꿈도 꾸지 못하는 것이 현실이다.[101]

---

101 농지의 임대차와 위탁경영은 법률이 정하는 바에 의하여 인정되고 있다.

네덜란드 농업은 품목의 전문화·규모화의 진전이 진행형으로 이루어지고 있다. 호당 경지면적은 25ha를 넘어섰다. 세계 2위의 농산물 수출국이다. 생산 및 중계·가공으로 부가가치를 창출하여 농식품 관련 산업의 총부가가치는 국가 전체 의 10% 정도가 된다. 주요 농업정책 성장의 전략은 규모화이며 전문화이고 첨단농업으로 무장하였다. 규모화를 추진하여 품목 전문농 육성으로 경쟁력을 향상했다.

유리온실 농가는 반으로 줄었으나 2ha 이상 농가는 10배 이상 증가하였다. 품목별 조직화가 경쟁력을 이끌고 있다. 전문성을 갖춘 품목별 협동조합이 수출농업을 주도한다. 그리너리는 9개 협동조합이 참여하여 60여 국가에 수출한다.

교육과 연계하여 실습과 현장 중심의 교육을 통해 전문성과 현장성을 강화하여 교육기관인 PTC+는 품목 전문교육 및 단계별 심화 교육을 실시하여 연간 3만 명을 교육한다. 네덜란드는 품목별 생산성이 매우 고도화되어 있다.

예를 들어 토마토 농업 생산성이 10a당 한국이 26톤이라면 네덜란드는 49톤이다. 파프리카 생산성은 네덜란드의 50%, 축산은 60% 정도이다.

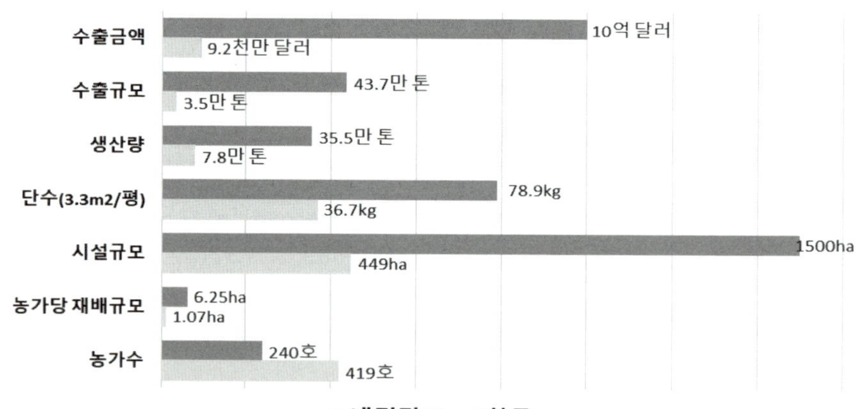

┃ 네덜란드와 한국의 파프리카 밸류체인 생산성 비교(2019년) ┃

출처 : 저자 작성

뉴질랜드의 농업보조금 개혁은 진짜 농민을 키웠다. 뉴질랜드는 시장지향형 경쟁구조로 체질을 바꾸기 위해 농정개혁을 포함한 경제개혁으로 가격 보조와 투입재 보조 등 농업 보조 철폐는 기본, 수출 보조와 관세율 감축 등 무역에서도 규제를 없앴다.

강도 높은 개혁의 대부분은 1980년대 중반에 완료했다. 개혁을 추진한 결과 농업이 시장주도형으로 전환됐다. 그리고 농업 경영은 국내외 시장 환경을 주로 고려하면서 농업생산의 합리화와 다각화, 농가 규모화, 경영 전문화가 이뤄지면서 낙농과 원예 등의 비중이 확대됐다. 우리도 뉴질랜드처럼 스스로 경쟁력을 확보하는 진짜 농민을 키워야 한다.[102]

일본의 농업은 경지면적 감소로 규모화 농업이 지속되고 있다. 일본은 FTA 체결국은 아니지만 변함없는 한국의 제1위의 농수산식품 수출국이다. 경자유전 농지법을 개정(2009년)하여 농지의 목적을 소유에서 이용으로 바꾸면서 20ha 이상 경영체가 30%를 넘는다. 대기업의 농업 참여를 허용하여 농업 경쟁력 강화의 견인 역할을 하고 있다.

농지 면적의 80%를 전업농에 집중하여 생산비를 40% 절감하며 법인 경영체가 증가하고 있다. 세계 농식품 수입 6위 국가지만 수출을 위해서도 각종 수출규제 정비와 콜드 체인을 확보하는 등 수출환경을 정비하여 수출드라이브를 걸고 있다.

일본 정부도 농산물 수출목표를 정하고 쌀과 채소류, 과실류, 화훼류 등 54개 품목별로 34개국의 주요 수출국을 설정해 국가별 특성을 반영한 품목별 전략을 수립하여 진행하고 있다. 글로벌 농수산식품 수출국 순위는 한국보다 한 단계 낮은 39위다.

일본 농업은 규모화가 진전되고 있지만 시설농업의 경작 규모는 한국보다 소규모여서 파프리카, 토마토 등은 연간 소비량을 자체적으로 생산하지 못한다. 게다가 일본 생산자의 노령화로 향후 자국산의 급격한 생산증가는 기대하기 어렵다.

---

102 참고 : 첨단부국 농업의 길, 2010. 매경출판

한국 수출농업, 변화와 진화

20년 30년 후 한국농업의 수출산업은 어떤 모습일까? 지금 한국농업은 선진국으로 진입하기 위한 변화와 응전의 시대에 살고 있다. 그러나 농업에 대한 생각은 과거나 지금이나 그대로이다, 농업은 농사짓는 것이라고만 생각하는 것이 문제이다.

응전으로 성공한 집단만이 살아남는다. 선진시스템의 식품산업 육성과 농식품 수출확대, 농자재산업 및 新성장 분야의 육성, 농업경영체 역량강화 및 기업과 상생협력 시스템을 구축하는 등 성장 동력 확충이 대폭 이어져야 한다.

2000년부터 2019년까지 농림수산식품은 연평균 6.3% 수출 증가의 성과를 보였지만 농업과 수출 밸류체인은 그 당시와 별반 나아진 것이 없다. 우리는 농촌이 고향이면서도 선진 농업국으로 가는 길은 우리 자기 일이 아니라 남의 일쯤으로 여기고 무관심하지는 않았을까? 그러는 사이 세계는 농업의 새로운 변화에 한발 앞서 대응해 가고 있다.

FTA의 파괴력도 본격화될 것이다. 2020년 기준으로 16건의 FTA가 55개국과 체결돼 발효된 가운데 농산물의 관세철폐가 중첩되기 시작했다. FTA별 양허관세 10년 양허 대상 품목이 차츰 다가와 수년 내에 대다수 신선농산물의 수입관세가 종적을 감출 것이다.

미국의 경우는 쌀 등 양허 외 품목을 빼고 미국 농축산물 대부분이 무관세로 들어오는 상황이 벌어진다. EU도 사과, 배 등 20년 양허로 분류된 품목도 관세가 철폐되기 시작한다.

미래의 한국농업은 누가 어떻게 이끌고 갈 것인가? 한국농업이 미래산업이 되려면 우리가 생각하는 농업을 잊는 것부터 시작해야 할지도 모른다. 그렇지 않으면 우리의 열망과 달리 계속 사양 산업으로 남아있을 수도 있다. 농업이 미래 성장산업으로 전환되려면 지금부터 과감한 사고의 변화가 이루어져야 한다.[103] 소농가 적 사고를 기업가 사고로 바꾸어야 한다.

---

[103] 참고 : https://brunch.co.kr/@ecotown/116

규모화 된 품목별 조직화의 진전이 필요하다. 네덜란드는 농업 농촌이 잘 살기 위해 100년 갈 농업정책을 결정하고 20세기 초부터 규모화를 일찍 시작하여 농가당 경지면적이 우리보다 20배 이상 크다. 규모의 경제가 이뤄진 것이다. 품목별 조합형 수직통합 경영체를 육성하여 시장 경쟁력을 갖추었다. 그들은 부가가치가 높은 제품을 생산하는 데도 집중하고 있다.

반면에 우리나라는 1950년~1960년 사이 소농화 됐다. 우리나라 농업은 영농규모가 작아 개별농가 단위의 영농 규모화를 지향하고 있다. 개별농가의 영농규모 확대는 한계가 있다. 따라서 동일한 품목의 많은 농가들이 협력하여 규모화 된 시장대응력을 확보하여야 한다.

국내외 대규모 수요에 대응하기 위해서는 강력한 전국단위의 '품목 조합형' 통합조합을 육성해야 한다. 이해관계자들의 집합체인 무늬만 수출통합조직은 수출업체를 배제한 '조합형 통합조직'으로 진화되어야 한다. 선진국형 품목 마케팅 조직(선키스트, 제스프리, 그리너리, VI.P 등)은 농가 중심의 조직 형태임을 간과해서는 안 된다.

농업은 인프라가 중심인 산업으로 방향성이 필요하다. 농사는 땅만 있으면 되지만 선진농업 시스템은 여느 산업과 같이 자본과 규모화의 진전이 있어야 하며 엄청난 인프라가 뒤를 받쳐 줘야 한다. 그리고 미래 산업으로 바라보는 비전과 전략이 있어야 한다.

세계 강소농업국은 농업의 규모화에 이어 설비 및 기술집약적 농업의 진전이 정책의 기본 전제이며 틀이다. 기술집약적인 과학영농으로 생산성을 높이고 품질을 고급화 할 수 있는 길을 개척해 나가는 것이 농업의 경쟁력과 수출농업의 에너지를 높이는 방법이다.

향후 농업의 핵심은 자본력이다. 우리도 농업에 자본을 어떻게 투입할 것인가에서 해답을 찾아야 한다. 한국 제조업은 삼성과 같은 자본력이 있었기에 체계화된 것이다. 자본만 있으면 기술이 몰려들게 돼 있다.

특히 포스트 코로나 시대는 노동력을 대체하는 규모화와 전문화가 불가피하다. 농장은 자동화된 설비를 이용하여 제품을 생산하는 공장 형 산업으로 전환되어야 한다. 지금 수출이 잘 나가고 있는 파프리카와 팽이·새송이 버섯 등이 좋은 공장 형 모델이다. 네덜란드의 파프리카 농장은 첨단 공장에 가깝다. 자동화 시스템으로 파프리카를 생산하고 있는데 농업의 외연은 한계가 없다.

현지인에 맞춰 대량수출 구조를 목표로 해야 한다. 해외의 교민 시장만 바라보는 수출은 시장이 한정적이어서 무늬만 수출이지 내수의 확대나 다름 없다. 교민 시장이 아닌 메인스트림((Main Stream)이라고 불리는 주류시장으로 진출해야 수출의 규모를 대폭 늘릴 수 있다.

주류시장의 진입 장벽을 뚫기 위해서 상품의 우수성은 말할 것도 없지만 식품 포장도 매우 중요하다. 맛을 파는게 아니라 멋과 스토리를 파는 것도 중요하다. 프리미엄 시장을 공략해야 라면, 김치, 만두, 김 등 제2, 3의 프리미엄 농식품이 탄생할 수 있다. K팝과 한류를 활용한 K푸드 프리미엄을 활용할 수 있도록 수출-홍보-마케팅 등 관련기관의 적절한 지원과 관심이 필요하다.

성공 농업은 위치보다 바라보는 방향성이 중요하다. 한국은 반도체와 조선, IT에서 신화를 창조했다. 첨단 농업제품을 생산하여 세계로 수출할 만한 자본과 기술 경험이 있다. 글로벌화는 선택지가 아니다. 제조업 분야가 그랬듯이 농업 역시 수출에 승부를 걸어야 한다. 한계 논리를 탈피하여 품목별 조합 형태의 수직통합 경영체를 키워내야 한다.

네덜란드와 덴마크, 스위스 사례에서 배우고, 이들을 대한민국 농업의 경쟁자로 삼고 대응해 나갈 때 글로벌 시대의 한국농업의 장래가 밝아질 수 있다. 우리나라가 세계무역 대국이 된 과정은 자원 수출이나 재 수출입이 아닌 제조기반으로 무역수지 흑자를 이룬 것이다. 농산물도 생산자원 수출의 고도화와 더불어 제조 가공식품 수출의 세계적 흐름에도 넘나들면서 선진국형 산업으로 업그레이드가 요망된다.

그저 과거에 하던 식 정책, 보조금 지원으로 밀어붙이면 될 거라는 생각은 버려야 한다. 이대로는 10년 후에도 농식품 100억 달러 달성은 공염불이 될 수밖에 없다.

한국농업이 선진국화되려면 절박감이 있어야 한다. 글로벌 시장의 경쟁은 점점 치열해지고 생산원가는 점점 올라가고 있는 반면 생산이 늘어나도 수익은 감소하여 농업소득은 줄어들고 있다. 수출농업 전 과정의 밸류체인이 변화되고 변모되어야 한다.

삼성의 추진력과 기획력을 닮아야 한다. 100년을 먹고살 농업에 대한 정책을 과감히 세우고 기술개발과 농업교육 등 실질적인 노력이 필요하다.

성공농업을 위한 제도와 기반 그리고 합리적인 의식이 갖춰지지 않으면 의지와 열정만으로는 그 깊이가 얕을 게 뻔하다. 아무리 바뀌어야 한다고 한들 바뀌지 않는다. 바뀌지 않는 것이 아니라 바꾸지 못하는 것이다.

과연 한국농업은 올바른 방향으로 가고 있는지? 옳은 방향이면 언젠가는 다다를 수 있지만 그른 방향이면 언제라도 다다를 수 없다. 시간이 걸리더라도 흐름을 바꾸고 기반을 닦아나가야 한다.

「중요한 것은 우리 앞에 놓은 도전과 변화를 기회로 만들 수 있는 창조적인 해법과 할 수 있다는 자신감이며 지금 이 순간이 한국 농업을 한 단계 더 도약시키느냐, 아니면 추락하느냐를 결정짓는 골든타임일 수 있다.」[104] 농업은 미래성장산업으로서 인식의 대전환이 필요하며 이것이 대한민국 농업의 희망이다.

네덜란드의 시설원예, 시설면적중 채소 48%, 화훼 46%/ 채소류 62억 유로, 화훼류 92억 유로수출

---

104 농업미래성장 대토론회 중에서

네덜란드 알스미어 경매장은 세계 최대 규모다. 축구장 200개 정도의 넓이인 66만평, 하루 세계 꽃 거래량의 약 80%인 2천만 송이의 꽃과 2백만 개의 꽃 화분이 거래, 연간 17억 유로 거래규모이다. 이곳 거래된 화훼의 90% 이상은 다시 외국으로 수출되어진다.

경매장에는 2개의 대형 TV가 걸려있다. 그 화면 속 한편에 출하 농가의 신뢰 지수 등급이 A, B, C, D로 표시되어 상품의 평판 정도를 알 수 있다.

농식품 수출의 성공열쇠 Ⅱ - 農食品 輸出 槪論

19
 미·중 무역전쟁(US-China New Trade War)

미국은 자국의 국가 안보에 위협이 된다고 판단되는 세력은 바로 중국이다. 미국과 중국은 각각 전 세계 경제 규모 1위와 2위다. 하지만 이 둘은 물건을 사고파는 '무역'에 있어 아주 다른 길을 걷고 있다. 미국은 수십 년간 무역적자를 피하지 못하고 있지만, 중국의 무역흑자는 꾸준히 증가하고 있다. 다시 말해 중국은 상승세, 미국은 내림세인 것이다. 원인은 다양했지만, 무엇보다도 나라 사이 직접적인 무역 관계가 큰 영향을 끼쳤다. 미국은 불공정 무역이라고 생각한다.

미국과 중국의 무역전쟁이 갈수록 치열해지고 있다. 무역전쟁의 원인은 경제적 이슈와 정치적 이슈가 있다.

경제적 이슈는 미국의 무역적자에 있다. 중국과 교역적자는 전체 적자의 60% 수준이다. 정치적으로는 트럼프의 2016년 대선공약 실행과 2020년 대선 전략이다. 미국 도널드 트럼프 대통령은 대통령 취임 전부터 이 문제를 지적하며 '중국이 미국의 일자리를 빼앗아갔다'고 주장했다. 그는 공약으로 중국산 제품에 45%의 관세를 물리겠다고 약속했고 당선 이후 이를 실행하기 시작했다.

무역전쟁의 시작은 2018년 미국이 중국에 500억 달러 상당의 상품에 25%의 관세부과를 발표로 시작되었다. 이에 중국도 미국산에 대하여 600억 달러 상품에 보복 관세를 취하였으며, 이로써 양측의 관세부과 대상 물량과 추가 관세인상이 몇 차례 확대 확산되었다.

2019년 5월에도 미국은 중국산 2000억 달러 규모에 10% 관세를 25%로 인상하고, 중국은 이에 맞서 600억 달러 상품에 관세를 인상하게 된다. 이후로도 미국은 중국 Huawei가 국가 기밀을 빼돌린다는 혐의도 제기했다. 통신 사업 특성상 미국은 화웨이에 기술적 기밀 정보를 제공해야 했는데 기업이 약속을 지키지 않고 중국에 그 정보를 그대로 넘겨준 것으로 의심한 것이다. 중국은 이에 맞서 Apple 등 미국업체를 블랙리스트로 제재하게 된다.

이후로 미국은 중국에 추가관세 부과와 환율조작에 대응하고, 중국이 이에 물러서지 않고 미국 제품에 보복성 관세를 부과했다. 이후에 미국은 관세 추가인상을 자제하면서 중국은 미국 농산물(돼지고기, 콩) 500억 달러 규모의 구매를 하면서 의견이 접근된 듯하였다.

2000년 1월에 들어서 미국은 중국산 제품 1200억 달러 규모의 관세를 인하(15%→ 7.5%)하고 중국도 미국산 상품에 2년간 2000억 달러의 추가 구매를 제안 하면서 어느 정도 험악한 분위기가 가라앉게 되었다.

그러나 2020년 코로나19가 발생과 Pandemic으로 실업과 경기의 침체, 공급망 사슬의 파괴로 미중간의 갈등이 최고조에 이르게 되고 미국은 중국 우한 진원지 책임을 강조하게 이른다. 여기에 2020년 5월 중국의 홍콩 보안법이 통과되면서 미국은 홍콩의 Special Status 지위(특혜관세)를 박탈하는 발표에 이른다. 중국의 불공정 무역에서 파생된 양국의 최대 현안인 먹거리 무역에 대한 미·중 돼지고기와 콩(Soybean)의 식재료의 정치공학을 들여다보면 다음과 같다.

돈육, 돼지는 곡물 먹는 '기계'다. 돼지 몸 1kg을 불리기 위해서는 약 3kg의 곡물을 먹여야 한다. 중국에 대형 기업영농이 늘면서 중국에서도 사료 먹는 돼지 비율이 높아지고 있다. 사료 수요가 급증하고 있다. 중국에 돼지고기는 중국 물가지수를 대표하는 서민들의 필수식품으로 돈육이 육류소비의 64%를 차지한다. 중국의 개혁개방 이후 식생활 구조가 변화되고 육류소비가 급격히 증가하면서 전 세계 돼지고기 소비량의 44.4%(2019년)를 차지한다.

중국의 돼지고기 생산은 4250만 톤으로 세계생산(102백만 톤)의 42%를 차지하는 최대 생산국(사육두수 4.3억 두, 세계의 55.6%)이나 국내 소비를 맞추지 못하여 매년 수입이 증가하여 최근 세계 전체 수입량의 20%~30%로서 연간 150만 톤에서 250만 톤을 수입한다.

반면에 세계 돈육 수출시장은 EU, 미국, 캐나다 3개국이 80%이상을 차지하는 구조로 되어있다.[105] 따라서 브라질, 칠레, 멕시코 등 여타물량을 다 합쳐도 중국 수입수요량을 맞추기 어려운 구조이다.

더욱이 중국은 치사율이 100%라는 ASF(돼지콜레라)의 발생으로 2019년에 약 1억 마리를 살 처분 하여 재배 두수의 약 25%가 사라짐으로써 중국 돈육가가 크게 상승하여 최고치를 경신하였고 이에 수입을 서두르게 되었고 세계시장 물량의 80%를 싹쓸이하여 세계 돼지고기 가격을 30% 가량 상승하게 만들었다.

홍콩보안법 제정으로 미중간 충돌이 일어나면서 미국이 홍콩의 특별 지위 박탈을 선언하자 중국은 이에 보복, 미국산 돈육과 대두의 구매 중단과 함께 기존의 수입계약도 취소하는 강력한 보복조치를 취하였다.

미국의 돼지 사육 두수는 77백만 두로 중국의 5/1 수준이며 돈육 생산은 13.2백만 톤으로 중국의 1/3이나 국내 소비(10.1백만 톤)를 충당하고 남는 270~280만 톤을 매년 수출(세계 돈육 수출 EU 다음 2위)하고 있다. 미중 무역전쟁이 시작된 2018년에는 중국의 미국산 돼지고기 수입이 거의 중단 되었으나 2019년 ASF 발생으로 중국 수입이 크게 늘었으며(전체 수입중 미국산 비중은 26.5%), 특히 2020년 1월 1단계 합의사항에 향후 2년간 2000억 달러 규모의 돼지고기를 수입하는 것으로 되었다. 그러나 중국 코로나19 발생으로 돈육 수요가 감소하고 미국은 타이슨(Tyson) 등 육류 가공 공장들이 코로나 확진자 발생으로 도축장이 폐쇄되고 공급망이 무너짐으로써 30%의 돼지고기 생산물량 차질이 발생하게 되었다.

콩(Soybean), 콩(대두)은 식용보다 가공용(85%)이 훨씬 많으며, 콩을 가공하면 콩기름(18%)과 콩깻묵(80%)이 나오며 콩기름은 가장 보편적이고 저렴한 식품성오일로 튀김, 볶음 등 요리에 사용되며 콩깻묵은 돼지, 닭 등 단백질 공급 사료로 사용되고 있다. 따라서 중국은 콩을 수입하여 기름을 짜서

---

105 세계 돼지고기 생산량은 EU가 2,838천 톤, 미국2,665천 톤, 캐나다 1,277천 톤, 브라질 722천 톤, 칠레 190천 톤, 멕시코 177천 톤

식용유로 사용하고 콩깻묵은 돼지 사육을 위한 중요 사료로 사용한다.

중국은 콩의 원산지이며 과거 세계 최대의 생산국이다. 1995년 까지는 순수출국이었다가 생산량이 지속적으로 감소함으로써 16백만 톤(세계 4위, 5% 수준)에 이르러 수요량의 15% 수준으로 하락하였다. 국내 필요량의 85%를 수입해야 하는 최대 수입국으로 전락하였다.

중국의 연간 콩 수입은 (90백만 톤)은 세계 전체 수입량의 60%를 차지한다. 특히 2017년 미국산 콩을 51백만 톤 수입하여 수입량의 절반 이상을 차지하였다. 2018년 미중 무역전쟁으로 말미암아 중국은 미국산 수입을 중단하기에 이르렀고 일부 재개를 반복하다가 2020년 5월 홍콩 보안법 제정이후는 모든 수입을 중단하고 있다.

중국은 절대적 비중을 차지하는 미국 콩의 수입을 중단하기로 결정함에 따라 부족한 콩의 공급을 확보하기 위하여 국내생산을 장려하기 위한 대두증산 계획을 발표하였으나 경작지 확대의 한계성과 수익성 저하로 농가의 생산참여 저조 등의 한계가 있다. 또한 단기적으로는 수입선을 다변화하여 브라질과 알젠틴 등으로 부터의 수입을 늘려 물량을 확보하는데 중점을 두고 있다.

미국의 콩 생산(120백만 톤)은 브라질(130백만 톤)에 이어 세계 2위이며 전체 콩 생산의 30~35%를 차지하고 있으며 브리질, 미국, 알젠틴 3국이 세계 전체 생산의 82%를 차지한다.

콩의 수출은 브라질이 7만4594 톤(50.4%), 미국 4만7564 톤(32.4%), 알젠틴 9백10만 톤(6.1%)로 3개국이 90% 수준을 차지하고 있다. 미국을 제외한 여타국으로부터 중국의 필요수입량을 조달하는데 한계가 있으며 브라질로부터 추가적인 수입량 확보는 국제 대두 가격 상승을 야기하게 되었다. 브라질은 고가로 중국에 팔고 부족분은 미국으로부터 저가로 수입하여 국내 수요를 충당하는 무역구조가 형성되었다.[106]

그러면 미중 무역전쟁의 최대 피해자는 무엇인가? 콩이 최대 피해자이다. 그리고 누가 더 고통을 받게 될 것인가?

---

[106] 출처 : 윤장배, 2020. 08. 미·중 무여분쟁에 대한 세미나 발표자료

20 무역이론과 글로벌 경영

어느 나라를 막론하고 경제와 국민 생활 속에서, 없어서는 안 될 것이 무역이다. 무역이란 언어, 관습, 법률, 제도 등이 서로 상이한 국가에 거주하는 당사자들 사이에서 이루어지는 국제 상거래이다.

이론(theory)이란 특정한 가정의 전제하에서 성공적으로 시험 된 가설을 의미한다. 이론의 목적은 가설을 잘 설명하고, 그리고 정확히 예측하는 데 있다. 따라서 이론이란 가설보다도 참(truth)에 더욱 가깝다고 할 수 있다.

절대우위론 Theory of absolute advantage

중상주의적 사고방식이란 가능한 한 수출은 많이 하고, 수입을 적게 하여 금과 은이 자국에 많이 쌓이는 것을 선호하는 것이다. 중상주의적 정책에서 정부는 수입은 관세나 쿼터에 의해서 제한하게 되었고, 수출은 보조금을 지급하면서 장려하였다.

중상주의의 가장 큰 오류는 한 나라가 이익을 보면 다른 나라는 반드시 손해를 보는 제로섬게임zero-sum game으로 무역을 파악한 것이다. 다시 말하면 무역으로 발생하는 가치의 창출은 등한시한 채, 고정된 가치를 어느 나라가 더 많이 차지하는가의 경쟁 관계로만 본 것이 중상주의자들의 오류라고 볼 수 있다.

Adam Smith는 무역은 제로섬게임이라는 중상주의자들의 주장을 비판하고, 무역 당사자 양측 모두에게 혜택이 돌아가는 포지티브섬positive sum이라고 주장했다. 이러한 주장의 이론적 근거가 절대우위absolute advantage 개념이었다.

즉 각국이 생산성이 높은 재화의 생산에 집중하여 생산하고, 국제무역을 통해 교환하면 두 나라 각각의 생산량을 합한 전체의 생산량이 증가한다고 주장하였다. 즉 각국이 생산에 있어서 절대적인 우위를 가진 제품의 생산에 특화하고, 이러한 재화를 다른 나라에서 특화되어 생산된 제품과 교환함으로써 전체적인 부의 증대가 가능하다고 보았다.

비교우위론 Theory of comparative advantag

비교우위론이란 생산비용에 절대적 우위를 가지고 있는 국가라 하더라도 기회비용을 고려하였을 때, 상대적으로 비교우위에 있는 제품을 생산해서 상대 국가와 교환하는 것이 상호 이익을 얻을 수 있다는 이론이다.

즉, 각 나라는 노동이나 자본 등 주어진 부존자원의 차이에 따라 어떤 나라는 노동집약적 산업에, 어떤 나라는 자본 집약적 산업에 더 유리하기 마련이다. 이때 각 나라는 상대적으로 더 유리한 산업에 집중하고, 이를 가지고 상대방과 무역을 하면 양국 모두 이득을 본다는 이론이다.

David Ricardo의 비교우위론에 따르면 설령 한 나라가 다른 나라에 비해 모든 재화에 대하여 절대 우위 또는 절대 열위에 처해 있다고 할지라도 상대적인 효율성이 높은 산업에 전문화함으로써 두 국가 모두에게 무역의 이익이 발생한다는 것이다.

예를 들면 포르투갈이 포도주와 옷감을 모두 영국보다 적은 비용으로 생산할 수 있는 반면, 영국은 포도주 생산에는 막대한 비용이 들고 옷감 생산은 비교적 적은 비용이 든다고 할 때, 절대 우위만을 고려하면 영국은 무역으로 이익을 볼 수 없으나, 생산에 관련된 제반 비용을 고려하면 포르투갈은 더 큰 이익이 남는 포도주를 수출하고, 영국은 포도주를 포기하는 대신 옷감을 수출하여 상호 이익을 볼 수 있다. 그는 이와 같이 국가마다 비교우위에 있는 재화와 용역을 특화하여 생산해야 한다고 주장하였다.[107]

신무역이론 New trade theory

현대의 대부분의 상품은 대량생산을 통하여 규모의 경제 원리로 생산비용을 낮추고 있고 어느 나라에서든지 별다른 차이가 없다고 설명한다. 그런데도 같은 종류 상품의 국제교역이 이루어지는 이유는 소비자의 다양한 기

---

107 네이버 지식백과, 비교우위 이론, 서경원

호가 수요를 지배하기 때문에 대량생산자가 같은 상품이라 할지라도 다른 대량생산자와 경쟁하기 위하여 다른 디자인과 브랜드의 상품을 생산하기 때문이다.

신무역이론은 비교우위와 상관없이 무역이 발생할 수 있고 모두 이득을 볼 수 있다. 예를 들면 규모의 경제가 있을 때 발생하는데, 규모의 경제란, 생산량이 늘어남에 따라 단가가 떨어지는 것이다. 이 경우 무역의 이득은 두 나라가 각자 모두 승용차도 생산하고 트럭도 생산하는 것보다 한 나라는 승용차, 다른 나라는 트럭을 생산하여 서로 교환(무역)하면, 두 나라 국민 모두에게 더 싼 가격으로 승용차와 트럭이 제공될 수 있다는 것이다.

오늘날의 무역패턴의 특징은 서로 같은 산업 내 무역이 명확하고, 서로 산업 구조가 비슷한 국가 간 무역도 빈번하며, 동종 산업 내 차별화된 상품의 교역이 발생하고 있다는 것이다. 동종업계 내에는 다수의 기업이 존재하는데 상품은 서로 차별화되어 있다. 상품 다양성도 증가하고 같은 범주의 상품이지만 각각 차별화된 특성이 있다.

제품수명 주기이론 Product life cycle theory

제품수명주기이론은 선진국 기업들이 신제품을 개발한 후 그 제품이 점차 성숙하게 됨에 따라 이들 제품의 생산을 비용이 낮은 개발도상국으로 이전하는 과정에 따라서 국제무역패턴이 나타난다는 것을 밝힌 이론이다.

제품에서는 신제품개발이 단계적인 과정을 거치지만, 신 서비스의 진화는 여러 가지 특성을 가지고 있다. 신 서비스가 일단 시장에 나오게 되면 그들 자신의 생명을 갖게 되어 소위 일련의 제품수명주기를 거치게 된다. 시장에서 판매되는 제품은 시장에서 영구히 존속하며 판매되는 것이 아니라 일정한 기간이 경과하면 판매되지 않게 된다는 것이다.

제품수명주기는 제품이 시장에 도입되어 소멸하기까지의 매출을 시간의 경과와 관련하여 양적으로 표현한 것이다.

글로벌경쟁이 심화되어 전 세계적으로 많은 기술혁신이 일어나는 요즈음에는 그 이론의 적용 가능성에 대해 많은 의문이 제기되고 있다. 최근에는 인터넷의 영향으로 전 세계가 하나의 시장으로 통합되고 있기 때문에, 반드시 선진국에서 먼저 생산하여 후진국으로 이전된다는 보장이 없다. 제품수명주기이론은 최근의 적극적인 글로벌 판매와 글로벌 아웃소싱을 설명할 수 없는 이론이 되어 버렸다.[108]

기업의 국제화와 글로벌화

국제화는 종전의 국가 단위로 시장이 구성되었던 상황에서 한 국가에 있던 기업이 다른 국가로 진출하는 것을 의미한다. 국제화가 진전됨에 따라 국가 간의 경계, 국경이라는 것이 큰 의미가 없는 시대에 도립 한 것을 일컫는 것이다.

글로벌화는 국가에 따른 시장 구분 자체가 의미 없어졌다는 것을 뜻한다. 글로벌 환경에서는 제품이나 기술 및 서비스가 각 국가 간에 자유롭게 이동하며, 인적 자원과 자본의 흐름도 자유로운 것이다. 글로벌화와 국제화라고 하는 개념에 대해 명확하게 구분해둘 필요가 있다.

그러면 글로벌화 혹은 국제화라고 하는 것이 왜 이루어졌나? 기업이 국제화(글로벌화)의 진전은 국경으로 나뉘었던 시장들이 하나의 시장으로 통합되는 과정이다.

공급 측면의 국제화 요인으로 첫 번째는 공급 측면의 국제화가 요인이며, 두 번째는 수요측면의 국제화가 요인이다.

공급 측면을 살펴보면 우선 규모의 경제다. 노동 집약은 자본집약 자본재에 대한 막대한 투자 회수를 위한 대규모 생산체제를 가져왔다. 한정된 자국 내 시장은 생존을 위한 국제화로 유인된다.

기술의 진보다. 첨단산업에서는 연구개발 비용이 총매출에서 차지하는 비율이 10~15% 정도이다. 기업들의 입장에서 과거와 비교해 보자면 보다 짧은 기간에 연구개발 비용을 회수해야 한다는 커다란 부담을 가지게 되며 결국 이는 짧은 기간에 연구개발 비용을 해외로 진출하여 필요하다. 결국 기술진보에 들어가는 비용증가 측면과 제품의 생명주기 단축 측면에서 국

---

108 글로벌경영, 장세진, 박영사

제화를 촉진하는 동기를 부여한다.

무역장벽의 감소이다. 과거는 각국의 정부가 관세 및 비관세를 높게 책정하여 외국기업들이 자국 내에 진출하는 활동을 제한하였지만 현재는 자유무역을 촉진하는 국제적인 흐름을 통해 각국들의 무역장벽이 점차적으로 또는 급진적으로 감소되면서 보다 자유롭게 보다 적은 제한 하에서 외국시장에서 경영활동이 가능케 되는 것이다.

수요측면에서 가장 두드러진 국제화의 요인은 소비자 수요의 동질화다. 인터넷을 비롯한 커뮤니케이션 기술 발전 및 교통이 발전함에 따라 세계 각국의 많은 소비자들이 과거에 비해 비슷한 동질적인 수요를 갖게 되었다.

결국, 공급측면에 세 가지 요인(성과, 구조, 태도)과 수요측면의 요인(소비자 수요의 동질화)이 기업의 국제화를 촉진하는데 크게 기여했다.

기업의 세계화에 세 가지 측정지표가 있다. 성과와 구조 및 태도이다. 성과는 이익, 혹은 매출액과 같이 기업에 성과를 가지고 기업의 세계화 혹은 국제화를 측정하는 것이다. 구조는 해외에 진출하고 있는 자회사의 수와 분포, 총자산 대비 해외 자산의 비중, 그리고 총종업원 수 대비 해외 종업원 수의 비율, 진출하고 있는 국가의 수 또는 최고 경영자들의 국가적 구성요소이다. 태도는 최고경영자의 경향(성향)이다. 성과와 구조는 개량적인, 정량적인, 객관적인 지표인데 태도는 세계화 측정지표 중에서 주관적인 지표라 할 수 있다.

기업의 국제화 단계와 본 글로벌

기업의 국제화 단계와 본 글로벌 국제화의 기본 방향은 첫째, 진출지역의 다변화다. 외국비용 때문에 문화와 지리적으로 정치 경제 환경이 유사한 국가부터 진출하고 경험과 역량이 쌓이면서 보다 문화적으로 지리적으로 먼 지역까지 진출하는 것이다.

둘째, 진입방법의 고도화이다. 경험과 역량이 부족한 기업들이 가장 먼저 초기에 채택할 수 있는 진입방식이 수출이다. 여기에서 경험지식의 점진적 획득과 축적으로 해외 직접투자이다.

셋째, 진출제품의 다각화다. 경쟁력이 높은 제품이나 사업부터 진출하고 그 제품과 관련성을 가지고 있는 주변 제품의 진출되는 과정이라 볼 수 있다.

기업의 국제화 기본방향은 진출지역의 다변화, 진입방법의 고도화, 진출제품의 다양화이다. 국제화 이전의 상태를 내수지향이라 한다. 내수지향은 기업이 가지고 있는 인적, 물적 자원이나 경험이 부족할 경우 대부분의 생산과 마케팅 활동의 국내에서 국내시장을 목표로 한다.

수출 지향은 자국 시장이 협소하여 시장 점유율을 높여서 규모의 경제를 실현할 수 있도록 생산량을 증대시키고자 할 때 한계에 도달하면 해외시장에 대한 관심과 해외시장의 중요성이 증가되어 수출활동(간접수출 위주)을 추구하게 되는 전략이다.

현지시장 지향은 직접적으로 수출의 중심 활동을 하여 현지의 마케팅 활동에 적극 개입하는 단계로 자체적인 현지 생산시설까지 설치하여 현지시장 공급이 주목적이다.

세계시장 지향은 복수의 생산입지와 복수의 시장 간의 유기적 연결 관계 상태이다. 다수의 생산입지와 다수의 국가시장을 가지고 저 생산입지에서 생산하고 최고 결과를 받을 수 있는 시장에서 판매하는 전략이다. 생산과 마케팅 활동에서 세계 중심적인 사고를 요구하며 이 단계에서는 기업의 최고경영자 보다 유연한 글로벌한 마인드를 가지는 것이 매우 중요하다.

본 글로벌(Bon Global)은 태생적 글로벌을 지향한다. 기업들이 특화된 상품을 세계시장에 공급하면서 자국 시장의 수요만으로는 경쟁력을 갖기 어려우므로 해외시장을 생각하게 된다. 설립 초기부터 해외시장에의 진출을 목적으로 각국의 틈새시장(niche market)을 겨냥하는 기업이다. 최근에는 단계적인 차원을 뛰어넘어 급격하게 글로벌화하는 추세이다.

본 글로벌의 성공에 영향을 주는 요인은 새로운 시장 상황과, 생산 교통 통신 기술의 발달, 유능한 인적 자원을 꼽는다.

Chapter 21

무역의 절차

무역이 발생하는 이유는 국내에서 판매할 때의 상대가격과 외국에 판매할 때의 상대가격이 다르기 때문이다. 수출이 발생하는 이유는 국내에서 판매할 때보다 외국에 판매할 때 더 높은 상대가격을 받을 수 있기 때문이고, 수입이 발생하는 이유는 국내에서 구입할 때보다 외국에서 구입할 때 더 낮은 상대가격을 지불할 수 있기 때문이다.

사업자 등록증만 있으면 누구나 무역업 또는 무역대리업을 할 수 있다. 사업자 등록 후 한국무역협회 회원사로 가입하면 무역업 고유번호가 자동으로 부여되며 거래은행에 가서 외국환 거래약정을 맺으면 무역을 하기 위한 기본준비가 끝난다. 일반적으로 무역 거래는 **아이템 및 거래처 개발 → 상담 및 계약 → 보험부보 결정(보험회사) → 운송(Forwarder 결정) → 통관(관세사)**의 흐름으로 진행된다.

수출하기 위해서는 먼저 수출할 아이템을 정하고 수출가격을 산정해 바이어와 접촉, 상담과 계약을 하면 된다. 그 밖의 운송·보험·통관에 대해서는 무역회사에서 직접 처리하는 것이 아니고 포워더(Forwarder), 보험회사, 관세사 등에서 대행해 주기 때문에 위임하면 그만이다.

바이어와 오더를 확정 짓기 위해서는 물품명세, 양, 가격, 가격 조건, 결제방식, 원산지, 포장, 선적지, 도착지, 선적기일 등과 같은 거래조건에 합의해야 한다. 또한 가격 조건을 FOB 조건으로 할 것인지, CIF 조건 등으로 할 것인지를 정하고, 결제방식도 송금방식(T/T), 신용장방식(L/C), 추심방식(D/A 또는 D/P) 등을 선택해서 바이어와 합의해야 한다.

가격 조건이나 결제방식 등이 정해지면 포워더에 의뢰해 물건을 픽업해서 배에 실을 때까지의 모든 통관을 위임하고, 보험회사와 접촉해 보험증권을 발급받는다. 선적이 완료된 후에는 포워더로부터 선하증권(B/L)을 발급받아서 은행을 통해 상업송장, 포장명세서(P/L) 등을 발송한다.

▌수출절차▌

각 수출국은 대금결제 방식에 차이가 있다. 중남미와 유럽 국가는 거의 신용거래 방식을 채택하고 있어 한국의 수출업체들이 요구하는 신용장 개설방식과는 다르다.

특히 미국 시스템은 신용조회 시스템인 블루북(Blue book)이나 레드북(Red book)을 통해 수입할 회사의 신용평가를 하게 된다. 모든 것이 신용거래이다 보니 신용조회가 제일 중요한 사항이다.

국내에서 농식품을 수출하는 대다수 업체의 경우 상품에 따라 다소 차이가 있지만, 통상적으로 L/C 방식과 T/T 방식으로 수출된다. 이 2가지 결제방식의 차이점은 은행보증 여부에 있다.

간단히 말하자면, L/C 방식은 수출자 입장에서 물품을 먼저 주면 대금 회수를 못할 위험이 있고, 수입자는 대금을 먼저 주면 물품을 인도받지 못 할 위험이 있기 때문에 대금의 지불을 은행이 보증하는 제도이다. 또한, T/T 방식은 전신환 송금 결제방식의 거래로 무역 계약의 내용에 따라 수출상이 대금 입금 확인 후 물품을 선적하거나, 물품을 선적한 후 별도의 대금청구 절차를 취하지 않더라도 수입상이 자진해서 물품 대금을 수출상에게 보내주는 방식의 무역 거래를 의미한다.

좀 더 상세히 설명하면 L/C란 무역 거래에서 대금결제를 원활하게 하기 위하여 수입상의 거래은행이 수입상의 요청에 따라 개설하는 것으로 신용장상에 명시된 조건과 수출상이 제시하는 서류가 일치하기만 하면 개설 은행은 인수, 지급, 또는 매입을 확약하는 증서이다. 신용장은 은행이 수입상을 위하여 자기의 신용을 제공하는 행위로 불확실한 수입상의 신용을 확실한 은행의 신용으로 대체한 증서이다.

따라서 신용장 조건에 맞도록 발행된 화환어음은 비록 수입자가 대금결제를 못하더라도 개설 은행이 어음의 지급인이 되든지 또는 지급에 대한 최종적인 책임을 지게 되므로 수출상과 수출상의 환어음을 매입한 매입은행은 안심하고 거래할 수 있다.

그러나 L/C 상에는 갖가지 수입상이 원하는 조건들을(Special Condition) 걸어 놓을 수가 있다. 예를 들면, 검품증명 요구, 선적일의 엄격한 이행, 네고(Nego) 서류의 하자 발생 등이 그것이고, 일부러 L/C 하자를 걸어 추심 결제를 유도한다든지 더 많은 문제를 야기시키는 경우도 있다.

T/T 방식은 주로 무역 거래에 있어서 금액이 소액이거나 거래 상대방과 오랜 기간 거래를 거쳐서 믿을만할 때 사용한다. T/T 방식은 물품 대금을 사전에 받는 사전송금방식과 물품 대금을 사후에 받는 사후송금방식이 있으며, L/C 방식에 비해 수수료 등의 비용 절감과 선하증권의 양도처리로 선하증권 사본만으로 화물을 인수할 수 있는 등 업무 진행상의 편리성은 있지만, 송금방식에 따라 수출자는 대금 회수에 대한 위험과 수입자는 물품 인수에 대한 위험이 있다.

수출물류비를 지원받는 국내 농식품 수출업체의 경우 약 90%가 T/T 방식으로 수출 거래를 행하고 있지만, L/C 방식은 이용이 저조하다. 이는 국내 농식품 수출업체와 수입업체 간의 유대관계가 강하다는 것을 입증하는 것이다.

추심방식인 D/A 방식 또는 D/P 방식은 사실상 외상거래 형태이기 때문에 이용률이 낮지만, 해외법인을 두고 있는 수출업체에서 주로 내부거래로 이용되고 있다.

　수출은 생산업체(수출업체)가 현지 대형유통업체와 직접거래 하는 경우는 드물고, 현지 수입상을 통해 수출하는 경우가 대부분이다. 이러한 이유는 대형유통업체가 규칙적·안정적으로 물품을 조달받길 원하고 있고, 또한, 물품에 대한 안전과 소비자 클레임 대응에 대한 부담으로 직접 수입을 꺼리는 경향이 크기 때문이다.

　수입상(바이어)은 디스트리뷰터나 전문 세일즈 에이전트를 통해 대형유통업체와 소매업체에 공급하는 방식이 일반적인 시스템이라 보면 된다.

　디스트리뷰터의 사전적 의미는 분배자이다. 상품을 구매하여 분배하는 역할을 하는데 수입자에게 독점분배권을 주장하는 경우도 있다. **제조업체 → 수출업체 → 수입업체 → 디스트리뷰터 → 대형유통업체 및 소매업체 → 소비자**와 같은 일련의 과정을 보면 유통단계별 역할을 명확히 이해할 수 있다.

　성공적인 해외 진출을 위해서는 수입상의 규모와 상품에 대한 거래능력, 주요 납품처 등을 사전에 분석할 필요가 있다. 수입상 중에는 물품의 유통이나 시장 반응에 대해서는 관심이 없고 단순히 중간 마진만 챙기는 브로커(Broker)인 경우도 많아 상도에 어긋나지 않고 신뢰할 수 있는 수입상을 만나는 것은 무엇보다 중요한 일이다.

　해외 대형유통업체들의 구매 경향은 적기의 신속한 Delivery에 초점이 맞춰져 있다. 최초 물품 공급 시에는 기간이 탄력적이지만, 일단 판매가 이루어지면 적기 Delivery가 매우 중요하다. 또한, 수출품의 현지 판매가격은 매우 탄력적인데, 수출가격에서 소비자 가격까지는 보통 2~2.5배가량 차이가 난다고 생각하면 된다.

　참고로 유통업체들은 반품에 대한 대응을 위해 오더량의 3% 정도 추가 수량을 요구하거나 Delivery와 창고보관, 진열품 손실을 대비해서 전체 수출 금액에서 10% 정도의 할인을 요구하기도 한다.

Chapter 22

해외시장 수출방식

거래할 물건만 있다면 무역에 관한 거의 모든 일을 포워드에게 맡기면 되지만 일반적인 수출 절차를 이해할 필요가 있다. 수출을 하려면 우선 수출을 관할하는 세관으로부터 수출신고 시 주민등록번호 대신 활용할 수 있는 통관고유번호를 받은 다음, 수출하려고 하는 물품에 대해 HS 코드를 확인하여야 한다. HS 코드는 물품에 부여되는 고유번호 6자리인데 이는 전 세계적으로 통용되는 숫자이다.

수입국 상대방이 해당 상품을 수입할 때 그 나라의 어떠한 수입요건이 있는지 확인하고 또한 지정 상품에 대해서 그 사람이 수입할 수 있는 자격이 되는지도 확인해봐야 한다.

수출자가 주류 또는 인삼을 보냈는데 그것은 그 나라 국민의 건강 및 안전상에 영향을 끼칠 수 있기 때문에 우리나라로 치면 식약처와 같은 기관에서 어떤 승인을 받아야 하는 경우도 있을 수 있다. 이때 그러한 승인을 받지 못해서 수출국에서 통관이 되지 않는 경우 이때에는 수입자가 대금 지급을 꺼리기 때문에 수출자에게 손해가 날 수 있어서 이런 부분을 확인하여야 하는데 그때 필요한 것이 HS코드라는 것이다. HS코드는 6자리인데 6자리 이하의 경우는 각 국가별로 자유롭게 운영을 하도록 하고 있다. 한국의 경우는 총 10자리로 HS코드를 운영하고 있다. 수출입 신고를 할 때도 이 숫자를 보고 세관에서 수출상품의 품명을 판단을 할 수 있다.

그다음은 인보이스와 패킹리스트를 만드는 과정이 필요하다. 준비된 인보이스와 패킹리스트를 가지고 거래하는 관세사에 수출신고를 요청하면 된다. 만약 직접 수출신고를 하는 경우에는 무역 공인 인증서를 발급받아서 무역 공인 인증서로 관세청 유니 패스에 로그인하여 수출신고서를 직접 작성하는 방법도 있을 수 있다.

보통 첫 수출이거나 수출실적이 3회 미만이면 세관에 현품검사로 분류될 수 있다. 수출검사를 받는 시간은 반나절 또는 하루가 넘어갈 수도 있기 때문에 내일 당장 물건을 선적해서 보내야 할 경우라면 그 전날이나 당일 수출신고를 하게 되면 선적에 차질이 빚어질 수 있기 때문에 수출신고는 2-3일 전에 미리 진행하는 것이 좋다.

보통 수출신고를 하면 세금은 없으며 오히려 내가 수출하는 물건은 국내에서 사용 소비가 되지 않음으로 부가가치세 환급을 받을 수 있다. 미리 수출할 물건을 공급받을 경우는 영세율 세금계산서를 발급받을 수도 있다.

인보이스와 패킹리스트가 준비되고 수출신고서까지 세관에 송신을 하였다면 그 이후는 세관의 심사가 있는데 보통 수출의 경우는 페이퍼 리스트라고 해서 원칙적으로 검사가 없어 바로 수출신고서 수리(受理)가 나는 경우가 대부분이다.

간혹 수출신고를 할 경우에 세관에 서류심사 대상으로 선별이 될 경우가 있는데 이를 때에는 유니 패스라는 전자 통관 시스템을 통해서 수출관련 서류를 첨부하여 세관 심사 후 바로 수리가 되기도 하며, 세관의 현품검사로 선별되는 경우도 있다. 이렇게 수출신고가 끝나게 되면 30일 이내에 배나 비행기에 물건을 싣고 내보내면 된다. 이렇게 수출이 이행되고 수출절차가 마무리되는 것이다. 그런데 만약에 바이어로부터 대금 결재를 못 받는 등의 이유로 30일 이내에 수출을 이행하지 못했을 경우는 과태료가 부과 될 수 있어서 수출기한 연장을 고려해야 한다.

제품을 포함한 기업의 모든 자원을 해외로 이전시키는 수출방식은 자사 내의 수출부서나 해외의 지사, 현지 대리인을 통하여 해외로 수출하는 직접수출과 다른 기업을 통해 해외로 자사 제품을 수출하는 간접수출로 구분된다.

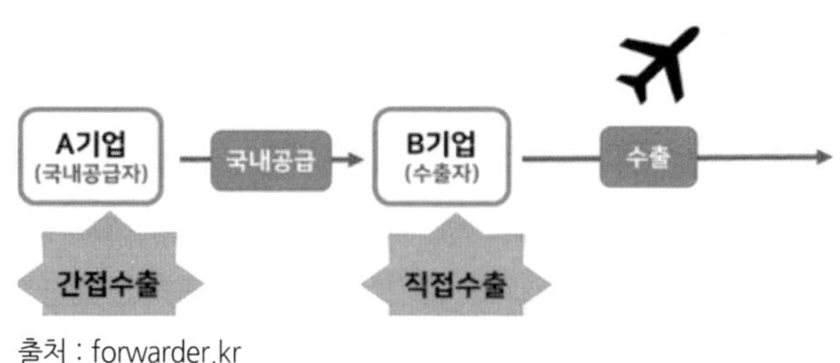

출처 : forwarder.kr

직접수출direct export은 국내의 수출업체를 거치지 않고 기업 자체의 해외 판매조직을 통해 수출하는 방식을 말한다. 직접 수출방식은 간접 수출방식에 비하여 여러 가지 이점을 제공한다. 직접수출은 제조업체가 해외시장에 대한 마케팅계획을 자신이 직접 수행할 수 있는 통제권을 제공해 준다. 직접 수출방식은 제조업체의 제품 라인들에 적합한 마케팅 활동을 가능하게 해준다.

간접 수출방식에서는 수출입대행업자가 자신이 수출입 활동을 대행하는 수많은 제품에 대해서 마케팅 활동을 벌이기 때문에 어떤 특정 제품에 특화된 광고나 통합적인 마케팅 활동을 벌일 수가 없다. 그러나 직접 수출방식에 의해서는 제조업체가 자신의 제품에 관한 마케팅 활동을 집중할 수 있기 때문에 보다 전문적이고 통합된 활동을 하는 것과 같이 여러 가지 이점이 존재한다.

직접 수출방식은 현지로부터 빠른 정보를 얻게 해준다. 또한 직접수출 방식은 제조업체가 갖고 있는 상표권, 특허권과 같은 무형자산에 대해 보다 확실한 보호가 가능하다. 이와 같은 직접수출은 크게 두 가지 경로에 의해서 이루어진다. 첫째, 해외 판매대리인이나 유통업자를 활용하는 방법이고, 또 한 가지는 제조업체가 판매 자회사나 판매 지사를 설립하여 운영하는 방법이다.

직접수출의 장점으로는 거래 당사자와 직접거래로 정확한 정보습득이 가능하고, 경쟁기업에 대한 분석기회의 증가로 마케팅 활동 고도화가 가능하며, 거래처 다양화가 가능해지므로 특정 거래처에 대한 의존도가 감소하고 보다 신속한 A/S가 가능하다. 그리고 해외시장 마케팅믹스의 주요 수단들을 다양하게 수행함으로써 경쟁력 및 시장개척 능력이 증대된다.

반면에, 직접수출의 단점은 현지 마케팅을 위한 자회사 설립 시 비용부담이 증가되고, 해외시장의 마케팅을 위한 전문인력이 필요하며 마케팅 초기 단계에서의 비용증가만큼 판매액 증대가 되지 않는 경우가 종종 발생한다.[109]

간접수출

간접수출indirect export이란 국내의 종합무역상사, 또는 우리가 흔히 오퍼상이라고 알고 있는 무역대리인, 그리고 한국을 방문하는 해외바이어와 같은 수출중개인을 통한 수출방법이다.

간접수출은 기업들이 고정자본을 투자할 필요가 없고, 해외사업을 운영하는 데 드는 비용이나 위험 역시 크지 않다. 그러나 이렇게 위험과 투자비용이 적은 대신 기업이 얻는 이익도 적을 수밖에 없다. 왜냐하면 이들 간접수출을 이용하는 방식은 수출 대행기업에게 높은 수수료를 지불해야 하거나 또는 그들이 큰 폭의 중간 마진을 얻기 때문이다. 따라서 기업들은 해외 진출 초기에는 간접수출방식에 의해 수출을 하다가 점차 해외사업 운영에 자신감을 갖게 되면 직접 수출방식으로 전환하는 경향이 있다.

이와 같은 간접수출방식으로서 제조업체를 대신해서 해외 판매 활동을 벌이는 종합무역상사, 무역대리인, 해외바이어 등은 자신이 직접 마케팅 활동을 벌이므로 이들에게 해외 판매를 맡기는 제조업체는 해외 판매 활동에 대해서 아무런 영향력을 미치지 못한다. 이들 제조업체는 무역중개상들에게 자신의 상품을 일정 가격에 인도하고, 무역중개상들은 자신의 구입가에 마진을 붙여 해외에 판매하게 된다.

이처럼 간접수출방식에서는 모든 해외 판매 활동을 무역중개상이 대신하기 때문에 제조업자가 자신의 제품의 판매전략에 아무런 영향을 미칠 수도 없으며, 또한 제조업체가 해외시장에 대한 지식을 축적하는 데에도 커다란 도움을 주지 못한다.[110] 간접수출의 장점으로는 세계적인 정보망을 가진 대형 중개인을 통하므로 해외시장 접근이 용이하고, 수출입업무 및 해외시장 조사에 소요되는 비용 절감이 가능하며, 중개인을 통한 금융지원이 가능하고 각종 위험 및 클레임을 중개인이 책임진다는 점이다.

간접수출의 단점으로는 해외 경험 및 시장정보의 축적이 어렵고, 수출중

---

109 송무호, 한권으로 끝내는 무역마케팅 종합실무. 2010
110 장세진, Global Business Management

개인이 불합리한 거래조건을 제시할 경우 회피가 곤란하다. 또한 해외바이어가 주문을 전환할 위험이 존재하며, 해외 고객에게 자사 기업의 이미지 인식 제고가 어렵고 중개인에 대한 의존으로 혁신 의지가 결여된다.

▍구상무역

구상무역counter trade이란 수출대금을 현물로 지급하는 것으로 특히 외환 보유고가 부족하여 자국의 화폐를 외국 화폐로 태환하는 것을 법적으로 금지하는 국가 간에 많이 사용하고 있다. 과거 1960년대 동구권 국가들은 외환을 충분히 보유하지 못하였기 때문에 달러를 비롯한 서방세계의 화폐와 교환이 자유롭지 못하였다. 따라서 이들 국가에 수출을 하여 수출대금을 받아내는 것은 어려운 일이었기 때문에 이들 국가에 수출을 할 때 현물을 받아들이는 형태의 구상무역이 널리 이용되기 시작하였다.

이러한 구상무역은 현재에도 활발히 일어나고 있다. 사례로 사우디아라비아가 보잉사로부터 747 여객기 10대를 사면서 그 대금을 세계원유가보다 10% 할인된 가격의 원유로 대신 지불한 사례가 있다. 필리핀 Morris도 러시아에 담배를 판매하고 비료를 대금으로 받아 이를 재판매하였다.

1990년, 우리나라는 구상무역 바터(barter) 형태로 대만에 사과 5500톤, 배 2800톤을 수출하는 대신 대만산 바나나 2만 6000톤을 수입한 바 있다. 바터는 구상무역의 여러 형태 중 하나로 두 당사자 간의 재화를 맞바꾸는 형태이다. 바터는 가장 단순한 형태의 구상무역이지만 서로 상대방이 원하지 않는 제품을 받기 때문에 이를 다시 적절한 가격으로 재판매할 수 있는 가능성이 없을 때는 심각한 문제를 야기하기도 한다. 바터는 대부분의 경우에 일회성 거래와 같이 지속성이 없는 무역 거래에 이용된다.[111]

---

111 장세진, Global Business Management

23 비관세장벽과 농식품 수출

농식품 수출은 제품 특성상 검역·위생, 인증, 등록제 등 각국 고유의 비관세조치가 미치는 영향이 크기 때문에 수출 기반을 가지고 있어도 수출되지 못하는 사례가 자주 발생한다. 농식품 수출 시 비관세 조치의 대부분을 차지하는 검역·위생의 경우 수출대상국별로 통상 8단계의 수입위험분석 절차를 거쳐야 수입허가를 획득할 수 있다. 특히 동 절차를 진행하는 데에는 장기간이 소요(5~10년)된다. 최근 들어 비관세장벽의 유형은 더욱 정교해져서 '귀에 걸면 귀걸이, 코에 걸면 코걸이 식'이라서 수출업체가 많은 애로를 겪고 있다.

출처 : 중소기업뉴스

전 세계 국가들의 평균 실행관세율의 추이를 보면 20년 전 10% 수준에서 10년 전 8% 수준, 그리고 최근에는 6% 수준까지 점진적으로 낮아지고 있다. 이렇게 국제무역을 통해서 전체적으로 국가들의 효율성이 증대되고 생산성이 높아지는 것이 일반적인 무역이론이다. 그러나 현실적으로 보면 국가마다 각종 무역 규제가 아직도 존재하고 있어서 완전한 자유무역에 이르지 못하고 있다.

무역 활동에 개입하는 데는 크게 정치적 이유와 경제적 이유가 있다. 정부는 국민의 일자리를 보장하고 산업을 보호한다는 이유에서이다. 또 하나는 상대국의 불공정한 경쟁에 대하여 보복을 해야 한다는 측면에서 정부개입의 정당성을 찾아왔다.[112]

비관세장벽non-tariff은 수입할당제, 그리고 수출 자율규제, 현지화 비율규정, 그 밖의 행정절차에 의한 규제와 같이 다양한 방법이 사용될 수 있다.

먼저 가장 흔히 사용되는 비관세장벽은 수입할당제이다. 수입할당제는 어느 나라에 수입할 수 있는 재화의 양을 일률적으로 규제하는 것이다. 이 수입할당제는 이를 부과하는 국가가 수입하는 총량을 쉽게 규제할 수 있다는 행정상 편의의 이유로 흔히 사용되고 있다. 근래의 Global 무역환경의 큰 특징은 관세장벽은 점점 낮아지고 있는 반면에 비관세장벽들이 점점 높아지고 있다는 것이다. 각 국가의 비관세장벽 강화 추세는 앞으로 우리나라의 농식품 수출증대에 있어서 주요 장애 요인으로 작용할 수 있다.

특히 중국은 WTO 회원국 가운데서 농식품 관련 비관세조치가 가장 많은 국가이며, 대부분 위생검역조치(SPS)와 관련된 사항이다. 인도네시아 및 베트남 수출 시에는 대부분 기술규제가 적용되고, 사례로서 인도네시아의 비관세조치는 다양하지만 품질기준, 수입허가제(import licensing), 수입 쿼터제, 표시제(labeling)라고 볼 수 있다.

비관세장벽은 관세를 제외한 모든 무역관련 장벽을 포함하며, 최근에는 그 범위가 점점 더 확대되는 추세이다. 과거의 비관세장벽은 주로 수입금지, 수량규제, 국가 간 경계에서 취해지는 무역정책에 초점이 맞추어져 있었다. 그러나 최근에는 기술적인 규제뿐만 아니라 인증, 라벨링, 통관, 지적재산권 등과 같은 무역기술장벽(TBT)[113] 및 위생검역조치(SPS)[114], 환경, 수출

---

112 장세진, 글로벌경영학
113 TBT(Technical Barriers to Trade : 무역기술장벽) : 국가 간 서로 상이한 기술규정, 표준, 적합성 평가절차 등을 적용함으로써 상품의 자유로운 이동을 저해하는, 무역상 장애요소
114 SPS(Sanitary and Phytosanitary Measures) : 동식물의 해충 또는 질병, 식품, 음료·사료의 첨가제, 독소, 질병원인체 등에 대해 시행되는 조치

입규제, 투자 장벽 등 다양한 형태로 나타나고 있는데 최근 자료에 의하면 TBT와 SPS 비중이 전체의 대부분을 차지하고 있다.

우리나라 수출품목에 대한 비관세장벽 사례를 예로 들면 호주로 수출 시 팽이버섯, 새송이버섯, 느타리버섯은 통관에 문제가 없으나 느티만가닥버섯은 통관금지 품목이다. 인도네시아는 모든 가공식품이 할랄 이외 '봄(PHOM) 등록'도 필수이다. 딸기 수출의 경우 대만, 홍콩 등이 안전성 관련 잔류농약 검사를 강화했다. 미국, 호주, EU는 팽이버섯, 새송이버섯 수출품도 리스테리아균 모니터링을 강화하고 있다.

대만으로 수입되는 배추의 절반 이상(55%)이 한국산이다. 배추는 채소류 중에서 파프리카, 딸기 다음으로 수출액이 많은 품목으로 성장하여 기대를 모으고 있다. 그러나 대만 잔류농약 안전성 위반이 2015년 41건이 발생, 대만의 통관규제가 강화되고 있다.

중국의 식품 비관세 강화사례로는 간장, 식초, 삼계탕 등의 성분함량 표기로 비관세 규제를 강화했다. '조제 간장'은 더 이상 '간장'이 아닌, '복합 조미료'에 해당하여 '간장'으로 표기할 수 없고, 생수에는 불소 함량을 반드시 표기하여야 하는 것 등이다.

비관세장벽의 특징

비관세장벽은 유형에 따라서 관계 당국의 판단에 따라 유동적으로 실시되거나 은밀히 적용되는 유형도 있다. 그래서 비관세장벽을 계량화하여 측정하는 것이 매우 어렵다.

비관세장벽의 대부분은 통일적이고 체계적인 조정을 통하지 않고 여러 행정기관의 독자적인 정책에서 파생되는 성격을 지닌다. 또 하나의 특성으로서는 변칙적인 제도의 운영으로 인한 불확실성을 들 수 있다.

수입국의 무역정책은 수출국에 아무런 통고 없이 수시로 변경될 가능성을 내포하기 때문에 수출업체로서는 상당한 부담이 되고 있다. 비관세장벽이 무역에 미치는 영향은 실제로는 개발도상국에 상당히 불리하게 작용하는 경우가 많다.

비관세장벽은 관세와는 달리, 각국의 국내 제도와 법령 등의 형태로 운영되고 있기 때문에 파악하기도 쉽지 않을뿐더러 그 복잡함 때문에 여간해서는 개선을 위한 해결책을 찾기도 쉽지 않다.

경기 침체기에는 여러 국가에서 자국 산업 보호를 위해 관세 대신에 비관세장벽을 활용하여 수입을 억제하고자 하는 유혹에 빠질 가능성도 존재한다.

따라서 WTO, FTA 등을 통해 관세가 아무리 낮아졌다고 해도 과도하고 불합리한 비관세장벽들이 지속되는 한, 공정하고 자유로운 무역 활동이 실현되기에는 어려움이 따른다. 그렇기 때문에 수출주도형 경제구조로 되어 있는 우리나라에서는 더욱 적극적으로 비관세장벽에 대응해 나가는 노력과 지속적인 관심이 필요하다.

▌ 전 세계 비관세장벽 현황[115] ▌

년도	수입규제			기술적 장벽		기타 무역제한조치			총계 (건)
	반덤핑	상계 관세	세이프 가드	TBT	SPS	수출 관련	수입 관련	기타	
2013	287	33	18	2,140	1,299	31	131	7	3,946
2014	236	45	23	2,240	1,634	25	125	12	4,340
2105	229	31	17	1,987	1,681	44	169	15	4,173
2106	298	34	11	2,332	1,392	21	101	13	4,202
2017	251	42	8	2,585	1,480	17	78	13	4,474

출처 : 2018. 글로벌 비관세장벽 동향. KOTRA

ASEAN 주요국의 비관세장벽과 대응[116]

최근 농식품 수출시장이 확대되고 수출품목도 다변화되고 있다. 비관세장벽은 개별 기업 차원의 대응에 한계가 있는 만큼 부처 간 소통 및 민관협력을 강화하여 대응해야 한다.

---

115 권평오. 2018. 글로벌 비관세장벽 동향. KOTRA. pp. 2,5.
116 KIEP 대외경제정책연구원, 2010, 아세안 비관세 현황과 대응방안

한-ASEAN FTA의 의의는 미국, 중국, 일본, EU와 더불어 한국의 5대 거대 경제권과 맺은 FTA이다. 지난 30년간 이렇다 할 경쟁자 없이 동남아시아 시장을 완벽하게 독점하였던 일본에 비상등이 켜졌다. 우리나라가 무서운 기세로 동남아시아 시장을 잠식하기 시작하고 있다. 과거 일본이 자본과 기술을 가지고 시장을 선점하였다면 지금은 한국이 더 높은 기술적 성능과 저가로 시장을 공략하고 있다.

아시안은 우리의 좋은 교역국이지만 중국이 우리보다 4년 앞서 FTA를 체결한 지역이다. 중-ASEAN FTA(2005년 발효)보다 3년 늦게 협상을 시작하였으나, 한-ASEAN FTA는 2009년 서비스 무역과 투자협정이 타결되어 ASEAN 시장에 대한 한국기업들의 접근성이 개선되면서 구매력증가로 시장 확장에 적극적으로 대응할 수 있게 되었다.

ASEAN은 인도네시아, 말레이시아, 필리핀, 싱가포르, 태국, 브루나이, 베트남, 라오스, 미얀마, 캄보디아의 10개국을 회원국으로 하며, 이 중 인도네시아, 말레이시아, 필리핀, 싱가포르, 태국, 브루나이의 기존 가입 6개국과 캄보디아, 라오스, 미얀마, 베트남의 후발 가입국(Cambodia, Laos, Myanmar, Vietnam; CLMV)으로 나누어 볼 수 있다.

한국의 세 번째 교역대상국이자 신흥시장인 ASEAN에도 다양한 비관세장벽이 있다. ASEAN 주요국이 도입한 비관세장벽은 '무역상 기술장벽(TBT)'과 같은 기술규제가 많은 부분을 차지하고 있다.

이 외에도 상계조치 같은 무역 규제 조치 증가, 통관상 절차, HS 코드의 자의적인 분류 같은 비관세장벽 등도 기업들에 큰 애로 요인으로 지적된다. 특히 일반 공산품의 경우 비관세장벽으로 인한 애로가 높게 나타나고 있다. ASEAN 개별국가의 비관세장벽 철폐를 추진하기 위해서는 한-싱가포르 FTA, 한·베트남 FTA 등과 같이 개별국가 간 협상 또는 FTA 추진을 통해 이를 해소하는 것이 적극적인 방법이다.

비관세조치는 상대국 정부에 의해 이뤄지기 때문에 국가 차원의 협상 및 대응이 필요한 경우가 많아 개별 기업 차원에서 적절히 대응하기 어렵다.

농식품 수출과 마케팅 믹스 전략

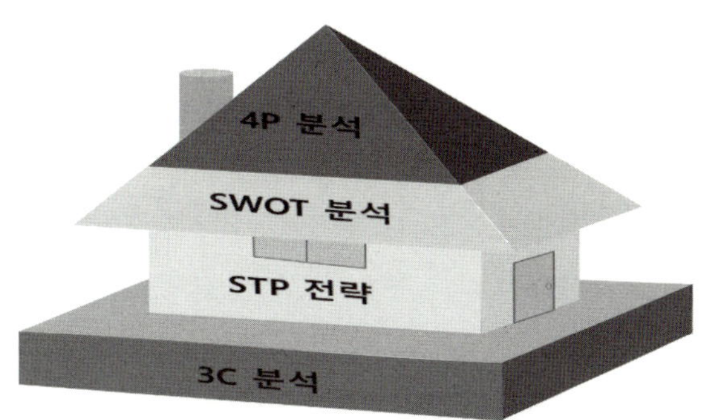

출처 : 저자 작성, 마케팅전략 수립 전략적 분석 툴

토머스 프리드먼이 '세계는 평평하다'는 말로 표현했듯이 세계는 점점 작아지고 있다. 그런 만큼 변화의 속도는 빨라지고 시장에서의 경쟁 또한 더욱 치열해지고 있다. 마케팅은 시장변화 추이를 주시하며 대응 전략이 마련되어야 하는데, 이 과정에서 일류 기업들은 3가지 렌즈를 통해 미래를 본다고 한다. 단기적인 성과와 중기의 플랜, 그리고 장기 목표를 볼 수 있는 렌즈가 그것이다.

'고요한 숲, 곤충의 눈이 나를 바라본다. 곤충의 눈 속에 내가 있다. 나를 바라보는 곤충의 눈을 통해 내가 나 자신을 바라본다. 그토록 크면서, 그토록 작은 나.' 류시화 시인은 '곤충의 눈'을 통해 자신의 내면에 감춰져 있는 낯섦의 세계를 발견해낸다.

최근 친환경 농산물이 인기를 끌면서 작은 곤충들로부터 많은 도움을 받고 있다. 화분 매개 곤충, 천적 곤충, 환경정화 곤충 등 활용 분야는 무궁무진하다. 이처럼 곤충을 이용하는 다양한 기술이 시장을 형성하면서, 현재 세계 곤충산업 시장규모는 1조 원 이상으로 성장했다. 천적 곤충을 이용하면 예방적 방제와 지속적 방제가 가능해 농작물의 생산량을 10~20% 늘리는 효과도 있다.

수년 전 이토모토시게 도쿄대학교 교수가 니혼게이자이 신문 기고문 중에서 '경제를 제대로 보려면 3가지 눈이 필요하다'는 글이 있었다. 경제를 매크로(거시) 관점에서 조감할 수 있는 '새의 눈', 마이크로(미시) 적으로 세세히 볼 수 있는 '벌레의 눈', 그리고 경제 조류의 큰 흐름을 파악할 수 있는 '물고기의 눈'이 바로 그것이다.

출처 : 저자 작성

새든 벌레든 어느 한쪽의 눈만 갖고는 전략과 전술을 활용하기는 어렵다. 창으로 물속의 물고기를 잡을 때, 눈에 보이는 대로 찔렀다가는 백번 다 실패한다. 빛의 굴절이라는 변수가 있기 때문이다. 새의 눈이든 벌레의 눈이든 눈을 균형 있게 활용하라는 충고를 던진다. 하나만 보지 말고, 그렇다고 멍하니 먼 산 바라보듯 하지도 말라는 뜻이다.

요즘 농식품 시장은 마치 전쟁터를 방불케 하는 형국이다. 올바르고 균형적인 시각으로 마케팅을 전개하기 위하여 경제를 읽는 눈을 마케팅 전략과 연계하지 않을 수 없다. 소비자의 마음이 죽 끓듯 변화가 심하니 내일을 감히 예측할 수 없다. 고객들의 요구를 정확하게 파악하여 그 유형들을 분류하고 그들의 욕구에 따라 적절한 제품을 제공하는 기업만이 살아남는 새로운 마케팅의 시대에 들어섰다.

일반적으로 마케팅 전략이라 하면 제품이나 브랜드와 관련된 전략으로 신제품을 출시하고, 기존 제품을 유지 및 관리하며, 새로운 시장 기회를 찾는 활동 등을 말한다. 현대 경영의 구루(Guru)인 피터 드럭커(Peter Drucker)는 "기업 경영의 기본적인 기능은 단 두 가지이다. 그것은 마케팅과 혁신이다. 마케팅과 혁신은 결과들을 생산한다. 나머지는 모두 비용일 뿐이다"고 말했다. 이 말은 마케팅의 중요성을 설명해주는 것인데 남들과 비슷한 차별화 마케팅으로는 경쟁에서 살아남기가 어렵다. 이러한 시장변화에 따라 도입된 전략이 STP 전략이다.

시장 환경 변화를 빨리 탐지하고 상황에 맞는 마케팅 전략을 적절히 수립하여 시장을 세분화(Segmentation)하는 노력이 필요하다. 다음에는 표적시장을 선정하고(Targeting), 그 표적시장에 적절한 제품을 포지셔닝(Positioning)하는 것이 현대적 마케팅의 기본전략이다.

수출시장 개척 마케팅에 있어서도 높고 넓게 개략적으로 조감하는 '새의 눈'과 하나의 세세한 일을 정확히 파악하는 '벌레의 눈', 변화와 흐름을 놓치지 않고 주의 깊게 관찰하는 '물고기의 눈'을 가지고 과거와 현재의 흐름을 보고 미래를 예측하면서 장애물을 뛰어넘을 필요가 있다.

마케팅은 전략이 90%를 차지하고 실행이 10%를 차지한다. 제대로 된 제품, 제대로 붙인 이름, 제대로 겨냥한 표적 고객, 제대로 된 포지셔닝이 제때에 어우러지면 대부분의 마케팅 프로그램은 효과를 내게 되어있다

우리는 목표에 도달하기 위해서 '전략은 어떻고 전술은 어떻게 해야 한다.'는 식의 이야기를 종종 듣게 된다. 그러면 전략과 전술의 차이는 무엇일까?

전략이란 '어떤 목표를 정해놓고 거기에 대하여 어떻게 나아갈 것인지 큰 틀을 잡는 것'이다. '전술이란 전략을 세우고 그것을 행하면서 발생되는 여러 가지 일들에 대해 대처하는 것'을 말한다. 전략은 무엇을 할 것인가(What To)이고, 전술은 어떻게 할 것인가(How To)이다. 전략은 목적이고 전술은 방법이다. 혹자는 전략은 효과의 문제이고, 전술은 효율의 문제라고 한다. 전략의 방향이 잘못되면 아무리 전술이 좋아도 승리하기 힘들 것이다.

마케팅은 시장변화 추이를 주시하며 적절한 대응전략이 마련되어야 한

다. 마케팅 전략을 수립할 때는 외부 환경에서 파생되는 위협을 회피하고 새로운 기회를 활용해 새로운 기회를 창출할 필요가 있다. 마케팅 전략 수립을 위해 선행되어야 할 일반적인 분석 툴은 아래 그림과 같이 보편적으로 3C 분석의 기초를 세우고 → STP 분석 전략과 전술을 수립한 다음 → SWOT 분석으로 강약 점을 파악하고 → 4P(마케팅 믹스) 순으로 분석이 진행된다.

▌3C 분석

같은 고객을 대상으로 해서 경쟁하고 있는 자사와 경쟁사를 비교하고 분석하여 자사를 어떻게 차별화해서 경쟁에서 이길 것인가를 찾아내는 것이다. 농식품 마케팅 전략을 수립하기 위해서는 3C에 대한 각 요소인 고객(customer), 경쟁업체(competitor), 자사(company) 의 3C를 분석하여 자사의 경쟁우위 창출 가능성을 식별하는 것이다.

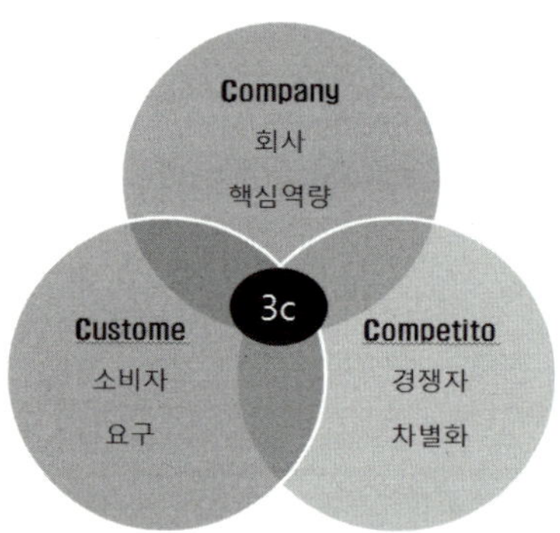

고객customer : 고객은 자사의 제품과 서비스를 구매하는 소비자에 대한 구체적인 구분과 니즈파악 등의 요소를 포함하고 있다. 고객 분석이란 어떤 생산자와 조직이 자신의 상품을 구매한 고객을 분석하는 과정으로 소비자의 기호와 구매 행동을 분석하는 것을 말한다. 농산물 생산자와 조직에서 고객 분석은 농식품 소비패턴을 이해하는 것이 중요하다.

자사의 농식품을 구매하는 소비자가 어떤 소비행태 및 특징을 가지고 있는지를 기본으로, 세분화하고 그룹핑을 함으로써 마케팅 전략의 핵심 타깃이 되는 것이다. 구매력 정도, 소비 규모의 크기, 성장 가능성 여부, 잠재고객 존재 여부 등을 종합적으로 고려해야 향후 마케팅 성과를 달성할 수 있다는 것이다.

경쟁자competitor : 지피지기면 백전백승이라는 마인드로 경쟁자를 분석해야 한다는 것이다. 현재 자사가 직면하고 있는 라이벌들은 무엇인지 리스트화하고 이들이 가지고 있는 목표, 현재 전략, 강점과 약점 등을 종합적으로 살펴보는 것이다. 농식품은 수많은 생산자가 시장에 참가하기 때문에 기본적으로 완전 경쟁에 가까운 시장 구조이나, 경쟁 업체보다 앞서는 방법은 비용 우위와 차별화 우위가 있다. 비용 우위 전략이란 동일한 품질의 상품을 경쟁사보다 낮은 비용에 생산해 저렴하게 판매하는 것을 말한다. 차별화 우위 전략이란 경쟁업체가 모방하기 어려운 차별화된 상품을 생산해서 경쟁업체보다 비싼 가격으로 판매하는 전략이다. 업체는 자사가 처한 여건과 위치를 고려해 더 적합한 것을 선택할지 판단해야 한다.

자사company : 자사가 보유하고 있는 인적·물적 자원의 핵심역량과 장단점을 분석하는 것이다. 현재 자사의 핵심역량 및 경쟁력이 무엇인지 살펴보고 가용할 수 있는 자원의 종류와 규모를 파악하는 작업이 필요하다.

농식품 마케팅에서 자사란 마케팅 전략을 수립·시행하는 농식품 생산자 혹은 조직이다. 자사 분석은 이용 가능한 정보의 양이 많음으로 경쟁자 분석보다 심층적으로 해야 한다. 자사 분석의 핵심 내용으로는 자사의 내부적 강점과 약점을 파악하고 평가하는 것, 자사가 직면한 외부 시장 기회를 파악하고 평가하는 것, 자사의 경쟁력 위치의 강점과 약점을 파악하는 것 등이 있다. 이러한 사항을 분석함으로써 기업은 자사에 적합한 마케팅 전략을 도출한다.

마케팅 전략을 수립할 때는 외부 환경에서 파생되는 위협을 회피하고 새로운 기회를 활용해 새로운 기회를 창출할 필요가 있다. 이를 자사의 강점

및 약점과 결합해서 효과적인 전략을 수립하는 데 반영하여야 한다.[117]

STP 마케팅이란

소비자의 구매 행동에 따른 적절한 마케팅 전략을 수립하기 위해서는 환경 변화를 이해하고, 소비자 행동에 대한 이해를 바탕으로 시장을 세분화(Segmentation) 하며, 표적시장을 선정(Target Market) 하고, 표적시장에 적절하게 제품을 포지셔닝(Productions Positioning) 하는 일이 성공적인 마케팅 전략의 열쇠이다. 이를 약칭해서 STP 마케팅이라고 하며, 이 과정은 현대 마케팅의 핵심이라 할 수 있다.

마케팅 전략을 수립하면 그 전략에 기초해서 기업은 제품, 가격, 촉진, 유통의 마케팅믹스를 개발하고, 마케팅 노력을 평가해 새로운 마케팅 전략을 수립하여 반영하는 피드백이 필요하다.

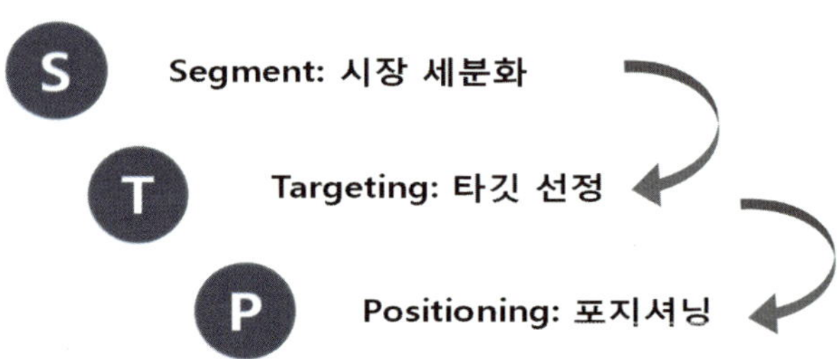

해외시장 세분화Segmentation : 국내시장도 마찬가지지만 세계의 시장은 서로 특성이 다른 소비자로 구성 되어있다. 시장을 공략하기 위한 전략으로 사전에 소비자를 일정 지역으로 크게 몇 개의 세분시장으로 구분한 다음, 각각의 세분 시장별로 차별적인 마케팅 전략을 구사하는 것이다.

해외시장 세분화는 전체 세계시장의 관점에서의 세계시장 세분화와 개별

---

117 김동환, 농식품 이제 마케팅으로 승부하라

국내에서 시장세분화인 미시적 세분화로 나눌 수 있다. 세계시장의 세분화는 전체 세계시장을 몇 개의 동질적인 집단으로 나누는 과정이며, 해외 표적시장을 찾아내기 위해 시장세분화를 하는 것이다.

인구 통계적 세분화는 시장을 인구 통계적 또는 소득수준, 성별, 연령, 직업, 교육수준 등 사회경제적 특성으로 나누는 것으로 일반적으로 많이 사용된다.

지리적 세분화는 지리적 경계가 해외시장 세분화의 기준으로, 받아들여지는 조건으로는 다음의 세 가지가 있다. 첫째, 지리적으로 근접해 있다는 것으로 관리가 쉽다는 점이다. 둘째, 동일지역에 속한 국가들은 대부분 공통된 문화를 가진다. 셋째, 지역경제공동체가 대개 하나의 경제블록으로 묶어 놓고 있다는 점이다.

심리 형태의 세분화는 소비자들의 태도, 가치관, 라이프스타일 등에 의해 나누는 방법이다. 소비자들의 태도, 가치관, 구매패턴 또는 미디어 매체에 대한 선호도 등을 고려하면 목표 추구집단, 성취집단, 적응집단, 전통집단, 피압박집단 등 5가지 유형의 집단으로 분류될 수 있다.

구매 행동적 세분화는 소비자들의 구매량, 구매 빈도, 사용상태 등에 초점을 맞추는 시장세분화의 방법으로 사용 정도에 따라 대량사용자, 중간사용자, 소량사용자, 그리고 사용자 상태에 따라 잠재적 사용자, 비사용자, 과거 사용자, 규칙적 사용자, 신규 사용자로 구분할 수 있다.

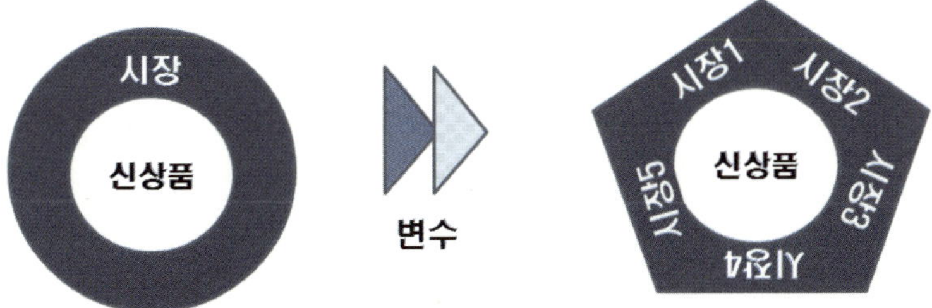

표적시장 선정Target Market : 차별적 마케팅은 업체가 여러 표적시장에 대해서 각각의 시장에 적합한 시장전략을 세우는 방법이다. 집중적 마케팅이란 소수의 세분화시장을 집중적으로 공략하는 전략이라 할 수 있다.

표적시장을 선정하는 기준으로 3가지가 있는데 다음과 같다.

첫째, 세분시장의 현재 크기와 성장잠재력으로 선정하는 것이다. 예를 들어, 국내의 시장으로만 보면 한정된 시장이나 세계적으로 보면 거대한 시장이 있는 것이다. 둘째, 경쟁의 정도로서 강한 경쟁자가 자리 잡고 있는 시장은 피하는 것이 유리하다. 선두주자와 후발주자의 관계에서 시장 선점의 차이이다. 셋째, 해외시장을 공략하는데 많은 비용이 소요되므로 사전에 충분히 고려해야 한다.

비차별적 전략이란 동일한 마케팅믹스(4P's)를 광범위한 시장을 대상으로 하는 것으로 표준화된 제품 및 광고로 비용이 절감된다.

해외 포지셔닝Productions Positioning : 포지셔닝으로 차별화하는 것은 시장에서 기업 또는 상품의 위치를 잡는 것이다.

소비자의 마음속에 자리 잡기 위한 포지셔닝은 상품의 특성 및 경쟁상품과의 관계, 자사의 기업 이미지 등 각종 요소를 평가·분석하여 그 상품을 특정한 위치에 설정하는 행위이다. 포지셔닝은 마케팅 기획의 핵이며, 경쟁 농산물과의 차이를 확실하게 하는 것이다.

표적시장이 결정되면 마케팅믹스를 수립하기 전에 자사 제품이 경쟁사와 다른 고유의 특성이 있다는 점을 고객의 마음속에 심어주는 과정으로 해외 포지셔닝의 절차는 기본적으로 상품마다 여러 가지 속성이 있고, 이러한 속성이 소비자에게 여러 가지 편익을 제공해 준다는 사실에서 출발한다.[118]

---

118 한권으로 끝내는 무역마케팅 종합실무, 송무호

기업의 내외부적인 강점과 약점, 그리고 기회와 위협요인을 파악하는 것이 SWOT 분석이다. 마케팅 전략을 수립할 때는 외부 환경에서 파생되는 위협을 회피하고 새로운 기회를 활용해 새로운 기회를 창출할 필요가 있으며, 이를 자사의 강점 및 약점과 결합하여 효과적인 전략을 수립해야 한다.

이와 같이 외부적 환경으로부터 주어진 기회 및 위협요인과 내부적으로 파악되는 장점과 약점을 매트릭스로 구성해 체계적으로 분석하는 것을 SWOT 분석이라고 한다.

외부 환경에서 오는 기회와 위협, 조직의 강점과 약점을 평가하는 방법에는 여러 가지가 있지만, 일반적으로 마케팅 관리자의 주관적 판단에 크게 의존한다. 따라서 SWOT분석을 할 때는 주관적인 판단에 치우치지 말고 가능한 한 객관적인 입장에서 분석해 오류를 최소화해야 한다. SWOT 분석은 장점(Strength), 단점(Weakness), 기회(Opportunity), 위협(Threat) 등 4가지 요인을 바탕으로 분석전략을 수립하는 것이다.[119]

SWOT 분석을 통해 인지하지 못했던 영향력 있는 요인을 발견하게 되거나 시장의 가능성을 인지하게 되는 경우도 생기기 때문에 정기적으로 진행하여 경영관리를 해나가는 것이 성과에 큰 도움이 될 수 있다.

■ 4P 전략

상품의 성공적 런칭을 위해서는 치밀하고 효과적인 마케팅믹스 전략을 통한 시장접근이 필요하다. 현대 마케팅에서 경영자가 통제 가능한 요소를 4P라고 한다. 일반적으로 마케팅믹스라 하면 4P를 언급한다.

마케팅 목표를 효과적으로 달성하기 위해 마케팅 활동에서 사용되는 여

---

119 농식품 이제 마케팅으로 승부하라, 김동환

러 가지 방법을 전체적으로 균형이 잡히도록 구성하는 것으로 제품product, 가격price, 촉진promotion, 유통place 전략을 적절히 조화해 표적시장에 도달시키는 것이다.

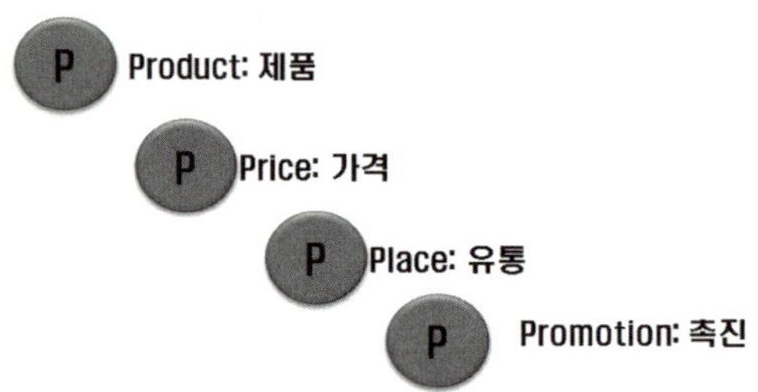

사업을 시작할 때 고객이 누구인지 구체적으로 떠올릴 수 있다면 성공 가능성이 높다. 왜냐하면 고객의 니즈에 구체적으로 대응이 가능할 것이기 때문이다.

기업이 마케팅 목표를 달성하기 위해 전략적으로 실시하는 마케팅 활동을 마케팅 믹스라고도 한다. 일반적으로 마케팅의 3C 분석, STP 분석, SWOT 전략을 수립한 후 최종적으로 마케팅 노력을 평가해서 그 전략에 기초해 4P 전략을 적절히 조화하여 표적시장에 성공적으로 도달시키는 것이다.

제품전략Product : 제품이란 소비자의 욕구를 충족시키는 상업적인 재화를 총칭하는 말이다. 물질적인 재화뿐만 아니라 품질, 서비스, 사람, 장소, 조직, 아이디어 등이 모두 포함된다. 소비자가 제품을 선택하는 가장 간단하면서 강력한 기준 중 하나는 브랜드(Brand)이다. 소비자의 선호도에 따라 어떤 기능과 형태를 가진 제품을 만들 것인가를 결정하는 것이 제품전략이다. 여기에는 당연히 제품의 품질, 안전성 및 특성이 중시된다. 그리고 선별, 포장, 서비스도 제품의 판매에 영향을 미친다.

제품이나 서비스의 기능과 품질, 경쟁상품, 브랜드이미지 등을 분석하여 어떤 기능을 부각시켜서 소비자들의 환심을 살 것인지를 미리 결정해둔다면 전략 수립에 많은 도움이 될 것이다. 이때 시장 트렌드에 따른 제품 수명

주기(도입기-성장기-성숙기-쇠퇴기)까지 고려되어 제품 경쟁력을 제고할 수 있어야 한다.

과거에는 상품기획과 생산과정 중심의 상품들이 제품이라고 정의되었으나, 지금은 소비자의 욕구를 충족시킬 수 있는 상품과 서비스 디자인, 브랜드, 심벌, 보증, 이미지 등을 폭넓게 포함하고 그것을 관리하는 전략을 제품전략이라고 할 수 있다. 과거 실물만 제품이었던 시대에서 이제는 무형의 서비스나 브랜드까지 포함한 개념이라고 정리할 수 있다.

가격전략Price : 가격이란 생산한 제품이나 서비스를 제공한 대가로 제품의 화폐 가치, 즉 화폐적으로 표현된 제품의 가치로 재화나 서비스에 대한 가치 평가를 의미한다. 시장에서 판매조건, 할인 여부, 지불 방법 등이 결정돼야 한다.

가격 차별화를 통해 이윤을 높일 수 있으나 가격전략이 곧 경쟁 우위 확보로 연결되는 것은 아니므로 부가가치가 높은 제품을 만들고, 고급화·패키지화·머천다이징 등을 통한 '고부가가치화'전략에 관심을 기울여야 한다. 가격은 제품의 가치를 가장 객관적으로 나타낸 수치이다.

마케팅에는 크로스 셀링과 업 셀링이 있다. 새로운 고객을 한 명 유치하려면 많은 비용이 든다. 그래서 새로운 고객보다 이미 잡은 고객을 놓치지 않아야 한다. 식빵을 산 고객에게는 쨈을 팔고, 라면을 산 고객에게는 김치를 파는 것 같은 고객에게 여러 관련 상품을 연관시키는 것을 크로스 셀링이라 한다. 같은 제품이라도 품질을 업 그레이드 해가면서 판매하여 한 고객에게 수익을 높이는 방법을 업 셀링이라 한다.

스키밍Skimming은 비싸게 파는 고가화 전략을 말한다. 싸면 안 팔리고 비싸면 잘 팔리는 제품에 적용되는 전략이다. 반면에 페니트레이팅Penetrating은 싸게 파는 침투 전략이다. 처음에는 낮은 가격으로 판매하다가 시간이 지나면서 차츰 가격을 올려 받는 전략이다.

유통전략Place : 유통경로란 제품이나 서비스를 생산자로부터 최종 소비자에게 이동시키는 과정에 참여하는 기업과 개인들의 집합이다.

유통전략이란 판매 장소로 대형유통업체와의 직거래, 도매시장 또는 소매시장 출하, 인터넷 판매 등 다양한 유통채널 중 어디를 선택할 것인가의 문제다. 또한 제품의 저장·운송·보관과정에서 부패·오염·폐기 등을 줄이는 것도 중요하다.

제품의 강점을 파악한 다음 그에 맞는 가격까지 결정한 이후에 판매장소 및 유통경로를 결정하고 확보하는 것이다. 제품을 구입하는 핵심고객들이 주로 어떤 곳에서 제품을 구매하는지 신뢰도 높은 시장분석을 통해 판매장소를 결정하는 것이 좋다.

단순히 물건을 파는 장소만을 뜻하는 것이 아닌, 고객과의 접촉이 이루어지는 부분의 전체적인 유통경로의 관리를 포함한다. 이 유통경로를 관리한다는 것은 생산자, 도매상, 소매상, 소비자까지 포함된 공급 사슬을 관리한다고 볼 수 있는데, 쉽게 말하면 생산자로부터 소비자에게까지 전달되는 과정을 말한다.

촉진전략Promotion : 네트워크 구축, 브랜드파워, 각종 표시제가 중요한 역할을 한다. 광고나 소문, 판촉방법도 영향을 미친다. 농산물에도 판촉 서비스가 필요한 시대가 왔다. 기업이 소비자의 욕구에 맞는 제품을 개발하고, 소비자가 쉽게 접근할 수 있는 유통경로를 통해 적당한 가격으로 시장에 투입한다 하더라도 소비자에게 제품을 알리고 권유해 구매를 자극하는 촉진 활동이 없으면 최종적인 판매는 이뤄지지 않는다. 촉진의 중요성은 특히 시장경쟁이 치열해짐에 따라 더욱 커지고 있다.

전 세계를 대상으로 하는 농산물 마케팅 전략으로 표적마케팅은 앞으로 더욱 중요해질 것이다. 시장에서 확고한 위치를 갖기 위해서는 제품 차별화, 서비스 차별화, 이미지 차별화의 포지셔닝이 이뤄져야 한다. 판매를 촉진하기 위하여는 광고, 홍보, 판매촉진, 인적판매 이렇게 4가지의 방법이 있다. 일반적으로 진행하는 TV광고, 신문, 전단지, 인터넷 광고 등 온·오프라인 마케팅 매체를 어떻게 활용하는 것이 좋은지 그 트렌드를 분석하는 것도 판매촉진 전략을 수립하는 데 필요한 과정이다.

▌해외 진입시장 분석, 포트폴리오 매트릭스

해외시장 진입전략은 어떤 시장을 선택할 것인지 장기적인 이익과 얻을 수 있는 가치에 따라 진입 시장을 선정하는 것이다. 해외시장의 크기, 소비자들의 구매력, 경제성장률에 기반한 미래 소비자들의 부의 수준 등을 고려하여 해외시장의 장기적인 이익을 판단한다. 또한 현지 시장에서의 제품에 대한 요구와 현지 경쟁 수준들에 따라 얻을 수 있는 가치가 달라진다.

진입시장(국가) 선정 시 고려요인은 현지 시장의 전략적 중요성이다. 또한 현지 시장에서 그 기업이 갖는 경쟁우위 분석이다. 즉 기업이 가진 경쟁력을 기업과 경쟁 관계에 있는 현지국 기업 및 현지에 진출한 외국기업과 비교 분석하는 과정이다.[120]

진입시장 선정 시 기업 경영전략 수립에 있어 기본적인 분석 도구로 활용되는 방법으로 BCG Matrix 분석기법이 있다.

BCG 매트릭스의 개념은 보스톤 컨설팅그룹(Boston Consulting Group)에 의해 1970년대 초반 개발되었다. 기업의 경영전략 수립에 있어 하나의 기본적인 분석 도구로 활용되는 사업 포트폴리오 분석기법이다. 자금의 투입, 산출 측면에서 사업 (전략사업단위) 이 현재 처해 있는 상황을 파악하여 상황에 알맞은 처방을 내리기 위한 분석 도구로 활용된다.

시장 성장률과 상대적 시장 점유율에 의해 각 사업부를 평가하고 기업 전체의 자원 배분 기준과 각 사업부의 전략 방향을 나타낸다. 성장-점유율 매트릭스 (Growth-share matrix) 라고도 불리며, 산업을 점유율과 성장성으로 구분해 4가지로 분류했다.

X축은 상대적 시장 점유율을 나타내는데 현지에서의 경쟁력이다. Y축은 시장 성장률로서 현지 시장의 가치증대 및 차별화의 전략적 중요성이다.

물음표(?), 장래가 불투명한 사업은 물음표로 표시된다. 시장 성장률은 높으나 상대적으로 시장 점유율은 낮은 사업이다.

별, 시장 점유율과 성장성이 모두 좋은 사업은 별(Star)로서 기업이 적극

---

[120] 성균관대학교, 국제경영론 교재

적으로 진출해야 할 시장이다. 시장 성장률도 높으면서 시장에서 강력한 지위를 구축하고 있는 분야이다.

젖소, 성장률이 낮은 시장에서 선도적인 지위를 구축하고 있는 사업이다. 투자에 비해 수익이 월등한 사업은 자금 젖소(Cash Cow)로서 기업입장에서 현지에 대규모 투자를 할 필요는 없지만 적은 투자를 통해서 꾸준하게 현지에서 돈을 벌어들일 수 있는 시장이다. 점유율과 성장률이 모두 낮은 기업은 개(Dog)로서 기업에게 의미가 없는 시장이다.[121]

진입시장의 선택과 관련하여 기업들은 그림과 같은 포트폴리오 매트릭스 방식을 통해 진입시장을 구분하고, 각 지역별 시장의 특성에 맞도록 경영자원을 적절히 배분하여, 이들 시장에 대한 적절한 진입방법을 찾아내야 한다.

┃ 세계시장의 포트폴리오 매트릭스 ┃

출처 : blog.naver.com

---

121 한국마케팅연구소, https://m.blog.naver.com/PostView.nhn?blogId

해외시장 개척, 박람회

박람회란 일반적으로 유형 또는 무형의 상품을 매개로 특정 장소에서 일정 기간 동안 방문자와 참가업체 간의 상품거래와 홍보 등이 주목적으로 진행되는 일체의 마케팅 활동이다. 판매자(Seller)와 구매자(Buyer)가 한자리에서 만날 수 있는 약속된 장소이며, 동시에 수많은 잠재 구매자를 대상으로 세일즈 활동을 할 수 있는 최적의 장소이다. 즉, 최소의 비용과 시간으로 시장개척 성과를 높일 수 있는 최고의 마케팅 수단이되고 있다. 시장개척의 첫발은 박람회 참가부터이다.

'박람회 하면 독일'로 인식될 만큼 세계에서 박람회 문화가 가장 잘 정착된 곳이 바로 독일이다. 독일은 박람회 왕국답게 전 세계 박람회의 2/3 이상을 개최할 수 있는 역량을 가지고 있으며, 총교역량의 80% 정도가 상품전시회를 통해 이뤄진다.

국제박람회에 참가하는 목적은 한국 농수산물의 우수성을 홍보해 장기적인 수출기반을 조성하는 데 있다. 우수바이어 발굴, 권역별 시장진출 가능 품목 발굴 등 중소 수출업체의 해외시장 개척지원을 위해 1988년 베를린국제농업박람회에 처음 문을 두드렸다. 이후 1992년부터 본격적으로 해외 박람회에 참가하면서 규모를 늘려 지금에 이르고 있다. 이러한 박람회 참가를 통해 많은 농식품이 해외바이어나 소비자들에게 알려져 우리 농식품의 수출확대에 크게 기여한 것으로 평가된다.

박람회가 갖는 이러한 장점에도 불구하고 시장개척의 효과를 높이기 위해서는 선택과 집중의 논리가 적용돼야 한다. 우선 박람회(시장)의 선택이다. 과거의 참가 실적을 분석해 효과가 높은 박람회에 집중적으로 참가할 필요가 있다. 그리고 유사업체끼리 경합해서 참여하는 종합박람회보다는 틈새시장의 개척을 위한 개별박람회에 참여하는 것도 매우 중요하다.

또한, 박람회 성격에 맞는 품목을 선정하는 것도 중요하다. 즉, 현지인 마켓에 들어갈 수 있는 품목을 잘 선택해야 한다. 참가하기 전에 면밀한 현지 시장조사를 통하여 품목을 결정한 후 철저히 바이어 중심의 상품 결정이 요구된다. 바이어는 현지 한인 마켓에서도 구입할 수 있는 상품이라면 관심이 없다. 바이어만을 생각한 품목을 만들어야 한다.

동경식품 판촉전 바이어 상담회/ 저자자료

미국 애너하임 박람회/ thinkfood.co.kr

박람회에는 판매도 허락되는 소비자 위주의 박람회도 일부 있으나, 대부분이 바이어 위주의 박람회다. 따라서 박람회에서 물건을 판다는 개념을 버리고 시음·시식 위주의 마케팅이 될 수 있도록 사전에 철저히 준비해야 한다. 당장의 수출계약 실적에 집착하기보다는 장기적인 안목을 갖고 꾸준한 홍보를 하는 것도 필요하다. 또 현지 시장에 진출하기 위해 한국문화 전반에 대한 홍보를 통해 우리 농식품이 자연스럽게 현지 시장으로 파고들 수 있도록 해야 한다.

박람회에는 일정 규모의 수출능력을 갖춘 업체가 참가해야 한다. 정책적으로는 영세한 업체를 지원해야 한다고 할지 모르나, 박람회는 경쟁력이 있는 업체가 필요한 곳이다. 바이어의 관심을 끄는 유망 상품을 전시하여 바이어의 집중적인 상담 요청을 받아 거래가 성사되어야 하며, 바이어와 계속적인 거래를 위해서 품질과 안전성을 유지하고, 요구물량을 맞출 수 있어야 하기 때문이다.

박람회참가는 업체 입장에서 볼 때 적어도 일 년 전부터 계획돼야 한다. 사전에 접촉대상 바이어를 조사해 적극적인 홍보를 하고 참가박람회에서 미팅을 추진하는 전략도 필요하다.

아울러 바이어에게 초점을 맞춘 포장 트렌드, 현지에 맞는 라벨링 등을 준비해야 한다. 아무런 준비 없이 국내 시판용 물건을 그대로 가져가도 바이어가 찾아올 것이라 기대하는 것은 허황한 환상일 뿐이다.

▌중요 농식품 관련 종합박람회 사례▐

종합 박람회
모스크바 식품박람회(2월), 두바이 식품박람회(2월), 멕시코 과달라하라(3월), 동경 식품박람회(3월), 자카르타 식품박람(4월), 홍콩 식품박람회(5월), 방콕 식품박람회(5월), 타이베이 식품박람회(6월), 뉴욕팬시 식품박람회(6월), 쿠알라룸푸르 식품박람회(8월), 시드니 식품박람회(9월), 호치민 식품박람회(10월), 뉴욕 모국 농특산물박람회(10월), 쾰른 식품박람회(10월), 카자흐스탄 식품박람회(11월), 중국 베이징박람회, 상해 식품박람회(11월), 인도 붐바이식품박람회(9월), 싱가포르 박람회, 브라질 상파울루박람회(5월), 폴란드 바르샤바 박람회(3월), 필리핀 마닐라박람회(8월), 방콕 박람회(5월), 캐나다 토론토박람회(4월), 파리 박람회, 하노이 박람회(11월), 자카르타 박람회(11월)

전문 박람회
리용 외식산업박람회(1월), 애너하임 건강식품박람회(3월), 볼로냐 건강박람회(9월), 동경 건강식품박람회(10월), 홍콩 와인박람회(11월), 동경 국제플라워엑스포(11월)
미국 루이빌농기계박람회(2월), 호주 타즈매니아농기계박람회(5월), NIV암스텔담원예박람회(10월), 독일 하노버농기계박람회(11월)

출처 : KATI

해외의 식품종합박람회에 참가해야만 바이어 확보가 유리하다고 고집할 필요는 없다. 업체의 수출품목 특성에 따라 다양한 박람회에 참가할 필요가 있다. 이럴 때 유용한 마케팅 수단이 aT에서 운영하는 개별박람회 참가사업인데, 여기에 많은 관심을 가질 필요가 있다.

개별박람회 참가사업은 연간 200회 정도가 지원되는데, 상하반기로 나누어 지원 대상 업체를 모집하므로 미리 박람회 참가 사업계획을 잘 세우고, aT에 문을 두드려서 마케팅 수단을 넓혀 보자. 박람회 부스 임차비, 장치비, 전시품 운송·통관비 등 부스 운영에 필요한 비용을 업체당 최대 500만 원을 지원하는데, 선정평가 기준에 따라 참가업체가 결정된다.

해외 박람회 참가 시 미리 국가마다 통관규제가 다르다는 점을 인식해야 한다. 라벨링, 유통기한 표시, 원료의 종류와 함량, 원산지 표시 등에도 철저히 준비해야 낭패를 면할 수 있다.

유럽 최대 농업 전문박람회인 베를린국제농업박람회는 유럽 소비자 마켓 테스트의 장으로 적격인데, 제품 개선점 발굴 등 수출 가능성 파악이 용이하다. 하지만 특정 품목, 예를 들어 인삼 제품 중 뿌리삼은 '농약 잔류 문제'로 통관이 불가능하다. 반면에, 국민성 자체가 호기심이 많아 신규상품, 건강 지향적인 기능성 식품에 관심이 많다는 것을 유념해야 한다.

러시아정부 지원으로 매년 개최되는 러시아 최대의 종합식품 전문박람회인 모스크바 식품 박람회(PRODEXPO)는 러시아 및 CIS 국가들을 대상으로 한 시장개척에 긴요하다. 다만 식품류의 러시아지역 통관을 위해서는 GOST(표준규격인증서), 위생증명서 등이 필요하며, 검사 시 많은 비용과 시간이 소요된다는 점을 숙지해야 한다.

중동 최대의 식품박람회인 두바이 식품박람회(GULFOOD)는 알코올 금지 박람회로서 주류 제품은 참가 자체가 불가하니 이 점을 유념해야 한다. 또한 수출업체의 참가 선호도가 가장 높은 동경 식품박람회(FOODEX JAPAN)에서는 해당 물품의 일본어 제품명, 중량, 유통기한, 보관방법, 제조자 이름과 주소, 원산지, 성분 등의 스티커를 부착해야 하고, 주류의 경우 알코올 농도, 용량 등의 기재가 필요하다. 또한 식물방역법·동물방역법상 검사대상 품목은 검역증명서를 발급받아야 하며, 장류의 경우 솔빈산이 검출될 경우 통관이 불가능하다. 돈육·우육은 통관이 불가능하며, 삼계탕은 동물검역증이 필요하다. 쌀 제품, 소금 제품 등은 통관에 각별한 주의가 필요한 품목들이다.

세계 최대의 자유무역항인 홍콩에서 열리는 홍콩식품박람회(HOFEX)에서는 영문 및 중문명 스티커 부착을 필요로 한다. 수출품목에 대한 6대 표기사항(음식물의 이름, 원료의 종류와 함량, 유통기한(중문표기 필수), 음식물의 보관방법 및 조리방법, 제조회사의 상호 및 주소 기입, 수량·중량·부피

표기) 준비를 철저히 해야 한다. 유통기한 표시 장비를 사전에 준비해 물품 단위당 표기를 빠뜨리지 않아야 한다.

방콕 식품박람회(THAIFEX)는 타 국가의 박람회보다 요청하는 서류도 많고, 세관 검사가 까다롭다. 신선 제품의 경우, 식물검역 증명서가 필요하고, 농축엑기스는 태국 수입 금지 품목이므로 유의하여야 한다. 이 밖에도 Health Certificate, Analysis Certificate, 원산지 증명서 등의 서류가 필요하고, 모든 서류는 참가 품목이 태국 방콕에 도착하기 전에 수입허가를 받아야 하며, 서류 제출이 늦어질 경우 통관이 힘들고 penalty($300)가 부과되니 이점을 인지하여야 한다.

호주지역 식품 박람회인 시드니 식품 박람회(FINE FOOD)에서는 해당 물품의 영어제품명, 중량, 유통기한, 보관방법, 제조자 이름과 주소, 원산지, 성분 등의 스티커가 부착돼야 하며, 주류의 경우 알코올농도, 용량 등을 기재해야 하므로 주의가 필요하다. 아울러 식물방역법·동물방역 법상 검사대상 품목은 검역증명서를 발급받아야 하며, 육류의 경우 사전 검역국의 통관 허가가 있어야 한다.

북미지역 대형유통업체 관련자들이 대거 내방하는 뉴욕 식품박람회(FANCY FOOD SHOW)의 경우, 가공식품의 영양성분 및 함량을 표시하는 영양분석표(Nutrition Label)를 의무화하고 있다. 또한 미국정부는 거의 모든 수입품에 대해 원산지를 표시하도록 요구하고 있어 이를 위반할 경우, 미국의 관세법을 위반하게 되는 것이므로 주의가 필요하다.

유럽뿐 아니라 세계에서 100개국 정도가 참가하는 세계 최대의 식품 박람회인 쾰른 국제식품박람회(ANUGA)에서는 통관이 불가능한 전시품을 사전에 파악해 대비하는 것이 필수다.

해외시장 개척 체크리스트

농산물 수출을 늘리기 위해서는 다양한 노력이 요구된다. 우선 품질 및 가격 경쟁력을 높이면서 수출이 가능하거나 수출을 증대시킬 수 있는 국가와 품목을 개발해야 한다. 그리고 수출국 시장진출 여건과 국가 간 경쟁력, 시장진출 가능성, 수출의 수익성 등을 판단해야 한다. 또한 농산물 수출절차 및 과정과 관련된 생산, 물류, 마케팅, 제도 등에서 발생하는 장애 요소들도 발굴하고 제거해 나가야 한다.

최근에 와서는 많은 농식품 수출업체가 해외 식품 박람회나 유통업체 판촉전에 참가하는 것이 자연스러운 현상이 되었다. 그러나 해외에 몇 번씩이나 다녀온 업체도 막상 현지에 도착해서 마케팅을 하다 보면 아뿔싸 하고 사전준비가 치밀하지 못했던 점에 대해 후회한다. 업체의 실무자라면 알고 있는 내용일 수 있으나, 다음 사항만은 해외시장 개척의 과정에서 사전에 챙겨야 한다.

▶ 마케팅 목표설정

- 상품에 대한 철저한 시장 조사는 하였는가?
- 상품의 특징과 현지 시장분석 결과를 검토하였는가?
- 어느 시장에 진출할 것인지를 결정하였는가?
- 어떤 상품을 수출할 것인가를 결정하였는가?
- 누구를 공략할 것인지를 결정하였는가?
- 지역별 박람회 성격, 내방객 성향 등을 파악하였는가?
- 해당 상품에 대한 연간 마케팅 계획을 수립하였는가?
- 수출목표에 대해 직원들과 충분히 토론하였는가?

▶ 상품준비 및 선적

- 해당 상품은 시장분석에 따라 현지 시장에 유망한 품목인가?
- 해당 상품은 규격별 소포장되고 유통기한은 충분한가?
- 포장디자인은 현지어로 되었고 표기 사항은 잘 되었는가?
- 상품, 홍보물은 용도별로 구분하여 포장하였는가?
- 상품은 박스, 우든, 플라스틱박스 등으로 단단히 포장되었는가?
- 냉장·냉동제품은 충분한 드라이아이스로 잘 포장되었는가?
- 성분분석표, Invoice 등 선적에 필요한 서류는 준비하였는가?

• 운송업체, 선적 일정, 집하장소를 확인하였는가?
• 상품은 집하 장소에 잘 배송되었는가?

▶ 사전 홍보·마케팅

• 현지 시장정보와 바이어 리스트는 확보되었는가?
• 기존거래선, 신규바이어 등 바이어 관리를 잘하고 있는가?
• 초청대상자를 확정하고 초청장은 제작하였는가?
• 행사장 부스 번호 표기 등 초청장 내용은 문제가 없는가?
• 주최 측으로부터 초청장, 무료입장권은 확보하였는가?
• 초청장은 바이어에게 여유 있게 발송되었는가?
• 인터넷 'News Letter', 이메일 등은 잘 전송되었는가?
• 전문잡지, 디렉토리 등을 검토 후 광고계획을 세웠는가?
• 보도자료를 작성하고 배포계획은 세웠는가?
• 현지 Press Center 비치용 보도자료, 홍보물은 준비하였는가?

▶ 효과적인 현장운영, 상담요령

• 현장 운영 요원의 업무분장 등 운영계획을 철저히 점검하였는가?
• 출장일정, 항공권, 복장, 현지운영 예산은 확인하였는가?
• 명함, 상담자료, 초청장 명단, 선적서류 등은 준비하였는가?
• 통역, 시음·시식 도구, 상담일지 등은 잘 준비되었는가?
• 현장에서 사용할 냉장 비품 작동 등은 철저히 점검하였는가?
• 사전에 현장에서 시음·시식 행사를 시연해 보았는가?
• 부스는 항상 청결하고 내방객에 아늑한 분위기를 주는가?
• ISO, HACCP 등 국제 인증서류로 바이어에게 신뢰를 주었는가?
• 초청자 이름을 정확히 불러주고 밝은 표정으로 맞이하였는가?
• 자사 상품 특징을 설명해 바이어가 호감을 갖도록 하였는가?
• 바이어 성향, 내방 조건을 상담일지에 잘 기록하였는가?

▶ 사후평가·관리

• 성과를 분석하고 규모 확대, 차 년도 참가 여부를 결정하였는가?
• 상담결과, 바이어 성향 등을 잘 정리 분석하였는가?
• 바이어 리스트를 정리하고 등급별로 구분하였는가?
• 바이어 관심사 및 요구사항을 파악하였는가?
• 귀국 후 3일 이내 바이어에게 감사 편지를 보냈는가?
• 유망 바이어를 가려내 샘플 송부 등 신속히 대응하였는가?
• 지속적인 바이어 관리를 위해 Mailing List를 구축하였는가?
• 바이어와 지속적으로 접촉하고 있는가?
• 바이어 요구에 신속하게 대응하고 유대관계를 강화하고 있는가?

무역보험이란 무역이나 그 밖의 대외거래에서 발생하는 여러 가지 위험을 담보하는 보험을 말한다. 수출보험의 특징은 비영리 정책보험이라는 것이다. 수출보험은 궁극적으로 수출진흥을 목적으로 하며, 정부가 직영하거나 공기업이 대행하는 것이 일반적이다. 현재 우리나라의 수출보험제도는 정부가 관장하고 있으나, 그 업무의 전부를 한국무역보험공사에 대행시키고 있다.

제품을 만드는 기업에서 볼 때는 어느 것 하나 쉬운 것이 없다. 날로 경쟁이 심해지는 시장 환경에서 살아남고 성공하기 위해서는 끊임없이 노력해야 한다. 디자인, 기술력, 가격을 모두 동시에 고려해야만 한다. 하지만 수출을 하는 기업은 여기에다 수출과 동시에 보험을 적절히 잘 활용해서 위험을 회피할 수 있는 장치를 마련하는 것이 중요하다.

수출 시 신용장이나 선불 결제 조건이 아닐 경우 반드시 수입자에 대한 신용조사를 철저히 하고, 수출보험에 가입하여 수출대금을 떼이는 일을 당하지 말아야 한다.

수출보험이란 수입자의 계약 파기, 파산, 대금 지급지연 또는 지급 거절, 수입국에서의 전쟁, 내란 또는 환거래 제한 등의 비상위험으로 인하여 수출자가 입게 되는 불의의 손실을 보상함으로써 궁극적으로 수출 활성화를 도모하기 위한 비영리 정책 보험제도이다. 수출보험제도의 주 기능은 수출업체가 수출과정에서 입게 되는 손실을 보상함으로써 안심하고 수출 활동을 할 수 있도록 지원하는 제도이다.

수출보험의 보험금액(손실보상액)은 원칙적으로 보험가액 전액을 인수하지 않는다. 이것은 손해 발생시 수출금액 전액을 보상해 줄 경우 보험계약자가 수출보험제도를 역이용하여 고의로 수출을 하거나, 수입자의 신용상태파악을 소홀히 하는 것 등을 방지하기 위함이다.

'단기수출보험'은 수출자가 수출대금 결제 기간 1년 이하의 수출계약을 체결하고 수출 물품 선적 후, 수입자(L/C 거래의 경우 개설은행)로부터 수출대금을 받을 수 없게 된 때에 입게 되는 손실을 보상하는 제도이다.

단기수출보험 중에서 농수산물에 해당되는 보험으로는 '농수산물 패키지보험'이 있다. 농수산물 패키지보험은 수출거래에 수반되는 여러 가지 위험에 대비하는 보험제도로 수출자, 생산자에게 한 개의 보험으로 농수산물 수출의 All-Risk를 보장하는 것이다. 대금 미회수 위험, 수입국 검역위험, 클레임 발행위험 등 3가지 위험을 모두 커버할 수 있도록 설계되어 있다. 가입 절차는 청약-수출자 신용조사-보험료 납부-보험증권 발급의 과정을 거치면 되는데 보험 유효기간은 1년 단위이며 농식품의 수출기업용 맞춤보험이다.

대금 미회수 보험은 물품에 하자가 있거나 법령을 위반한 수출의 경우는 보상을 받지 못할 수 있으니 사전에 수출보험공사에 질의를 통한 확인이 필요하다.

수입국 검역위험 보험은 수입국 검역에서 불합격 처분 시 소독(훈증) 비용 및 폐기 비용을 보상받을 수 있다.

구분	기본계약	선택계약	
담보위험	대금미회수 위험	검역위험	클레임비용위험
책임금액	1억원~3억원 (1천만원 단위)	1백만원~1천만원 (1백만원 단위)	1천만원~5천만원 (1천만원 단위)
보상비율	100%	100%	50%~100%
수출품목	농산물, 수산물, 축산물, 임산물 및 그 가공식품		
보험료	보험료=책임금액×보험요율(연1회 선납)		
보험요율	무신용장 : 2% 신용장 : 0.3%	4%	0.7%

출처 : https://www.ksure.or.kr/index.do

클레임 비용위험 보험은 바이어가 클레임을 제기한 경우 조사비용, 재수
입 또는 전매시 발생하는 창고 보관비용, 중재 및 소송비용 등에 대해서 보
상하는 상품이다. 수출거래, 법령위반 및 수출대금 결제 만기일 경과 후 발
생한 클레임에 대해서는 보상이 이루어지지 않으니 유의해야 한다.

환변동보험을 활용한 위험관리

단기 수출보험 중 '환변동보험'이란 수출 기업에게 환위험 헤지 수단을 제
공함으로써 보다 적극적인 수출 활동이 가능토록 환변동 위험의 회피를 위
한 제도이다. 환율이 급락하면 수출경쟁력과 기업 채산성이 나빠지고 환변
동 위험이 커지기 때문에 환변동 보험제도를 활용해 환위험을 최소화하는
조치가 필요하다.

수출은 기본적으로 외화를 계약으로 환율 변동에 따라 수출대금이 감소
되거나 증액되는 효과가 있어 수출시 가장 중요한 변수 중의 하나이지만,
환율을 정확히 예측할 수 없어 대기업들도 환변동보험을 이용하여 환율하
락에 따른 위험을 회피하고 있다.

이처럼 환변동보험은 수출업체들이 환율하락으로 인한 손실을 사전에 대
비할 수 있도록 보장하는 제도이다. 현재의 환율이 높으면 이 상태가 계속
이어지리라는 환상(?)으로 보험 가입 시기를 놓쳐 어려움에 부닥치는 경우
가 있었다. 자사의 물품이 환율에 얼마까지가 적절한지를 사전에 충분히 분
석해 놓고 환변동보험을 적절하게 잘 활용해서 환리스크를 피해 가는 지혜
가 필요하다.

aT에서는 수출물류비 지원업체를 대상으로 농수산물 패키지보험과 환변
동보험 가입 시 보험료를 지원하고 있는데 보험 가입 시 자부담분(가입 보
험료의 5~10%)에 한하여 가입비를 납부하면 된다. 보험계약은 수출업체가
직접 보험공사에 문의하여 계약을 체결하면 된다. 단체보험의 경우 보험공
사와 직접 계약 체결하며, 이 경우 업체 자부담은 없다.

27
Chapter

수출 클레임 '1 : 10 : 100의 법칙'

'1 : 10 : 100'이란 용어는 원래 서비스 부문에서 미국의 말콤 볼드리지 상(賞)을 수상한 페덱스의 서비스법칙에서 유래한 것으로, "불량이 생길 경우 즉각 고치는 데는 1의 원가가 들지만, 책임 소재나 문책 등의 이유로 이를 숨기고 그대로 내보낼 경우 10의 원가가 들며, 이것이 고객의 손에 들어가 클레임으로 되돌아오면 100의 원가는 든다."는 것이다.

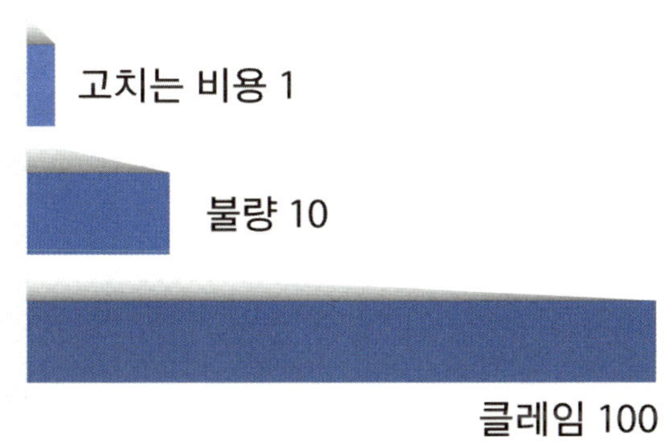

출처 : 저자 재작성

농산물 수출을 하면서 사전에 철저한 준비를 하지 않고는 한두 번의 실수를 하기 마련인데, 실수는 바이어와의 거래에서 신용의 문제를 야기하고 경제적인 손실도 입게 되므로 세심한 주의를 요한다.

클레임이라고 하면 계약의 한 주체가 계약조항을 위반함으로써 입은 손해에 대해 불평, 불만, 의견 차이 등을 상대방에게 제기하는 것이다. 클레임의 직접적인 원인으로는 품질 불량, 수량 부족, 선적 불이행, 대금 지불 지연이나 지불거절, 신용장의 미개설 또는 지연, 불완전 보험계약체결 등에 기인한다. 간접적인 원인은 각국의 법과 상관습의 상이, 언어의 상이, 식품위생법, 독과점법, 가격덤핑 행위 등으로 볼 수 있다.

클레임의 청구내용도 금전으로 하는 클레임과 금전 이외의 클레임으로 구분할 수 있다. 금전청구의 경우에는 상품의 품위 불량, 선적의 불이행, 계약 물품의 상이, 부당한 계약해제의 경우가 대부분으로 대금 지급을 거절하거나 대금 감액을 요청하게 된다. 반면 금전 이외의 청구 방법으로는 도착상품이 품질상 결함으로 화물의 인수를 거절하는 것, 신용장 개설요청에 의한 계약이행 청구, 1차 도착상품의 하자 발생 시 잔여 계약분의 해제 등이 있을 수 있다.

클레임의 유형은 상품에 대한 클레임, 포장에 관한 클레임, 선적에 의한 클레임, 운송, 결제, Market 클레임 등으로 구분한다.

상품클레임은 계약상품과 다른 저질의 상품이 도착한 품질 불량, 계약 시 체결한 상품의 규격과 상이한 제품이 도착한 규격 상이, 계약된 상품의 수량과 도착한 수량의 차이로 야기되는 수량과부족, 기타 계약 내용과 다른 상품이 인도되었을 때 발생하는 클레임으로 구분된다.

포장 클레임은 부정 포장, 포장 결함 등으로 발생한다. 선적클레임은 선적 지연과 선적 불이행 등으로 발생되고, 운송클레임은 상품의 운송 도중에 풍랑, 기온변화 등으로 발생된다. 결제 클레임은 상품에 대한 서류상의 잘못으로 대금 지불을 거절할 시 발생하게 되며, Market 클레임은 주로 물품의 시가 하락 때문에 매수인이 계약상품을 인수하기를 거부할 경우에 야기되는 클레임을 말한다.

이러한 클레임의 해결방법으로는 당사자 간에 해결하는 방안과 제삼자 개입에 의한 조정, 중재, 알선, 소송 등의 방법이 있을 수 있는데, 장기적인 거래를 위해서라면 당사자 간에 금전적 보상이나 대체상품의 송부 등으로 해결하는 방법이 일반적이다.

2000년 초기만 하더라도 수출 농가와 업체 간 클레임 대처에 관한 정보 공유가 부족하여 수출상품에 관한 클레임 사례가 잦았지만, 차츰 수출업체와 수출 농가의 수출에 관한 의식 수준과 안전성이 높아지면서 현재는 클레임의 사례가 많이 줄어들고 있다.

수출 클레임 방지를 위해서는 수출 상대국의 식물검역규정을 잘 파악하고 병충해 방제의 철저, 각 나라의 잔류농약 제도의 이해, 좋은 포장재의 사용과 바이어 요구 포장규격을 반드시 지켜야 한다.

이 밖에도 농산물 수출을 하다 보면 여러 가지의 장벽이 많이 존재하므로 주의를 필요로 하는 사항 몇 가지를 보면, 우선 생산자나 수출업체가 엄격한 품질관리를 통해 우수한 상품만을 수출해야 한다는 것은 기본이다.

이에 더하여 공산품이나 가공식품과는 달리 신선농산물은 예냉 및 수확 후 관리기술이 수출의 성공과 실패를 좌우하는 큰 요인이다.

아울러 농산물 수출을 하면서 신경을 써야 하는 부분이 검역·통관 업무이다. 각 나라마다 검역·통관제도가 다를 뿐 아니라 그 나라에서만 특별히 요구하는 것이 있기 때문에 농산물 무역 거래에 있어서 선진국, 후진국 구분 없이 현지 검역·통관절차를 선적 전에 반드시 확인하는 일이 무엇보다도 우선이다.

품목별로 특별한 자격(면허)이 있어야만 수출입이 가능하다는 것도 주의하여야 한다. 특히 주류(酒類)는 국내나 국외 모두 까다로운 품목으로 특정 자격 없이 수출했다가 클레임으로 인해 반송될 경우에도 자격 여부가 문제가 되어 물건을 포기할 수밖에 없는 상황도 발생할 수 있으니 유의해야 할 것이다. 가공식품 중에서도 최근 웰빙 열풍으로 인기가 높은 건강식품의 경우 포함성분 중 일부가 의약품으로 분류되는 경우도 간혹 발생하므로 특별한 주의가 요구된다.

신용장 방식으로 대금결제 시에도 주의는 필요하다. 신용장은 무역 거래에서 원활한 대금결제를 위한 것이다. 수출자가 수출상품의 대금결제를 받지 못하거나 적기에 상품을 인수하지 못하는 등 상품인수와 대금결제에 수반되는 모든 문제를 해결하는 하나의 방법이 신용장 제도이다.

신용장에는 은행이 보증한 이상 이를 취소할 수 없는 취소불능신용장(Irrevocable L/C)과 은행이 일방적으로 취소할 수 있는 취소가능신용장(Revocable L/C)이 있다. 그중 취소불능신용장이 유효기간 내에 있는 한 발행은행이 지급·인수 또는 매입을 확약한 것이므로 신용장으로서의 가치는 높다 할 것이다. 그러나 취소불능신용장이라 하더라도 수입자의 옵션에 따라 대금결제에 제약이 따를 수 있으므로 반드시 아무런 조건 없는(No Option) 신용장을 확인해야 한다. 사전에 상호 합의한 조건이 있을 경우 원문을 꼼꼼히 확인해 사후에 불이익을 당하지 않도록 명심해야 한다.

바이어와의 첫 거래 시 소량씩 수출하다 현지 반응이 좋아 물량을 증대시킬 때에도 주의할 사항이 있다. 컨테이너에는 기준 중량이 있는데 통상적으로 20피트가 17~18톤이라도 40피트는 두 배가 되는 것은 아니며(한국의 경우 40피트는 21~27톤) 수입국마다 기준이 다르다. 과적이 되면 컨테이너를 직접 자신의 창고로 가져가지 못하고 CFS(Container Freight Station/혼적창고)에서 분리 작업 후 통관절차를 거쳐야하기 때문에 추가 비용이 발생할 수도 있다. 컨테이너 공간이 비었다고 과적하면 안 된다는 것이다.

농산물 수출이 간혹 구두계약에 의한 거래로 이루어지는 경우가 있는데, 클레임 발생 시 말 바꿈 또는 해석상의 차이 등으로 논쟁이 일어날 소지가 많음으로 반드시 계약서를 챙기고 거래 내역을 명시하는 습관을 지녀야 한다.

수출을 준비하는 업체라면 수입국의 라벨 표기법을 확인하는 것도 빠뜨릴 수 없다. 주류의 경우 알코올 도수나 경고문구 등이 빠졌을 때 문제가 된다. 가공식품의 경우에도 수입국의 첨가물 기준과 식품표시 제도를 반드시 확인해야 한다. 식품표시제도는 매우 까다롭고 엄격해서 전문가와 상담이 필요하다. 라벨에 문제가 있을 경우 수입 세관에서 수입거부를 할 수도 있고 벌금형을 처리하기도 한다. 수출자가 라벨 표기를 잘못하면 바이어에게도 큰 문제를 일으킬 수 있음으로 특히 주의하여야 하며, 더불어 수입 국가별 언어로 된 상품 표기 사항을 부착하여야 하는데, 일부 국가의 경우 어학전문 인력 부족으로 표기 사항을 잘못하는 경우도 다반사이다.

수출을 준비하다 손해를 보는 우를 범하지 않기 위해서는 서두르지 않고 세심하게 살펴보는 자세가 반드시 필요하다. 품질관리의 '1 : 10 : 100의 법칙처럼 수십 개의 작은 조짐이 모여 문제가 발생되고, 다시 또 몇 개의 불량이 모여 클레임이 된다는 점을 간과해서는 안 된다.

Ⅴ. 글로벌 농식품 무역전쟁

농식품 수출의 성공열쇠 Ⅱ - 農食品 輸出 槪論

글로벌 무역의 시작, 향신료를 찾아서

사람들은 늘 미지의 세계를 향한 열망을 가슴에 품고 있다. 로마인은 기원전 3세기부터 2세기에 이르는 500년 동안 무려 15만km에 이르는 길을 닦음으로써 세계무대의 주인공이 되었다. 동서양 문물간 폭넓은 교류가 이루어진 것은 실크로드를 통해서였다. 새로운 세계를 향해 여행을 꿈꾸는 마음은 항상 변함이 없다. 끝없이 새로운 곳을 찾아가는 것은 어쩌면 인간의 본능이다. 여행은 세상을 바꿔놓기도 한다. 농업 무역의 시작, 농산물 국제 무역은 향신료를 찾는 데서 출발하였다. 더 넓은 시장 확보를 위한 노력의 결과물로 신대륙이 발견된 것이다.

봇짐이나 등짐을 지고 전국팔도를 오고 갔던 조선시대 대표 상인 보부상. 보부상이란 보상(褓商)과 부상(負商)을 총칭하여 이르는 말이다. 부상은 나무 그릇, 토기 등과 같은 비교적 잡다한 일용품을 상품으로 하여 지게에 지고 다니면서 판매하였으므로 등짐장수 라고 한다. 이에 비해 보상은 비교적 값비싼 필묵, 금, 은, 동 제품 등과 같이 정밀한 세공품을 싸서 들고 다니거나 질빵에 걸머지고 다니며 판매하여 봇짐장수라고 하였다. 보부상은 그들의 단결과 이익을 위하여 '보부상단'이라는 일정한 조합조직을 가지고 있었다. 보부상은 일정한 국가의 보호를 받는 대신 국가의 유사시에 동원되기도 하였다. 당시 장시를 돌아다니며 생산자와 소비자 사이를 이어주는 중간자 역할을 했던 보부상은 오래전 무역의 모습을 대변한다.

콜럼버스는 향신료를 얻기 위해 무역로인 바닷길을 개척하기에 이르는데 시대를 앞서간 보부상이다. 이후 시대가 바뀌고 기술이 빠르게 발전하면서 무역 역시 수많은 변화를 맞이했다. 좁았던 무역 길은 전 세계로 뻗어 나갔고 수출입 품목도 다양해졌다.

무역은 교환을 의미하는 말이다. 무(貿)자도 역(易)자도 모두 바꾼다는 뜻이다. 인간이 무역을 할 수 없었다면 인간의 삶은 결코 오늘날처럼 풍요로울 수 없었을 것이다. 교환무역의 역사는 원시공동체 사회로까지 소급할 수 있지만, 무역은 상황에 따라 거래가 되기도 하고 약탈이 되기도 했다.

무역이 발생하는 이유는 크게 5가지 정도로 요약할 수 있다. 첫째, 한 국가에서 생산되지 않는 상품을 무역을 통해 얻을 수 있는 점이다. 둘째, 국내에서 생산되는 상품보다 더 값이 싸고 품질이 좋은 상품을 소비할 수 있다는 이점이다. 셋째, 국제 분업으로 비용은 절감되면서도 품질 좋은 상품을 생산할 수 있기 때문이다. 넷째. 시장의 확대로 대량생산이 가능하여 규모의 경제를 실현함으로써 생산단가가 저렴해지며, 무역 관련업에 종사하는 고용의 증가이다. 따라서 이러한 무역 활동이 이루어지기 위해서는 국내에서 이뤄지는 판매행위와는 다른 여러 가지 제약이 따르고 절차도 복잡하다.

콜럼버스의 아메리카 대륙 발견도, 바스쿠 다 가마의 위대한 항해도, 페르디난드 마젤란의 최초 세계 일주 탐험도 후추를 향한 인간의 '검은 욕망'에서 비롯됐다. 포르투갈과 스페인이 대항해시대를 열고, 영국이 '해가 지지 않는 나라' 대영제국을 건설한 것도 모두 후추가 원인이었다.

1453년 오스만제국이 지중해 무역로 차단으로 유럽에 후추 유입 애로

1488년 바르톨로유 디아스, 희망봉 발견

1492년 콜럼버스, 신대륙 발견

1498년 바스쿠 다 가마, 인도 항로 발견

1519년 마젤란, 세계 일주(~1522)

향신료 무역(香辛料貿易)은 아시아와 동북 아프리카, 유럽의 문명 사이에서의 무역을 말한다. 500년경에 인도와 스리랑카로 가는 해상 무역로는 인도인과 에티오피아인들이 지배했다. 7세기 중엽에는 이슬람 세력이 이집트와 수에즈를 통과하는 카라반의 육상 무역로가 차단되어 유럽의 무역이 분열되기도 하였다. 아랍 상인들은 1453년 오스만제국이 무역로를 다시 끊어놓기 전까지 레반트와 베네치아의 상인들을 통해 유럽으로 물품을 날랐다.

비단길은 투르크 민족 등 북방 기마 민족들이 중국까지 개척한 길이다.

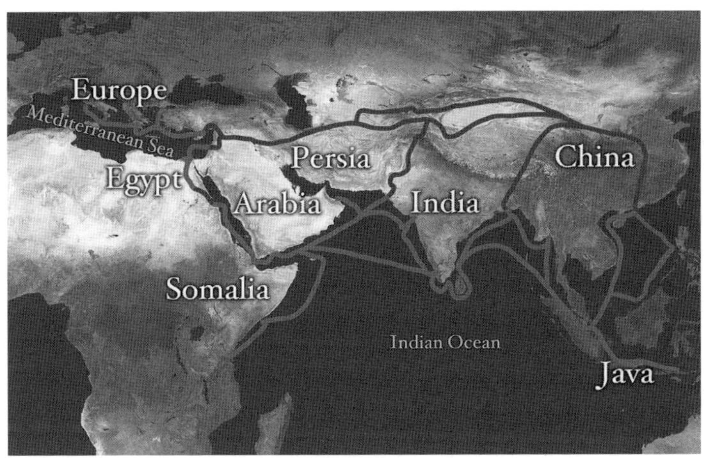

출처 : https://ko.wikipedia.org/wiki/ 향신료 무역 경로

인도 남부가 원산지인 후추는 길이 7~8m인 상록의 덩굴성 식물에 열리는 4~5㎜의 작은 열매지만 세계사를 움직인 원동력이 되어 왔다.

특히 서양에서는 대부분 요리의 밑간이 소금과 후추일 정도로 필수적인 재료이다. 후추는 고기의 맛을 좋게 하고 누린내를 잡아주는 효과가 있다. 소금과 함께 전 세계적으로 사랑받는 대표적인 향신료 중의 하나에 속한다. 후추의 어원은 한자어로 호초(胡椒)라고 불린다. 오랑캐 胡와 산초나무 椒가 합쳐져 생성된 단어인데, 후추로 음운이 변화됐다. 영어로는 페퍼(Pepper)라고 불리는데 열매라는 고대 산스크리트어에서 왔다.

고대 이집트에서는 미라를 만들 때 시신이 썩지 않도록 하기위해 후추를 사용했다. 후추와 함께 계피 등의 향신료는 좋은 방부제 역할을 했다. 기원전 5세기에 아랍상인을 통해서 후추가 그리스에 전해졌는데, 처음에는 의료용으로 사용되다가 로마 시대에 양념을 하는 요리용으로 사용되었다.

고대부터 서양에서는 향신료를 사용해왔지만, 동양의 인도가 원산지이기 때문에 신항로를 개척(15세기)하기 전까지는 후추는 매우 귀한 향신료였다.

황금알을 낳는 향신료는 당시의 수요가 많았던 덕분에, 고대부터 후추 등의 향신료 무역이 발달했다. 로마제국 시기에는 아라비아해의 계절풍을 이용해 인도와 무역을 했다. 8세기부터 이슬람 세력이 성장하며 유럽과 인도 사이의 무역로를 차단하는데, 아랍과 페르시아 상인들은 향신료 중계무역으로 막대한 부를 안았다.

후추는 인도상인, 베네치아 상인 등을 거치며 유럽에 유통되었는데, 오스만제국이 지중해 무역을 장악하게 되면서 후추 무역에 문제가 발생했다. 오스만제국은 오스만투르크족이 오늘날 터키지역에 세운 나라로 1453년 동로마제국을 무너뜨리고 지중해 지역에 대제국을 건설했다. 오스만제국이 지중해 무역을 장악하고 동방의 무역로를 차단하면서 더 이상 유럽에 후추가 유통되기 힘든 상황이 만들어졌다. 이런 상황에서 중세 유럽 국가들은 독자적으로 향신료를 구할 수 있는 바닷길을 찾기로 했다. 포르투갈이 상선을 만들고 대규모 선단을 조직했는데. 이를 계기로 본격적인 대항해 시대가 시작되었다.

이렇게 후추로 신항로가 개척된다. 가격이 폭등하면서 유럽의 각 국가에서는 이슬람을 거치지 않고 직접 인도에서 후추를 사 올 수 있는 새로운 항로를 뚫기 위해 지원을 아끼지 않았다. 유럽 국가들은 후추 등의 향신료를 얻기 위해 바닷길을 개척하기에 이르는데, 포르투갈, 에스파냐, 네덜란드 등이 무역로를 개척하고 인도와의 무역에 성공한다. 바스쿠 다 가마(포르투갈)는 1498년 아프리카의 희망봉을 거쳐 가는 인도 항로를 개척했다. 덕분에 포르투갈은 후추를 독점해 신항로 개척 초기에 부를 축적할 수 있었다.

한편, 조선 시대 성종은 후추 무역을 통해 얻을 수 있는 이익을 잘 알았고, 후추 씨앗을 구해 직접 생산해 팔고자 했으나 후추 재배에 실패하였다.

프랑스 식물학자 피에르 푸아브르가 묘목을 훔쳐 아프리카에 재배하면서 후추와 다른 향신료의 생산지가 늘어나게 되었고 가격이 안정되었다.[122]

---

122 참고 : 후추이야기, YouTube

마케팅이란 제품이 아닌 인식의 싸움이다. 악마의 식물 감자

감자는 16세기 안데스가 원산지. 신대륙에서 건너온 식물이라고 하는데 유럽인들에게 감자는 당시 시각으로는 모양도 매우 불쾌하고 무서운 '악마의 식물'로 여겨져 왔다. 감자를 먹으면 나병에 걸린다." 이런 오해와 편견으로 인해 오랫동안 감자는 그저 돼지 먹이 또는 노예나 먹는 비천한 음식으로 여겨졌다.

당시 식량이 부족했던 유럽. 영국은 감자 공급을 위해 엘리자베스 1세 여왕이 직접 감자시식 파티를 열다 솔라닌 독소로 죽을뻔하여 공급은커녕 유독성 식물로 오히려 의혹만 붙였다. 독일 프리드리히 2세는 당시 식량난에 허덕인 농민들에게 억지로 감자를 심게하고 반대하는 농민의 코와 귀를 베는 벌을 주었으나 여의치 않자 작전을 바꾸어 심리전으로 바꾸어 감자는 귀족만 먹는 음식이라는 전략을 세워 보급에 성공한다.

감자의 대한 인식을 바꾼 인물은 프랑스는 마리 앙투아네트 왕비이다. 그녀는 감자가 국민들의 굶주림 해결에 큰 도움을 줄 수 있을 거라 생각 하였는데 국민들의 편견을 넘어서는 것은 결코 쉽지만 않았다. 프랑스 왕비 마리 앙투아네트가 머리에 감자 꽃을 꽂은 덕분에 귀족들을 중심으로 감자가 널리 퍼지기 시작했다. 하지만 감자는 안 먹고 꽃만 기르게 된 것이 다시 함정이 되었다. 이번에는 국영 농장에 감자를 심고 경비병들을 배치하여 삼엄하게 경계하도록 하고 경비병에게 한 가지 명령을 하게 되는데. '밤에는 지키지 말 것' 이었다.그 결과 경비가 서지 않는 매일 밤 감자를 서리하는 현상이 일어나게 되고 그전에는 공짜로 줘도 먹지 않던 감자를 먹어 본 후 맛있다고 소문내고 자랑을 하게 되었다.

마케팅이란 제품이 아닌 인식의 싸움이다. 어떻게 인식하느냐에 따라 판매량이 결정된다는 뜻이다. 이렇게 해서 인간의 식량을 해결해준 고마운 감자다. 그런데 프랑스와 달리 대다수의 유럽 국가들은 인식 변화를 시도하지 않은 채, 강압적인 감자 보급 방식을 택했었는데 국민들의 호된 저항에 시달렸다. 그만큼 인식의 변화가 가진 놀라운 점을 일깨워 준 교훈이다.

17세기 말의 감자 풍년으로 유럽의 인구가 증가되기도 하였지만 1840년 감자 역병이 돌아 7년간 대 흉작으로 200만 명 이상이 굶어 죽었다. 극심한 기근을 피해 아일랜드의 경우는 100만 명 이상이 미국으로 이주를 하게 되었으며 이민자의 유입은 미국 산업부흥기에 큰 힘이 되었다.

29
 사탕수수와 노예, 삼각무역

누군가엔 달콤하지만 또 다른 누군가에겐 쓰디쓴 것 설탕. 설탕의 역사는 노예의 역사와 떼려야 뗄 수 없는 관계에 있었다. 대서양을 사이에 두고 한쪽 대륙 사람들이 누리는 달콤함은 건너편의 수백만 아프리카 노예들이 플랜테이션 농장에서 쏟은 피의 대가였다. 유럽에 설탕이 알려지고 소비되기 시작한 것은 8세기가 지나서이다. 아랍인들이 711년 스페인을 침략하고 북아프리카와 지중해 지역을 점령하면서 설탕 제조 기술이 퍼져나갔다.

아랍이 지중해로 진출하면서 설탕 산업을 지중해에 도입했고, 포르투갈과 스페인이 신대륙으로 진출하면서 설탕 산업은 아메리카 대륙으로 중심지를 옮기게 된다. 포르투갈과 스페인은 설탕이 국가에 큰 부를 가져다줄 거라 판단하고, 유럽 시장을 겨냥해 그들이 장악한 대서양 제도에서 사탕수수를 재배하기 시작한다.

사탕수수 밭

사탕수수 대

1299년 프랑스 백작 부인이 남긴 가계부를 보면 설탕 가격은 같은 무게의 은과 값이 같았고, 16세기 초엔 손톱만 한 크기의 설탕이면 훌륭한 저녁 식사를 할 수 있을 정도의 가치를 지녔다고 하며 당시 영국에서 설탕 1.5kg이면 송아지 한 마리를 살 수 있을 정도였다고 전해진다.

설탕은 열대성 작물인 사탕수수 줄기를 잘라 즙을 짜고 그 즙을 오랫동안 끓여 만든 결정체이다. 유럽 중세시대에 설탕은 주로 약으로도 사용됐다. 그런데 일부 부유층이 설탕을 이용한 달콤한 과자를 즐기면서 수요가 크게 증가했다.

설탕 추출 방식은 4세기 인도에서 처음 개발했다고 하며 유럽에 설탕이 전달된 건 11세기 십자군전쟁 때쯤으로 추정되고 있다. 그 전까지 유럽 사람들은 꿀과 조청(곡식으로 만든 감미료)으로 단맛을 냈다. 우리나라에는 고려시대부터 왕과 귀족들이 설탕을 먹었다는 기록이 있다.

삼각무역의 시작, 흔히 생산의 3요소를 노동, 토지, 자본이라고 하는데 이걸 대륙마다 하나씩 맡았다. 노동은 아프리카의 노예들이, 토지는 신대륙의 농장이, 자본은 유럽의 사업가들이 담당했다.

삼각무역의 선두주자는 15세기 포르투갈이지만, 가장 큰 덕을 본 나라는 18세기 이후 대서양의 주인이 된 영국이었다. 특히 1588년 엘리자베스 1세 여왕의 영국이 스페인 무적함대와의 전쟁에서 승리하자 이후 대서양 노예무역의 주도권은 영국으로 넘어갔고 영국은 노예무역을 중심으로 한 이른바 '삼각무역'으로 엄청난 수익을 창출했다.

영국은 여기서 얻은 이익을 바탕으로 공업을 발전시켰고, 산업혁명을 일으키게 된다. 영국과 유럽의 경제가 눈부시게 성장할 수 있었던 배경에는 신대륙과 아프리카의 희생을 빼고 설명할 수는 없다. 신대륙 설탕 산업의 부가 산업혁명의 기본자금을 제공한 것이다.

유럽인들은 직물, 총, 화약, 술, 담배 등을 갖고 아프리카로 가서 노예와 바꾸게 되며, 그리고 노예를 신대륙의 농장에 데리고 가서 강제 노동을 시켰다. 거기서 담배, 커피, 면화, 사탕수수 등을 생산해 유럽에 가져다 팔았다. 이것을 무한 반복한 것인데, 이것을 16세기에서 18세기 대서양 삼각무역이라고 한다.

마르크스는 삼각무역이야말로 유럽에서 자본주의가 시작할 수 있게 한 근원이라고 했다. 설탕의 단맛에 길든 유럽인들은 설탕을 많이 소비했고, 이후 초콜릿, 커피, 차 같은 기호식품이 유럽에 소개되면서 설탕의 수요는 더욱 늘어나게 되었다. 그래서 설탕은 당시의 최고의 인기상품이었다.

20세기 전까지만 해도 설탕을 생산하려면 엄청난 노동력이 필요하였다. 사탕수수 베기, 사탕수수 분쇄, 수액 짜기, 수액 달여서 졸이기, 졸여 만든 농축액 정화하기, 건조하기 등 모든 일에 사람 손이 필요하였다. 즉 설탕 산업의 핵심은 노동력 확보였는데, 유럽인들은 아프리카에서 노예를 사냥해 문제를 해결하였다.

그래서 아프리카 노예들은 신대륙에서 사탕수수 재배와 설탕 정제를 많이 담당하였다. 이처럼 아프리카 흑인의 비애는 설탕과 떼려야 뗄 수 없다.

그런데 유럽인들은 왜 아프리카 현지에서 직접 사탕수수를 재배하지 않고 굳이 힘들게 흑인 노예들을 신대륙까지 데려갔을까? 아프리카는 말라리아, 황 열병 등 유럽인들이 버텨낼 수 없는 풍토병이 있었기 때문에 위험한 지역이었다. 그래서 풍토병이 없는 신대륙까지 가서 농장을 꾸리고 그곳으로 아프리카 노예들을 실어 나른 것이다. 또한 신대륙의 원주민들은 유럽에서 온 전염병으로 인구가 급속하게 감소했기 때문에 아프리카의 노동력이 필요했다.[123]

노예무역과 설탕. 오늘날의 미국 흑인들이 본래 고향인 아프리카를 등지고 아메리카 대륙까지 오게 된 직접적 계기가 영국의 노예무역 때문이다. 노예무역을 가능케 했던 음식 중 하나가 설탕이었다.

스페인이었는데 16세기 자신들이 발견한 광대한 아메리카 대륙에서 설탕을 생산해야겠다고 생각했다. 그러나 아메리카 인디오들은 천연두나 홍역 같은 유럽발 전염병 등으로 이미 95% 가까이 사망한 상태였다. 설탕은 사탕수수 즙을 계속 끓여 증발시켜 결정을 얻기 때문에 열대의 폭염을 이겨내는 강도 높은 노동을 요구한다. 그래서 스페인 상인들이 아프리카 흑인들을 노예로 끌고 오기 시작했다.

설탕 농장에서는 흑인 노예를 마치 짐승처럼 부리면서 제품을 생산했다. 서유럽 나라들이 바닷길을 통해 새로운 땅을 찾아 나서던 '대항해 시대' 초

---

123 설탕으로 보는 세계사, 삼각무역의 핵심. YouTube

기 설탕은 아주 비싼 감미료였다.

　고대 그리스·로마 시대에도 노예 제도는 있었지만, 이 시대의 영국, 프랑스, 스페인처럼 국가가 나서서 400여 년 넘게 1200만 명이 넘는 특정 지역 사람을 노예로 삼고 부리던 일은 인류사에서 찾아보기 힘들다.

　아래 그림은 1823년 서인도제도 안티과 섬의 사탕수수 농장에서 사탕수수를 자르고 있는 흑인 노예들의 모습이다. 영국은 아프리카에서 흑인 노예를 사와 아메리카 대륙에 팔고 이들을 혹사시켜 설탕을 얻는 삼각무역으로 호황을 누렸다.(위키피디아)

▌ 16세기 신대륙서 대규모재배 사탕수수농장 ▌

출처 : 위키피디아

　하지만 설탕의 전성시대는 더 지속되지 못했다. 노예를 동원하는 방식으로 설탕을 대량 생산하면서 가격이 떨어지기 시작했고 수익성이 하락하였다. 그러자 영국 상인들은 목화, 담배, 커피, 고무 등 다른 대체상품으로 눈길을 돌렸고, 특히 목화로 만든 면직물에 주목했다. 면직물은 영국의 특산품인 모직과 달리 가볍고 가공하기 쉬워서 세계 각국에서 수요가 높았다. 1769년 영국의 사업가 아크라이트가 수력 방적기를 개발하면서 본격적으로 값싼 면직물을 생산할 수 있었다.

　산업혁명으로 자본주의와 민주주의가 발달하자 영국과 미국은 각각 1833년과 1865년, 흑인 노예 제도를 공식적으로 폐지했다. 그러나 아직도 미국과 유럽 사회에 흑인들에 대한 뿌리 깊은 편견이 사라지지 않은 것 같다. 노예 제도는 역사 속으로 사라졌지만, 여전히 인종차별이 만들어내는 비극이 벌어지고 있는 것 같다.[124]

▌플랜테이션 무역패턴의 형성

인간은 늘 미지의 세계를 향한 열망을 품고 있다. 여행은 세상을 바꿔놓기도 한다. 인류의 역사는 수많은 사람의 행적이 겹겹이 쌓여 이루어진 것이다. 13세기 초 이탈리아 베니스의 어느 장사꾼 형제는 우연히 만난 레반트 상인을 따라 엄청난 길을 걸어 원(元)나라 세조(Kublai Kahn)가 있는 대도(大都, 지금의 북경)까지 가게 된다. 유럽인을 처음 본 쿠빌라이는 유럽에서 제일 높은 사람이 누구냐고 묻는다. 약간 황당한 질문이지만 이들은 교황이 제일 높은 분이라고 답한다. 교황의 답신을 받아 오라는 쿠빌라이의 명을 받고 형제는 1269년 베니스로 돌아오게 된다.

쿠빌라이의 서신을 교황에게 겨우 전달한 후 하릴없이 회신을 기다리다 지친 니콜로 형제는 아들을 데리고 1271년 다시 중국으로 가는 긴 여정을 떠난다. 이 17세 청년이 바로 마르코 폴로(Marco Polo)였다. 원 세조의 조정에서 일하며 중국 전역을 여행한 마르코 폴로는 24년 후인 1295년에 베니스로 돌아오게 된다.

그가 귀향했을 때 베니스는 제노아(Genoa)와 상업적 이권을 다투는 전쟁 중이었다. 참전한 마르코는 포로로 잡혀 제노아의 감옥에 갇히게 된다. 고달픈 수감 생활을 견디는 수감자들에게 옛날 영화로웠던 시절 얘기는 세월 보내는데 딱 이었다. 그리고 많은 사연 중에서도 마르코의 얘기는 황당무계의 극치였을 것이다.

마르코 폴로의 끝없는 이야기를 듣기 위해 제노아의 명사들이 매일매일

---

[124] http://newsteacher.chosun.com/site/data/html_dir/2020/06/18/2020061800365.html/식탁위의 경제사

몰려들었고, 수감자 동료들 중에 루스티켈로라는 사람이 그의 얘기를 기록한다. 그것이 1300년경에 출간된 유명한 마르코 폴로의 여행기(The Travels of Marco Polo)이다.

17세의 나이에 유럽을 떠난 마르코 폴로는 24년간 중국 전역을 여행하고 돌아왔다. 마르코 폴로의 여행담은 후세에 많은 유럽인의 마음에 바람을 넣었다. 그중 한 사람이 콜럼버스로 알려진 제노아 출신 크리스토발 콜롬보였다. '지리상의 발견 시대'에 유럽인 모험 상인들의 꿈은 아시아에 도달해 유럽에 없거나 부족한 물품을(약탈 또는 무역을 통해) 조달함으로써 큰 부자가 되는 것이었다.

처음엔 포르투갈인이 말라카해협에서 향신료를 직송해 떼돈을 벌었다. 얼마 후 아메리카 대륙에 발을 디딘 스페인인들은 금·은을 실어 날랐다. 말과 철기, 총기로 무장한 소수의 스페인 군대는 유럽발 세균에 취약한 원주민의 대량 치사를 유발하면서 아즈텍과 잉카의 제국을 정복했다. 금·은을 싹 약탈하고 사금을 채취했지만, 멕시코 등지에 대규모의 은광이 발견되면서 원주민을 노예 노동으로 채굴에 동원하여 16세기 스페인 왕국은 엄청난 귀금속을 획득하게 된다.

출처 : https://mblogthumb-phinf.pstatic.net/

해양 항해술이 빠르게 발전하고 유럽의 정세 변동과 더불어 네덜란드인, 영국인들이 유럽, 아시아, 아메리카를 잇는 무역 교통로를 확보하게 되면서, 18세기에는 아프리카에서 인간을 포획하여 아메리카의 설탕·면화농장에 노예로 수출하고, 아메리카산 원료를 유럽으로 수입한 후 완제품을 만들어 아메리카 식민지에 다시 수출하는 환 대서양 무역패턴이 형성되었다.

국가 간에 무역이 발생하는 이유는 무엇인가? 자명한 대답은 국제무역을 하면 막대한 이득을 볼 수 있기 때문이다. 그럼 국제무역의 이득이 발생하는 원인이나 근거는 무엇인가? 국제무역의 이득이 발생하는 원인에 대한 고전적인 해답은 '국제무역이 국가 간 분업에 의한 생산의 전문화를 가능하게 만들기 때문이다'라는 말로 요약할 수 있다. 국제 분업은 국내 경제활동 분업과 마찬가지로 주어진 자원을 가장 효율적인 용도와 방식으로 국경을 초월하여 활용될 수 있도록 한다.

원유, 면화, 양모, 철광석 등 기초원자재가 거의 없는 우리나라가 갑자기 수출입 무역을 전혀 할 수 없게 된다면 우리 생활 수준이 어떻게 될 것인가를 생각해 보면 국제무역과 국제 분업이 가져오는 생산 효율성 향상 효과를 짐작할 수 있다. 물론 이런 기초원자재나 그 대체물이 국내에서 전혀 생산 불가한 것은 아니다. 그러나 생산여건이 불리한 이런 상품까지도 국내에서 생산하려고 한다면 효율성이 엄청나게 떨어질 것이다. 국가 간에는 기후, 부존자원, 보유한 기술 등 여러 가지 차이가 존재한다. 국가 간 자연적 사회적 차이는 무역 발생의 근거나 원인이 될 수 있다.

기후 여건상 우리나라에서는 바나나를 재배할 수 없다. 대만은 빨간 사과가 나질 않는다. 1990년대 초반 한국 사과와 대만 바나나를 구상무역에 의하여 서로 수출입하기로 합의했다. 그래서 사과만 먹던 한국인들과 바나나만 먹던 타이완 사람들이 사과도 먹고 바나나도 먹을 수 있게 되었다. 즉, 무역이 발생하는 원인은 국가가 서로 다르기 때문이고 무역을 하면 사과나 바나나만 먹을 때보다 서로 이득이기 때문이다.[125]

---

125 부대신문, 김창수교수, press@pusan.ac.kr. 2015.4.13

물방울도 끈질기게 두드리면 돌에 구멍을 낼 수 있다

기업가 정신을 얘기할 때 많이 거론되는 역사상의 인물은 아메리카 대륙을 발견한 '크리스토퍼 콜럼버스'(1451~1506)이다. 콜럼버스의 신대륙 항해가 가능하였던 것은 스페인의 이사벨라 여왕이 그의 야망을 보고 투자가 있었기에 가능했다. 콜럼버스와 이사벨라 여왕의 관계는 위대한 기업가와 벤처캐피탈의 관계와 동일하다. 유럽의 모든 나라에서 퇴짜 맞은 사업계획을 이사벨라 여왕은 콜럼버스의 야망과 가능성을 보고 투자하였고(Risk Taking), 그 사업계획은 콜럼버스라는 위대한 리더를 통해 현실화되었다.

항해도도 그려져 있지 않은 바다를 탐험한 용기와 그가 후세에 남긴 방대한 양의 항해일지만으로도 세계사에 미치는 영향력이 크다. 중세 유럽은 신앙의 세계였고, 가난한 시대였다. 세계의 중심은 중국이었고, 그 중심 세계를 동경하던 유럽. 부와 풍요의 땅 아시아로 가는 해로를 찾으려는 노력은 고대부터 이어진 전통이었다. 당시 탐험에는 군주의 후원이 절실히 필요했다. 군주의 후원을 받아야 정당성도 얻고 권리도 보호받을 수 있었기 때문이었다. 콜럼버스는 8년 동안이나 그런 권리를 보장해줄 위임장을 얻기 위해 노력했고, 결국 그의 인내와 노력은 빛을 보게 된다.

콜럼버스가 이렇게 말한 적이 있다. "물방울도 끈질기게 두드리면 돌에 구멍을 낼 수 있다." 당시의 사람들 생각은 세상은 평평한 상태로 그 끝은 절벽이며 바닷물이 폭포처럼 떨어지는 것이 거부할 수 없는 진리였다. 그에 반하는 생각이나 행동은 미치광이로 여겨질 수 있는 행동이었다. 크리스토퍼 콜럼버스는 동쪽 항로가 아니라 서쪽 항로를 이용하면 아시아에 더 빠르게 갈 수 있다고 확신했다. 서쪽으로 항해하여 아시아에 갈 수 있다는 생각은 분명히 특이하지만 독창적인 것은 아니었다. 당시 지식인들은 지구가 둥글다는 것을 알고 있었으므로 원리적으로 가능하다고 보았다. 그러나 대다수의 사람은 미지의 바다에 대한 두려움 때문에 쉽게 항해에 나서지 못했다.

하지만 콜럼버스는 그런 염려에 개의치 않고 1492년 8월 3일, 세 척의 배에 승무원 90명을 태우고 미지의 바다로 나아갔다. 부정확한 항법과 조잡한 천체 관측법에 의지해 알려지지 않은 해역을 항해하는 위험천만의 여행이었다.

1492년 10월 12일, 함대는 바하마 제도의 어느 섬에 상륙한다. 자신이 인도에 도착했다고 착각한 콜럼버스는 그들을 '인디언'이라고 불렀다. 콜럼버스는 1506년 사망할 때까지 자기가 발견한 땅을 인도라고 믿었는데, 그것은 아메리카라 부르는 신대륙이었던 것이다. 콜럼버스는 이곳에서 후추는 찾을 수 없었지만 대신 감자와 고추를 발견하게 된다. 현지에서 발견한 빨간 후추(고추)는 후추(pepper)와는 많이 달랐지만 후추를 대체할 수 있다고 생각해 이를 '빨간 후추'라 불렀다.

일각에서는 콜럼버스가 제일 처음 신대륙을 발견한 것은 아니라는 주장도 제기되고 있다. 하지만 콜럼버스가 서인도로 가는 항로를 개척함으로써 신대륙이 비로소 유럽인의 활동무대가 되었고, 오늘날의 미합중국이 탄생할 수 있는 근본적인 토대가 마련되었다.[126] 콜럼버스처럼, 거대한 미지의 세계를 바라보며 한국의 농식품 수출의 새로운 시장(블루오션)을 키워갈 젊은 농부 CEO가 많이 나타나길 고대한다.

❙ 콜럼버스 항해도 ❙

---

126 https://www.voakorea.com/archive/35-2009-10-12-voa15-91414799

검은 욕망, 후추를 찾아서

후추는 근대 이전에 아랍 상인들과의 무역을 통해서만 후추를 맛볼 수 있었다. 후추는 고추, 겨자와 함께 세계에서 가장 널리 쓰이는 향신료다. 후추는 금값이었다. 한때는 보석보다 귀한 향신료였던 후추는 아메리카 대륙을 발견한 콜럼버스와 인도 항로를 개척한 바스쿠 다 가마, 최초로 세계를 일주한 마젤란을 비롯한 역사적인 탐험가들의 발걸음을 바다로 향하게 한 가장 큰 이유였다. 후추가 중세 유럽의 경제를 바꿔 놓았다.

1519년 9월 20일 마젤란이 5척의 배에 선원 270명을 태우고 지도에도, 지식에도 없는 바닷길을 떠났다. 남아메리카 끝 마젤란 해협을 돌 때에는 목숨을 건 모험이었다. 그는 희망 없는 항해를 계속한 끝에 필리핀 섬에 도착했다. 마젤란은 필리핀에서 죽었지만, 남은 선원 18명만이 스페인에 되돌아갔다. 이들의 위험한 항해는 인류로 하여금 지구가 둥글고, 출발하면 원점으로 돌아올 수 있다는 사실을 알게 하였다.

후추는 인도 남부 마라바 해안이 원산지다. 기원전 6세기에 이미 후추를 사용한 흔적이 남아 있다. 이후 기원전 4세기 무렵 아라비아 상인을 통해 처음 유럽으로 전파된 후추는 금방 유럽인들을 사로잡았다.

중세기 냉장 시설이 발달하지 않아 쉽게 음식이 변질하곤 했기 때문에 육류의 맛과 향을 잡아주는 후추의 등장은 일대 혁명이었다. 악취가 모든 병의 근원이라고 여겨졌던 당시 후추는 약품으로 이용되기도 했다. 콜레라가 창궐했을 때 환자의 집을 후추로 소독했을 정도였다. 실제로 향신료를 의미하는 '스파이스'(spice)는 '약품'이라는 뜻의 라틴어 'species'에서 유래했다.

중세시대에는 왕족과 귀족 등 부유층이 후추에 열광하면서 후추 가격이 천정부지로 치솟았다. 자연히 후추를 비롯한 향신료는 화폐나 보석 이상의 가치를 지녔다. 게다가 후추가 유통되려면 인도와 이슬람, 베네치아의 상인까지 적어도 3단계 이상을 거쳐야 했기 때문에 값은 더욱 오를 수밖에 없었다. 후추는 한 알씩 낱개로 거래될 정도로 귀했다. 후추 한 줌이 양 한 마리나 황소 반 마리의 값어치를 했다는 기록도 있다.

15세기 초 오스만제국이 동로마를 정복하고 육상 무역로를 봉쇄한 뒤 막대한 세금을 징수하면서 지중해 일대의 후추 무역에도 제동이 걸렸다. 이에 따라 유럽인들은 지중해를 거치지 않고 인도에서 바로 향신료를 들여오기 위해 바다로 눈을 돌리기 시작했다. 콜럼버스가 인도를 찾아 항해를 시작하고 바스쿠 다 가마가 인도항로를 개척하게 된 결정적인 계기였다.

동양에서도 후추는 '귀하신 몸'이었다. 중국에는 한나라 때 서역의 호나라에서 비단길을 통해 들여왔다는 설이 유력하다. 중국에서도 후추는 '검은 황금'으로 불릴 정도로 값비싸 세금을 낼 때 화폐 대용으로 사용되기도 했다. 당시 중국에서 후추 알갱이 1알은 진주 1알과 비슷한 가격이었다.

우리나라에는 고려 시대에 송나라와의 교역을 통해 들여왔다는 것이 정설이다. 고려 시대의 학자 이인로가 저술한 '파한집'에 처음 후추가 언급됐으며, 이로 미뤄 봤을 때 고려 중엽에는 이미 우리나라에 소개가 된 것으로 추정된다. 또 고려 시대의 역사서 '고려사'에는 "1389년(공양왕 1년) 유구의 사신이 후추 300근을 가져왔다"는 기록이 나온다. 고려 말에는 중국에서뿐만 아니라 남방에서도 직접 후추가 유입됐다는 의미다. 다만 수입에 의존했을 뿐 아니라 그마저 소량이라 매우 귀했다. 조선시대에 이르러서는 임진왜란 등을 거치며 거래량이 줄어 가격이 더욱 올랐다.

동양에서 후추는 향신료보다 약초에 가까웠다. 고려시대 민간에서는 아침마다 후추를 먹으면 더위와 추위를 타지 않게 된다고 믿었다. 여름에는 후추 한 알만 먹어도 식중독 등 배탈이 나지 않는다고 믿어 상비약으로 이용되기도 했다. 당나라 의서인 '신수본초'는 후추를 '호분'이라고 소개하면서 "마음을 가라앉히고 몸을 덥게 하며 담을 삭이고 오장육부의 풍냉을 제거한다"고 효능을 설명했다.[127]

---

127 서울신문, 식탁 위 보석 '후추', 2017.7.24.

콜럼버스는 왜 고추를 후추라고 우겨야 했나

14~15세기 당시, 아시아의 후추 무역은 이슬람 상인들의 손아귀에 놓여 있었다. 후추 가격은 같은 무게의 금과 비교될 만큼 엄청난 가격에 거래되었다. 콜럼버스가 신대륙을 발견한 것은 1492년이다. 그의 항해 목적은 인도에서 후추를 직접 사 올 방법을 찾기 위한 것. 스페인으로 들어오는 직항로를 개척하여 후추를 얻을 수 있다고 본 것이다.

콜럼버스는 자신을 적극적으로 후원해 준 이사벨 여왕에게 꼭 후추를 보답하고 싶어 했다. 콜럼버스에게 아메리카 대륙은 인도여야 했고 아메리카 대륙에서 후추를 발견하지 못했지만 발견한 고추는 후추여야 했다. 북아메리카 원주민을 인디언이라고 우겼고, 카리브해의 섬을 서인도제도라 우겼다. 콜럼버스는 의도적(?)으로 착각을 했다. 콜럼버스는 스페인 여왕을 설득해서 탐험을 성공적으로 이끌었다는 사실을 보여주고 신항로 향신료의 독점 무역권을 인정받아야 했기에 아메리카의 고추는 절대로 인도의 후추여야만 했다. 자신이 발견한 아메리카 대륙을 죽는 날까지 인도라고 주장하며 끝내 후추를 찾지 못한 콜럼버스. 하지만 그가 들여온 고추는 후추라고 하기엔 너무 매웠다. 후추와는 풍미가 전혀 달랐기 때문에 유럽인은 고추를 향신료로 받아들이려 하지 않았다.

1550년 포르투갈의 바스코 다 가마가 인도로 가는 항해를 발견한 지 2년 후 포르투갈 페드루 알바르스 카브랄이 남미 브라질 해안에 도달하면서 고추를 만났다, 그 뱃사람들은 비타민 C가 많은 고추가 패혈병에 도움이 된다는 것을 알게 되었다. 그리고 포르투갈 선박을 통해 고추가 일본, 아프리카 대륙으로 널리 퍼질 때는 고추가 가진 요리 보존 효과가 새롭게 발견되었다. 불과 반세기 만에 고추는 지구 한 바퀴를 돌아 극동아시아에서도 재배되기에 이르렀다. 재배지역이 열대지역으로 제한적인 후추에 비해 고추는 다양한 기후에서도 잘 자랐다. 고추를 안 맵도록 개량한 피망(Sweet pepper)이 유럽의 각 나라로 다시금 전해졌다. 피망의 일종인 파프리카(Paprika)도 그 이름이 헝가리어로 검은 후추를 의미하는 언어에서 비롯되었다. 귀하신 몸의 후추(Black Peper) 때문에 본의 아니게 같은 이름을 써야 한 비운의 엑스트라였던 고추는 후추보다 뛰어난 적응력으로 넓은 세상에서 사랑받고 있다.

콜럼버스 보다 앞서 함대를 이끌고 세계를 두루 다닌 '정허'

잘 알려져 있지 않지만 정허는 콜럼버스보다 50년 앞서 동아프리카에 도착 했다. 아프리카 케냐의 파테이(Pate)라는 작은 섬에 가면 케냐 본토인 보다 밝은 피부색을 가진 사람이 있다. 중국 사람의피가 섞여 있다고 한다. 정설은 아니지만 지금으로부터 500년 전, 콜럼버스가 아메리카 대륙을 발견한 때보다 수십 년 앞서 중국인 원정대가 아프리카까지 항해한 증거라고 할 수 있다. 실제도 이 섬에는 오래전, 중국에서 온 배가 난파했으며 그때 살아남은 선원들이 이곳에 후손을 남겼다는 전설이 있다. 대탐험가 콜럼버스 보다 한발 빨랐던 인물, 중국 명나라 때 항해가인 정허(鄭和, 1371~1435)라는 사람이다.

▎정허와 콜럼버스 배의 실제크기 ▎

출처 : https://www.google.com/AAQLA /아래의 작은 배가 콜럼버스의 배

정허는 1405년부터 1433년 사이에 대규모 함대를 이끌고 일곱 차례의 원정에 나섰다. 무려 300척의 배, 2만 8000명의 선원으로 이루어진 함대는 배 길이가 151m, 폭 61m로 지금의 축구장 크기와 비슷했다. 1492년 항해를 떠났던 콜럼버스의 선단이 배 5척, 선원 90명 규모에 배 길이는 23m에 불과했

다는 것과도 비교된다.

정허는 콜럼버스보다 50여 년 앞서 동아프리카에 도착했고, 아랍 상인들을 통해 유럽의 존재도 알았다. 정허의 원정은 나갈 때마다 2,3년은 족히 걸리는 대장정이었다. 배에 비단과 자기, 금, 은을 가득 싣고 베트남, 스리랑카, 필리핀, 인도 등 30여 나라를 돌며 물건을 팔고, 기린과 코끼리, 타조 같은 동물과 후추, 진주 등을 중국에 들여왔다.

정허는 원주민의 땅을 빼앗거나 식민지로 만들지도 않았고, 콜럼버스처럼 원주민을 노예로 잡아가지도 않았으며 보물배도 없었다. 정복과 착취가 아니라, 명나라의 위엄을 과시하고, 형식적인 종주권만을 인정받는 게 목표였던 것이다.

이렇듯 유럽을 압도했던 중국의 항해술과 탐험문화는 1424년에 정허를 총애했던 성조의 죽음과 함께 말살되고 말았다. 누군가와 싸워서 패배한 것 때문이 아니라, 중국인들 스스로 3500척의 배까지 부숴버렸고 항해 기록을 불살랐다. 그리고 해금정책을 통해 일부러 바다로 향한 문을 닫아버렸다.

인도양을 침략해서 약탈과 살인을 저지른 유럽인들과 달리 이미 15세기에 세계 대양을 누비고도 어떤 나라도 식민지화하지 않았던 정허의 업적은 개척정신에서 시작되었다. 그는 바닷길을 통한 교역을 터득하고, 길 속에 길이 있다는 사실을 이미 간파하고 있었던 것이다.

만약 시대의 흐름이 조금 달라져서, 중국과 서양의 함대가 원양의 바다에서 충돌했으면 어떻게 되었을까? 중국 함대는 서양 함대보다 인원이나 배의 수에서 훨씬 앞섰고, 배의 크기만 보더라도 정허의 배는 콜럼버스 배보다 30배나 더 큰 선박이었다.

마젤란의 배가 3개의 돛으로 움직인데 비해, 정허의 보물선은 10개의 돛으로 움직였다. 서양 배들은 기본적으로 머스킷(소총)이나 활로 무장을 했으나, 중국 배들은 총통을 비롯한 각종 화약 무기를 갖추고 있었다.

게다가 명나라 함대는 보급선과 지원 부대도 충분했다. 전쟁이란 군대도 중요하지만, 보급 역시 너무나 중요하기에, 당시 중국과 서양은 도저히 상대가 안 되는 규모의 차이로 중국 명나라의 압도적인 우세였다.

정허의 함대는 나침반과 견성판으로 방위를 재고, 물시계를 가지고 배의 속력을 따지면서, 장거리 항해를 했다. 선원들의 주 주식은 현미와 절인 야채였으며, 개고기도 먹었다고 한다. 선원들의 고된 뱃길을 달랜다는 이유로, 기생들도 상당수 태웠고, 학자들도 탑승하여 진귀한 이국의 풍물을 탐구하고 연구하였다.[128]

'지난 1천 년의 세계사를 만든 100대 인물'에서 정허는 동양인 가운데 가장 높은 순위(+14위)를 차지했다. 2000년 '뉴욕타임스'에서는 정허를 동서교류의 상징적 인물로 꼽기도 했다.

▌신라인 장보고 대사의 글로벌 경영

한국무역의 역사는 통일신라의 당과 왜 사이에서의 중계무역, 신라방, 장보고에 의한 무역이 시원이라 할 수 있다. 고려 시대의 고려인삼, 고려청자 등 관(官)무역이 있었고, 조선 시대는 무역에 소극적으로서 조선통신사에 의한 무역과 직접적인 외국과의 무역은 역관을 통해 이뤄졌다.

약 1200년 전 장보고는 청해진을 근거로 하여 동북아시아 해상권을 장악하고, 한반도를 중심으로 중국 대륙과 일본 열도를 잇는 삼각 중개 무역의 중추를 감당한다. 장보고는 당시 농업에만 의존하던 경제체제에서 바다로의 진출과 무역 입국을 추진함으로써 시대 상황을 뛰어넘는 발전전략을 모색했고, 이를 실천한 것이다. 특히 우리나라처럼 국토나 인구 측면에서 작은 나라의 비전은 작으면서도 강한 나라가 되는 것이며, 이런 나라가 글로벌 경쟁에서 살아남고 발전하기 위해서는 국내에서 움츠리는 것이 아니라 세계로 뻗어 나가야 하는 것을 익히 알고 있었던 선각자였다.

전통적으로 동양에서는 중국을 중심으로 국가 간 행한 조공 형태의 무역

---

128 참고 : http://m.blog.naver.com/joonho1202/221499884574

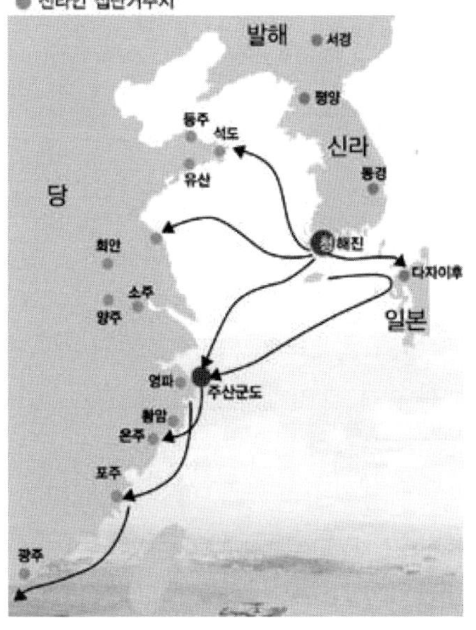

출처 : https://www.google.com

이 일반적이었다. 장보고를 중심으로 한 신라 상인은 바이킹(Viking)이 해로를 통해 유럽 북서부를 활동하던 시기인 9세기 초에 신용거래가 수반된 매우 발전된 민간무역을 행하였다. 이는 지중해 도시국가와 이슬람 상인이 지중해나 서남아시아에서 행한 무역 활동을 우리가 동아시아에서 주도적으로 수행했다는 사실을 말해 준다.

장보고야말로 한국 땅에서 무역을 한 최초의 무역인이다. 지난 1960년대부터 본격적으로 추진한 무역 입국을 통한 경제발전전략은 장보고의 국제무역 전략에서 그 뿌리를 찾을 수 있다. 장보고는 한마디로 글로벌 리더였다. 미천한 신분 출신으로 당나라로 건너가 군인으로 성장했고, 미래를 내다보는 혜안으로 무역업에 뛰어들었다. 신라로 돌아온 뒤에는 청해진을 중심으로 한중일 해양을 장악한 해상무역 세력으로 성장시켰다.

장보고는 약 1200년 전 당시의 제도와 상식, 그리고 지배계급의 이데올로기를 타파한 혁명적인 인물이다. 게다가 그는 신라라는 작은 땅에 머물지 않고 신라, 일본, 당나라는 물론 멀리 서역까지 연결하는 무역 루트를 개척한, 그야말로 글로벌한 인물이었다.

신라에서 미천한 신분 출신인 그는 신라에서 당나라로 건너갔다. 장보고는 그곳에서 군대에 입대해서 장교로 제대하고 무역업에 뛰어들었다. 당시 당나라에는 신라계 유민들이 많이 있었다. 장보고는 이들을 조직화 했다. 그는 당나라에서 신라, 일본, 당나라, 남방, 서역 등을 잇는 일종의 중계무역을 생각해냈고 이를 행동에 옮겼다.

장보고는 지금의 완도에 청해진을 세우고, 남해, 황해, 남중국해를 넘나들며 해적을 소탕하면서 바다를 장악했다. 청해진을 중심으로 당나라와 일본을 잇는 네트워크를 구축하였다. 장보고는 당시의 조공 무역의 한계를 벗어난 민간 자본에 의한 무역을 시도했고, 이는 대성공을 거두었다. 그가 거느린 청해진의 병력은 군대이면서 무역회사 직원이었다.

이 같은 장보고의 성장은 신라 사회에 큰 파장을 불러일으켰다. 그가 갖고 있는 군사력, 자본력, 정보력은 신라의 그 어떤 귀족도, 심지어 왕의 권력을 능가할 정도였다. 당시 신라는 귀족간의 치열한 권력다툼이 끊이지 않았다. 신라 귀족은 장보고를 그 세력 싸움의 한가운데로 끌어들였다. 장보고는 강력한 무력을 바탕으로 신라 왕위 계승에 관여해서 성공을 거두었지만, 이것이 장보고를 패망으로 이끄는 길이 되었다.

장보고의 권력은 유한했다. 신라 귀족들은 장보고를 처치할 암살자를 고용하였고, 한때 장보고의 부하였던 염장이 잔치 날 밤에 장보고의 심장에 비수를 꽂았다. 이렇게 장보고가 죽자 청해진은 혼란에 빠지고 곧 와해 된다. 그의 리더십을 바탕으로 형성됐던 청해진은 그의 사망과 함께 무너졌다. 그 누구도 장보고의 빈자리를 대신하지 못했다. 어쩌면 청해진과 거대한 해상세력이 시스템적으로 조직화 되지 못하고 장보고 원 톱 역량으로 유지된 것은 비극이었다.

그럼에도 장보고에게 배울 점은 도전하는 정신, 시대를 앞서는 안목, 그리고 신분과 출신성분을 따지지 않고 능력 위주로 인재를 발탁한 글로벌 마인드다. 장보고가 만든 '청해진 무역회사의 비극적 종말'은 조직적으로 시스템적으로 경영되지 않고 1인의 카리스마와 능력에 전적으로 의존한 결과로 본다. 처세도 리더십도 변화하고 진화해야 한다는 화두를 안겨준다.[129]

---

129 매일경제, 2017,07,11, 해상무역으로 세상을 바꾼 글로벌 비즈니스맨 '장보고'

에필로그

 농식품 수출의 성공열쇠 Ⅱ」의 원고 정리를 목전에 두고 있다. 책을 마무리하는 작업에서 잠시 집필 과정을 돌아보고, 명상의 시간을 가지면서 원고의 마지막 여백에 이 글을 적어나간다. 집필 결심을 몇 년간 주저주저하다가 결국 이 시간에 이르렀다.

 한국 수출농업의 발전에 미약하지만 일편(一片)의 노둣돌을 놓는다는 심정으로 긴 시간으로 어찌한들 여기까지 왔고 이 책이 마무리됨에 감사하게 생각한다.

 '귤화위지(橘化爲枳)'라는 말은 강남의 귤을 강북에 심으면 탱자가 된다는 뜻으로 환경에 따라 사물의 성질이 변한다는 의미로 사용된다. 농산물 수출은 생산해서 만들고 현지인의 기호까지 충족시켜야 하는 과정이다. 당연히 여타 품목의 수출보다 그 과정이 어렵다.

 강소농업 선진국을 꿈꾸는 '농식품 수출의 성공열쇠'는 어디에 있는가? 어떤 산업보다도 갈등이 많고 현상과 해법을 바라보는 스펙트럼이 천차만별인 수출농업 부문에서 잠겨 진 자물통을 풀어가는 방법은 농업인 각자의 마음먹기에 달렸고 생각한다.

 농업은 생산 밸류체인 과정에서 혼자의 힘만으로는 성장하기 힘들다. 농업체인 전체가 협력하고 통합하는 문화가 필요하다. 수평적 농업체인의 연계성을 강화하고 수직적 협력과 통합의 힘으로 전후방 효과와 시너지 효과의 극대화를 이끌어 낼 때 수출농업의 진화가 가능할 것이라 본다.

 본서「농식품 수출 성공 열쇠Ⅱ」는 대한민국 농식품 수출의 성공을 바라는 '변화와 진화'가 메시지였다. 수필처럼 편하게 읽을 수 있는「농식품 수출개론서」정도로 이해하여 주면 좋겠다는 바람이다. 집필하는 과정에서 한국 수출농업의 한계와 희망을 느꼈다. 한국의 농업은 수출에 승부를 걸어야 한다. 글로벌화는 선택지가 아니기 때문이다. 아무쪼록 이 책을 읽는 분들이 수출이라는 과정에서 생산적인 성과가 함께 하기를 기대한다.

귤은 잘 익어야 향기롭다. 사람도 멋진 삶으로 마무리가 필요하다. 음악도 쉼표가 있거늘 쉼표 없이 오늘에 이르러 60대 중년이라는 꽃봉오리 고갯길을 넘고 있다,

노년의 시작은 처음이라 두렵기도 하다. 얼마 전부터 머리 염색의 위장을 지워버리니 중년의 모습이 적나라하다. 그대 늙어가는 게 아니라 익어가고 있는 것인가?

시간은 역사의 발가벗은 모습, 세월의 흐름만큼 무서운 게 없다. 세월의 파도에 밀리고 부딪치며 어느덧 시간은 흘러갔고 가고 있으니! 불지 않으면 바람이 아니고 늙지 않으면 사람이 아니고 가지 않으면 세월이 아니라지.

우리는 태어나면서 인생이라는 길 위에 던지어져 있다. 수많은 갈등과 선택 속에 살아가는 것이 인생길이다. 인간은 선택의 길을 나서면서 운명이 달라진다.

선택하지 않은 길에 대한 미련으로 인생의 아이러니를 이야기한 로버트 프로스트의 시 '가지 않은 길(The Road Not Taken)'에서 그는 먼 먼 훗날 자신이 한숨을 쉬게 될 것을 예상하면서도 어느 한 길을 택할 수밖에 없었다며 '나는 사람들이 덜 걸어온 길을 선택했고 그로 인해서 모든 것이 달라졌다'고 맺는다.

우리는 우리가 가보지 않은 미지로 남아있을 그 길은 어떤 길이였을까? 선택하지 않은 길에 후회는 없는지? 갈림길 앞에서 자신의 선택은 옳고 그름이 없을 터, 단지 달려나가든 멈춰서든 그 선택은 나의 몫이며 책임일 뿐이다.

내가 걸어오고 또 지나갔던 굽어 꺾어진 오름 길과 내림 길 그 길을 의심 없이 지나왔다. 나의 지난 세월은 함께 동행 한 가족, 선후배, 동료 그리고 친구들이 있었기에 아름다웠고 고됨도 있었다.

농식품 수출의 성공열쇠, '행운의 열쇠'란 우연히 오는 게 아니라 그것은 기다리고 준비하는 사람에게 바쳐지는 걸작이다. 수많은 선택으로 이루어진 인생의 길에 오늘도 우리는 그 길 위에 있다.

참고 자료

남상원, 2010, 농식품수출의 성공열쇠, 보명출판사

남구희. 내가 겪은 농정이야기. 2009. 보명출판사

남인희, 남인희의 길 이야기.

윤장배, 2020. 08. 미·중 무역분쟁에 대한 세미나 발표자료

장세진, 2011, Global Business Management

(사)채소산업연구포럼. 박종서. 2018. 채소생산·유통경책 변천사

임정빈·안동환, 2010, 농식품 수출 활성화 방향과 정책과제

한국농촌경제연구원, 문한필, 2013, 농식품 수출활성화 과제와 전략

농림축산식품부, 2018, 농림수산식품 수출입동향 및 통계

네덜란드 중앙통계청(CBS) 자료

국회예산정책처, 조윤희, 2013, 농식품 수출지원사업의 문제점 및 개선과제

KIEP 대외경제정책연구원, 2010, 아세안 비관세 현황과 대응방안

인터넷, FTA 특혜관세 대상 품목이 확대되었어요

해외농정포커스, 2018, 4차 산업혁명과 미래 농업, 해외농업·농정 포커스

aT한국농수산식품유통공사, 2020, 신현곤, 포스트 코로나 시대 농식품 수출확대
    위한 언택트 전략

aT한국농수산식품유통공사, 2015, FTA로 다시 보는 호주/ 베트남/ 필리핀

aT한국농수산식품유통공사, 2018, 해외이슈 조사보고/ 수출정보 ZIP

aT한국농수산식품유통공사, 주목받는 아세안 VIP 시장, aT Focus, Vol.31

aT한국농수산식품유통공사, 2018, 일본 주목받는 신선채소류 현황

aT 한국농수산식품유통공사, 2016. 미국·캐나다 온라인 모바일 시장조사

농진청 공원식 장갑열 등, 2016, 한국의 버섯산업 발달사

네이버 지식백] MA저장/농식품백과사전

동지연칼럼, 2018.12, 이슬람 할랄 식품시장의 현황과 시장 진출의 대응 방안

농진청, 농업인이 꼭 알아야 하는 PLS/농약 허용기준 강화제도

농민신문, 2019, 농산물우수관리 인증농가 늘면 PLS 위반 대폭 줄어들 것

kotra. 하노이 무역관, 2018

kotra, 자카르타무역관, 2018

kotra, 글로벌 비관세장벽 동향, 2018

kotra, 2018년 글로벌 비관세장벽 동향

이상근, 딜로이트 안진회계법인, 2016, 식품산업의 Global화를 위한 제언

민연태, 2010, 지식과 혁신

농촌경제연구원, 2016, 뉴질랜드 원예산업 구조

한국 FTA산업협회,

김동환, 2009, 농식품 이제 마케팅으로 승부하라

진용덕, 2015, 수출농산물 안전성관리의 문제점 및 대응방안

농촌경제연구원, 2015, 채소 계약재배 활성화 방안

김위찬, 2005, 블루오션전략

전인철, 소상공인지킴이, 99% 생산농가 살린 "착한 독점"

하석건, 2008, The Greenery, 세계시장을 향한 유통조직 혁신의 선도자

농림수산식품기술기획평가원, 2016, 제4차 산업혁명과 농업

충남대학교. 이규승, 2006, 수출용 파프리카의 품질향상을 위한 농약 선정 연구

송무호, 2010, 한권으로 끝내는 무역마케팅 종합실무

한국무역협회, 2016, TRADE BRIEF

한국농어민신문, 2013, 농식품수출선도조직 육성 5년 성과와 과제

매일경제신문사, 2010, 아그리젠토 코리아, 첨단농업 부국의 길,

중앙일보, 2019.11.08, 반도체보다 짭짤한 종자산업… 세계가 빠진 블루오션

중앙일보, 2020.07.31. K-프로덕트 아마존에서 길을 찾다.

이코노미조선 박남규, 2017, 4차산업으로 기업 생존위협

노컷뉴스, 2018, 토마토 강국 스페인 울린 네덜란드의 신의 한수

한국농자재신문, 2019, 황금씨앗 시대… 국내 종자산업의 현주소

부대신문, 2015, 김창수교수, press@pusan.ac.kr.

경남일보 2019.7.8.(http://www.gnnews.co.kr)

매일경제, 2017.07. 해상무역으로 세상을 바꾼 글로벌 비즈니스맨 '장보고'

성균관대학교, 국제경영론 교재 참고

한국무역협회, 2020. 21호. 코로나19 이후 글로벌 전자상거래 트렌드

조선일보. 2014. 한국경제, 이젠 내수다.

이나가키 히데히로 저/서수지 역, 세계사를 바꾼 13가지 식물

참고 사이트

https://www.sedaily.com/NewsVIew/1Z1LL4A0AD

http://www.ciokorea.com/news/147452

http://me2.do/FN212XBA

Http://news.chosun.com/site/data/html_dir/2015/11/10/2015111004585.html

http://www.thinkfood.co.kr

http://www.sisajournal.com

https://1boon.kakao.com/gilbut/5bdff439709b5300018802c2

https://www.kita.net/cmmrcInfo/cmmrcNews/.2020.07.20

http://www.hani.co.kr/arti/economy/marketing/853000.htm

http://www.gnnews.co.kr)

https://m.blog.naver.com/PostView.nhn?blogId=kmci1004&logNo=2210763

http://www.wonyesanup.co.kr) 2019.10.29.

file:///C:/Users/user/Downloads/P18-10%20(1).pdf

http://www.foodicon.co.kr)

https://news.sbs.co.kr/news

http://blog.naver.com/PostView.nhn?blogId=idcrew123&logNo=220664210606

http://news.kotra.or.kr/user/globalAllBbs/kotranews/list/2/globalBbsDataAllView.
do?dataIdx

https://www.esocialtimes.com/news/articleView.html?idxno=21521

https://news.joins.com/article/23304818

ttps://m.blog.naver.com/PostView.nhn?blogId=businessinsight&logNo

faostat.fao.org

www.nestle.co.kr

www.factfish.com/

Global Trade Atlas www.gtis.com/

www.eufic.org

wsmbmp.org

www.fairproduce.nl/

www.gombaforum.hu

https://brunch.co.kr/@ecotown/116

https://joohyeon.com/tag/무역을 하는 이유 [on the other hand]

http://www.tradenavi.or.kr

YouTube, 후추이야기

YouTube, 설탕으로 보는 세계사, 삼각무역의 핵심

http://www.foodbank.co.kr.식품외식신문

https://eiec.kdi.re.kr/publish/naraView.do?cidx=9509

https://kr.gobizkorea.com/support/ebsns/supporteBsnsInfo.do?svc=e1141

http://news.pulmuone.co.kr/pulmuone/newsroom/viewNewsroom.do?i

https://www.donga.com/news/Economy/article/all/20200818/102542562/1

https://www.kita.net

저자약력

남 상 원

경남 진주 출신이다.

경희대 글로벌경영대학원을 졸업, 중앙대학교 최고경영자과정(AMP)을 수료했다.

1979년 농어촌개발공사(현, aT한국농수산식품유통공사)에 입사하여 부산울산지사장,

수출개발처장, 수출전략처장, 유통교육원장 등을 거쳤다.

한국버섯수출사업단(K-MUSH) 대표이사, 고문을 역임하고

현재 한국농식품미래연구원(AMI) 원장으로 있다.

농식품 수출의 성공열쇠 Ⅱ

2020년 10월 26일 초판 인쇄
2020년 10월 30일 초판 발행

저   자 | 남상원
발행인 | 최익영
펴낸곳 | 도서출판 책연
주   소 | 인천광역시 부평구 부영로 196
　　　　 Tel (02) 2274-4540 | Fax (02) 2274-4542

ISBN 979-11-969639-7-2 93320 정가 18,000원